本书获得东北师范大学政法学院学科建设经费资助

中国政治学与政治发展

（2016）

名誉主编　杨海蛟
执行主编　杨　弘

中国社会科学出版社

图书在版编目（CIP）数据

中国政治学与政治发展.2016/杨海蛟，杨弘主编.—北京：中国社会科学出版社，2018.10
ISBN 978-7-5203-2840-1

Ⅰ.①中… Ⅱ.①杨…②杨… Ⅲ.①政治学—研究—中国 Ⅳ.①D6

中国版本图书馆 CIP 数据核字（2018）第 160964 号

出 版 人	赵剑英
责任编辑	周晓慧
责任校对	无 介
责任印制	戴 宽

出　　版	中国社会科学出版社
社　　址	北京鼓楼西大街甲 158 号
邮　　编	100720
网　　址	http://www.csspw.cn
发 行 部	010-84083685
门 市 部	010-84029450
经　　销	新华书店及其他书店

印　　刷	北京明恒达印务有限公司
装　　订	廊坊市广阳区广增装订厂
版　　次	2018 年 10 月第 1 版
印　　次	2018 年 10 月第 1 次印刷

开　　本	710×1000 1/16
印　　张	31.25
插　　页	2
字　　数	466 千字
定　　价	128.00 元

凡购买中国社会科学出版社图书，如有质量问题请与本社营销中心联系调换
电话：010-84083683
版权所有　侵权必究

目　　录

前　言 …………………………………………………………(1)

中国政治发展的新局面 ……………………………… 刘方亮(1)
中国政治学理论研究的新发展 ……………………… 亓　光(39)
人民代表大会制度理论研究与创新完善的新进展 …… 王维国(68)
中国行政体制改革与建设 …………………………… 许开轶(90)
中国多党合作制度的新进展 ………………… 张献生　肖照青(128)
民族区域自治制度的建设与发展…… 张会龙　冯育林　张晓雅(149)
基层社会群众自治制度的新拓展…… 邰清攀　管文行　杨　弘(187)
反对腐败的巨大成效 ………………… 张等文　张　月　杨倩倩(225)
大数据方法在政治学研究中的应用与前景 …………… 李　猛(257)
中国政治思想史研究的新成就 ……………………… 张师伟(279)
西方政治思想研究的新动态 ………………… 李　浩　佟德志(302)
中国行政学研究的新飞跃 …………………… 许开轶　曹　帅(330)
中外政治制度研究的新进展 ………… 崔珊珊　任　恒　马雪松(354)
中国国际关系与国际政治研究的新态势 ……… 谢若初　吕耀东(423)
中国比较政治学研究的
　新进展 ……………… 李路曲　吕同舟　周幼平　李　辛(460)

后　记 ………………………………………………………(494)

前　言

　　站在新的历史高度，全面审视和透析中国社会的剧烈变革与飞速发展，真可谓波澜壮阔。在开创性地推进中国特色社会主义现代化事业的伟大进程中，以习近平同志为核心的党中央领导全党和全国各族人民，攻坚克难、砥砺前行。在端正发展观念、转变发展方式，发展质量和效益不断提升，经济保持中高速增长的同时，全面深化改革取得重大突破，坚决破除各方面体制机制弊端。着力增强改革的系统性、整体性、协同性，重要领域和关键环节改革取得突破性进展；积极发展社会主义民主政治，推进全面依法治国，党的领导、人民当家做主、依法治国有机统一的制度建设全面加强，党的领导体制机制不断完善，社会主义民主不断发展，党内民主更加广泛，社会主义协商民主全面展开，爱国统一战线巩固发展，民族宗教工作创新推进；加强党对意识形态工作的领导，党的理论创新全面推进，马克思主义在意识形态领域的指导地位更加鲜明，中国特色社会主义和中国梦深入人心，社会主义核心价值观和中华优秀传统文化广泛弘扬，群众性精神文明创建活动扎实开展。公共文化服务水平不断提高，文艺创作持续繁荣，文化事业和文化产业蓬勃发展；互联网建设管理运用不断完善，全民健身和竞技体育全面发展。主旋律更加响亮，正能量更加强劲，文化自信得到彰显，国家文化软实力和中华文化影响力大幅提升，全党全社会思想上的团结统一更加巩固；深入贯彻以人民为中心的发展思想，一大批惠民举措落地实施，人民获得感、幸福感、安全感显著增强。脱贫攻坚战取得决定性进展；大力推进生态文明建设，全党全国贯彻绿色发展理念的自觉性和主动性显著增强；着眼于实现中国梦强军梦，制定新形势下军事战略方针，全力推进国防和军队现代化；全面推进中国特色大国外交，形成全方位、多层次、立体化的外交布局，为我国发展营造了良好的外部条件。实施共建"一带一路"倡议；全面加强党的领导和党的建设，坚决改变管党治党宽松软状况。推动全党尊崇党章，增强政治意识、大局意识、核心意识、看齐意识，坚决维护党中央权威和集中统一领导，严明党的政治纪律和政治规矩，层层落实管党治党政治责任。如此等等。全面、系统地记录这样的辉煌，尤其是在政治建设与政治发展方面的骄人业绩，对于坚定道路自信、理论自信、制度自信、文化自信、扩大国际影响力无疑具有不可替代的意义与价值。与此同时，伴随着中国社会不断全面进步的伟大征程，中国政治学同样获得了长足的繁荣和发展，客观、冷静地描述其在重要领域的进展，有利于广大理论与实际工作者抓住机遇，坚定信心，乘势而上，积极推进中国特色、中国风格、中国气派政治学的创新和发展。真正彰显其经世致用的学科地位和作用，这正是我们从事此项工作的宗旨和价值取向。

编者

2017 年 12 月

中国政治发展的新局面

刘方亮

2016年是全面建成小康社会决胜阶段的开局之年。这一年,全国上下全面贯彻党的十八大和十八届三中、四中、五中全会精神,按照"五位一体"总体布局和"四个全面"战略布局,牢固树立和贯彻落实创新、协调、绿色、开放、共享的新发展理念,在各方面都取得了重要进展。政治建设与政治发展亦是如此。

一 党的建设取得新进展

2016年是全面从严治党的关键之年,这一年,党的十八届六中全会召开,这次大会研究了全面从严治党重大问题,确立了习近平同志的核心地位。这是十八大以来,中国共产党组织建设的重大成就。这一年来,在以习近平同志为核心的党中央的领导下,中国共产党继续深化全面从严治党的伟大事业,营造良好政治生态,推动党的建设取得新进展。

(一)思想建设成效显著

思想建设是党的建设的"总开关",也是党建工作的首要任务。十八大以来,在连续开展党的群众路线教育实践活动、"三严三实"专题教育的基础上,2016年党中央在全体党员中部署开展"学党章党规、学系列讲话,做合格党员"学习教育活动。较之前两次教育活动,"两学一做"活动的对象从领导干部这一关键少数拓展到全体党员,并且更加注重运用常态化、制度化的机制使其延伸为经常性的教育活动。各地也依据其实际情况,探索创新相应的方法机制,山东省如《关于推进"两学一做"学习教育常态化制度化实施方案》就提出应积极运用现代信息技术手段,推动优质学习教育资源下沉,同时充分挖掘沂蒙精神等红色资源和优秀历史文化资源,以此推进"两学一做"教育活动深入开展。上海市也将中共"一大""二大"会址纪念馆作为教育基地。同时,中央还组建了三个督导组,分别负责对地方、中央和国家机关、中管企业和高校等单位的"两学一做"学习活动进行督促指导。截至该年10月,已开展三轮集中督导,覆盖31个省区市、88个市州、140个县区、155家部门单位、67家中央企业、1100多个基层党组织。① 实践证明,"两学一做"教育活动加强了党的思想建设,同时也成为推进党的政治建设、组织建设、作风建设和制度建设的有力抓手。据统计,自2016年2月"两学一做"教育活动开展以来,在全国441.3万个基层党组织的具体组织下,共有8875.8多万名党员广泛参与。② 通过深入学习习近平总书记系列重要讲话精神和党中央治国理政新理念、新思想、新战略,广大党员增强了"四个意识",在思想上、政治上、行动上进一步同以习近平同志为核心的党中央保持高度一致。

2016年,在建党95周年庆祝大会上,习近平总书记继道路自信、理论自信、制度自信之后又提出文化自信,"文化自信,是更基础、更广泛、更深厚的自信"③。对此,中国共产党将思想建设与对优秀传统文化的弘扬相结合,阐明党的领导、党所确立的道路、所制定的路线方针政策和五千年中华文明史之间的血脉联系,以此进一步增强党员干部的理想信念,增强"四个意识",强化对党的忠诚、对国家和民族的热爱。

---

① 《"学"得深入"做"得扎实——各级党组织深入开展"两学一做"学习教学纪实》,《光明日报》,2016年10月22日第1版。
② 同上。
③ 习近平:《在庆祝中国共产党成立95周年大会上的讲话》,新华网,http://news.xinhuanet.com/politics/2016-07/01/c_1119150660.htm。

（二）作风建设初见成效

2016年，中国共产党继续狠抓作风建设。首先，抓住高级干部这一"关键少数"，深化党风廉政建设。十八届六中全会公报先后十次提及"高级干部"，同时，大会通过的《关于新形势下党内政治生活的若干准则》和《中国共产党党内监督条例（试行）》都突出了领导干部特别是高级干部这一"关键少数"，强调"党内监督的重点对象是党的领导机关和领导干部特别是主要领导干部"，这就对领导干部特别是对高级干部提出了更高的标准、更严的要求。在党的十八届六中全会精神的指导下，党的作风建设更加注重对高级干部的严格要求。正如习近平所指出的，高级干部"必须保持理想信念的坚定执着，必须坚决捍卫和全面贯彻党的基本路线，必须坚决听从党中央号令、维护党中央权威，必须加强道德修养、模范践行社会主义核心价值观，必须严守党的政治纪律和政治规矩，必须带头尊法学法守法用法，必须持之以恒反对'四风'，必须坚决同特权思想、特权现象作斗争，必须注重家风建设、教育管理好亲属和身边工作人员，必须诚恳接受各方面监督"[1]。此外，还在执行层面明晰了高级干部的行为边界，2016年11月30日召开的中央政治局会议，审议通过规范党和国家领导人有关待遇的相关文件，明确规定"党和国家领导人退下来要及时腾退办公用房""不能超标准配备车辆、超规格乘坐交通工具"等。

2016年继续保持对腐败的高压态势，坚持反腐无禁区、全覆盖、零容忍，推进"拔病树""治劣根"，坚决处置腐败存量，遏制腐败增量。据统计，2016年1—11月，全国纪检监察机关共立案36万件，处分33.7万人。[2] 同时，更加重视制度建设在作风建设中的重要作用。2016年，中央层面相继颁布了《中国共产党问责条例》（简称"问责条例"）、《关于新形势下党内政治生活的若干准则》和《中国共产党党内监督条例》等一系列党内法规，为正风反腐增添利器。党

---

[1] 习近平：《在党的十八届六中全会第二次全体会议上的讲话（节选）》，《求是》2017年第1期。

[2] 《持续保持高压态势 坚决遏制腐败蔓延势头》，中央纪委监察部网站，http://www.ccdi.gov.cn/special/sbjqcqh/jjqh_sbjqzqh/201701/t20170104_92228.html。

的作风建设赢得了人民群众的拥护和赞同，从国家统计局2016年全国党风廉政建设民意调查情况看，92.9%的群众对党风廉政建设和反腐败工作成效表示满意，比2012年上升近18个百分点；93.1%的群众对遏制腐败现象表示有信心，比2012年提高近14个百分点。①

（三）组织建设成就辉煌

十八大以来，党中央先后出台了《中国共产党发展党员工作细则》《关于加强新形势下发展党员和党员管理工作的意见》等党内文件，力求坚持政治标准，严格发展党员的工作程序、责任和纪律。2016年，全党上下认真落实上述文件，截至2016年12月31日，中国共产党党员总数为8944.7万名，比上年净增68.8万名，增幅为0.8%，相比2015年1.1%的增幅，下降0.3个百分点。同时，党员结构进一步优化，女性党员比例有所扩大，大专及以上学历党员数量为4103.1万名，占45.9%，比上年提高1.6个百分点，党员整体素质有了进一步提高。此外，2016年，入党申请人、入党积极分子和新党员的比例为11∶5∶1，优于7∶3∶1，发展党员的择优率也不断提高。

党的基层组织是党的全部工作和战斗力的基础，党的一切工作必须依托于党的基层组织才能有效开展。2016年，党的基层组织达451.8万个，其中全国的街道乡镇、社区（居委会）和建制村的党组织覆盖率超过99%，事业单位已建立党组织占比达94.7%。尤其值得指出的是，这一年来，在非公企业和社会组织法人单位方面的党组织建设取得了很大进展，2016年，有185.5万个非公有制企业已建立党组织，占非公有制企业总数的67.9%，提高16.1个百分点；全国社会组织法人单位中已建立党组织的有28.9万个，比上年增加8.5万个，占社会组织法人单位总数的58.9%，提高17.3个百分点。②

2016年还在全国范围内开展党员组织关系集中排查工作，理顺

---

① 《逾九成群众对反腐败工作成效表示满意》，《经济日报》2017年1月8日第2版。
② 《2016年中国共产党党内统计公报》，人民网，http://politics.people.com.cn/n1/2017/0630/c1001-29375762.html。

党员组织关系。经过全国范围内的排查，90%的失联党员得以重新回归组织之中。在此基础上，基层组织生活也更加认真和活跃，"三会一课"、民主生活会和组织生活会、谈心谈话、民主评议党员等制度和主题党日、领导干部讲课等做法逐渐健全和推广。同时，对于流动党员管理等难题，运用互联网等新形式，及时联系外地党员，发送有关学习材料，强化流动党员对党组织的归属感。在制度上，还积极推动落实流出地党组织跟踪管理、流入地党组织主体管理、有关部门党组织协同管理、街道社区党组织托底管理责任，把每名流动党员都纳入党组织的有效管理之中，保证党员流动不流失。

（四）制度建设实效性加强

2016年，全国党内法规工作会议举行。习近平做出指示，强调加强党内法规制度建设是全面从严治党的长远之策、根本之策，必须坚持依法治国与制度治党、依规治党统筹推进、一体建设。这是我们党历史上第一次召开全国党内法规工作会议，对于党内法规制度建设影响深远。同时，多部重要的党内法规出台，使这一年成为中国共产党制度建设过程中的一个重要年份。而且相关党内制度建设更强调精准和讲究实效，有力地深化了全面从严治党的伟大事业。

这一年来，中央层面密集出台了《中国共产党问责条例》《关于防止干部"带病提拔"的意见》《中国共产党纪律处分条例》《中国共产党工作机关条例（试行）》等多部党内法规，内容涉及干部问责、晋升、任免和监督等各个方面。特别是十八届六中全会通过的《关于新形势下党内政治生活的若干准则》和《中国共产党党内监督条例（试行）》两部重要文件，具有里程碑式的重要意义。《关于新形势下党内政治制度的若干准则》继承了1980年《关于党内政治生活的若干准则》的主要原则和规定，进而对新形势下党内生活中所出现的一些突出问题及其解决进行了分析和部署，强调必须牢固树立"四个意识"，维护中央权威，严明党的纪律，保持党同人民群众的血肉联系等。同时，该准则还对加强和规范党内政治生活如何落实进行了部署，号召全党必须一起动手，特别是要从中央层面做起，落实党委主体责任和行为监督责任，强化责任追究。可以说该准则（试行）的出台，明确了下一阶段党建工作的目标定位和工作思路。《中国共产党党内监督条例（试行）》对党内监督的指导思想、基本原则、监督主体、监督内容、监督对象、监督方式等予以规定，作为一部基础性党内法规，该条例与《中国共产党廉洁自律准则》《中国共产党纪律处分条例》《中国共产党问责条例》等党内法规相衔接，并对强化党内监督的有效途径予以规定，细化了相关规定，完善了监督机制，健全了相关程序，有利于进一步扎紧制度的笼子。

总的来看，这一年来，党的制度建设呈现出以下特点：其一，精确性。2016年所出台的各项党内法规普遍坚持问题导向，使得相关规定更为精准，更具有针对性，因而也就能够为主体界定明确的行动范围。而且，因为这些问题往往是全局性、整体性的，所以就有关方面的精准规定并不局限于特定领域，而可以在更高层面上发挥作用。其二，实效性。毫无疑问，制度建设贵实效。一方面，党内制度规定的精确性使得制度不仅是针对一般问题泛泛而谈，而且是紧紧抓住了当前形势的关键，以此保证制度运行的实效性。另一方面，这一年来，还强调了既有制度的有效执行，以此提升制度建设的实效性。《中国共产党问责条例》出台近半个月，就有6个省区市共通报了27起典型问题。① 此外，上述党内法规在制定和执行上还注重与既有党内制度的衔接和配合，由此也强化了制度建设的实效性。

二 坚持和完善中国特色社会主义民主制度

（一）"人大"制度建设取得重要进展

2016年，"人大"依法行使职权，以立法、监督为重点，积极开展工作。首先，在立法方面，"人大"遵循党的十八届四中全会精神，着力构建完备的法律规范体系。这一年来，人大更加自觉地坚持党对立法工作的领导，各级"人大"严格落实《中共中央关于加强

---

① 《〈中国共产党问责条例〉出台近半月，执行怎么样？》，人民网，http：//politics.people.com.cn/n1/2016/0730/c1001 - 28597315.html。

党领导立法工作的意见》中的相关规定和要求，通过完善机制，健全党组工作制度和请示报告制度等，保证党的领导贯穿于立法工作的全过程。同时，深入推进科学立法、民主立法的相关工作。依据2015年新修订的《立法法》的权限和程序，"人大"及其常委会依法履行职权，"发挥立法机关在表达、平衡、调整社会利益方面的重要作用，健全立法论证、听证机制，建立对立法中涉及的重大利益调整的论证咨询制度"[①]。此外，这一年来，"人大"还注重发挥专门委员会在备案审查方面的作用，完善和提升其审查制度和能力。随着"人大"建设的不断推进，"人大"的立法工作成就显著，截至11月，全国人大及其常委会共制定慈善法等7部法规，并对民办教育促进法、野生动物保护法、节约能源法等25部法律进行了修改。[②]

其次，在监督权的行使方面，加强宪法和法律实施监督。2016年，中国继续强化宪法宣传教育，认真组织好国家工作人员的宪法宣誓工作。同时，对食品安全法、环境保护法等法律的实施情况进行监察，听取和审议国务院关于研究处理老年人权益保障法等相关法律反馈和执行报告，推动这些法律的正确有效实施。这一年来，"人大"还进一步加强了对财政预算决算的监督力度，积极推进预算绩效管理，加快财政预算改革。广东省人大常委会在该年就出台了《开展预算资金支出绩效第三方评价实施办法》，对需要评价的项目、内容、指标、机构、程序和评价结果应用等予以规定，以此进一步完善"人大"财政绩效监督。这一年来，为适应经济发展新常态和供给侧结构性改革的要求，全国人大还听取和审议了国务院有关深化财政转移支付制度改革、国有资产管理与体制改革等方面的报告，以及有关高等教育改革、自然保护区建设等民生保障方面的报告，有效地发挥了"人大"的监督职能。此外，2016年，"人大"还积极探索完善监督方法机制，综合运用专题询问、专题调研、跟踪监督等方式方法，形成监督合力，增强针对性、互动性和实效性。

---

① 《全国人大常委会2016年立法工作计划》，中国人大网，http：//www.npc.gov.cn/npc/xinwen/lfgz/lfdt/2016-04/22/content_1987519.htm。

② 《全国人大常委会2016年立法工作回眸：努力实现以良法促进发展 保证善治》，人民网，http：//legal.people.com.cn/n1/2016/1221/c42510-28964962.html。

再次，充分发挥人大代表的主体作用。自2015年新修改的代表法实施以来，各级"人大"遵循和贯彻该法的相关要求，取得较好效果，2016年，"人大"加强和改进了人大代表工作，尊重人大代表的主体地位，促进人大更好地发挥作用。一方面，进一步密切人大代表同人民群众的联系机制，推进人大代表联系群众的平台和机制建设，以此畅通民情民意的表达。另一方面，落实常委会委员直接联系代表制度，推动"一府两院"加强与代表的联系，拓宽代表知情知政渠道，由此使人大代表能够更好地发挥国家机关与人民群众之间的纽带作用，推进"人大"作用的有效发挥。

最后，进一步加强"人大"自身建设。这一年来，各级人大认真抓好思想政治建设，坚定政治自信，增强"四个意识"。同时，严格落实"八项规定"，深化"三严三实"教育活动成效，广泛开展"两学一做"教学活动，在思想上、政治上、行动上同党中央保持高度一致；同时，着力提高其自身的法治意识、法治观念、法治素质和法治能力，坚持依法按程序办事。在理论上，进一步推进"人大"理论研究，加强"人大"智库建设，为"人大"工作提供理论支撑和智力支持。同时，对于"人大"选举中所存在的腐败问题也坚决予以惩治，在对辽宁省人大的贿选案上，全国人大常委会通过决定，依法确定45名拉票贿选的全国人大代表当选无效。

（二）社会主义协商民主不断深入

协商民主是实现党的领导的重要方式，是社会主义民主的特有形式和独特优势。2015年，中共中央下发的《关于加强社会主义协商民主建设的意见》是中国协商民主发展的里程碑，它对加强协商民主的指导思想、基本原则和渠道程序等做了规定。2016年，沿着该意见所规定的路径，中国继续推动协商民主广泛、多层次、制度化发展，促进人民当家做主权力更加充分的实现。在中国，人民政协作为社会主义协商民主的专门协商机构，在社会主义协商民主的布局中具有十分重要的地位。在这一年里，人民政协坚持正确的政治方向，自觉同以习近平同志为核心的党中央保持高度一致，切实增强"四个意识"，坚定"四个自信"，有效地发挥了其政治协商、民主监督和参政议政的功能。

这一年来，各级政协利用自身智力优势展开调研，内容涵盖生态保护、经济发展、产业转型升级、高校教育等各个方面。这些调研往往由主席会议成员牵头，政协专委会、民主党派、地方政协等参加，集合众智协力攻关。如"东北三省工业转型升级问题"调研，采取有分有合的模式，由三位副主席带队，分16个子课题深入22个市地、87家企业，召开57场座谈会，形成总报告和22个分报告，提出重要意见和建议。① 同时，围绕着全面建成小康社会和精准扶贫等党和国家的中心任务，积极献计献策。2016年6月22—24日，全国政协常委会就以"实施精准扶贫、精准脱贫，提高扶贫实效"为主题，召开专题讨论会，分六个板块，进行了90次大会书面发言，15次口头发言，100多人次的小组发言交流，提出了一系列观点鲜明、可资借鉴的意见与建议。

作为我国监督体系的重要组成部分，政协还着力履行其民主监督的职能。在这一年里，全国政协先后组织了18项重点监督活动，各地也展开了形式多样的类似监督活动，深化了民主监督实践。② 同时，针对民主监督中所表现出的各类问题，政协还展开深入研究，总结各地经验教训，并提出意见和建议，为改进政协民主监督工作提供了参考。

这一年来，政协还利用自身联系广泛的优势，同港澳台侨胞开展联谊交流，组织港澳委员、港澳青年，赴内地进行交流和研修，增进其国家认同、民族认同、文化认同。同时，在坚持"九二共识"的基础上，深化全国政协委员与台湾民意代表的机制化交流，就两岸关系各方面议题举办各类调研、研讨会和交流活动。同时，邀请海外侨胞代表列席政协全体会议、参加考察，围绕发挥海外侨胞在"一带一路"倡议中的作用、华侨权益保护法立法等主题建言献策，从而增强其民族自信心、认同感与凝聚力。

---

① 《全国政协十二届五次会议开幕 俞正声作报告》，人民政协网，http://www.rmzxb.com.cn/c/2017-03-03/1380419.shtml。
② 王国庆：《2016年全国政协组织了18项重点监督活动》，《国际金融报》2017年3月2日。

(三) 民族区域自治制度稳步推进

民族区域自治制度是中国特色解决民族问题的正确道路，目前，民族区域自治制度已经覆盖了71%的少数民族人口、64%的全国国土面积，建立了155个民族自治地方，有效地维护了少数民族的各项权利和权益。十八大以来，党中央高度重视民族工作，多次召开民族工作会议，深入民族地区展开调研。2016年，中国继续沿着中国特色解决民族问题的正确道路前行，推进民族区域自治制度不断完善。

首先，民族自治制度的法律体系不断完善。一年来，各级民族自治地方在宪法和民族区域自治法的框架下，依据自身实际情况，不断完善相关制度体系和法律体系。"截至2016年底，我国现行有效法律257件，其中80余件有涉及民族事务的规定，现行有效自治条例139件，单行条例797件。"[1] 作为中国特色解决民族问题的法律成果，民族区域自治制度体系和法律体系的不断完善，是全面依法治国的需要，也是依法治理民族事务的需要，能够更好地保护各族人民的平等权利，提高依法治理民族事务的能力。其次，坚持正确选人用人导向，推进对民族干部的培育、选拔和使用工作。这一年来，按照习近平总书记强调的"信念坚定、为民服务、勤政务实、敢于担当、清正廉洁""明辨大是大非的立场特别清醒、维护民族团结的行动特别坚定、热爱各族群众的感情特别真挚"的原则和标准，民族地方进一步加强干部队伍建设。一方面，通过挂职锻炼、异地交流、多岗位考察等方式训练、培育现有干部，另一方面，继续大力推进少数民族骨干计划，为民族地方源源不断地提供新鲜血液，从而建设一支高素质的民族地区干部队伍。与此同时，民族区域自治制度对民族地方经济社会的发展发挥了重要的推动作用。据统计，1978—2016年，民族八省区生产总值由324亿元增加到79972亿元，社会固定资产投资由76.7亿元增加到79883亿元，城镇居民人均可支配收入由307元增加

---

[1] 向巴平措：《坚持和完善民族区域自治制度 奋力实现中华民族伟大复兴中国梦》，求是网，http://www.qstheory.cn/dukan/qs/2017-09/15/c_1121647674.htm。

到29099元,农村居民年人均纯收入由138元增加到9559元。①

(四) 中国特色基层民主建设成就显著

基层民主是中国特色社会主义民主最广泛的实践。2016年,在以习近平同志为核心的党中央的领导下,中国着力完善基层群众自治制度,发展基层民主,取得了一系列成效。

首先,党的领导在基层民主建设中得以充分体现。2016年,各级党委自觉贯彻党的群众路线,以党内民主引领、促进基层民主的发展,以此发挥党的领导核心作用。据统计,截至2016年底,全国村民委员会中党员人数约占成员人数的57.78%;村党组织书记和村民委员会主任"一肩挑"约占村民委员会主任人数的34.23%。居民委员会中党员人数约占成员人数的53.92%;社区党组织书记和居民委员会主任"一肩挑"约占居民委员会主任人数的41.05%。② 从而充分发挥了党总揽全局、协调各方的领导核心作用,确保基层民主建设始终沿着中国特色社会主义政治发展道路前进。

其次,基层协商民主有序推进。基层协商民主是社会主义协商民主的重要组成部分,2016年,沿着《关于加强社会主义协商民主建设的意见》所规划的路径,基层协商稳步有序推进。在这一年里,基层协商民主着力于健全制度条件,协调上级行政权与基层自治权之间的冲突,扩大先前被行政化压缩的基层协商民主的空间。同时,提升基层协商民主的发展动力,以制度的稳定性保证基层协商民主开展的长期性。此外,在运行机制方面,这一年来,就协商成员的产生和更替、协商议题选择以及有关的信息公开等方面的体制机制予以更为明确的规定。

最后,基层民主制度不断完善。2016年,中国依法推进基层群众自治制度建设,健全基层民主体制机制,特别是着力规范村民委员会、居民委员会民主选举程序,查处干扰破坏选举的违法违纪行为,

---

① 向巴平措:《坚持和完善民族区域自治制度 奋力实现中华民族伟大复兴中国梦》,求是网,http://www.qstheory.cn/dukan/qs/2017-09/15/c_1121647674.htm。
② 中共民政部党组:《党的十八大以来中国特色基层民主制度的显著成就》,《求是》2017年第11期。

完善选举监督体系。据统计,截至该年底,全国 25 个省区市制定或者修订了村民委员会组织法实施办法,27 个制定或者修订了选举办法。全国层面的《城市居民委员会组织法》的修订工作也在积极推进中。① 同时,各地还普遍尝试通过"互联网+"等方式丰富和拓展民主形式与渠道,健全基层选举、议事、公开、述职、问责等机制,以此促进基层群众依法充分行使各项民主权利,切实做到自我管理、自我服务、自我教育、自我监督。

三 行政体制改革不断深入,政府治理能力进一步增强

(一) 服务型政府建设走向深入

首先,简政放权、放管结合、优化服务取得新成效。新一届政府上任之初,紧紧抓住"放管服"改革这一关键,优化政府与市场关系,转变政府职能,建设服务型政府。2016 年,延续十八大以来的趋势和路径,着力理清、减少重复的和缺乏法律依据的行政权,并减少政府对市场的干预,扩大市场和社会的自主运行空间,提升市场和社会的活力。"三年多来,经过不懈努力,国务院部门共取消和下放行政审批事项 618 项,占原有审批事项的 36%,本届政府承诺的目标提前超额完成。"② 这一年来,"放管服"改革取得了巨大的成绩,"全国新增登记企业同比增长 24.5%,平均每天新登记 1.51 万户,比 2013 年改革前每天新登记 0.69 万户的水平翻了一番。如果加上个体工商户,全国平均每天新登记市场主体达 4.51 万户。"③ 当然,给市场放权并不是放任自流,在拓宽市场活动范围的同时,政府还创新了监管体制和监管模式,强化监管手段,依托互联网平台加强监管职

---

① 中共民政部党组:《党的十八大以来中国特色基层民主制度的显著成就》,《求是》2017 年 11 期。
② 李克强:《深化简政放权放管结合优化服务 推进行政体制改革转职能提效能》,中央政府门户网站,http://www.gov.cn/guowuyuan/2016-05/22/content_5075741.htm。
③ 《国办"放管服"改革专项督查综述:门槛低了 手续少了》,大众网,http://www.dzwww.com/xinwen/guoneixinwen/201706/t20170605_16002634.htm?from=timeline。

能，以使市场有序运行。"目前，全国已有 1/3 以上的副省级市、1/4 的地级市、2/3 以上的县实行了市场监管综合执法。"① 此外，该年还出台了《政府核准的投资项目目录（2016 年）》，经过改革，中央层面核准的投资项目数量累计减少 90%，外商投资项目 95% 以上已由核准改为备案管理。

其次，政务公开制度化成效显著。2016 年 2 月，中共中央办公厅、国务院办公厅发布《关于全面推进政务公开工作的意见》，着重强调各级政府坚持以公开为常态、不公开为例外，并就推进决策、执行、管理、服务和结果等各方面的公开做了说明，还对扩大政务公开参与，提升政务公开能力，强化保障措施等进行了部署安排。2016 年 11 月，国务院又印发了《〈关于全面推进政务公开工作的意见〉实施细则》，该实施细则着力于推进决策、执行、管理、服务和结果"五公开"的程序化、标准化和制度化，并要求各级政府明确回应责任，突出舆情收集重点，同时，加强网络平台建设，并进一步扩大公众参与。在上述文件规定的基础上，各级政府依据自身实际，普遍制定了相应的实施办法，从而全方位地推动了政务公开工作。

（二）法治政府建设持续推进

建设法治政府是全面推进依法治国的重要内容，是国家治理体系和治理能力现代化的重要标志。十八大以来，以习近平同志为核心的党中央从战略和全局的高度出发，扎实推进法治政府建设。首先，权力清单进一步完善。2015 年 12 月，中共中央、国务院印发《法治政府建设实施纲要（2015—2020 年）》，规定省级政府于 2015 年底前、市县两级政府于 2016 年底前基本完成政府工作部门、依法承担行政职能的事业单位权力清单的公布工作。2016 年，国办印发《2016 年政务公开工作要点》，强调要大力推动市县两级政府工作部门全面公开权力清单和责任清单，并通过政府门户网站集中展示，及时进行动态更新，方便公众获取信息和进行监督。在上述文件的指导下，这一

---

① 《国办"放管服"改革专项督查综述：门槛低了 手续少了》，大众网，http://www.dzwww.com/xinwen/guoneixinwen/201706/t20170605_16002634.htm? from=timeline。

年来，市县两级政府普遍建立本行政区的权力清单，从而使得这项工作取得突破性进展和显著成效。

其次，政府工作人员法治意识和依法行政能力明显提高。法治政府的推进必然要落实到具体政府工作人员的法治意识和依法行政的能力上来。对此，2016年党和政府注重抓公务人员这个"关键少数"，推进法治政府建设。这一年来，不断强化对公务人员的法治教育，2016年4月7日，中央印发《关于完善国家工作人员学法用法制度的意见》，对国家工作人员学法用法的指导思想、主要内容、制度建设等进行了全方位部署，有力地促进了学法用法工作的制度化、规范化和长效化。同时，这一年来，还从公务员考试录取环节强化对考生法治意识和法律知识的考察，增加考卷中法律知识的比重。宁夏回族自治区出台的《宁夏回族自治区法治政府建设实施方案（2016—2020年）》明确规定，今后将增加公务员录用考试中法治知识的比重，且法治知识比重不低于40%。这些措施有效地提高了政府工作人员特别是各级领导干部的法治意识和依法行政能力，促进了法治政府的建设进程。

再次，依法行政制度体系进一步完善。这一年来，围绕着"提高政府立法质量，构建系统完备、科学规范、运行有效的依法行政制度体系"的目标，党和国家着力完善政府立法的体制机制，增强政府立法的及时性、系统性、针对性、有效性。同时，提高政府立法的社会参与度，健全公众意见采纳情况的反馈机制。此外，这一年来，还进一步强化了规范性文件的监督管理和清理机制，及时对一批已经过期的国务院文件宣布失效，以此规范政府行为，充分释放法治政府建设的红利。

最后，行政执法体制改革不断健全。推进综合执法是中共十八届三中、四中全会提出的改革任务，它对于推进依法行政、建设法治政府具有特别重要的意义。2016年，各级政府继续深化行政执法体制改革并取得显著成效。这一年来，各级政府着力于行政执法程序，各部门相继出台法规，建立健全执法程序，2016年7月1日，《公安机关现场执法视音频记录工作规定》正式实施，有效健全公安执法全过程的记录制度，对于解决执法证据不全、证据不固定等问题发挥了重要作用。同时,还进一步严格行政执法人员资格管理制度,提高行政执法人员素质。吉林省在 2016 年 6 月颁布施行的《吉林省行政执法证件管理办法》就规定禁止为合同工、临时工、公益性岗位人员申领和发放执法证件,临时工执法正式退出历史舞台。2016 年 11 月,陕西省印发了《关于严格清理行政执法人员 进一步做好申领和换发〈陕西省行政执法证〉工作的通知》,根据这一通知要求,陕西省对行政执法人员进行了严格清理,全省共清理行政执法人员 8821 人。[①]

(三) 政府与市场关系更加协调

党的十八届三中全会提出,要使市场在资源配置中起决定性作用,同时更好地发挥政府作用。2016 年,按照这一要求,政府着重履行宏观调控和监督管理责任,扩大市场自主权。该年 6 月,国务院印发《关于在市场体系建设中建立公平竞争审查制度的意见》,建立健全公平竞争审查制度,以此推动建设统一开放、竞争有序的市场体系。同时,这一年来,国务院还印发了有关钢铁、煤炭等产能过剩行业实现脱困发展的意见,加大宏观调控力度。与政府市场关系的调节相配合,还进一步优化中央和地方的关系。该年 4 月,国务院批转《关于 2016 年深化经济体制改革重点工作意见的通知》,深入研究收入划分改革整体方案,合理确定增值税中央和地方分享比例,把适合作为地方收入的税种下划给地方,在税政管理权限方面向地方适当放权,调动中央和地方两方面的积极性,从而有效地改变了长期以来央地事权划分中所存在的问题。

四 坚持全面依法治国,推进法治中国建设

法治是推进国家治理现代化的基本方略,自十八大以来,党和国家越来越重视法治在治国理政中的重要作用。2014 年,党的十八届四中全会审议通过了《中共中央关于全面推进依法治国若干重大问题

---

① 《陕西:清理行政执法人员 8821 人》,《人民日报》,2017-2-17 (11)。

的决定》，确定了全面依法治国的目标、方针和基本原则等，极大地推动了中国法治事业的发展。在此基础上，2016年，中国继续推进全面依法治国事业，中国法治建设取得更大成效。

（一）坚持科学立法，着力提高立法质量

科学立法是法治建设的基础和前提，2016年，全国人大常委会坚定党对立法工作的领导，坚持民主决策集体领导，坚持健全重大立法项目和立法中的重大问题向党中央请示报告制度，认真贯彻落实年初出台的加强党领导立法工作的意见和相关立法规划，抓好重点领域的立法，及时将党的路线、方针、政策和重大决策部署贯彻落实到立法过程中，使党的主张上升为国家意志。有立法权的地方也按照中央的大政方针领导本地区立法工作，保证立法坚持正确的方向。同时，加大立法过程的开放性，采取专家咨询、网络征求意见等多种形式，集思广益，凝聚智慧，力争以民主立法促进科学立法。以慈善法的立法过程为例，其就"呈现出学界、实务界和立法机关密切沟通、良性互动的崭新气象。起草过程中，内司委共收到7份慈善法草案专家建议稿、几十份专题研究报告和数百万字相关资料"[1]。而且相关立法更趋务实，这一年来，立法机关立足实际，牢牢把握我国的基本国情和经济社会发展的实际情况和要求，坚持问题意识和问题导向。"截至11月，全国人大及其常委会今年共制定慈善法、网络安全法、电影产业促进法等7部法律，通过了全国人大常委会关于香港特别行政区基本法第一百零四条的解释，并对民办教育促进法、野生动物保护法、节约能源法等25部法律进行了修改。"[2] 从这些立法成果看，该年的立法和有关法律的修改，无一不聚焦社会治理重大问题，其确立和修改必将对全面深化改革和经济社会的发展产生巨大的正向作用。并且，这一年来，立法工作越来越把所立之法的切实管用作为立法工作的目标。对此，立法机关开展广泛调研，及时了解社会各界的关切并积极予以回应，以此在立法过程中增强法律的针对性和实效性。

---

[1] 《从三个理念看科学立法》，《光明日报》2016年8月22日。
[2] 《努力实现以良法促进发展保证善治》，《法制日报》2016年12月20日。

(二) 加强严格执法，推进执法规范化

法律的生命力在于执行，严格执法作为法治建设的重要一环，是全面依法治国的重点。2016年，中国以加强执法规范化推进严格执法，着力于强化执法质量管控，促进执法主体依法履职。首先，深化"阳光执法"建设，这一年来，各级政府完善网上执法办案信息系统，建立健全执法过程记录制度，以执法信息化建设推进"阳光执法"。同时，各地区、各部门普遍建立重大违法案件公开通报制度，将案情和相关处理结果通过网络公开，并接受全社会监督例如，《四川省人民政府2016年度法治政府建设工作安排》提出，四川将建立执法全过程记录制度和行政执法公示制度，确保严格规范、公正、文明执法。[①]

其次，完善执法体制机制建设。这一年来，针对执法过程中所存在的执法队伍分工不明确、执法力量分配不合理和层级执法事权不清晰等问题，各地区各部门普遍健全执法体制机制，以此适当综合执法职能，合理配置层级执法权限。同时，各级执法部门着力细化执法标准和操作规程，为执法人员的执法活动提供精确指引。例如公安部于2016年7月举办了全国公安机关规范执法视频演示培训会，就一线民警在执法实践中具体"应该怎么做""不应该怎么做"进行了直观演示。[②] 此后，各省区市纷纷召开会议，并就深化公安执法规范化建设做出明确要求和具体部署，促进了公安执法的规范化和明确化。

最后，提升执法主体依法履职能力。这一年来，各级执法部门着力培养执法人员的法治思维。围绕执法过程中执法依据、执法程序等重点方面和关键环节，各执法部门提出了一系列加强和改进的具体措施，保证执法工作始终在法治轨道上运行。同时，强化执法能力建设，强调抓住领导干部"关键少数"和基层一线执法主体，建立健全常态化执法教育培训机制，实行法律要求与实战应用相结合的执法

---

① 李庆:《把执法全过程晒在阳光下》，《中国纪检监察报》2016年6月2日第4版。
② 《细化执法标准操作规程，提高执法意识执法水平》，中国警察网，http://special.cpd.com.cn/n34814350/n34814417/c34817791/content.html。

培训模式，加强对领导干部遵法学法守法用法的考核监督，不断提升运用法治思维和法治方式维护稳定、治理社会的能力。

（三）深化司法体制改革，推进公正司法

2016年是司法体制改革的攻坚之年，在这一年里，司法权力运行机制改革、诉讼制度改革等各项改革举措全面铺开，并深入推进，取得了极大的成效。在司法责任制方面，这一年，先后出台了有关省以下人民法院、检察院内设机构改革试点的有关方案，以此探索建立机构设置合理、运转高效、职能优化的司法工作运行机制。同时，完善职业保障制度建设，出台相关文件，健全保护司法工作人员依法履职机制，对法官、检察官的调离、免职、辞退和降级、撤职等做了明确规定。此外，完善司法人员管理制度，改进改革司法人员的职务序列和工资待遇，调动司法人员工作的积极性，拓宽司法人员选任渠道，从律师和法学专家中公开选拔司法工作者，并规范选任机制。在诉讼制度改革方面，推进以审判为中心的刑事诉讼制度改革，着力发挥庭审在司法过程中的实质性作用，从制度上防止冤假错案的发生。同时，健全司法权力运行和监督制约机制，对公安执法、司法鉴定和跨部门案件等司法权力运行予以规范。并且，进一步深化司法公开，制定在互联网公布裁判文书规定、庭审网络直播操作流程，确保司法权力在阳光下运行。

在制度体系不断规范完善的同时，还不断健全相应的体制机制，狠抓制度的落地生根。一方面，注重各项改革措施之间的统筹协调。在内设机构改革上，同步推进有关改革措施，以此整合力量，解决"官多兵少"、职能重叠等问题。在推进以审判为中心的刑事诉讼制度改革方面，推进繁简分流，完善速裁程序、简易程序、普通程序相配套的多层次诉讼制度体系，努力实现诉讼程序多样化、精细化，发挥改革的整体效能。另一方面，强化监督。这一年来，中央改革办、中央政法委员会、最高人民法院等对全国部分省区市开展督察，内容涉及司法体制改革工作、司法责任制落实等。同时，还着力开展了第三方评估工作。例如中国法学会、例如中国政法大学分别开展司法体制改革第三方评估，客观评估进展成效，查找问题，提出对策建议。

这一年来，司法体制改革取得显著成效，不仅司法队伍专业化和职业化水平大大提高，而且法院检察院队伍结构进一步优化，司法人力资源配置向办案一线下沉。据统计，经过此番改革，"一线办案力量增加20%左右，85%以上司法人力资源配置到办案一线"①。同时，办案质量效率显著提升，"2016年，全国法院人均结案数、当庭宣判率上升，上诉率、发回改判率下降，全国法院2016年审结案件1979.5万件，同比上升18.33%，一审服判息诉率达88.93%。"②

（四）加强普法建设，推进全民守法

2016年是"七五"普法的开局之年，这一年来，在全面贯彻党的十八大和十八届三中、四中、五中全会精神的基础上，全国上下弘扬法治精神、培育法治信仰、推进法治文化建设，努力营造良好的法治环境。

在这一年里，"七五"普法规划出台，对普法工作的指导思想、主要目标、工作原则和主要任务等予以明确，与之前的规划相比，"七五"普法规划强调要深入学习宣传习近平总书记关于全面依法治国的重要论述，从而使普法教育更具时代性。为有效贯彻落实"七五"普法规划，各地普遍举办"七五"普法骨干培训班和新媒体普法培训班，编写宪法读本等"七五"普法全国统编教材，成立普法讲师团，开展志愿者普法活动等，深入学习宣传习近平总书记关于全面依法治国的重要论述。此外，这一年来，还开展各类法治教育宣传主题活动，包括开展国家安全日、国家宪法日宣传活动，做好新颁布新修订法律法规的学习宣传，加强非公有制经济领域法治宣传教育，编写面向非公有制企业和商会的法律读本等。同时，2016年的普法活动还结合"两学一做"教育，深入学习宣传党章和党内法规，注重党内法规宣传与国家法律法规宣传的衔接和协调，从而引导全社会树立法治观念，培育法治信仰，建设法治社会。

---

① 《中国法治建设年度报告（2016）》，民主与法制网，http://www.mzyfz.com/cms/xuehuigongzuo/html/1535/2017-06-14/content-1274931.html。

② 同上。

2016年还强调国家工作人员，特别是领导干部的学法用法，并着力推动其制度化、规范化。该年4月颁布的《关于完善国家工作人员学法用法制度的意见》，提出要通过健全党委（党组）中心组学法制度、日常学法制度、加强法制培训和完善考核评估机制等来完善国家工作人员学法用法制度。为有效贯彻这一文件要求，相关部门研究制定具体落实方案。依据不同部门、不同岗位的特点，进一步健全了法治培训、定期法律考试、任职法律考试和依法决策、依法履职等制度，并推动把能不能遵守法律、依法办事作为考察干部的重要依据。同时，还加强了对该文件落实的督查，力求把该意见提出的各项制度措施落实到位。

2016年还着力推进社会主义法治文化建设，将法治文化建设纳入现代公共文化服务体系，促进法治文化与地方文化、行业文化、企业文化的融合发展，充分发挥法治文化的引领、熏陶作用，并且更加注重运用互联网、新媒体等推进普法宣传教育，加快法治宣传教育的信息化建设。通过政府购买服务引入众创众包模式等，激励社会力量针对热点问题开展法律解读，充分调动社会各界利用新媒体开展法治宣传教育的积极性。同时，将法治宣传教育与法治实践相结合，开展民主法治示范村（社区）、依法治校示范学校、诚信守法示范企业等创建活动，提高基层治理法治化水平，把社会主义法治文化建设融入法治实践之中。

五 人权事业进一步发展

2016年，中国坚持新发展理念，注重机会公平，保障基本民生，着力增进人民福祉，继续加大各项人权保障力度，推动中国特色社会主义人权事业取得新进展。

（一）社会经济文化权利得到保障

第一，在社会保障方面。这一年来，中国进一步扩大全面参保登记计划试点，推进全民参保计划。以天津市为例，2016年7月12日，天津市发布全民参保实施计划，按要求在2016—2018年全面实施全民参保计划,力争基本养老保险在期末达到806万人;基本医疗保险覆盖全民,期末达到1078万人;工伤、失业、生育保险参保率达到90%以上。① 就全国范围而言,到2020年,预计中国法定应参保人数约为11.3亿人,实际参保人数有望超过10亿人。② 2016年还进一步深化医疗保险制度改革,7月,发布《关于做好2016年城乡居民大病保险工作的通知》,明确要求各地提高大病保险筹资水平,鼓励地方探索向困难群体适当倾斜的具体办法。同时,整合报销比例,建立合理分担、可持续的医保筹资机制。此外,推进城乡社会救助体系建设,通过引进社会力量参与、落实工作责任制、加大资金投入等措施,力争在全国建立起城乡统筹、政策衔接、运行规范、与经济社会发展水平相适应的特困人员救助供养制度。

第二,在健康权利方面。这一年来,进一步推进基本公共卫生服务工作力度,健全相关制度体系。该年1月,国务院出台《关于整合城乡居民基本医疗保险制度的意见》,明确整合城镇居民基本医疗保险和新型农村合作医疗制度,建立统一的城乡居民基本医疗保险制度。11月,出台《关于进一步推广深化医药卫生体制改革经验的若干意见》,提出建立"三医"联动工作机制、健全公立医院运行新机制、加强对医疗服务的外部制约、建立现代医院管理制度、加快分级诊疗制度建设、充分利用互联网技术等,推动医疗改革向纵深发展的措施。同时,完善居民健康的信息化建设,6月,国务院办公厅印发《关于促进和规范健康医疗大数据应用发展的指导意见》,从夯实应用基础、全面深化应用、规范和推动"互联网+健康医疗"服务、加强保障体系建设等方面部署了14项重点任务和重大工程。在这一年里,还加强了对基本公共卫生服务项目的分类管理,推进家庭医生签约计划,特别是将贫困人口作为重点签约对象。同时,在用药安全方面,开展药品和医疗器械审评审批制度改革、推进建立药品追溯体系,为保障群众安全用药提供了有效支撑。此外,还出台《全民健身

---

① 《今年起三年实施全民参保计划》,《天津日报》2016年7月23日。
② 《"十三五"时期我国将实施全民参保计划》,央广网,http://china.cnr.cn/ygxw/20160516/t20160516_ 522149241.shtml。

计划（2016—2020）》，就弘扬体育文化、开展全民健身活动、统筹全民建设场地等七个方面的任务予以规划，从而全方位保证人民的健康权利。

第三，在提高人民生活水准方面。2016年，党和国家着力提高人民收入水平和生活水平，提升人民生活质量。在扶贫攻坚上，各地各部门着力细化落实中央方针、健全精准扶贫政策体系，完备扶贫档案卡，针对贫困村、贫困户的实际情况，因地制宜地发展产业扶贫，圆满完成减少1000万农村贫困人口的扶贫任务。在住房安全上，进一步推进城镇棚户区住房改造和农村危房改造，提高方案建设质量，保证人民享有更好的居住环境，促进居住安全。在食品安全方面，各级政府食品安全法，创新执行机制，推进食品安全检查的职业化和专业化的检查员队伍，落实对食品安全的属地监管责任。该年5月，国务院办公厅印发《2016年食品安全重点工作安排》，提出健全法规标准，突出源头严防、过程严管、违法严惩，加快完善统一权威监管体制。在出行上，不断完善航空、铁路、公路出行网络，特别是加大了乡镇和建制村的路面硬化率和客车通行率，保证人们的出行权利。

第四，在工作权利方面。在当前严峻的就业形势下，党和政府多管齐下，实施更加积极的就业政策，保证充分就业，促进高质量就业。在毕业生就业上，"十三五"规划提出，要落实高校毕业生就业促进和创业引领计划，在高校内部，也普遍实施创业政策拓展行动，通过简化各类行政手续、落实财政补贴制度、实施税收优惠等政策带动高校青年就业创业。在职业技能培训方面，各地陆续出台政策，对残疾人员、退役军人、失业人员等进行免费的技能培训和创业培训，力争在此后几年内消除劳动者无技能从业现象。同时，进一步健全劳动监察执法体制和劳动人事争议处理机制，严禁就业歧视，加强对企业特别是中小企业实行劳动合同制度的指导，提高合同履行质量，以此优化劳动合同关系。

第五，在受教育权利方面。继续普及学前三年教育，各地普遍制定了普惠性民办幼儿园的政府指导价，力促其与公办幼儿园等质同价。进一步促进义务教育的均衡发展，缩小区域、城乡之间在硬件设施、师资水平等方面的差异，使之处于一个相对均衡的状态。与之相适应，这一年来还加强了农村教师队伍建设，切实落实乡村教师支持计划，通过拓展乡村教师补充渠道，提高乡村教师生活待遇，全面提升乡村教师能力素质等举措，努力造就一支素质优良、甘于奉献、扎根乡村的教师队伍，力争让每个乡村孩子都能接受公平、有质量的教育，阻止贫困代际传递。在高中教育阶段，这一年来，加大高中阶段教育的普及力度，对高中阶段家庭困难学生减免学杂费，加大对中西部贫困地区高中阶段教育的扶持力度。同时，还完善了治学教育体系建设，实施国家基本职业培训包制度，完善职业培训包工作机制，为各类就业群体参加培训创造条件、提供帮助。大力促进高等教育发展，扩大重点高校对中西部和农村地区的招生规模，加大高校阶段国家对家庭经济困难学生的资助力度，推进教育公平。

第六，在文化权利方面。2016年，《公共文化服务保障法》出台，对公共文化设施的建设与管理，公共文化服务的提供，以及相关的保障措施和法律责任都予以明确规定。该法的出台有利于进一步加强公共文化服务体系建设，丰富人民群众精神文化生活，保障人民的文化权利。同时，还着力推进新兴文化产业发展，促进文化资源在全国范围内的流动，并以新兴文化产业的发展推动经济发展。"从国家统计局数据来看，2016年，全国规模以上的文化及相关企业总营业收入约为8万亿元，比去年增长7.5%，高于GDP的同期增幅6.7%。"[①]

第七，在环境权利方面。实行最严格的环境保护制度，着力解决大气、水、土壤等突出的环境问题。这一年来，各级政府认真落实环境保护法和大气污染防治法等各项法律，以硬性的法律制度保证生态环境。同时，健全环境监察体制，强化地方党委和政府及其相关部门的环境保护责任，调整地方环境保护的管理体制，并着力健全高效协调的运行机制，以此解决环保管理体制方面的突出问题，推进生态环境的有效治理，保障大众的环境权利。

（二）保障公民权利和政治权利

第一，在人身权利方面。2016年，中国以保障涉及公民人身的

---

① 《文化产业发展 新兴增长点》，网易财经，http://money.163.com/17/0213/00/CD45E895002580S6.html。

执法行为和司法行为为重点，保障公民人身权利。一方面，各级政府纷纷出台相应措施，完善规范监管场所的执法行为，限制该领域内权力的任性和滥用，规范行政权力运行，充分保障各类被限制人身自由人员的权利。同时，进一步健全既有法律制度运行的程序性建设，特别是严格落实监管场所的各项规章制度，严查行政机关的法外设定权力，严防刑讯逼供。保证羁押人员的信息反馈渠道，并加大力度查处国家机关工作人员利用职权非法侵害公民人身权利的犯罪。另一方面，最高检察院发布了《人民检察院办理羁押必要性审查案件规定（试行）》，规定被逮捕的犯罪嫌疑人、被告人，可向检察机关申请进行羁押必要性审查，检察机关审查后认为不需要羁押的，将建议办案机关予以释放或者变更强制措施。最高人民法院也公布修改后的《中华人民共和国人民法院法庭规则》，明确在押被告人或上诉人出庭受审时不着监管机构的识别服，一般情况下不得对被告人或上诉人使用戒具，从而在司法方面进一步保障了公民的人身权利。

第二，在司法程序方面。尊重司法运行规律，保证公民的公平审判权利。2016年，在司法体制建设上，各级司法机关着力保障诉讼当事人权利。该年发布的《关于推进以审判为中心的刑事诉讼制度改革的意见》，明确要求完善讯问制度，严格依照法律规定对讯问过程进行全程同步录音录像，防止刑讯逼供，不得强迫任何人证实自己有罪。同时健全司法赔偿和救助制度，2016年1月，最高检颁布了有关刑事赔偿和司法赔偿的解释，界定了刑事赔偿内涵、明确赔偿法律关系主体、合理确定赔偿标准、规范赔偿金计算的时间标准、明确赔偿决定效力等内容。7月，又印发了《人民检察院国家司法救助工作细则（试行）》，明确检察院国家司法救助工作的范畴，并规定了检察院应当予以救助的七类具体情形。9月，最高法院首次将精神损害赔偿引入非刑事司法赔偿领域，完善了国家赔偿法精神损害的适用范围。

第三，在宗教信仰自由方面。首先，依法管理宗教事务。中国宪法规定，公民有宗教信仰自由、国家保护正常的宗教活动，任何组织和个人不得强迫公民信仰宗教或不信仰宗教，不得歧视信仰宗教的公民或不信仰宗教的公民。在宪法精神的指引下，这一年来，各地区各部门遵循民族区域自治法、刑法、民法通则、教育法、劳动法、广告法等法律中的相关规定，依法管理宗教事务，保护信教公民的习俗。各地区在上述法律的基础上，还结合自身实际颁布了一系列地方性法规，新疆就颁布了《新疆维吾尔自治区清真食品管理条例》《新疆维吾尔自治区民族团结进步工作条例》等一系列法律法规，对清真食品的生产和销售，具有宗教色彩的传统习俗等都予以规定和尊重。其次，保护正常的宗教活动。以新疆为例，截止到2016年6月，新疆现有清真寺、教堂、寺院、道观等宗教活动场所2.48万座，宗教教职人员2.93万人，宗教团体112个，发行各类宗教经典书籍和杂志总量达176万册。[①] 这些宗教设施和人员有效地满足了信教公民正常宗教活动的需要。同时，强化对宗教场所、宗教活动、宗教教职人员的管理，严防极端势力借助宗教进行渗透，依法惩处利用宗教进行的违法犯罪活动。最后，在坚持宗教独立自主自办原则的基础上，开展宗教的平等友好交流。这一年来，中国举办了"中德宗教对话——和平与共享"跨宗教对话会、"中奥《道德经》研讨会""汉传佛教祖庭文化国教学术研讨会"等宗教对话研讨和国际会议，以此探讨共同面对的社会问题，增进相互了解，推动互鉴合作。

第四，在知情权与参与权方面。这一年来，一方面，中国多渠道多领域拓宽公民知情权的范围，健全有序参与政治生活的机制。2016年，加强互联网政务信息数据服务平台建设，该年9月，下发关于加快推进"互联网+政务服务"工作的指导意见，进一步规范了网上政府服务平台建设，推进实体政务大厅与网上服务平台的融合发展，并推动基层服务网点与网上服务平台无缝对接，从而提高政务公开信息化、集中化水平，有效地提高了政府服务的质量与实效。同时，结合互联网特点，加强政务公开，推进执法、警务、狱务、审判、检务等全方位公开，建立健全生效法律文书统一上网和公开查询制度。另一方面，提高公众在政治生活和社会治理中的参与度。推进落实人民陪审员"倍增计划"、特约检察员机制、人民监督员制度等。同时，

[①] 《新疆的宗教信仰自由状况》，新华网，http://news.xinhuanet.com/politics/2016-06/02/c_1118976926.htm。

在社会领域发挥市民公约、乡规民约、行业规章、团体章程等社会规范在社会治理中的积极作用，推进社会自治。

（三）充分保障特定群体的权利

第一，加强对未成年人的保护。这一年来，强化政府和社会保障未成年人权益的责任，充分落实《未成年人保护法》等相关法律法规中的要求，以健全未成年人保护工作体制机制为切入点，保障未成年人的人权。2016年2月，民政部成立未成年人（留守儿童）保护处，该部门结合民政部自身职能优势，着力拟订未成年人保护发展规划，推进农村留守儿童的关爱服务等相关工作，推动实现对未成年人的家庭、学校、社会和司法等各方面保护的有效衔接，建立完成未成年人保护工作机制和服务体系。在此基础上，该年4月，民政部等27个部门建立农村留守儿童关爱保护工作部际联席会议制度，以此统筹协调全国农村留守儿童关爱保护工作。6月，国务院印发《关于加强困境儿童保障工作的意见》，对贫困儿童保障的指导思想、基本原则和分类保障措施等予以明确规定，力争为贫困儿童健康成长营造良好环境。

第二，提升残疾人权利保障力度。近年来，党和国家越来越重视对残疾人群体的权益保障。2015年，在全面建成小康社会的背景下，《国务院关于加快推进残疾人小康进程的意见》出台，提出要扎实做好残疾人基本民生保障，促进残疾人及其家庭就业增生等。2016年，各地区各部门继续着力完成该意见的相关要求，在此基础上，2016年7月，国务院印发《"十三五"加快残疾人小康进程规划纲要》，对加快残疾人小康进程的主要指标、主要任务和保障条件等予以量化规定，并要求各地区据此制定当地残疾人事业"十三五"规划或加快残疾人小康进程规划，同时，各级政府残疾人工作委员会及相关部门要对纲要执行情况进行督查、监测和跟踪问效。该年9月，国务院办公厅印发《国家残疾预防行动计划（2016—2020年）》，作为我国首个在残疾预防领域的国家级规划，强调要通过控制出生缺陷和发育致残、防控疾病致残、减少伤害致残等具体行动，有效减少、控制残疾的发生、发展，推进健康中国建设。通过一系列的纲要规划、制度设定和工作努力,这一年来,残疾人小康进程显著加快,残疾人状况与社会平均水平的差距明显缩小,残疾人权益得以有效保障。

第三,增进对妇女的权益保护。性别平等是一个社会文明发展的重要标志和内涵,这一年来,中国进一步改善妇女发展环境,保障妇女合法权益。首先,在国家和社会事务的管理上,女性在各级人大代表、政协委员中的比例进一步提高,根据各国议会联盟发布的《2016年议会中的女性》年度调查报告,中国全国人大女性代表比例为23.7%,超过了全球23.3%的平均水平。[①] 其次,贯彻男女平等就业原则,努力消除对女性求职、发展方面的歧视。这一年来,各级落实相关法律的原则,在招聘、晋升、培训等方面构建更为严格和更具可操作性的制度体系,减轻就业性别歧视。再次,保障妇女的家庭权利。这一年来,完善生育保险制度,发展托幼机构,为妇女平衡工作与家庭提供支持。同时,贯彻落实《反家庭暴力法》,各地不仅强化宣传力度,营造全社会关注家暴、反对家暴的良好氛围,还进一步健全体制机制,加强各部门之间的沟通、协调,加大对司法人员、社会工作者和群众团体反家暴的培训,提升有关部门的执法力度,推动反家暴工作再上新台阶。

第四,加强对老年人权益的保护。2016年,中国弘扬敬老养老助老社会风尚,实施老龄互助关爱工程,切实维护老年人合法权益。这一年来,中国通过引入社会力量,着力建设以居家为基础、社区为依托、机构为补充,功能完善、规模适度、覆盖城乡、医养结合的养老服务体系。同时。加强老年人优待工作,完善高龄老年人护理补贴、房屋改造等各方面政策,并在医疗保健方面提供更多的优惠服务。此外,进一步推进服务老年人的公共文化设施建设,加强社区养老服务设施与社区体育设施的功能衔接,增加老年人公共文化产品供给,从而为老年人提供更为宜居的生活环境。

(四) 开展人权教育、积极参与国际人权活动

2016年,中国的人权事业成就也在与外国的交流中得以彰显,

---

① 《各国议会联盟:中国全国人大女性代表占23.7%,超全国平均水平》,国际在线,http://news.cri.cn/20170308/75aa5d37-f67a-66fa-56bc-605097308070.html。

中国积极参加国际人权交流，就各类人权展开对话与合作，积极倡导国际社会平等、公正地处理人权问题，在国际人权事业中的话语权愈加增强。在包括联合国人权机构在内的各类相关的国际组织中，中国的地位也越来越重要。该年10月，在联合国人权理事会的改选上，中国以180票连任，①这充分说明了中国的人权建设已经获得了国际社会的普遍认可，并以更加积极的姿态努力推动国际人权事业向前发展。同时，在人权理念方面，中国声音也愈加响亮，该年3月，中国就国际人权交流与合作提出了恪守《联合国宪章》宗旨和原则，尊重各国人民的自主选择，建设性地处理分歧与平衡推进民生和民主两类人权在内的四点原则性建议，获得了与会各国的普遍认可。此外，这一年来，中国也就维和问题、国际反恐等人权热点问题与各个国家和国际组织展开交流，表明了中国维护世界和平、保障人权的决心。

六　各种政治关系进一步协调发展

（一）政党关系趋向完善

中国共产党是执政党。各民主党派是接受中国共产党领导，同共产党通力合作、共同致力于社会主义事业的亲密友党，是参政党。这一年来，中国共产党和各民主党派遵守宪法和法律，遵循"十六字方针"，共同谱写亲密合作的友好篇章。统一战线作为中国共产党和各民主党派合作的重要平台，2015年，中共中央印发《中国共产党统一战线工作条例（试行）》，这是第一部有关统一战线的党内法规，在党的统一战线历史上具有里程碑意义。2016年，中国共产党和各民主党派贯彻该条例中的相关要求，坚持党对统战工作的领导，中国的政党关系更为和谐。

这一年来，民主党派将其社会服务工作与参政议政、民主监督和自身建设相结合，深入学习贯彻习近平总书记系列重要讲话，切实增强"四个意识"，围绕"四个全面"战略布局，认真执行党的路线方

---

① 《中国高票连任联合国人权理事会成员》，中国新闻网，http：//www.chinanews.com/gj/2016/10 - 29/8047034.shtml。

针政策，最大限度地为中国的改革和发展凝聚人心、汇聚力量、提供支持。这一年来，民主党派结合自身议政建言的政治优势、人才荟萃的智力优势、联系广泛的资源优势、协调关系的功能优势，在全面贯彻中央关于经济工作的决策部署和坚持新发展理念的基础上，就推进经济供给侧改革、"一带一路"倡议实施、脱贫攻坚战略、创新型企业培育、健康与养老产业发展等问题开展深入调研，积极建言献策，服务大局，做了大量富有成效的工作，对于执政党查找问题、分析问题、解决问题，克服工作中的不足，把握工作主动权，完善举措发挥了重要的帮助作用。

2016年，各民主党派加强自身建设。借助于"两学一做"学习活动，民建等各民主党派纷纷组织开展"学系列讲话、学会章会史，做合格会员"学习教育活动，在民主党派中掀起一股"两学一做"学习教育的热潮，从而有力地深化民主党派组织建设和思想意识建设。这一年来，各民主党派还着力提升其成员"五种能力"建设，引导其成员坚持正确的政治方向，突出责任担当，充分调动广大会员的积极性、主动性、创造性，增强民主党派基层组织活力。同时，这一年来，民主党派还深刻学习"七一"重要讲话精神，并将对讲话的学习与当前的工作紧密结合起来，始终不渝地坚持中国共产党的领导，不断巩固团结合作的思想政治基础，学习借鉴执政党建设经验，努力加强民主党派自身建设。

（二）阶级阶层关系日趋合理

2016年，中国以户籍制度改革为抓手，缩小城乡差距，以此推动阶级阶层关系的优化协调。2014年，国务院出台《关于进一步推进户籍制度改革的意见》，根据这一意见的相关要求，中国继续加大户籍制度的改革力度，截至2016年9月，全国各省区市均已出台户籍制度改革方案，全部取消农业户口，城乡二元户籍制度成为历史。在此基础上，该年颁布的《推动一亿非户籍人口在城市落户方案》，提出在"十三五"期间，加速破除城乡区域间户籍迁移壁垒，使户籍人口城镇化率年均提高1个百分点以上，年均转户1300万人以上，到2020年将全国户籍人口城镇化率提高到45%，各地区户籍人口城镇化率与常住人口城镇化率差距比2013年缩小2个百分点以上。与推进户籍制度改革相适应，这一年来，还制定实施了一系列配套政策和措施，从而不断深化优化阶级阶层关系。加大对农业转移人口市民化的财政支持力度，保障农村转移人口受教育权利，完善其基本医疗、住房、土地、就业和社会保障制度等方面的建设，以此提升城市的承载能力，保证农村转移人口有序实现市民化，并与城镇居民享有同等权利。

这一年来，党和政府还着重破解"三农"难题，通过培育新型职业农民，大力推进农业现代化，提高农业质量效益和竞争力，进而优化阶级阶层关系。该年5月，农业部和财政部发布关于做好新型职业农民培育工作的通知，提出通过锁定培育对象、明确培育主体、遴选优秀师资和创新培育方式，着力培养一大批有文化、懂技术、会经营的新型职业农民，为农业现代化提供强有力的人力保障和智力支撑。据统计，2016年国家加大了对新型职业农民培育工作的支持力度，中央财政投入13.9亿元，确保完成100万新型职业农民培育任务；同时新型职业农民培育工程示范范围进一步扩大至全国8个整省、30个整市和800个示范县。[①]

（三）民族关系日益和谐

民族关系是政治关系的重要组成部分，特别是对于中国来说，作为统一的多民族国家，能否妥善处理民族关系问题关涉到国家的安定团结和长治久安。十八大以来，中国更加重视民族关系的重要性，召开中央民族工作会议，为今后一个时期处理民族关系问题指明了方向。2016年，沿着这一方向，中国继续加强民族团结，推进民族工作。首先，保障少数民族平等参与管理国家和社会事务的权利，这一年来，通过高考、考研、公务员考试的政策倾斜等措施，培养了大批民族干部，不仅保证了民族干部的比例，还在整体上提高了少数民族参政议政的能力。其次，推进民族地区经济社会发展，由于自然、历

---

① 《2016年中央财政投入13.9亿元 培育100万名新兴职业农民》，新华社，http://news.xinhuanet.com/2016-06/27/c_1119121603.htm。

史等原因，民族地区经济发展水平显著低于全国，城镇化水平低、工业化程度低、人均收入低、少数民族普遍受教育程度低、住房条件差、卫生服务差，呈现出明显的多维贫困特征。对此，党和国家将此作为扶贫攻坚的重点和关键，剖析民族地区贫困的复杂成因，出台大量扶持民族地区经济社会发展的一般性政策，通过弥补制度缺陷，创新扶贫模式，支持民族地区发展优势产业和特色经济，探索适合民族地区特点的扶贫道路；并推动国家公共服务资源向民族自治地方倾斜，以此进一步缩小民族地方在居民收入、义务教育、医疗卫生、社会保障与全国平均水平的差距，优化民族关系。最后，保障少数民族的文化权利。这一年来，党和国家继续推动公共教育资源向民族地区倾斜，保障少数民族受教育权利，培养各类少数民族人才。同时，尊重和保障少数民族学习使用和发展本民族语言文字的权利，加强双语教学，提高少数民族语言文字教育水平，在民族地区加强双语教学。另外，还注重保护和传承少数民族传统文化，加强少数民族文艺作品创作生产和特色文化产业扶持力度，全方位优化民族关系。

（四）中央与地方关系进一步优化

推进国家治理现代化必须处理好中央和地方的关系，这其中，中央与地方的财政关系乃是关键。改革开放以来，中央与地方的财政关系经历了从高度集中的统收统支到"分灶吃饭"、包干制，再到分税制财政体制的变化，财政事权和支出责任划分逐渐明确，特别是1994年实施的分税制改革，初步构建了中国特色社会主义制度下中央与地方财政事权和支出责任划分的体系框架，为我国建立现代财政制度奠定了良好基础。不过，在新形势下，中央与地方之间的关系依然存在很多不协调、不规范的问题。对此，一直以来，党和国家立足全局，以央地之间财政关系为切入点，统筹央地关系。2016年，国务院发布《关于推进中央与地方财政事权和支出责任划分改革的指导意见》，以各级政府的财政事权和支出责任为重点，合理划分中央与地方在基本公共服务提供方面的任务和职责，优化中央与地方关系。根据这一意见，在中央统一领导下，实现各级政府的权责利相统一，在坚持有利于健全社会主义市场经济体制和法治化规范化道路的基础上，积极稳妥统筹推进，激励地方政府主动作为。具体来说，逐步将国防、外交、国家安全等全国性、战略性基本公共服务确定或划为中央的财政事权；逐步将受益范围地域性强、信息较为复杂且主要与当地居民密切相关的基本公共服务确定为地方的财政事权；逐步将重大基础设施项目建设和环境保护与治理等体现中央战略意图、跨省（区、市）且具有地域管理信息优势的基本公共服务确定为中央与地方共同财政事权，并明确各承担主体的职责。配合这一划分，还要求根据客观条件的变化建立动态调整机制，从而进一步优化了央地关系。

（五）国家与社会关系日益协调

改革开放以来，中国改变了计划经济体制，并逐渐确立了社会主义市场经济体制，市场在资源分配中发挥着决定性作用。市场经济的发展带动了众多的经济主体和社会主体的发展，由此极大地激发了社会的活力，促进了经济的发展。适应于这一情况，国家与社会的关系也随之发生调整。十八大以来，党和国家因应这一形势的需要，不断健全社会治理体系、转变政府职能、畅通表达渠道。2016年，以完善中国特色社会主义社会治理体系为重点，党和国家不断完善基本公共服务体系，加强在就业、教育、健康、文化、安全等各方面公共服务的质量，构建有利于人民健康发展的良好自然环境和社会环境，切实保障人民群众的生命财产安全，为国民经济和社会的进一步发展提供稳定的条件。一方面，注重社会治理的体制机制建设，健全利益表达、利益协调、利益保护机制，特别是更为注重基层治理建设，推进基层自治，完善基层民主决策、民主管理、民主监督机制，在治理过程中更加注重基层群众的感受度，让群众有更多的获得感；并且各地区还普遍推动社会力量参与治理，有效发挥社会组织等社会力量在社会治理中的作用，实现政府治理和社会调节、居民自治的良性互动，完善共治格局。另一方面，社会治理体系的不断健全也推动了社会组织的进一步发展，据统计，"截至2016年底，全国共有社会服务机构和设施174.5万个，职工总数1239.3万人，固定资产原价5393.6亿元；全国持证社会工作者共计 28.8 万人"①。

（六）海峡两岸和香港、澳门的关系出现新气象

2016年，中国继续坚持贯彻"一国两制"的方针，支持香港与澳门严格并准确地按照宪法和基本法办事，坚定地维护国家统一，加强内地与香港共同发展的政策支持。在政治方面，中央牢牢把握"一国两制"的正确方向，针对"港独"有关言行，十二届全国人大常委会第二十四次会议审议了基本法第104条的解释草案，从而有效维持了香港的法治，保证了香港特区政权机构的正常运作，维护了"一国两制"的原则底线。在经济方面，内地和香港、澳门之间的经贸关系进一步加深，"根据内地的海关统计，2016年，两地进出口贸易总额达到了2万亿人民币"②。在文教方面，更多的内地学生到香港和澳门就读，据统计，"来自内地的硕士生、博士生数量甚至已超过澳门本地学生"③。同时，更多的港澳学生也来内地就读、交流，据统计，内地200多所高校培养香港学生累计近7万名，每年到内地参观访问交流的香港学生超过17万人次。

在两岸关系上，由于民进党上台，回避"九二共识"，2008年以来两岸"大交流、大合作、大发展"的趋势受到冲击，两岸关系在2016年经历了一些挫折。对此，以习近平同志为核心的党中央重申反对分裂，维护祖国统一的严正立场和坚定决心，并出台一系列有力措施，推进两岸关系的发展。

不过，2016年两岸经贸关系继续维持较好发展势头，大陆仍是台湾最重要的贸易伙伴。在这一年里，ECEF早期收获计划仍获得较好实施，此外，大陆还与蓝营县开展交流，举行两岸企业家峰会，"津台会、鲁台会、浙江台湾周、赣台会、重庆台湾周、皖台投资合

---

① 《2016年社会服务发展统计报告》，中华人民共和国民政部网站，http://www.mca.gov.cn/article/sj/tjgb/201708/20170800005382.shtml。

② 《商务部：2016年内地与香港进出口贸易总额达2万亿》，中国新闻网，http://www.chinanews.com/cj/2017/07-06/8270563.shtml。

③ 《澳门高校拟吸引更多内地及境外学生就读》，中华人民共和国教育部网站，http://www.moe.edu.cn/jyb_xwfb/s5147/201601/t20160122_228620.html。

作对接会、江苏淮安台商论坛等相继举办，包括台湾工商团体和企业负责人、青年和基层民众代表等在内的两岸社会各界踊跃参与，并达成了许多具体成果"①。同时，大陆秉持"两岸一家亲"的理念，推进两岸经济社会融合发展，优化台湾青年和台湾民众来大陆学习、实习、就业、创业、生活的政策环境，加强为台商服务，维护台湾同胞合法权益，持续构建两岸命运共同体。

（七）履行大国责任 国际关系出现新局面

2016年，在以习近平为核心的党中央的领导下，中国特色大国外交卓有成效。9月，二十国集团领导人峰会在杭州举行，这一届峰会以"构建创新、活力、联动、包容的世界经济"为主题，习近平主席在峰会上发表重要讲话。他指出，二十国集团应从创新发展方式、建设开放型世界经济、完善全球经济治理等方面为世界经济的发展做出努力，引发世界各国的广泛关注。同时，这届峰会还发表了《二十国集团领导人杭州峰会公报》并签署了28份具体成果文件，极大地促进了世界经济的稳定复苏，同时也为国际合作树立了新的"标杆"。

2016年，中国还努力维护国家安全。针对所谓的"南海仲裁案"，中国外交部发表声明，表示该裁决是无效的，没有拘束力，中国不接受、不承认。国防部表示，中国军队将坚定不移地捍卫国家主权、安全和海洋权益，坚决维护地区和平与稳定，应对各种威胁挑战。10月，菲律宾总统杜特尔特抵京访华，中菲同意推动双边关系全面改善，这标志着南海问题重回对话协商解决的正确轨道，有关国家利用南海问题搅乱地区的图谋彻底破产。中国也从法律制度上建章立制，维护国家安全，这一年《反恐怖主义法》正式实施，这是党和国家对反恐怖主义工作的重大决策部署，不仅体现了完善国家法治建设、推进全面依法治国方略的要求，更体现了中国作为一个负责任大国的国际责任。

---

① 《深化两岸经济融合发展，推动两岸经贸往来》，人民政协网，http://www.rmzxb.com.cn/c/2016-11-08/1130807.shtml。

同时,"一带一路"建设不断推进,截至 2016 年末,已有 100 多个国家和国际组织参与其中,30 多个国家与中国签署共建合作协议,20 多个国家与中国开展国际产能合作。截至 6 月,中国同沿线 17 个国家共同建设 46 个境外合作区,中国企业累计投资超过 140 亿美元,为当地创造 6 万个就业岗位。① 作为一条共同繁荣之路,"一带一路"共创新型合作模式,树立了全球合作典范。

七 2017 年中国政治展望

作为"十三五"的开局之年,2016 年取得了辉煌的成就,这些成就为全面建成小康社会,推进国家治理现代化奠定了坚实的基础。立足于此,我们可以预见,未来一年中国在党的建设、行政体制改革、中国特色大国外交、全面依法治国等各个方面必将取得更为显著的成就。

(一)党的建设伟大工程迈上新台阶

党的十八大以来,以习近平同志为核心的党中央全面从严治党管党,着力改变党的治理失之于宽、松、软的问题,坚决惩治腐败,不断净化党内政治生态,确保党的纯洁性和先进性,使党在革命性锻造中焕发出新的强大生机活力,为社会主义现代化建设铸造了坚强的领导核心。不过也应该看到,当前阶段,"四大危险"依然不同程度地存在着,思想问题、作风问题等还未从根本上予以解决,这些危险和问题无疑会对党的执政能力和水平造成损害。因此,可以预见,2017 年党的建设必将继续聚焦于上述问题,并从以下几方面着力推进:

首先,重视思想政治建设,坚定理想信念。当前,世情国情党情发生了深刻变化,各类要素、关系波谲云诡,政治社会进程呈现出更大的不确定性。在这一形势下,必须进一步加强党的理论武装,为统筹"五位一体"总体布局和协调推进"四个全面"战略布局提供坚强的思想保证。对此,2017 年将推进"两学一做"学习教育的常态化制度化,坚持用党章党规规范党员、干部言行,引导广大党员深入

---

① 《大国外交 我们新开局》,《人民日报》2016 年 12 月 26 日第 19 版。

学习贯彻十八大和十八大历次全会、习近平总书记系列重要讲话精神和党中央治国理政新理念新思想新战略，增强"四个意识"。十八大以来，思想建设的一个显著趋势就是坚持问题导向，把检验思想政治建设的实效与实际问题的解决联系起来。2017年，将不断完善"两学一做"长效机制，把对问题的查找、整改和解决与学习过程结合起来，严格落实主体责任，强化党员干部的责任担当，并将其作为党建工作考核的重要内容。其次，持续正风肃纪，净化党内政治生态。2017年，将继续加大反腐败力度，拓展反腐败的广度和深度。同时，适应新形势的需要，不断完善反腐机制建设，加强作风督查，严防"四风"问题死灰复燃，从而增强群众的获得感，稳固党的执政根基。最后，加强政治建设，旗帜鲜明地讲政治。办好中国的事情，关键在党，要保证党的领导坚强有效，就必须旗帜鲜明地讲政治。2017年，将进一步完善和落实民主集中制的体制机制建设，在充分发扬民主的基础上，坚定中央权威和集中统一领导，保证全党严格遵守政治规矩，提高政治觉悟，增强全党战斗力。

尤其值得强调的是，2017年，举世瞩目的十九大将召开，可以预见，党的十九大报告会从党和国家事业发展的全局出发，对推动全面从严治党向纵深发展做出新部署，必将为实现"两个一百年"奋斗目标、实现中华民族伟大复兴的中国梦提供坚强的政治保证。

（二）行政体制改革持续推进

十八大以来，以"放管服"改革为重点的行政体制改革不断深化并已经取得较大成效，不过，制度层面的改革要落实到机制层面，并对社会经济产生正向的影响还需一个较为长期的过程。对此，2017年将继续深化"放管服"改革，进一步简政放权，减轻各类市场主体的负担，拓展其活动空间，为群众生活办事增添便利。同时，改变配套政策滞后的状况，创新管理方式，强化基层工作人员的服务理念和办事能力，着重治理怠政、懒政和消极不作为等现象，加强改革的作用力和实效性。

另外，十八大以来，国务院围绕政务信息化发布了多个重要文件。这为推动"放管服"改革探索了一条新的路径。目前，上海、广州等地都在借助于互联网探索推广"一门式"或"一站式"服务，这些探索积累了大量经验，同时也暴露出一些问题。可以预见，2017年，将在这些经验和问题的基础上，继续加大探索力度，扩大信息资源共享平台，协同各部门间的网上配合，畅通网上流程，建立各部门间互联互通的一体化网络，从而为"放管服"改革提供有效的互联网支持，推进政府治理现代化

（三）中国特色大国外交深入推进

十八大以来，面对风云变幻的国际形势，以习近平同志为核心的党中央统筹国内国外两个大局，不断完善外交方略与布局，取得了举世瞩目的外交成就。2017年，中国将继续沿着和平发展的道路，推动中国特色大国外交不断向前，开创对外工作新局面。可以预见，2017年，中国外交必将更加积极有为，在全球治理和朝核、伊核等国际热点问题上，中国将扮演更为积极的角色，承担更多国际责任，提供更多国际和地区公共产品，推动建设人类命运共同体。

同时，中国的主场外交在2017年也将有新突破。自2013年提出"一带一路"倡议以来，相关国家的合作稳步推进，在实现优势互补和联动发展方面，取得了显著成效。2017年，中国将举办"一带一路"国际合作高峰论坛，这一外交盛会的举办，必将进一步凝聚有关国家之间的合作共识，巩固良好的合作态势，实现互利共赢。这一年，还将举办金砖国家领导人第九次会晤。可以预见，在当前世界经济增长乏力，金砖国家经济增长面临挑战的情况下，这次会晤必将提振金砖国家的信心，深化金砖国家之间的合作交流，为金砖国家开辟更加光明的未来。

（四）全面依法治国走向深化

十八大以来，特别是十八届四中全会以来，全面依法治国在各领域各环节深入推进，以习近平同志为核心的党中央进一步将全面依法治国纳入"四个全面"战略布局，从而使得中国的法治建设达到了新的高度。可以预见，2017年，中国将继续深化全面依法治国实践，将立法重点放在全面深化改革急需的项目上，着力提高立法质量，以

良法促进善治。同时，有关部门也将进一步强化执法监督职能，推进执法机关严格公正文明执法，着重治理执法过程中不规范、不文明和不廉洁的现象。此外，2017年，还将继续推进以审判为中心的刑事诉讼制度改革，完善审判流程，健全审判的监管和管理，落实司法责任制，让民众切实感受到司法的公平正义。2017年将继续推进社会主义法治文化建设，增强民众特别是领导干部的法治观点、法治意识和法治能力，将普法与日常工作相结合，落实普法责任制，提升普法实效。还需要强调的是，自2014年设立国家宪法日以来，树立宪法至上的理念，加强宪法的实施和监督，一直是法治工作的重点。可以预见，2017年，还将继续弘扬宪法精神，普及宪法知识，增强宪法意识，让宪法和法律成为人民心中的信仰。

中国政治学理论研究的新发展

亓 光

在 2016 年 5 月 17 日召开的哲学社会科学工作座谈会上,习近平总书记发表了重要讲话,他指出:"哲学社会科学的特色、风格、气派,是发展到一定阶段的产物,是成熟的标志,是实力的象征,也是自信的体现。我国是哲学社会科学大国,研究队伍、论文数量、政府投入等在世界上都是排在前面的,但目前在学术命题、学术思想、学术观点、学术标准、学术话语上的能力和水平同我国综合国力和国际地位还不太相称。要按照立足中国、借鉴国外、挖掘历史、把握当代、关怀人类、面向未来的思路,着力构建中国特色哲学社会科学,在指导思想、学科体系、学术体系、话语体系等方面充分体现中国特色、中国风格、中国气派。"[①] 政治学作为经世致用之学,不但是哲学社会科学的有机组成部分,而且是当代中国特色哲学社会科学建设的重要内容。作为政治学研究的核心领域和关键议题,政治学理论的研究发挥着不可替代的作用。2016 年,以习近平总书记在哲学社会科学工作座谈会上的讲话为指导,我国政治学理论研究出现了一些新思路、新动向、新成果和新特点,需要认真梳理和全面总结。

---

① 习近平:《习近平谈治国理政》(第 2 卷),外文出版社 2017 年版,第 338 页。

一 政治学理论研究的总体态势

政治学理论研究的范围极其广泛，不同的学科认知路径与知识分析方法关于政治学理论的内涵和外延会产生较大分歧。近年来，存在将政治学理论等同于政治理论、政治哲学的看法，继而产生了关于政治学理论"中心地位"的担忧和疑虑。我们认为，对待政治学理论研究，不能陷入狭隘的政治理论范畴，应包括政治学的基础论域研究、核心概念研究、主要方法研究[①]等多个方面。为此，本文以CSSCI数据库中政治学理论相关发文情况为主要文献学依据，借助Citespace可视化文献分析工具，就2016年政治学理论的研究热点（关键词共现）、科学知识图谱（核心论域）、研究分布（主要贡献人、代表性研究机构），初步判断本年度政治学理论研究基本情况、研究热点与可能趋势。[②]

2016年，据不完全统计，CSSCI来源期刊发表政治学理论研究类学术论文约730篇，其中研究论文近500篇，总发文量占政治学研究类学术论文总量的7%—8%。从发文量来看，基本与新世纪以来历年的情况持平。这表明，由于政治学理论研究的基本问题、领域和内容相对稳定，其成果呈现的总体状况也是基本稳定的。从研究层次看，基础研究是政治学理论研究的基本特点（见图1）。在总体情况保持稳定的情况下，2016年政治学理论研究在以下三个主要方面的表现值得关注。

从政治学理论研究的基本面向来看，相关研究成果呈现出"三位一体"的特点，即形成了以基础研究为本、特色研究突出、多元研究活泼为特点的科学知识图谱。第一，基本理论研究（基础研究）仍然是政治学理论研究最根本的特征。这主要体现在政治理论著作的选

[①] 因研究方法问题较为特殊，对之另有专门研究分析，本文不再赘述。

[②] 借助国家图书馆馆藏图书查询系统，2016年新出版的中图分类号为D0（即政治理论）的图书共计106本。在分析相关研究状况时，本文也将参考相关著作的主题、关键词等要素。

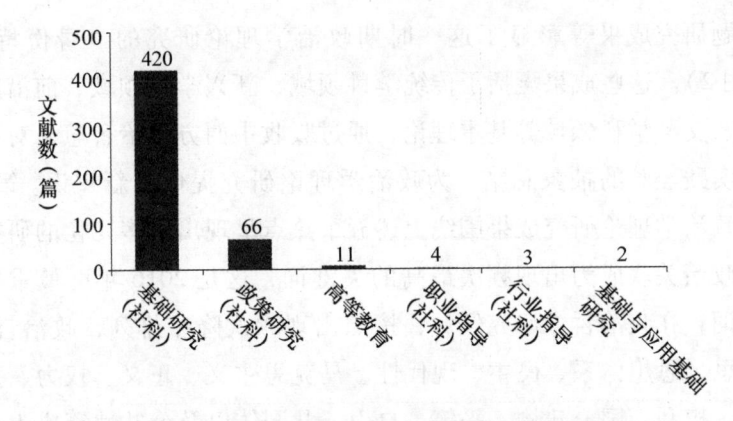

图1 2016年政治学理论研究成果的主要研究层次分布

题与内容方面,相关研究包括:当代中国政治学与政治建设问题研究①,以通识研究和学科谱系研究为主要代表的基本理论研究②,科学辨析和系统批判西方政治意识形态的研究③,以交叉理论与新兴议题为主要领域的扩展性理论研究,政治哲学研究④,政策理论研究⑤,等等。第二,以典型研究的聚类性研究为特征形成了五个热点领域。学术论文是学者展现自身研究成果的最重要形式,通过相关论文的主题类别、基本选题与确认、研究内容等进行情况分析,发现2016年相关成果的集中性论题,这具体表现在政治哲学研究成果、正义理论研究成果、资本主义政治分析成果、国家认同问题研究成果、政治传

---

① 如李克实《社会主义政治研究》(红旗出版社)、李路曲《政党政治与政治发展》(中央编译出版社)、郭苏建《政治学与中国政治研究》(上海人民出版社)等。

② 如冯卓然《政治》(高等教育出版社)、刘吉发《政治学新论》(中国人民大学出版社)、朱光磊《政治学概要》(高等教育出版社)、杨光斌《比较政治学:理论与方法》(北京大学出版社)、董海军《政治理论》(华南理工大学出版社)、阎小骏《当代政治学十讲》(中国社会科学出版社)、高奇琦《比较政治》(高等教育出版社)、何国强《政治人类学通论》(云南大学出版社)等。

③ 如亓光《激辩中的政治价值:自由主义、社会主义与公正话语》(江西人民出版社)、代华琼《在权利与秩序之间:新自由主义与新保守主义政治哲学批判》等。

④ 如张祖辽《罗尔斯政治哲学的建构主义政策策略及其困境研究》(东方出版中心)、谭安奎《公共理性与民主理想》(三联书店)、邓玉涵《马克思主义政治哲学视阈中的政治平等研究》(中国社会科学出版社)等。

⑤ 如张康之《政策问题建构权的历史演进》(上海人民出版社)、李志军《重大公共政策评估理论、方法与实践》(中国发展出版社)等。

播问题研究成果等彰显了这一时期政治学理论研究的"身份特征"（见图2）。这些成果囊括了传统学科领域、新兴学科领域、前沿问题领域、交叉学科领域等基本理论，通过吸收中西方政治智慧、对本土政治实践经验的抽象总结，为政治学理论研究提供了新知识。第三，我国政治学理论研究成果围绕上述五个热点呈现出了多元化的研究内容。政治关联成为出现频次最高的关键词，这是2016年度最重要的关键词；在政治哲学研究领域，按照出现频次降序排列，政治哲学、马克思、思想体系、民主、现代性、马克思主义、正义、权力、意识形态、权利、国家建构、平等、自由、共同体以及公共性等成为最显著的关键词；在正义理论研究领域，作为政治哲学研究的最显著的方面，正义、市民社会、制度、社会主义核心价值观、阶级分析、合法性以及哲学等成为学者共同关注的关键词；在资本主义政治分析领域，资本主义、民族主义、民族国家、社会主义、比较政治、美国、全球化以及欧洲等关键词在相关研究成果中重复出现；在国家认同研究方面，国家认同、政治认同、政治信任、民族认同、价值认同以及政治生态等概念成为解释国家认同的基本范畴；而在政治传播问题研究中，政治传播、国家形象、话语体系等概念的重要性越发凸显出来（见表1）。在此基础上，绝大部分的关键词都呈现出"聚类性"，即围绕相关热点频繁出现。值得注意的是，政治关联与上述研究热点的相关度与共聚性较弱，成为一种较为特殊的研究内容，也是2016年相关研究中的特别之处（见图3）。

图2　2016年政治学理论研究关键词聚类

表 1　　　2016 年政治学理论研究成果关键词出现频次

频 次	中心性	关键词	频 次	中心性	关键词
25	0	政治关联	7	0.01	治理
25	0.07	政治哲学	7	0.03	比较政治学
19	0.06	国家认同	6	0.19	美国
17	0.14	马克思	6	0.08	权力
16	0.17	政治	6	0	政治信任
13	0.06	资本主义	6	0.1	权利
12	0.07	民族主义	6	0	市民社会
11	0.06	政治学	6	0	政治认同
11	0.03	国家治理	6	0.08	研究方法
11	0.13	国家	6	0	民营企业
10	0.16	民族国家	5	0.12	意识形态
10	0	政治传播	5	0.02	社会治理
10	0.15	思想体系	5	0.01	自由
9	0.09	社会主义	5	0	政企关系
9	0.15	民主	5	0.06	制度
9	0.16	现代性	5	0.09	平等
9	0.08	马克思主义	5	0	政治参与
8	0.01	正义	5	0.11	社会主义核心价值观
8	0.08	民族认同	5	0.08	全球化

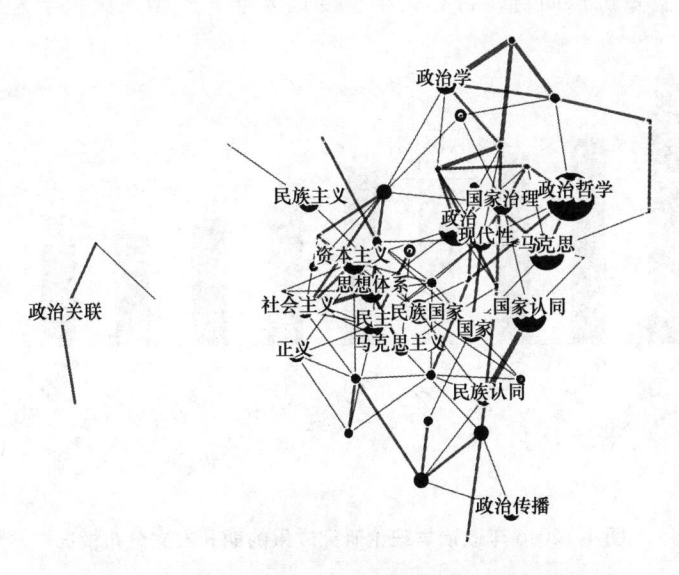

图 3　2016 年政治学理论研究成果关键词共现

要理解2016年政治学理论研究的基本情况，还需要厘清该领域的发文刊物和研究机构的层次性和显著性。高水平的政治学理论研究成果需要高水平的期刊平台，本文选择CSSCI来源期刊作为计量源，关键原因就在于CSSCI来源期刊所发表的文章基本上代表了本领域质量较好的研究成果。相关刊物设置栏目固定与否、发刊周期长短、相关发文量多寡实际上是由相关研究领域的重要性和影响力所决定的。2016年，政治学理论研究成果主要集中在10个高水平刊物上，分别是《国外理论动态》《马克思主义与现实》《学术交流》《国外社会科学》《政治学研究》《当代世界与社会主义》《教学与研究》《马克思主义研究》《科学社会主义》和《探索与争鸣》等。在相关刊物上，政治学刊物2个、马克思主义理论刊物5个、综合类刊物3个，而发文量在10篇以上的刊物只有7个。这表明，学术期刊对于政治学理论研究的重视程度尚待提升，特别是政治学类刊物对于政治学理论的发文量较低；马克思主义政治理论的研究成果占政治学理论研究成果的比例有所提升，马克思主义理论期刊的发文量甚至超过了政治学类期刊；相关研究较多地集中在基本理论问题、前沿理论问题和国外理论动态三个主要方面（见图4）。与此同时，就国内政治学理论研究的主要机构而言，吉林大学、复旦大学、中国人民大学是独立发

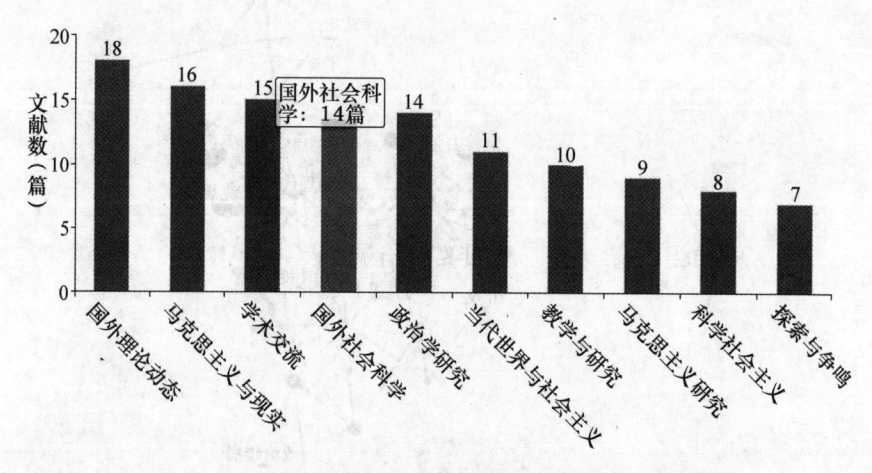

图4 2016年政治学理论研究成果的期刊发文分布情况

文数量最多的三所高校，北京大学、中国社会科学院、华东政法大学等是合作发文量较多的高校和研究机构。由此可见，政治学理论研究仍旧集中于国内的政治学一流学科高校，这说明政治学理论研究需要长期的学术积淀和良好的学科积淀。①

二 我国政治学理论研究的具体情况

（一）"直面时代性原创思想"
——马克思主义政治学理论研究实现重要发展

2016 年，马克思主义政治学理论的主要研究在紧扣理论主题、把握时代论题和推进理论创新等方面实现了一定程度的综合性发展，其代表性成果就是高度关注和深入挖掘了习近平对马克思主义政治学说的继承和发展问题。习近平对马克思主义政治学说的主要发展成为马克思主义政治学理论研究的新议题。马克思主义政治学说作为科学的理论思维和先进的思想体系，自其诞生之日就开启了人们正确认识人类政治现象的新纪元，始终引领着无产阶级政治实践向纵深、系统、全面的方向不断发展，并在社会主义政治建设的历史进步中自我革命、持续发展、不断创新。习近平同志在坚持和发展中国特色社会主义的新时代，不断将马克思主义政治理论与新时代中国特色社会主义政治建设实际相结合，开创性地提出了一系列重要思想、观点和战略，从根本上继承了马克思主义政治学说，是马克思主义政治学说中国化的最新成果。本文仅从三个主要方面初步探索习近平对马克思主义政治学说的发展创新。②

---

① 统揽学术专著、研究论文和博士论文三个方面的成果总数，可以发现本文中的研究机构是当前我国政治学理论研究的主要力量。参见桑玉成、周光俊《从政治学博士论文看我国政治学研究之取向》，《政治学研究》2016 年第 4 期。

② 这一方面的相关研究成果包括黄蓉生《全面从严治党与政治生态构建的有机统一——学习习近平总书记"从严治党""政治生态"重要论述体会》，《政治学研究》2016 年第 5 期；石元波、李庆霞《习近平总书记系列重要讲话贯穿的立场观点方法及其内在逻辑》，《思想理论教育导刊》2016 年第 8 期；桂起权、沈健《从邓小平的"政治—经济不等式"到习近平的"政府—市场"两点论——经济辩证逻辑思想剖析》，《广东社会科学》2016 年第 6 期；苑秀丽《习近平对毛泽东群众路线的继承与创新》，《理论视野》2016 年第 1 期；邓纯东《习近平同志关于党的建设重要论述的鲜明特点》，《红旗文稿》2016 年第 8 期；魏立平《习近平关于中国共产党人民观的新论断》，《中共福建省委党校学报》2016 年第 8 期，等等。

首先，相关研究成果初步阐发了新时代中国特色社会主义政治观。政治学说包含政治理论和政治策论，源于并高于政治实践，既是本质性、规律性的政治知识体系，又是政治行为的经验性总结提炼，二者相互补充，是有机统一的整体。马克思主义经典作家广泛地论述了国家、革命、民主、民族等政治问题。习近平同志坚持和发展了马克思列宁主义、毛泽东思想和中国特色社会主义理论体系中的政治观，进一步阐明了政治是人民群众最大的、最根本利益的问题，深刻揭示了中国特色社会主义政治建设是由政治发展道路、政治理论体系和政治制度三位一体构成的，特别凸显了政治意识、政治建设、政治能力对坚持和完善中国特色社会主义制度的重要作用，创造性地提出了人类命运共同体背景下国际政治新格局的基本理解。概括起来，习近平同志对马克思主义政治观的发展创新集中体现在"一个坚持""二个贯通""四个强化"上，即坚持人民中心的根本政治观，贯通道路、理论与制度和贯通改革、治国、管党的基本政治观，以及强化政治制度自信、强化政治价值体系构建、强化政治体制机制效能以及强化政治话语传播的具体政治观。理解这种新政治观，必须遵循社会主义政治文明探索历史规律，基于改革开放30多年社会主义政治建设基本经验，聚焦新时代中国特色社会主义内在逻辑的政治需要。新时代中国特色社会主义政治观需要在新时代的发展脉络中不断凝练，也只有在对新时代的历史和实践规律的不断探索中，新政治观才能进一步明确其基本范畴，避免泛化，成为进一步科学认识和把握社会主义政治的逻辑起点。

其次，相关成果初步论证了社会主义政治发展的重大理论问题。众所周知，政治发展具有自然性也具有自觉性。在自然的政治发展中寻找、确立和完善自觉的政治发展是每一个国家都要面对的任务。特别是对于社会主义国家，不仅要解决其不同于资本主义国家政治发展的"正当性问题"，还要充分表现这种发展的选择供给性和方案替代性的"优越性问题"。中华人民共和国成立后，迅速确立起社会主义根本政治制度和基本政治制度，在逐步探索具体政治制度的过程中初步确立了中国政治发展的理论逻辑和历史逻辑。改革开放以来，通过完善制度的根本性、全局性、稳定性和长期性，在稳步推进政治体制改革和社会主义政治文明建设的过程中开辟了一条符合社会主义本质要求和中国实际的政治发展道路，解决了中国特色社会主义政治发展道路正当性问题。习近平在全面概括中国特色社会主义民主政治内容、政治制度鲜明特色和优势、政治制度本土化与内生性等基本论断的基础上，深刻指出中国特色社会主义政治发展道路的基本逻辑应植根于党的本质属性和根本宗旨，必须是"历史逻辑、理论逻辑、实践逻辑"的有机统一；明确提出新时代中国特色社会主义政治发展的重大任务是构架成熟定型的政治制度体系，"用制度体系保证人民当家作主"；充分揭示了政治发展模式多元化的历史必然性，强调实践经验向实践逻辑的飞跃是中国特色社会主义政治发展道路的独特优势；客观分析了发展社会主义政治文明的正确思路，确认只有扎根本国土壤、汲取充沛养分的制度，才最可靠、也最管用；积极回应中国政治发展的世界效应，以思维智慧和实践方案的选择性超越了皈依固定模式的限制性，等等。这些深入思考不仅进一步确立了中国特色社会主义政治发展的正当性，而且首次较为明确地阐释了中国特色社会主义政治发展道路的优越性。

最后，相关研究成果丰富和发展了马克思主义的民主理论。习近平总结改革开放近40年的民主建设经验，高度彰显中国特色社会主义政治制度自信，遵循社会主义民主政治的基本规律、经验和条件，通过真正带领全国人民进行社会主义政治建设，继承发展了马克思主义民主观，创造性地提出了一系列重要论断。这主要体现在以下五个方面。其一，关于党的领导、人民当家作主、依法治国三者有机统一的科学内涵，习近平指出，应从中国社会主义民主政治伟大实践中加以理解，破解了将民主抽象化、神设化和孤立化的弊端，恢复了民主作为政治统治的具体形式和途径的基本属性。其二，关于社会主义民主政治的根本优势，习近平指出，党的领导作为中国政治生活的首要条件和标准，"要改进党的领导方式和执政方式，保证党领导人民有效治理国家"，以扩大社会主义民主政治的优势和特点。其三，关于发展社会主义民主建设的新时代定位，习近平同志认为，"发展社会主义民主政治,是推进国家治理体系和治理能力现代化",这内在地包含了民主政治与现代化的相关性,指明了中国特色社会主义民主建设的根本方向和基本途径。其四,关于民主过程问题,为了"防止出现选举时满口许诺、选举后无人过问"等西方民主弊端的出现,习近平指出,协商民主是克服上述弊端的对症之方,只要践行社会主义协商民主的特有功能和独特优势就能有效丰富民主的形式,拓展民主渠道,进而加深人们对民主内涵的科学理解。其五,关于人民民主与协商民主的相互关系,习近平同志提出了"有事好商量,众人的事情众人商量,是人民民主的真谛",彻底颠覆了西方民主普世化。

总之,习近平同志在继承马克思主义政治学说和坚持中国化马克思主义政治理论体系的基础上,从新时代中国特色社会主义的时代诉求、战略诉求和历史诉求的实践逻辑上发展了马克思主义政治学说。正是在2016年,这一方面的相关研究如雨后春笋一般涌现出来,已经成为当前我国政治学理论研究的重要领域。

(二)"认真对待阶级"
——阶级(阶层)理论研究兼顾突出优势和领域拓展[①]

众所周知,阶级(阶层)理论是政治学理论的基本研究领域,虽然近年来阶级理论的创新性成果较少,但是其核心地位不曾改变。习近平总书记指出:"事实一再告诉我们,马克思、恩格斯关于资本主义社会基本矛盾的分析没有过时,关于资本主义必然消亡、社会主义必然胜利的历史唯物主义观点也没有过时。这是社会历史发展不可逆

[①] 这一方面的相关研究成果主要包括侯惠勤、蒋成贵《当代中国马克思主义对阶级理论的创造性运用》,《江海学刊》2016 年第 1 期;肖日葵、仇立平《"文化资本"与阶层认同》,《国家行政学院学报》2016 年第 1 期;温权《欧洲小资产阶级的政治危机与法西斯主义兴起的社会根源——从瓦伊达的马克思主义政治哲学观谈起》,《学术交流》2016 年第 2 期;李婷《"熟人社会"中的农村阶层关系》,《华南农业大学学报》(社会科学版)2016 年第 2 期;王增收、杜娟《柯亨对无产阶级不自由地位的当代论证》,《教学与研究》2016 年第 2 期;朱继东《关于阶级斗争几种错误认识的澄清》,《思想教育研究》2016 年第 4 期;糜海波《新帝国主义的国际资本主义阶级分析》,《马克思主义研究》2016 年第 8 期;宋丽丹《西方"中产阶级"概念的演变及其危机》,《马克思主义研究》2016 年第 12 期,等等。

转的总趋势，但道路是曲折的。"① 值得关注的是，2016年的相关研究成果的层次与水平有所提高，在传统优势领域又出现新成果的同时，相关现实问题分析也有所拓展。

第一，马克思主义阶级理论与阶级斗争问题研究取得新成果。一方面，中国化马克思主义阶级理论引起学界的高度重视。从马克思主义基本原理与当代中国的具体国情和实践相结合的角度，马克思主义阶级理论获得了一定程度的提升、提炼。正如习近平总书记所言："我国哲学社会科学应该以我们正在做的事情为中心，从我国改革发展的实践中挖掘新材料、发现新问题、提出新观点、构建新理论，加强对改革开放和社会主义现代化建设实践经验的系统总结。"② 正因为如此，阶级理论研究的新发展也需要同党中央治国理政新理念新思想新战略紧密结合起来。对此，有的学者指出："中国共产党对马克思主义阶级理论的创造性运用主要体现在以下几个方面：重新定位阶级理论在新时期的历史作用，正确处理发展社会主义民主政治和坚持人民民主专政的关系，在不断扩大党的群众基础的同时巩固党的阶级基础，创新社会主义主流意识形态的话语以及坚定理想信念等。"③ 另一方面，正确理解"阶级斗争"仍然是一个时代论题和学术难题。事实上，无论是在理论上还是实践中，阶级斗争仍亟待从理论上厘清和实践上辨析，以解决人民群众的模糊性认识。对此，有的学者指出："不提阶级斗争并不能代表阶级斗争已经不存在了，正视阶级斗争既不是重提'以阶级斗争为纲'也不是要搞阶级斗争扩大化，在资本主义社会阶级和阶级斗争同样存在。"④

第二，西方阶级社会问题以及阶级理论的具象化反思越发精细。有的学者着力研究核心概念，将"中产阶级"作为研究对象，进行了概念史研究。相关成果表明，在全球化趋势下，西方社会结构越发表现出去阶级化的特征，而"中产阶级"就是维系此种社会

---

① 《十八大以来重要文献选编》（上），中央文献出版社2014年版，第117页。
② 习近平：《习近平谈治国理政》（第2卷），外文出版社2017年版，第344页。
③ 侯惠勤、蒋成贵：《当代中国马克思主义对阶级理论的创造性运用》，《江海学刊》2016年第1期。
④ 朱继东：《关于阶级斗争几种错误认识的澄清》，《思想教育研究》2016年第4期。

结构的基础,而"消费主义盛行,平等主义的宣传使工人的阶级认同淡化、阶级意识模糊。以收入、职业、生活方式等标准划分的'中产阶级'概念深入人心"①。然而,资本积累内在逻辑缓解不了"中产阶级危机",西方社会的阶级分化和阶级对立是资本主义制度变革的持续性影响因素。而有的学者更加关注国家资本主义的阶级分析,特别强调:"在经济全球化进程中,资本的跨国化使得基于阶级利益的跨国阶级联合超出了民族国家界限。全球工人阶级须增强民族国家意识和全球阶级意识,不断扩大世界社会主义的国际联盟。"② 与此同时,还有一些研究成果特别关注西方社会阶级关系的内在逻辑,以此认识和分析西方社会转型特别是一些极端社会思潮之间的因果关系。

第三,社会结构、社会道德和基层社会的阶级分析研究也有所拓展。利用阶级分析方法,相关研究的分析视角不断拓展、理论解释力有所提升。有的学者充分阐发了权力的阶级属性,特别是从权力的支配倾向出发,对社会结构的阶级属性以及相应的支配结构进行了分析,在其看来"成熟社会的社会等级逐渐固化了这种支配的结构,让处于其中的人们看到彻底颠覆它的难度和承认并忠诚于它的好处。尽管如此,隐藏在人们内心的支配倾向终究是不正义的,它是人们在权力和地位之间寻求存在感的显现"③。另外一些学者则着力观察不同领域中的阶层认同问题,既从社会资本角度对阶层认同提供阶级分析的有力支撑,又从道德信任层面"以一般信任度作为中介联结社会成员道德态度和道德实践的模型"④,对个体或社会群体之间的道德差异进行了积极的阶级分析,还有的学者从中国基层社会的传统特色和时代特点出发"将熟人社会作为农村阶层研究的微观场域,具体地分析阶层之间的互动和作用机制,把握阶层之间的关系状

---

① 宋丽丹:《西方"中产阶级"概念的演变及其危机》,《马克思主义研究》2016年第12期。
② 糜海波:《新帝国主义的国际资本主义阶级分析》,《马克思主义研究》2016年第8期。
③ 薛洁:《权力的支配倾向与社会结构地位》,《江苏社会科学》2016年第6期。
④ 洪岩璧:《道德与信任:道德认知的阶层差异》,《东南大学学报》(哲学社会科学版)2016年第2期。

态和性质"①。

(三)"把革命带回来"
——革命思想与学说的研究彰显新智慧②

2016年,以革命理论为主题的研究成果依然较少(仅不足20篇),但不乏力作。这表明革命理论可能迎来了新的发展契机。众所周知,"革命"是哲学社会科学基础理论研究(包括政治学理论、社会学理论)的经典命题,在一段时间内由于历史前见的限定、理论框架的僵化、社会现实的变迁以及分析路径的式微,革命理论日渐萎缩。对此,有的社会学者指出:"在中国社会学领域,面临着重新奠定研究基石和研究格局的大任,'把革命带回来'是完成这一大任的重要一环。"③ 事实上,政治学研究也面临着同等挑战与困境,政治学理论应坚持马克思主义的历史思维、理论思维和实践思维,在政治学理论知识谱系的更新中重勘和重塑革命理论研究。

一方面,部分研究对马克思主义革命学说进行了深度挖掘。有的学者以马克思革命学说的当代内涵为中心,重点讨论了当代中国语境下的马克思革命观,着力强调了"唯物史观是把握马克思革命观的重要语境,马克思革命观是旨在超越以政治解放为依归的资产阶级革命的内在局限性,完成以人的自由和解放为依归的无产阶级革命。"④ 有的学者认为:通过比较马克思和其他学者的革命思想能够凸显马克思革命观的科学性和优越性,还能够深刻理解马克思革命观的原旨意义。有的学者则在批判"告别革命论"中揭示历史虚无主义思潮的

---

① 李婷:《"熟人社会"中的农村阶层关系》,《华南农业大学学报》(社会科学版)2016年第2期。
② 这一方面的相关研究成果主要包括应星《"把革命带回来":社会学新视野的拓展》,《社会》2016年第4期;任剑涛《现代建国进程中的革命》,《社会科学文摘》2016年第9期;高原《中国革命正当性建设中三个核心政治主题的形成(1921—1923)》,《开放时代》2016年第2期;李艳艳《对意识形态"革命话语"的几点省思》,《理论探索》2016年第2期;李张荣《"帝国主义和无产阶级革命时代"概念新解——基于列宁、斯大林、毛泽东时代思想的比较分析》,《科学社会主义》2016年第1期;黄璇《"同情"与现代革命的催生机制》,《学术研究》2016年第5期,等等。
③ 应星:《"把革命带回来":社会学新视野的拓展》,《社会》2016年第4期。
④ 马鹏莲:《马克思革命观的当代解读》,《绵阳师范学院学报》2016年第1期。

弊端，立足于马克思主义意识形态理论就"革命"话语的当代价值问题进行了深入分析，强调"'革命'作为历史唯物主义的一个重要概念，并不只是指政治革命，其更深刻的内涵是指变革现实的社会实践活动，是一场社会革命"①，认真地探讨了"革命话语"的时代意涵和价值旨向。还有些学者认为应加强马克思革命观发展史的研究，可以"帝国主义和无产阶级革命时代"的论说为中心，可以就列宁、斯大林、毛泽东等代表人物的革命思想进行比较研究，真正揭示"毛泽东使用的'帝国主义和无产阶级革命时代'概念更多的是指以帝国主义战争引起无产阶级革命为主题的时代"②。

另一方面，部分研究对近现代中国"革命"观进行了再梳理。着眼于"建国与革命"的关系范畴，对现代建国过程中的革命问题进行了纲举目张式的阐释，指出："现代建国似乎有一个革命宿命。通过革命搭建起来的国家架构，现代蕴含却是需要检验的。不同国家的革命，有其各自的不同导因、相异的历史背景、相别的历史合理性。不能否认革命的正当性，民众永远保有革命的天赋权利。只要国家政权不尊重人民主权，人民就有充分的理由革命。但关键的问题是，革命与建国的关联，需要革命坐实在解决现代建国的主题上。一旦国家在革命后失落了这一主题，革命归于失败。一场成功的革命，需要以现代建国的成就来标示。"③ 而有的学者将近代中国革命过程中革命正当性形成的基本政治议题作为对象，认真探讨了近代中国革命意识的核心要义，认为："一个政治系统正当性建设的关键是在复杂的社会环境中选择合适的政治主题，进而最大化该政治系统的社会支持。在1921—1923年，中国革命正当性的突出特征是阶级斗争、实质民主和国民革命这三个核心政治主题的形成。综合运用这三个核心政治主题与革命政治所处的社会环境产生最大的共振，并且力图控制和弱

---

① 李艳艳：《对意识形态"革命话语"的几点省思》，《理论探索》2016年第2期。
② 李张荣：《"帝国主义和无产阶级革命时代"概念新解——基于列宁、斯大林、毛泽东时代思想的比较分析》，《科学社会主义》2016年第1期。
③ 任剑涛：《现代建国进程中的革命》，《社会科学文摘》2016年第9期。

化它们之间的张力和矛盾,是革命政治正当性建设所面临的关键问题。"①

除此以外,还有部分研究着力于西方政治思想家对"革命"的诠释。如有的学者选择了新视角来研究革命问题,从世界经济学视域揭示了"集体行动合作失败风险以及后革命状态的社会动荡风险";有的学者则以"同情"这个具体的核心概念为出发点,不断丰富"革命机制"的新面向,指出"同情,作为一种政治美德,不仅是一场审慎而正义的现代革命的巨大动力,同时也是避免极端暴力革命的重要的缓解剂"②。还有的学者从代表性人物特别是以往被忽视的代表人物的革命思想入手,既分析了马克思主义阵营内部"革命观"的流变和丰富,又探析了在西方学者中较有影响的革命思想。

(四) 国家理论研究实现蓬勃发展③

2016年,国家理论研究呈现出"主题鲜明、内容多元、固本拓源、系统全面"的新面貌。所谓主题鲜明,就是指国家理论研究突出了国家认同与国家治理两大核心论题;所谓内容多元,则是指国家理论研究从主要选题的方向和数量、相关选题研究的文献支撑、相关研究的关键词"共聚性""类别性"等方面呈现出多元化特点;所谓固

---

① 高原:《中国革命正当性建设中三个核心政治主题的形成(1921—1923)》,《开放时代》2016年第2期。

② 黄璇:《"同情"与现代革命的催生机制》,《学术研究》2016年第5期。

③ 这一方面的相关研究成果主要包括周光辉、李虎《领土认同:国家认同的基础——构建一种更完备的国家认同理论》,《中国社会科学》2016年第7期;杨嵘均《论网络空间国家主权存在的正当性、影响因素与治理策略》,《政治学研究》2016年第3期;连朝毅《国家与社会关系的当代调适及其发展辩证法——基于马克思政治哲学范式的"治理"研究》,《政治学研究》2016年第2期;江宇《国家治理的中国道路:毛泽东的探索》,《马克思主义研究》2016年第7期;彭才栋《以消灭阶级为基础的政治形式——正确理解巴黎公社政治体制的意义》,《政治学研究》2016年第6期;段凡《国家的现代性理解》,《马克思主义与现实》2016年第2期;王震中《中国王权的诞生——兼论王权与夏商西周复合制国家结构之关系》,《中国社会科学》2016年第6期;王贵贤、尹衍梅《马克思晚年人类学笔记中的国家理论——基于〈梅恩《古代法制史讲演录》一书摘要〉的研究》,《清华大学学报》2016年第6期;辛向阳、王珊珊《论国家虚无主义思潮的危害及应对策略》,《马克思主义研究》2016年第7期;吴志成等《当今资本主义国家治理危机剖析》,《当代世界与社会主义》2016年第6期,等等。

本拓源,就是指国家理论研究在强调马克思主义国家理论的学术体系、话语体系建构的同时,还广泛吸收了相关的理论渊源和学术资料,共同构成了整体化的国家理论研究体系;所谓系统全面,就是指国家理论研究作为政治学研究的基础领域,在学术话语、学科话语和理论话语等方面的全方位提升。本文仅就国家理论研究的两大特色论题加以介绍和分析。

其一,国家认同问题研究异军突起。2016年,政治学界对国家认同问题的关注持续升温,相关研究涉及国家认同基础理论、国家认同塑造的挑战与方式问题以及当代中国的国家认同现实及其实践问题三个主要方面。首先,为了更好地理解国家认同,需要系统全面地认识和建构国家认同的基础理论。从整体上看,"对于国家认同的实证研究大多从理性赞同、归属联系与情感奉献三个层面进行概念的操作化;学术界对于国家认同来源的探讨总体上从自我认同、政治体系的治理绩效、历史文化、政治文化建构、民族认同等层面展开"[1]。具体而言,有些学者集中讨论了国家认同的内涵、规范、原则与基本内容,认为"领土认同是国家认同的基础,领土认同是民族认同和制度认同能够在国家认同层面发挥作用的必要前提。……领土认同的基础性地位,决定了塑造或强化国家认同应该首先在公民中形成国家的情境化意识"[2],可以从"主体维度、时间维度、空间维度以及权力维度"[3] 四个方面加以把握,凸显国家认同的规范性意义,进而"进一步厘清国家认同的理论内涵,开展更广泛群体的国家认同的实证研究,加强近代以来重要政治思想家的国家认同思想研究,拓展国家认同的国别比较研究"[4],从历史解释、文化解释、政治解释等多种角度加以"深描"。其次,国家认同是一个"现实问题",概念的抽象解释并不能真正实现"国家认同",必须在应对"认同挑战"的过程

---

[1] 李艳霞、曹娅:《国家认同的内涵、测量与来源:一个文献综述》,《教学与研究》2016年第12期。
[2] 周光辉、李虎:《领土认同:国家认同的基础——构建一种更完备的国家认同理论》,《中国社会科学》2016年第7期。
[3] 殷冬水:《论国家认同的四个维度》,《南京社会科学》2016年第5期。
[4] 吴方彦、孙蔚:《国家认同研究中的核心问题探析》,《南京社会科学》2016年第6期。

中实现可能的国家认同。对于挑战，有的学者指出"超国家主义、文化共同体、民族身份认同三方面"已然成为当代国家身份认同危机的根源；对于培育国家认同的基本路径，有的学者提出"多元一体化"思路，建议"以命运共同体意识建构现代国家认同的基本原则，多元不仅包括国家应认真对待个体的权利多元性的利益诉求，更应包括对内部族群的多元文化权利给予合理而充分的回应：一体化是要在尊重族群差异的基础上，通过族群间交流和融合使多元认同在理解的基础上达成交叉性价值共识，进而呈现出明显的国族特性"①。有的学者认为，可以通过"权利、自治与认同"相统一的民族认同的制度逻辑，或者立足于文化资源的逻辑，或者超越"同化主义"与"承认政治"的制度局限而强调"宪法爱国主义"，充分实现多民族国家的国家认同。② 最后，解释和解决中国的问题是国家认同问题研究的应有之义。在这里，许多研究主要关注"边疆少数民族"的国家认同问题，力图通过边疆、少数民族的历史、政治和文化的实证分析，"基于国家疆域的地理空间、共同利益的价值空间、历史文化的情感空间、制度结构的规范空间，体现着边疆民族地区国家认同空间的多维属性"③。

其二，作为持续性热点的国家治理问题的研究稳中有进。2016年，国家治理问题研究在国家理论研究领域中继续"走热"，无论是发文量、刊物层次还是选题、内容，都呈现出稳中有进的积极变化。一方面，马克思主义国家治理思想的深入挖掘与资本主义国家治理问题的理论批判有机统一。在马克思主义国家治理思想的系统阐释方面，有的学者系统论述了马克思的国家治理观，认为其"核心体现在关于国家及国家治理的本质、公共权力与国家职能、人民主权与民主

---

① 林奇富：《命运共同体意识与现代国家认同——多民族国家如何塑造、巩固和强化现代国家认同》，《学习与探索》2016年第8期。

② 参见马进《国家认同：文化解释视角的探讨》，《甘肃社会科学》2016年第2期；殷冬水《国家认同建构的文化逻辑——基于国家象征视角的政治学分析》，《学习与探索》2016年第8期；杜宴林、才圣《中国多民族视域下的"国家认同"政治建构》，《东北师范大学学报》（哲学社会科学版）2016年第3期，等等。

③ 刘永刚：《边疆民族地区国家认同的多维空间与空间构设》，《思想战线》2016年第5期。

治理、国家治理的组织原则、国家治理的根本方法、国家治理的政策与策略、国家治理的领导权以及国家治理的改革与发展等重大问题的论述上"①。有些学者基于"国家与社会"关系视角进一步深入解析马克思主义国家治理观的基本内容，提出"既要扬弃市民社会的旧取向"，又要"厘清资本主义结构的阐释局限"，进而实现一种国家与社会呈现出良性互动状态的新型治理模式②，强调要从马克思主义的市民社会理论或社会结构理论的基础上对国家治理体系、社会治理体系等做系统性观照，要从社会基本结构入手，厘清社会结构存在和发展的基本要素、社会功能结构的内在特征和相互联系，从而在社会基本结构的框架中阐明社会结构的产生、形成和运动规律。在此基础上，通过统筹国家治理现代化的理论现实和实践内容，阐明国家治理现代化对马克思主义国家治理思想的验证与发展，正如有的学者所言："国家治理现代化理论不但主张强化社会主义国家建设，而且要在坚持党和人民在治理中的主体地位以及社会主义国家在整个社会治理中的主导作用的前提下，进一步实现国家力量、市场力量和社会力量三者之间的长期并存，并积极推动三者之间互相促动、合作治理和协同发展，因此超越了国家与社会二元对立的传统思维模式，是对马克思主义，特别是对马克思主义国家理论的重大突破与创新，是马克思主义中国化的最新理论成果。"③ 另一方面，在观察和解决国家治理"新问题"的过程中探索当代中国国家治理理论的新境界。其中，有的学者关注了"网络时代""网络社会"中网络空间国家主权的正当性问题，认为"从网络治理角度来说，只有确认网络空间国家主权存在的正当性，国家主权和政治权威对网络虚拟社群进行规范、约束、纠治等的权威性治理才具备合法性和正当性"④。有的学者集中阐述了"地方治理体系现代化过程中的协商民主"，将协商民主看作

---

① 张成福、党秀云：《马克思主义的国家治理观》，《教学与研究》2016年第4期。

② 连朝毅：《国家与社会关系的当代调适及其发展辩证法——基于马克思政治哲学范式的"治理"研究》，《政治学研究》2016年第2期。

③ 赵文东：《国家治理现代化：马克思主义国家理论的重大突破与创新》，《学术探索》2016年第10期。

④ 杨嵘均：《论网络空间国家主权存在的正当性、影响因素与治理策略》，《政治学研究》2016年第3期。

地方治理体系现代化的关键自变量,认为"协商民主一方面可以实现公民有序政治参与,优化地方治理体系,并有利于促进建立稳定的多中心的现代治理框架;另一方面协商民主培育了公民的自治精神与能力,有利于协调社会利益各方的矛盾"[1]。还有的学者密切关注"当代资本主义新变化"对资本主义国家的治理挑战,指出"资本主义世界陷入国家治理危机,主要表现为经济发展总体乏力、民主政治体制失范和社会矛盾日趋激化"[2],并就战略性认识和应对举措提供了一系列的合理性方案,指出"这场危机对我们哲学社会科学学术理论和话语体系建设带来很好的机遇,提出了很多重要的问题。(而)中国特色社会主义道路在同资本主义模式的竞争比较中显示的不仅是社会主义市场经济的优势,同时还有中国特色社会政治制度体系的政治优势"[3]。

当然,除此以外,国家理论研究还有许多内容,比如国家的政治制度与体制问题的专题性研究不断增强,国家建构的比较研究日益成为比较政治学的重点内容,政治参与与国家能力研究发生了一定的新变化,等等。

(五)政党理论(含党的领导理论)研究实现了新跨越[4]

近年来,在党史党建归属马克思主义理论学科的同时,党的领导

---

[1] 张师伟:《地方治理体系现代化过程中的协商民主》,《晋阳学刊》2016年第3期。

[2] 吴志成等:《当今资本主义国家治理危机剖析》,《当代世界与社会主义》2016年第6期。

[3] 苏长和、彭萍萍:《热话题与冷思考——关于资本主义新态势及其对治理的挑战的对话》,《当代世界与社会主义》2016年第6期。

[4] 这一方面的相关研究成果主要包括孙岳兵《习近平群众观对毛泽东群众路线思想的发展及其时代价值》,《湖南师范大学社会科学学报》2016年第2期;周叶中、庞远福《论党领导法治中国建设的必然性与必要性》,《法制与社会发展》2016年第1期;唐皇凤、陶建武《建国以来中国共产党执政理念的现代演进——基于历届党代会工作报告的词频分析》,《浙江社会科学》2016年第2期;汪习根、宋丁博《论党领导立法的实现方式》,《中共中央党校学报》2016年第2期;李合亮、高庆涛《十八大以来共产党对意识形态认识的创新与深化》,《马克思主义研究》2016年第7期;孟天广、田栋《群众路线与国家治理现代化——理论分析与经验发现》,《政治学研究》2016年第3期;蒋劲松《政党的国法治理》,《法学》2016年第1期;罗干《政党制度化与国家治理:后发展国家政治发展的理论观察》,《江苏社会科学》2016年第3期;陈松友、刘帅《国外执政党建设对中国共产党全面从严治党的启示》,《当代世界与社会主义》2016年第3期;刘先春、柳宝军《近年来国内学界政党治理研究述评》,《当代世界与社会主义》2016年第3期,等等。

理论与政党理论的结合也越发紧密,为政党理论的发展提供了新契机。2016年,政党理论特别是党的领导理论在很多方面实现了一定的新跨越,业已引起学界的重视。相关研究成果主要包括以下几个方面。

其一,关于"党对一切工作的领导"研究的重要性逐渐凸显出来。问题的关键是在不同领域和方面如何实现自觉坚持党的领导。在这一方面,学界围绕党的领导的思维、方式、途径以及创新等研究论题进行了较为全面的探析。第一,在全面建成小康社会的过程中,有的学者认为,在坚持人民主体地位、坚持科学发展、坚持深化改革、坚持依法治国、坚持统筹国内国际两个大局以及坚持党的领导"六个坚持"时,一定要认清坚持党的领导的关键与核心在于全面从严治党。① 第二,在不断推进国家治理现代化的问题上,学界普遍认为党的领导必须且正在发挥着不可替代的作用,一是党对中国现代化建设具有历史性贡献;二是党在执政过程中已经具有丰富的治国理政经验;三是中国共产党在治国理政的新使命新任务面前能够做好角色转换并始终保持革命本色;四是党善于利用法治手段推进国家治理现代化。② 第三,在意识形态工作方面,党的领导如何发挥作用成为研究焦点,有的学者指出,立足于互联网所带来的新问题新挑战新机遇,认为"在互联网时代,意识形态理论体系的权威受到挑战,意识形态传播机制与网络化时代要求不相适应,政治实践与党的意识形态理论内容存在的反差,影响了党的意识形态领导权的实现"③。有的则将视角聚焦在十八大以来党在意识形态工作方面的新变化新做法新经验,指出相关"意识形态思想蕴含着丰富内涵和巨大价值,有着强烈

---

① 宋月红:《坚持党的领导与全面建成小康社会》,《当代中国史研究》2016年第1期。

② 参见柳建辉《在历史和人民的选择中——论中国共产党的三大历史贡献》,《当代中国史研究》2016年第4期;刘祖爱《中国共产党治国理政基本经验的思考》,《科学社会主义》2016年第4期;陈学明《中国共产党在"角色转换"中必须保持革命本色》,《西南大学学报》(社会科学版) 2016年第4期;陈志刚《十八大以来共产党对意识形态认识的创新与深化》,《马克思主义研究》2016年第6期;曾长秋《中国共产党与中国现代化》,《党的文献》2016年第4期,等等。

③ 程洪宝:《互联网时代党的意识形态领导权的实现》,《河南社会科学》2016年第1期。

的实践指导性,丰富、完善了马克思主义意识形态理论体系,在新的历史条件下为党的意识形态工作的顺利开展提供了方向指引和原则遵循"①。除此以外,党如何通过加强意识形态工作而消除负面影响,扩大执政认同,培育社会主义核心价值观、提振文化自觉和自信等也成为学者关注的热点问题。第四,在党的领导与人民当家做主的实践关系上,很多研究着眼于"具体制度""具体体制和机制",甚至"具体做法",将深刻的道理寓于鲜活的实例中,较好地解释了党的领导与中国特色社会主义政治发展道路、民主政治,特别是协商民主、社会治理和民主法治化的实践逻辑,

其二,群众路线问题成为党的领导研究领域的新亮点。2016 年,在关于党的领导方面的研究中,学者在不同维度上对群众路线问题进行了卓有意义的研究。在较有影响力的相关研究成果中,有的学者深刻探析了"重提"群众路线的原因与路径,认为应"从当代欧陆激进左翼政治哲学中汲取思想养料,系统性地重新梳理群众路线的规范性理念、制度性实践及其伦理—政治姿态;(正确理解)作为政治理念的群众路线具有规范性力量应对现代社会所普遍面对的正当化危机,以及弥补法条主义与官僚政治的结构性困境"②。有的学者兼顾理论阐释和经验发觉,较为全面地讨论了"群众路线与国家治理现代化"的关系问题,指出"群众路线的有效落实必须从三个方面入手:制度化干群联系途径;强化年轻干部、非党委机构干部和领导干部联系群众的长效激励机制;培育'百姓官'的干群关系观和职业伦理观"③。有些学者认为,应该及时总结当代中国党在群众路线方面的理论创新,指出习近平群众观对毛泽东群众路线思想的发展及其时代价值,至少在"人民至上的唯物史观,强调为了群众、相信群众、依靠群众;以实现好、维护好、发展好群众利益为全面深化改革的价值

---

① 李合亮、高庆涛:《十八大以来共产党对意识形态认识的创新与深化》,《马克思主义研究》2016 年第 7 期。
② 吴冠军:《重新激活"群众路线"的两个关键问题:为什么与如何》,《政治学研究》2016 年第 6 期。
③ 孟天广、田栋:《群众路线与国家治理现代化——理论分析与经验发现》,《政治学研究》2016 年第 3 期。

取向，以与人民心心相印、与人民同甘共苦、与人民团结奋斗为全面从严治党的目标要求"①等方面实现了"飞跃式"的理论创新和思想发展；有些学者从中观性议题入手，对群众路线与人民代表大会制度、国家治理体系以及协商民主等制度和实践的关系问题进行了多角度的理论阐释。还有一些学者则从"小"入手，发挥"解剖一只麻雀"的方法论功能，在具体个案的研究中试图阐明如何理解和把握群众路线的大问题②，如从广东省党代表工作室制度的建立运行中试图揭示群众路线制度化的基本路径，从社区党组织群众工作能力建设机制创新中观察群众路线"落到实处"的工作机制，从陈燕萍审判方式的典型案例中总结司法的法治方式如何真正反映群众路线而实现真正契合，从云南边疆民族地区的治理经验中阐发党的群众路线在边疆软治理中的实践机制，等等。

其三，在客观审视政党理论的经典学说和新思想的同时，积极主动地探索当代中国"政党理论"的新成果。在"借鉴性"研究方面，大部分研究成果高度重视"政党性质差异"所造成的理论认识和实践策略的根本差异性，立足于政党分类的基础上，论述不同性质政党的重要思想、行动策略和基本经验。第一，部分学者将目光集中于西方资本主义国家资产阶级政党的新动态方面，借助西方政党理论学者的认识框架，发现"制度化程度低的政党体制对民主运行具有负面影响，新兴民主国家的政治精英应设法提高政党体制的制度化水平"③，揭示西方政党制度"法治化内涵"是以"隐性政党法和显性政党法为特征的政党制度法治化进程受政治民主化时代语境、理性主义思想基础、党际社会关系等外在因素的驱动"，同时以"威权统治思想、

---

① 陈晓晖、胡冉冉：《学习习近平总书记关于群众路线重要讲话的几点体会》，《思想理论教育导刊》2016年第9期。
② 参见温松、王升平《群众路线的制度化探索——广东省党代表工作室制度的实践与启示》，《求实》2016年第7期；谢正富《五化并举：社区党组织群众工作能力建设机制创新——基于参与式发展视角》，《湖北民族学院学报》2016年第3期；黄伟文《司法的法治方式与群众路线：以陈燕萍审判方式为例》，《中国社会科学院研究生院学报》2016年第3期；吕朝辉《党的群众路线在边疆软治理中的实践机制研究——基于云南边疆民族地区的分析》，《湖北民族学院学报》2016年第2期，等等。
③ 池步云：《民主国家政党体制制度化的价值与局限——梅因沃林政党体制学说评析》，《江西社会科学》2016年第12期。

政党组织的权力运行与机构设置等为内在驱动力"[1]，指出近年来西方国家左右翼极端政党群体崛起而"极左翼政党民粹化主张赢得选民支持，民粹主义则加速极右翼政党的兴起，不断积聚民众不满情绪，对此种趋势的影响需要引起高度警惕"[2]，还应认清西方国家政党出现的"去政治化""非组织化"的假象以及"非典型政党"不断出现可能对政党制度和行为带来的新影响。[3] 与此同时，对于西方政党的世界性影响应该加以客观认识，积极评价和借鉴"政党意识形态、政党组织、政党领袖、政党绩效构成了形塑政党认同的主要要素"[4]。第二，一些学者认为，应该加强对社会主义国家政党和其他国家社会主义政党的观察。对于越南、老挝、朝鲜、古巴等"兄弟共产党"，有的学者指出应关注它们出台的新政策方针、指导思想的明确、党中央权威的重塑、社会经济发展方面的新理论等，"充分认识现存社会主义国家自我发展的多样性，正确把握世界社会主义的开放性和包容性，在不同发展模式竞争中彰显社会主义优越性"[5]。对于欧洲激进左翼政党在政治参与中的新变化，有的学者提出："激进左翼政党可以有效减缓或抑制政府的新自由主义政策，但其成就大部分是防御性的，而且加入联盟政府也给其自身带来了新的政治考验，因此如何将自己的理想主义目标转化为现实，是欧洲激进左翼政党面临的重大挑战。"[6] 而在中国特色社会主义的国际影响方面，有的学者认为应该高度重视国外共产党和工人党的态度问题，并发现这些政党大多"肯定中国特色社会主义所取得的伟大成就，积极了解中国特色社会主义的内涵，声讨以美国为首的霸权主义国家对中国的围堵和遏制，并期

---

[1] 吴璟、王义保：《西方政党制度法治化：内涵、进程与动力》，《学习与探索》2016年第12期。

[2] 柴尚金：《西方极端政党民粹化及警示》，《科学社会主义》2016年第2期。

[3] 金安平：《简论政党政治中的"类政党"与"准政党"现象》，《北京行政学院学报》2016年第2期。

[4] 柴宝勇：《世界视角下政党认同形成与变迁的原因分析——基于形成基础与影响因素的探讨框架》，《国外社会科学》2016年第3期。

[5] 柴尚金：《越、老、朝、古新动态及相关看法》，《当代世界社会主义问题》2016年第4期。

[6] 王聪聪：《欧洲激进左翼政党的政府参与及其政策影响力——政党联盟理论的视角》，《当代世界社会主义问题》2016年第2期。

望中国特色社会主义在推动世界社会主义运动和维护世界和平中发挥更大作用"①。

除此以外,关于"政党治理"特别是中国共产党应从理论渊源和实践经验中汲取那些有益成果等方面,学界也有所关注。如有的学者在梳理政党治理方面的研究成果后发现:"目前对政党治理问题的研究方兴未艾,仍然存在较多不足之处以及很多亟待解决的重要理论问题,今后的政党治理研究应更加注重整体性和系统性研究、历史视角与理论视角研究、中国话语与中国逻辑研究以及交叉学科研究,探索构建中国政党治理分析范式和理论体系,是下一步政党治理研究的推进方向与创新空间所在。"② 有的学者则从经典作家研究理想社会的原则与实现中国梦的角度出发,深刻揭示了无产阶级政党必须"保持党的队伍的统一和团结"的历史依据、理论根据和现实意义。③ 还有的学者认为,全面从严治党不应"闭门造车",而应吸收西方国家执政党在自我监督方面的某些积极经验,并由此指出"国外执政党为应对全球化、信息化、民主化的大潮,采取了一系列新的党建举措,呈现出了一些新的发展态势。在当前中国共产党推进全面从严治党的进程中,我们必须放眼全球,认真学习和借鉴国外政党自身建设的有益经验。"④

三 我国政治学理论研究的新动态

(一)党的十八大以来中国共产党对政治学理论的新贡献成为新热点

2016年,政治学界普遍认为,党的十八大以来以习近平同志为核心的党中央在我国政治建设领域的实践探索成果丰富,特别是在治

---

① 余维海、黄冰琼:《近年来国外共产党和工人党论中国特色社会主义》,《当代世界与社会主义》2016年第3期。

② 刘先春、柳宝军:《近年来国内学界政党治理研究述评》,《当代世界与社会主义》2016年第3期。

③ 俞良早:《无产阶级政党必须"保持党的队伍的统一和团结"——经典作家研究理想社会的原则与实现中国梦》,《南京政治学院学报》2016年第3期。

④ 陈松友、刘帅:《国外执政党建设对中国共产党全面从严治党的启示》,《当代世界与社会主义》2016年第3期。

国理政方面提出了一系列新理念、新思想和新战略。首先，系统研究了党的十八大以来以习近平为总书记的党中央在政治学理论领域做出的许多重要论断，提出了一系列新观点、新命题和新思想。对于政治建设的顶层设计，党中央系统阐述了全面深化改革的目标、路径与方法，形成了国家治理体系与治理能力现代化的理论；对于民主建设，提出要在不断推进中国特色社会主义民主政治的过程中，完善人民代表大会制度，彰显协商民主的中国特色，凸显政治发展道路的中国模式；对于法治建设，习近平主张应积极回应人民群众对司法公正的关注和期待，持续加强法制建设，加快社会主义法治国家建设；在权力理论方面，党中央特别关注权力运行的制约与监督体系，强调"将权力关进制度的笼子"，积极遏制权力腐败，实现不想腐、不能腐、不易腐的新局面；在民族政治问题上，党中央首次提出要探寻中国特色解决民族问题的正确道路，指出民族团结是各民族人民的生命线这一新命题，创设了"五个认同"的新论断。与此同时，在政治价值、政治文化、政治发展等重大理论与实践问题上，也有大量的理论创新。其次，认真检视了政治学理论与时俱进的理论品格。理解党的十八大以来政治学理论的新发展，应该注意总结它的新特点。概括起来，主要表现出三大特点：第一，强烈的务实性，政治学理论是在解决问题的过程中不断推陈出新的，问题解决得越多，理论发展就越迅速，理论的创新程度就越高。第二，鲜明的大众化品格，阳春白雪的理论独白少了，贴近人民群众心声、反映人民群众利益的理论思考多了，人民群众对政治学理论的接受程度不断提升。第三，鲜明的整合性，十八大以来政治学理论在不断进步中特别重视功能整合，论证、批判、教育、引导等功能的发挥越发协调一致。总体而言，党的十八以来政治学理论在内容和性质上都有了质的提升。第四，较为全面地研究了对于十八大以来以习近平为总书记的党中央对政治学理论的贡献如何定位和评价的战略问题，特别突出了对治国理政这一核心范畴的诠释。特别是党的十八届五中全会，形成了治国理政的新思想、新理念、新战略，这是当代中国政治学理论的题中之义与不断发展的根本。对于政治学理论的自身发展而言，科学总结党的十八大以来的新发展，对马克思主义政治学理论的学科建设具有引领作用，较为充分地实现了传承经典思想与凝练实践精华的相统一,是新时期政治学理论领域中一切问题的分析基础。

(二) 政治学理论研究的新议题持续涌现

2016年政治学理论研究的主流及热点问题呈现出相对集中的态势,除了围绕经典论题进行政治学理论探索外,热点研究议题在不同层次、不同领域成为学者广泛研究和关注的重点,以五大热点论题的研究为代表,涌现出一批具有代表性的思考,成为政治学理论研究的显著特点。其一,如何把握"四个全面"战略的政治学意蕴。有的学者提出,尽管"四个全面"之间存在目标、动力、保障与政治保证的基础关系,但彼此之间并不是孤立的,而是互为基础、条件与目标。自党的十八大以来,"四个全面"战略已然成为我国政治学理论研究的核心与基础,相关研究及其创新都围绕"四个全面"战略而展开。有的学者则指出,准确评价党的十八大以来以习近平为总书记的党中央对政治学理论的贡献需要立足于"四个全面"战略,将其定位为治国理政的新思想、新理念、新战略。还有学者认为,全面从严治党就是党的治理现代化,也就是政党治理,只有解决了国家治理现代化与党的治理的关系,才能科学理解"四个全面"战略与国家治理现代化的科学内涵。其二,如何更加全面地理解依法治国。有的学者指出,在"四个全面"战略中,全面依法治国的地位特殊、特别重要,推进依法治国、建设法治国家从根本上讲是国家建设,是政治学研究的重大课题。为此,需要认真思考三个方面的问题:第一,密切关注党和法的关系,深入批判"党大还是法大"这一伪命题;第二,正确辨析依宪执政和宪政的关系,进一步解构"宪政"作为自由主义意识形态范畴的实质;第三,积极分析如何树立法治权威。另有学者提出,全面依法治国就是法治现代化,即实现民主作为法治的灵魂与法治作为民主的保障的真正统一。其三,如何丰富国家治理现代化的内涵解析。有的学者认为,国家治理现代化必须置于"中国社会主义事业现代化和中华民族伟大复兴"的语境中,而习近平治国理政思想是中国共产党人对现代化探索的新境界。在此基础上,理解国家治理现代化的内涵可以概括为"五大现代化":一是明确推进国家治理现代化的改革总目标，创造性地推进制度现代化；二是确立选举民主和协商民主的关系，建构社会主义协商民主的制度架构，完善民主政治的现代化；三是将民主与法治有机统一，推进全面依法治国，使法治进一步现代化；四是使严惩腐败和制度治腐相结合，开拓权力治理现代化；五是全面从严治党，拓展有效途径，加快党的建设现代化。有的学者则指出，马克思主义中国化是用马克思主义的基本原理建构一套治国理政的体系，即以马克思主义为基础建设一个现代国家。还有的学者提出，分析国家治理现代化必须分清"应然"与"实然"，即何为国家治理现代化以及中国的国家治理情况如何。其四，如何科学认识"优良政治生活"。有的学者指出，党中央的治国理政思想体现了探求优良政治生活的实质，而所谓优良的政治生活需要理想政治生活蓝图的建构，需要满足人类社会复杂的良好组织和制度要求，需要以非暴力的科学方法解决政治矛盾和冲突。对于政治学理论研究，要更好地理解党中央治国理政思想，就必须弄清治国理政的基本问题就是探求建构优良政治生活路径的问题。有的学者则从基本国情与现实问题出发，提出优良的政治生活就是探求正义的政治秩序，捍卫将平等作为社会主义国家的核心政治价值的地位。为此，必须改革收入分配机制，建立健全完整的社会福利覆盖体系，努力实现政治与道德的科学统一。

与此同时，还有部分学者从理论自身完善、实践经验总结与话语体系建构等不同角度，讨论了政治学研究方法论、国家理论、民族理论、权力理论和政党理论的具体发展。此外，有学者着重阐释了"全球治理"问题，认为它是当前政治学（包括行政学）研究的焦点，应从理解习近平关于国际治理的系列观点、重视全球治理体系的价值理念框架的建构以及"全球治理"的话语价值三个方面加以深入研究。

（三）关注现实政治，理论联系实际，政治学理论研究成果的解释力进一步提升

政治学界普遍认为，当前我国政治学理论的研究更加注重中国问题，不断丰富研究议程，积极运用科学方法，努力为治理国家提供较为有效的分析和结论。这在本次研讨会中也得到了充分体现。一方面，正如很多学者所指出的，政治认同和政治整合是当代中国的重大政治问题，内容丰富、头绪繁多，需要持续关注与思考。对此，有的学者分析了政治整合的逻辑，提出了主体、目标、边界、内容和基本路径的五维解释框架；有的学者着重阐释了现代化语境中的政治认同建构空间问题，提出当代中国的政治认同需要坚守政治底线，保障认同的现代性，充分利用公共空间，不断挖掘政治认同的社会资源，进而培育人们的认同意识；有的学者则从民族互嵌格局入手，分析了少数民族地区的政治认同、社会融合、异域认同、他者认同等诸多问题，提出了民族事务治理的整体性治理架构。此外，有学者立足信息化与第三次生产力革命，将其看作政治整合在价值认同层面的新议题，认为其既关系到舆情与政治（社会）安全问题，又涉及"信息+"或"互联网+"模式下的价值判断问题；它不但与新型社会（政治）关系的塑造直接相关，又影响到政府体制的改革与政务服务的导向。另一方面，在对政治参与、政治稳定的时代变化进行新观察的基础上提出了一系列新思考。其中，有的学者分析了当代中国国家治理的权威主义特征，阐释了权威治理在我国政治稳定中的积极作用，对权威治理型政治稳定的缺陷提出了针对性意见；有的学者采用"扎根理论"方法，分析了运动式治理的基本特点，并以个案分析为依据对纵向府际合作的实现进行了质性分析；还有的学者则立足于法治语境，认为政策执行紧张是我国女性政治参与的关键问题，提出以史密斯政策执行过程模型为解释框架来分析女性政治参与政策执行的整体性、协调性和动态性，以实现有效执行的法治状态。

还有部分学者立足于民主政治问题，讨论了民主实现形式、协商民主与基层民主等热点问题。有的学者认为，"非西方民主"在本质上仍是西方民主话语的产物，应从多民主精神的确立、民主测量变量的丰富和民主实现形式的差异性入手实现真正的民主实现形式多样化；有的学者则分析了协商民主的两种模型，提出西方协商民主的实质是金元政治的制度改良，它无力改变西方民主生态，而中国的协商民主是实质民主的自觉实践，是人民民主的体制与机制的优化；还有学者提出以现代公共精神为依托，以公共理性为内在支撑，发挥农民在基层民主中的主体价值，以公共价值引导农民参与基层民主活动，满足农民对民主权益的多元需求。

  总之，2016年我国政治学理论研究牢固树立和践行"四个意识"，在党中央的坚强领导下，紧紧围绕"两个一百年"和实现中华民族伟大复兴奋斗目标，协调推进"四个全面"战略布局，密切关注和研究中国现实政治问题，着力增强政治学理论研究的解释力，努力构建中国特色的政治学学术话语体系，并遵循理论创新规律，在政治学理论领域提出了很多新概念、新命题和新思想，立意高远、内容丰富，体现了马克思主义的世界观和方法论，为进一步促进中国特色社会主义政治学繁荣和发展的新局面注入了新的活力。

人民代表大会制度理论研究与创新完善的新进展

王维国

人民代表大会制度是由一系列具体制度构成的制度体系。2016年，在"人大"制度研究上，学界不仅对选举制度、立法制度、监督制度、人事任免制度、代表资格审查制度等开展了多方面的研究，而且就"人大"制度的完善，尤其是地方和基层"人大"制度的完善也给予了极大的关注，形成了一些重要的理论成果，有助于"人大"工作的改进和实效的提高。

一 "人大"制度研究新进展述评

(一) 关于"人大"代表选举制度

人民代表大会是国家最高权力机关，国家最高权力的行使是通过"人大"代表集体行使的，因而"人大"代表的选举制度是人民代表大会制度的基础。在我国，县级和乡镇"人大"代表实行直接选举，县级以上实行间接选举，因而直接选举制度又是"人大"代表选举制度的基础。正因为如此，直接选举制度一直是专家学者研究的重点。就2016年这方面的主要研究成果来看，主要聚焦在选区划分、选举委员会组成及其监督、代表名额分配的结构安排、代表候选人的产生过程、贿选等方面。关于选区划分和选举委员会，有研究者认为，对选区划分缺乏必要监督；选区划分的复合标准不能适应现状；

选区划分的大小不一有损选民民主权利；选举委员会因无主体资格而导致不可诉；① 缺乏对选举委员会以及选举过程中相关行为的监督，从而导致选举委员会在基层"人大"代表选举过程中的权力太大，进而影响了选举的公正性与民主性。② 对于上述问题，首先，选举委员会的决策要透明化，其决议应纳入司法审查；其次，保证选区代表的人口数量大体相等并加强基准研究；普及小选区制；采用选区划分标准的居住地主义；注重选区划分的正当程序，加强信息公开，履行告知程序；完善选举诉讼制度，将更多的选举违法行为纳入司法程序中。③ 关于代表名额分配的结构，有学者就认为，基层"人大"代表中的许多劳动模范或先进人物，不能够很好地表达选民的切身利益问题。④ 关于代表候选人的产生过程，有学者认为，确定正式"代表"候选人的规定比较模糊，没有明确地规定关于协商人员的组成以及讨论协商的具体方案等，从而为各种不正常现象的产生创造了机会。因此，要对现行有关选举制度安排进行一定程度的优化。⑤ 近年来，"人大"代表贿选问题日益突出，对此有学者认为，辽宁省在第十二届人民代表大会选举全国人大代表的过程中，出现 45 名当选的全国人大代表拉票贿选现象，涉案人数高达 523 人，是新中国成立以来第一起发生在省级层面，严重破坏人民代表大会选举制度的恶劣案件。这一案件表明辽宁省全国"人大"代表选举中，选举程序不清晰；"人大"选举制度中的监督无力；"人大"选举的方式不公开透明。这也表明"人大"代表选举的组织程序、监督问责机制、选举方式亟待完善。⑥

选举制度的核心价值在于把真正能够代表人民的优秀公民通过法

---

① 杨璐聪：《我国基层人大选举选区划分制度研究》，硕士学位论文，吉林大学，2016 年。

② 陈昊：《依法治国视阈下基层人大代表选举制度创新研究》，《淮海工学院学报》（人文社会科学版）2016 年第 5 期。

③ 杨璐聪：《我国基层人大选举选区划分制度研究》，硕士学位论文，吉林大学，2016 年。

④ 陈昊：《依法治国视阈下基层人大代表选举制度创新研究》，《淮海工学院学报》（人文社会科学版）2016 年第 5 期。

⑤ 同上。

⑥ 鲜开林、王淼：《不断完善人大代表选举制度》，《人大研究》2016 年第 12 期。

定的选举程序选举为"人大"代表。因此,选区划分、选举委员会组成及其监督、代表名额分配的结构安排、代表候选人的产生过程、贿选处置都要体现这一价值。不能体现这一价值的制度安排就要改革乃至废除,不足和有缺陷的方面就要完善。正因为如此,现行的选举法已进行了六次修改,体现了我国选举民主不断发展完善的过程。尽管如此,仍有一些有待完善的方面,尤其是程序设计和法律责任主体的明确等。

(二)关于"人大"立法制度

人民代表大会是立法机关,不仅全国人大及其常委会有立法权;而且设区的市及其以上的地方人大都有立法权。这充分体现了"国家的一切权力属于人民,人民行使权力的机关是全国人民代表大会和地方各级人民代表大会"这一宪法规定。改革开放以来,有立法权的人大及其常委会的立法权得到了充分行使,而且立法的民主性、科学性不断增强。2016年,学者对于立法制度的研究主要聚焦在如何进一步增强"人大"立法的民主性、科学性方面。有学者提出,"人大"立法辩论制度不仅在我国当前法律文本中几乎处于缺失状态,而且在当代立法实践中也存在定位上的偏差。突出中国特色、确立先行模式和强化规范构造应是我国人大立法辩论制度建构的基本思路。[①] 其实,立法要不要辩论,关键是由谁来辩论,辩论者基于的价值观如何。立法不仅要给所要规范的对象立规矩,而且立法者本身也要有规矩,这样才能有助于保障立法的科学性,即立法不仅要基于正确的价值观,而且立法过程要有严密的程序。对此,有学者认为,上海市通过13次人大立法听证实践,可以总结出地方人大立法听证制度在以后的发展过程中,应注重规则设置上的制度化、规范化、程序化,适用范围上的标准化、明确化、普遍化,以及效力反馈上的公开化、透明化与信息化,以确保地方人大立法的民主化与科学性。[②]

---

① 李店标:《论我国人大立法辩论制度的建构》,《广西社会科学》2016年第8期。
② 田玉麒:《地方人大立法听证制度:功能定位、实践经验与发展趋向》,《河北法学》2016年第7期。

随着地方"人大"立法任务的加大,地方"人大"的立法能力问题引起了学者的关注。尤其在全面依法治国的背景下,只有立良法才能实现善治,而立良法不仅要求立法坚持正确的价值观和遵守科学的立法程序,而且立法者的能力也很重要。对此,有学者认为,加强地方立法权力能力建设要从扩大地方立法的授权出发,通过授权来扩大地方立法权力的能力,使得地方立法更好地适应立法需求。与此同时,培育与立法权力能力相适应的立法行为能力。[1]

(三)关于"人大"监督制度

监督权是"人大"及其常委会的一项极其重要的职权,是"人大"及其常委会其他职权有效行使的重要保障,在实践中有很大的空间。如何改善人大监督低效问题不仅一直是"人大"努力的重要工作和目标,也是专家学者致力于研究的问题。从宪法实施的监督到规范性文件的备案审查,从政府各项工作到政府预算收支活动,都需要人大及其常委会的有效监督,这样才能使宪法法律法规及具体工作制度得到有效落地,才能使政府服务水平和责任意识、法治意识不断提高,才能使政府预算真正做到取之于民、用之于民。因此,在"人大"监督制度研究方面,学者专家的研究视域较为开阔,对于"人大"监督的各个方面都有所涉及。

习近平总书记关于"人大"监督方面的重要讲话精神,对于专家学者的研究具有根本性的指导意义。中共中央总书记习近平 2012 年 12 月 4 日在首都各界纪念现行宪法公布施行 30 周年大会的讲话中指出,"保证宪法实施的监督机制和具体制度还不健全,有法不依、执法不严、违法不究现象在一些地方和部门依然存在",并强调"全国人大及其常委会和国家有关监督机关要担负起宪法和法律监督职责,加强对宪法和法律实施情况的监督检查,健全监督机制和程序,坚决纠正违宪违法行为"。对于如何健全完善我国"人大"宪法监督制度的问题,有学者建议,设立相对独立的"人大"宪法监督机构;扩

---

[1] 莫纪宏:《提升地方人大立法权力能力与行为能力的制度路径初探》,《江苏行政学院学报》2016 年第 5 期。

大"人大"宪法监督的审查范围；完善"人大"宪法监督的程序。①

"人大"监督的低效问题，固然有体制机制上的原因，其中对于"人大"监督基础理论的把握和理解有待深化。基于此，华南理工大学广东地方法制研究中心冯健鹏历时3年，经过反复修改，于2016年6月出版专著《地方人大监督权的行使》。冯健鹏认为，我国"人大"监督制度研究存在两大问题：重视监督主体，忽视监督程序。简单地说就是重视权力分配，强调"谁来做这件事"或"谁有资格做这件事"，但相对忽视权力的正确行使方式，即"这件事应该怎样做"。② 因此，这方面需要强化研究。

民主政治的建立、完善和发展是一个历史过程，在民主政治发展的历史过程中，基于经济社会发展和政治实践活动的需要，民主政治制度不断向好的方面变迁。"人大"监督制度的变迁也是如此，正是在"人大"监督制度向好的方面的变迁中，"人大"监督实效不断增强。对此，有研究者指出，我国省级人大常委会监督制度从开始创建到逐渐发展完善经历了三个发展阶段：第一个阶段从1979年至1991年，是制度的建立和初步探索阶段，主要进行制度自身建设，有些地区也开始探索新的监督方式，但并没有得到大范围的推广和制度化；第二个阶段从1992年至2005年，是积极探索和逐步规范的阶段。各省都在积极探索新的监督方式，并广泛开展了相应的监督活动，也逐步总结并制定规范性文件加以规范。第三个阶段从2006年至今，是省级人大常委会监督制度的法制化和成熟阶段。每个阶段的制度在运作过程中出现的各种问题，都促进了制度本身的调整，进而促进了制度功能和结构发生相应的变化，制度结构的调整促进了制度功能的强化，制度功能的加强同时也促进了结构的完善，结构和功能之间相互影响。③ "人大"监督制度结构功能的优化完善，最终要解决监督实践中所遇到的困境问题。也就是说，"人大"监督制度结构功能问题

---

① 上官丕亮：《完善人大宪法监督制度三建议》，《人大研究》2016年第9期。
② 薛应军、冯健鹏：《人大监督制度研究重主体轻程序》，《民主与法制时报》2016年12月22日第6版。
③ 谢碧云：《省级人大常委会监督制度变迁研究（1979—2016）》，硕士学位论文，吉林大学，2016年。

需要有一个有效的工作机制来落地。工作机制体现的是"人大"的监督方式,"人大"监督方式不同,监督效果也不同。

由于规范性文件不仅数量多,而且类型各异,再加上人大常委会机构建设滞后,因而规范性文件备案审查问题一直是人大常委会监督的短板。对此,有学者认为,规范性文件备案审查遭遇"三难":一是审查范围界定难;二是审查标准把握难;三是纠错程序实施难。规范性文件备案审查理论及具体制度重构要从基本特征出发来科学界定规范性文件的定义和备案审查范围,围绕维护国家法制统一和人民群众权益的双重目标来界定备案审查标准,完善备案审查具体程序。① 其实,问题的关键在于各级党政干部的政绩观。政绩观不正确,就会想方设法出台一些追求短期效益,而从长远看会给环境和可持续发展造成隐患的所谓政策文件。这对人大常委会的规范性文件备案审查工作带来很大的压力。

在人大及其常委会对于政府工作的监督方面,无论是政府接受监督的自觉意识,还是监督议题及其程序安排的科学性,改革开放后都逐步提高。然而,监督法出台后,"人大"对于法院和检察院监督的一些传统做法受到了限制,因而如何在不违背监督法立法宗旨的条件下,基于宪法精神实质,创新人大监督法院和检察院的方式方法,就成为专家学者研究的重要课题。对此,有学者认为,2015 年,浙江省乐清市人大常委会在年度监督方案中,提出对部分法官开展履职评议。法官履职评议这样一种监督方式,较好地体现了"人大"的监督权与法官独立审判权之间的关系。首先,这一监督形式的监督主体是人大常委会以及它授权的工作机构,这有助于避免代表或委员个人以行使监督权的名义干预司法。其次,这一监督形式是通过具体案件的审理对法官履职做一个总体的评价,它既涉及具体的案件,又避免了干预司法的可能,因为这是一种事后监督,对于案件的评议,关注的焦点不是案件的结果,而是程序和适用法律的问题。② 也有研究者

---

① 周松玉、王雅琴:《地方人大规范性文件备案审查的现实困境与制度完善》,《人大研究》2016 年第 9 期。
② 李梅:《法官履职评议:地方人大司法监督的制度创新》,《中国特色社会主义研究》2016 年第 4 期。

认为，地方"人大"在对法院进行监督过程中所存在的问题，主要有地方"人大"对法院监督的议题选择机制有待完善，地方"人大"对法院的监督缺乏专业支持，听取和审议人民法院工作报告的实效有待提高，执法检查的功能需要进一步发挥，刚性监督方式运用较少，监督效果需要提升，地方"人大"对司法人员的监督不够重视等，其中刚性监督方式运用较少，监督效果需要提升的问题最为突出，亟须解决。针对地方"人大"对法院监督中所存在的问题，相应的建议和措施应为确立科学的议题选择机制，加强地方"人大"的自身建设，完善听取和审议人民法院工作报告的机制，建立专项工作报告责任追究制度，完善执法检查方式，充分发挥执法检查的作用，注重软性监督方式和刚性监督方式的结合，加强对司法人员的监督。① 关于"人大"的司法监督，当个案监督被叫停后，有学者开始探索类案监督的方式方法，有些地方"人大"也做了一些尝试，但效果并不理想。因此，上述从微观、宏观上的研究，应该说都具有积极的意义，具体效果仍有待地方"人大"的实践探索来决定。

政府预算作为人大及其常委会行使监督权的一个关键抓手和重要途径，近年来在增强"人大"监督实效方面发挥了重要作用，但专家学者认为，政府预算监督的刚性仍然不足，集中表现在"人大"对预算修正案提案权和政府预算初审权这两个方面的权力行使不充分、未能常态化。对此，有研究者认为，目前我国省级"人大"对预算修正案提案权的缺失影响了"人大"预算监督权宪法地位的落实；鉴于此，应该在立法上明确省级"人大"修正预算草案的权力。② 有学者认为，由于地方实践中曾出现本级预算草案被否决，却无法依循法规指导后续操作程序问题，应迫使地方加快建立预算修正制度。然而仅有1/4的省级预算监督条例有所提及，且操作性差。不过，首例预算修正案③的通过及"参与式"预算修正制度告捷的经

---

① 任明：《地方人大对法院的监督制度研究》，硕士学位论文，安徽大学，2016年。
② 李晓新：《我国省级人大财政预算监督制度研究》，硕士学位论文，安徽大学，2016年。
③ 2012年上海市产生了首例真正意义上的预算修正案。

验，引导着地方预算修正制度的不断完善。① 由于"人大"会议审查政府预算的时间短，且预算安排基本定型，如果在大会上提出修改，会引发一系列的程序及实际操作问题，因而政府预算的初审就显得尤为重要。对此，有学者认为，就预算草案审查的实际来看，"人大"预算草案审批过程中"人大"与政府的权力互动关系主要发生在预算草案初审环节而非人民代表大会审批阶段。因此，分析"人大"预算监督制度不可忽视对人大预算草案初审制度的研究。通过分析30部省级预算法规可以发现存在初审程序不健全、初审报告运用不明确等问题。为进一步强化"人大"预算草案初审权，省级"人大"应充分利用新预算法的实施所引起的省级预算法规修改的有利契机，进一步创新与完善省级"人大"预算草案初审权有效行使的制度框架，其完善路径主要是建构以程序为中心的省级"人大"预算草案初审权运行规范，建立健全预算初审中的多方参与制度等。②

我国宪法规定国家的一切权力属于人民，人民依照法律规定，通过各种途径和形式，管理国家事务，管理经济和文化事业，管理社会事务，因此，国家权力的人民属性如何有效落实，人民如何直接行使管理国家事务，管理经济和文化事业，管理社会事务的权利，也一直是专家学者探索的重要课题。对此，有学者认为，2007年4月，浙江省乐清市新一届"人大"创立的"人民听证"制度就是一个很好的实践。从2007年至2016年，乐清市"人大"的"人民听证"共举行了近30场，涉及教育、环保、城建、交通、房管、社会治安等15项牵涉面广、问题多、影响大的治理议题。浙江省乐清市"人民听证"制度的民主创新实践，凸显了"民意民议"、监督"执行实效"、把握"有序参与"方面。"人民听证"制度很好地体现了党的领导、依法治国、人民当家做主三者之间的有机统一，为地方人大建设和基层民主创新提供了有益的借鉴和示范，即应以社会需求为本

---

① 李宜霖：《人大预算修正制度的完善》，硕士学位论文，广东财经大学，2016年。
② 刘元贺、孟威：《省级人大预算草案初审权的制度供给与创新路径》，《四川理工学院学报》（社会科学版）2016年第2期。

位，以有效运行为保障，这是一个不断探索完善的过程。① 浙江省乐清市的"人民听证"制度，作为地方民主议事制度有效运转的创新实践，充分发挥了"人大"的民主议事和民主监督功能。"人民听证"制度蕴含着进一步完善地方民主议事制度的启示，即地方"人大"与地方党委、地方政府关系的制度性协调，地方"人大"的民主议事和民主监督应进一步制度化、地方"人大"的民主议事制度应进一步扩大民众的制度化参与。② 2014 年，浙江省丽水市云和县人大常委会启动长期被虚置的特定问题调查权，调查财政存量资金，既摸清了当地财政"家底"，还激活了数亿"沉睡"资金，破解了很多地方普遍存在的财政资金闲置和政府高额债务并存的难题。③ "人民选举时有权，选举后无权"的确是民主制度运行中的难题，"人民听证"至少使人民的知情权、参与权得到了一定程度的体现，老百姓不仅关注国家民族的前途命运，而且对身边事眼前事的关注度更高，更是塑造良好公民的重要途径。

（四）关于"人大"代表工作

"人大"代表是人民代表大会及其常委会发挥作用的主体。就是说，由于人民代表大会及其常委会是集体行使职权，离开代表主体作用的发挥，人大的职权就处于虚置状态。当然，人民代表大会及其常委会要充分发挥作用，一方面要求每一位代表（委员）尽职尽责，履行好宪法法律赋予人大代表的神圣职责；另一方面，人大常委会机关要为人大代表发挥主体作用搭好平台，提供充分的工作条件保障。因此，代表工作也一直是专家学者研究的重要课题。"人大代表"发挥作用的前提是"人大"代表当选要依法依规，对此，有学者认为，新一届"人大"代表当选后马上可以参加为出席本级人民代表大会会议做准备的调研、视察等活动，但要在人民代表大会会议上行使权

---

① 徐海燕：《地方人大民主创新实践与思考》，《中国特色社会主义研究》2016 年第 4 期。

② 周少来：《地方治理现代化与地方民主议事制度》，《中国特色社会主义研究》2016 年第 4 期。

③ 胡国强：《浙江基层人大工作创新观察》，《人大研究》2016 年第 2 期。

利，比如，参加审议、投票、提出建议，必须是在其代表资格确认之后。按照法律规定，负责审查代表资格的专门机构是代表资格审查委员会。起初，这个委员会由人民代表大会设立。1982年修改全国"人大"组织法，将代表资格审查委员会由全国"人大"设立改为由主持代表选举工作的全国人大常委会设立，作为常委会的常设工作机构。代表资格审查，审查的是代表当选的合法性。[①] 有学者认为，"人大"代表资格审查制度的内容主要有三个方面，即代表资格审查委员会的组织制度、代表资格审查委员会的职责制度和代表资格审查程序。代表资格审查制度存在的主要问题是，代表资格审查委员会的组织设置随意性较大，代表资格审查委员会的审查权与选举机构的确定权重复，法律对审查权的规定缺乏操作性，地方性法规和其他规范性文件的规定差异较大，代表资格审查委员会履行审查和报告职责的程序不严密，制度规定过于分散。完善代表资格审查制度需要调整国家立法思路，推进国家机关的组织立法一步到位，增强法律的可操作性，废止地方性法规；处理好法律之间的协调和衔接，消除法律制度之间的矛盾和冲突；规范代表资格审查委员会的组织设置；调整代表资格审查委员会的职责；完善代表资格审查的法律程序。[②] 近年来，随着"人大"代表职业结构的变化，选举过程竞争的加剧，违法犯罪的增多，对代表资格审查工作的要求也越来越高，面临的问题越来越多，这就需要从理论上加以深化研究，在实践方面加强经验总结。

当然，"人大"代表要发挥主体作用，最重要的是密切联系群众，真正成为人民群众的代言人，真正成为人民群众利益的忠实维护者。对此，有学者认为，代表联系群众工作所存在的问题主要表现在三个方面：代表联系群众的主动性和自觉性不够；代表联系群众工作不够均衡，直接选举产生的基层"人大"代表比间接选举产生的市、省及全国"人大"代表所开展的活动多；代表联系群众的效果不够明显。鉴于此，一是要建立健全规章制度，做好代表密切联系群众的建章立制工作。二是要完善"人大"代表选举制度，解决部分"人大"

---

① 阚珂：《人大代表资格审查制度的过去和现在》，《海南人大》2016年第5期。
② 袁达毅：《人大代表资格审查制度研究》，《新视野》2016年第2期。

代表脱离群众的制度根源。三是要健全代表联系群众的工作机制，拓宽代表联系群众的渠道和途径。四是要完善代表联系群众保障机制，免除代表联系群众工作的后顾之忧。五是要结合中国"人大"制度的现实，适度借鉴西方国家议会代表联系选民的做法和经验。[①] 有学者认为，"人大"代表和人民群众的关系，从法理学意义上讲，应该是权利的委托—代理关系，即人大代表是人民群众选举的，应该受到人民群众的监督。这也是人大代表合法性的重要来源和必然要求。[②] 有学者认为，通过跟踪中国南部 X 省"人大"为了提升"人大"代表履职绩效而引入"互联网+"大数据的技术创新过程，发现技术创新在正式制度领域和非正式制度领域所发挥的功能不同，正式制度的模糊性为非正式制度的惰性提供了土壤。在非正式制度的惰性较高的情况下，技术创新提升制度绩效的空间有限。[③] 有学者认为，代表联系群众制度，是规范和推动代表联系群众活动的制度保障。北京市完善和实施代表联系群众制度的做法和经验是：地方立法与基层工作制度建设相结合；实践创新与制度创新相结合；改善代表履职状况与提高代表履职能力相结合；提高代表履职积极性与规范代表履职活动相结合。[④] 有学者认为，近年来，浙江省基层"人大"适应民主政治发展的要求，在法律框架内探索实践，不断扩大代表和公众对人大监督工作的参与，不断增强监督实效，推动解决了一系列群众关注的热点难点问题，取得了明显成效。如浙江省宁海县在推进项目工程中碰到一些阻力，实行实事工程代表票决制后，从工程项目的征集、票决到对工程的监督，让代表发挥主导作用。2015 年 7 月 27 日，丽水市第三届人民代表大会常务委员会第二十九次会议召开，沈明温等 9 位常委会组成人员联名提出了《关于水阁污水处理厂存在未达标排放问题的质询案》。这是丽水人大历史上出现的第一个质询案。[⑤]

---

① 黄小舫：《地方人大代表联系群众制度及其完善》，《公民导刊》2016 年第 4 期。
② 陶林：《论我国人大代表制度的完善问题与对策》，《团结》2016 年第 6 期。
③ 陈雪莲：《技术创新与制度惰性》，《中共福建省委党校学报》2016 年第 12 期。
④ 袁达毅：《完善人大代表联系群众制度的实践与思考》，《武陵学刊》2016 年第 4 期。
⑤ 胡国强：《浙江基层人大工作创新观察》，《人大研究》2016 年第 2 期。

有学者认为，袁刚教授的《人大代表联系人民群众制度研究》①的出版在一定程度上突破了"人大"制度研究中所存在的理论与现实缺乏有效对接的困境。袁刚认为，长期以来，一些"人大"代表的职责观念出现了"错位"现象，且对应具备的条件和应承担的职责缺乏正确的认识，甚至把代表身份当作一种荣誉称号和政治资本。为此，袁刚提出了建立健全监督机制，完善代表闭会期间履职平台，建立和完善代表联络机构等举措。②"人大"代表的工作的确包括两个维度：一方面"人大"代表自身的履职意识能力是基础，另一方面人大常委会机关所提供的履职条件是保障，只有这两个方面相互协调相互促进，才能相得益彰，提升"人大"代表工作的实效。

（五）关于人事任免工作

人事工作是一项极端重要的工作，党和国家干部、"人大"代表是党和国家路线、方针和政策的重要谋划者、决定者和执行者，尤其在国家治理体系和能力现代化的条件下，他们的履职能力是国家治理能力的重要支撑。无论是发展理念的建构，还是各项制度的运行，都离不开他们以人民为中心创造性地开展工作。因此，无论是"人大"代表的选举，还是将党组织推荐的人选通过法定程序变为国家机构负责人都一直是专家、学者关注的重要课题。也就是说，"人大"人事任免权的行使问题，不仅是实际工作中的难点，也是理论研究的难点和重点。尽管如此，学者们仍然坚持不断探索。如有学者就认为，要加强党管干部的工作，就有必要进一步调整协调党管干部与"人大"选举、监督国家政权机关领导人员的相互关系，改革创新"人大"选举、监督的具体制度。要进一步完善候选人提名审核机制，进一步完善"人大"选举程序，善于使党组织推荐的人选通过法定程序成为国家政权机关的领导人员。"人大"要积极配合党的纪律检查部门加强对国家政权机关领导人员的监督，加强宪法实施和行政决策监

---

① 法律出版社 2016 年版。
② 敦鹏：《袁刚教授〈人大代表联系人民群众制度研究〉评介》，《人大研究》2016年第 9 期。

督,加强对依法行政的监督,具体落实弹劾罢免机制。要加强"人大"自身制度建设,优化常委会、专委会组成人员的知识和年龄结构,提高专职委员比例。[①] 上述观点不仅阐述了如何将党组织推荐的人选通过法定程序变为国家机构负责人,而且如何就党管干部与"人大"监督干部工作的有机结合做了清楚的说明;同时,提出了加强"人大"自身建设的路径主要是加强专职委员建设。

(六) 关于"人大"会议

人大及其常委会履行职权的主要方式就是会议,人大及其常委会有不同规模和形式的会议。根据地方"人大"的实践探索和经验总结,会议的质量在会前,会议的效率在会中,会议的实效在会后。离开会议,"人大"工作既无平台,也无抓手。因此,会议的质量问题不仅是"人大"工作者要倾心解决的问题,也是理论研究关注的研究课题。例如,有学者认为,会议筹备工作,是人民代表大会会议举行前的一项重要内容,包括做出召开代表大会会议的决定、决定代表大会会议召开的时间和地点、确定参加代表大会会议的代表人数和列席代表大会会议的人员规模、起草各项工作报告、召开会前的各种会议及活动和会场的布置与安排等内容。明确会议筹备工作的主要内容,理顺会议筹备工作的基本程序,是加强和改进地方"人大"会议筹备工作的客观要求,是健全和完善地方"人大"制度建设的重要内容。为加强和改进人民代表大会会议的筹备工作,需要对以下几个方面加以改进:制定一部专门的法律法规,明确会议筹备工作的基本原则、主要程序以及重点内容等,保证会议筹备工作有法可依。增强法律意识和程序意识,提高会议筹备工作的规范化、制度化和科学化水平。高度重视会前代表活动,保障代表依法行使职权。做好各方面的协调和沟通工作,保障代表大会会议的顺利举行。[②] 上述观点就人大会前问题做了详细阐述,充分表明了'人大'会议质量是何以

[①] 李景治:《坚持党管干部原则与人大制度的改革创新》,《学习论坛》2016 年第 3 期。

[②] 黄小钫:《地方人大会议筹备工作制度初探》,《武陵学刊》2016 年第 2 期。

在会前决定的。这些观点无论对于我们认识和把握"人大"会议会前筹备工作,还是提高"人大"会议质量都具有积极的参考意义。

(七)关于乡镇"人大"

乡镇"人大"是"人大"体系运行的基础,乡镇"人大"运行的状况,可以使乡村人民群众直接感受到人民代表大会制度的优越性,直接体会到中国特色社会主义民主政治的优越性。不过,从目前来看,无论乡镇"人大"职权的设置及其运行安排,还是组织机构的设置及其运行安排,都存在一些亟须完善的地方。因此,近年来,乡镇"人大"工作不仅受到党和国家的高度重视,而且一直是专家学者关注的热点问题。例如,有学者认为,乡镇"人大"制度运行中利益表达机制缺失的表现有:利益表达主体自身能力不足,利益表达客体态度消极,利益表达渠道不畅通。在利益表达机制下我国乡镇人大制度完善的路径有:完善"人大"代表相关机制,推进基层民主发展,建立良好的外部环境,创新利益表达渠道,拓宽利益表达平台。① 有学者认为,要加强"人大"宣传工作,增强全社会对"人大"工作重要性的认识;明确职责,实现代表依法履职全覆盖;要完善工作机制,促进乡镇"人大"工作制度化;丰富代表活动,推动乡镇"人大"代表活动经常化;要注重落实,提高代表建议、批评和意见办理的实效;突出重点,强化乡镇"人大"监督职能是充分发挥乡镇"人大"作用的改革思路。通过改革,促使乡镇"人大"权力回归,为实现"人大"制度的整体权威和全面崛起奠定最坚实的基础。②

有学者认为,乡镇"人大"是我国"人大"制度体系中的一个薄弱环节,其困境主要表现在以下方面:法律制度的缺失,程序机制不够完善,组织架构不够完整,职权行使不够充分。乡镇"人大"制度受到中央的高度重视,乡镇"人大"迎来了"重大机遇期"。

---

① 王维、苗梦月:《利益表达机制视野下乡镇人大制度的重新审视》,《改革开放》2016年第3期。
② 庆玲:《充分发挥乡镇人大制度的作用是进一步实现基层民主和法制的基础》,《四川行政学院学报》2016年第5期。

2015年6月,中央出台了加强县乡"人大"工作和建设的相关意见,推出一系列加强乡镇"人大"制度建设的根本性、制度性、长远性的重要举措。2015年8月29日,十二届全国人大常委会第十六次会议表决通过了地方组织法、选举法、代表法的修改决定。这些修改进一步明确了乡镇"人大"在闭会期间的工作,从法律上保障了乡镇"人大"工作的常态化、规范化,是乡镇"人大"工作"实起来"的关键一步。[1] 确如上述学者所言,目前乡镇"人大"的主要问题是组织建设。组织机构完善了,才能使相关制度的落实有依托、有抓手、有动力。

(八) 关于坚持和完善"人大"制度

人民代表大会制度是中国共产党根据马克思主义国家理论,结合中国实际,借鉴世界共产主义经验而创立的。人民代表大会制度在中国政治生活中发挥了极其重要的作用,只有坚持和完善人大制度,才能保证国家的长治久安。"人大"制度也为世界社会主义建设提供了重要的民主政治范本。因此,"人大"制度一直是中外学者专家关注的重点课题。例如,有学者认为,自20世纪90年代起,有国外学者发现,各级人大的制度空间发生了积极的调适,认为诸多加强监督权力的制度创新,显著地拓展了"人大"在政治体系中的权力边界。党的十八大以来,"人大"的发展迎来了新的契机,成为支撑中国国家治理体系和治理能力的根本政治制度。在这种背景下,"人大"制度空间及其发展理应得到更多的学术关注。[2]

关于"人大"制度完善、发展问题,中国学者认为,完善中国"人大"制度运行机制就是要提高"人大"制度的结构实施力,激活制度内部诸要素的分工与协作,实现人大及其常委会所具有的选举、立法、监督以及讨论和决定重大事项的职能,提升人大及其常委会的民意回应能力、协同治理能力和民主审议能力,使人民代表大会制度

---

[1] 曾庆辉:《乡镇人大制度研究:困境、突破及发展完善》,《人大研究》2016年第1期。

[2] 倪春纳:《"收缩"抑或"调适":人大制度空间的域外研究之争》,《理论与改革》2016年第5期。

成为加强和完善党的领导的重要国家形式，它包括三个层面：在"人大"与党委关系的运作机制上，要正确认识政权的领导核心和国家的权力中心之间的关系，实现党委决策权和"人大"决定权的有机统一；在"人大"与"一府两院"关系的运作机制上，要增强"人大"监督的时效性和实效性，发展"寓监督于支持"的制度运行模式；在人大及其常委会的运行机制上，应提升"人大"汇聚民意和立法审议的职能，增强代表的参政议政能力。① 这些观点不仅从内部阐述了"人大"制度运行方式，而且从外部关系上阐述了"人大"如何在坚持党的领导下，充分发挥自身的职能作用。这样才能有助于中国特色社会主义政治文明建设的深化研究。

二 关于进一步开展好"人大"工作的几点思考

"人大"工作是国家最高权力机关的工作，涉及国家权力运行的方方面面，在不同的发展阶段，随着时代的要求和现实需要的变化，会出现不同的难点问题，这些都需要新的理论和实践上的突破。

（一）关于"人大"代表贿选及其治理

只有在对选举过程实施有效监督的条件下，"人大"代表贿选才能得以防止。而要使监督有效，"监督权所占有和能够使用的各种政治资源，强制性的影响力，它的充分程度要足以能够阻止和纠正被监督权发生违规行为。一个弱小的权力是难以抗拒比它强大的权力的滥用的。当然，监督权过大，也不是理想的事情，理想的监督权应该能管好被监督权，而不是管死被监督权，能够防止被监督权滥用，但是又能够保证被监督权正常的行使，这才行。"② 这就表明，虽然国家一切权力属于人民，人民有权监督国家机关和党政干部，但人民的监督应该是有序的，而不是任性的、随意的。这就要求代表人民的执政

---

① 林奇富：《完善人大制度运行机制的几点思考》，《中共浙江省委党校学报》2016年第6期。

② 侯少文：《权力控制：政治文明的核心内容》，《科学社会主义》2012年第4期。

党能够充分利用其执政地位发挥其执政作用，统筹各种监督资源，形成自上而下和自下而上的双向监督路径。近年来，"人大"代表贿选案之所以被侦破并依法处理，就是因为遵循了双向监督的路径。利益受损者的不断举报，惊动了中央巡视组，这才引起了上级党委乃至党中央的高度重视，从而启动了纪检监察，甚至检察机制，最后使案件水落石出，不法分子得到了应有的惩罚，从而实现了正义。近年来发生的几次"人大"代表贿选案虽然只是选举的个案，但也表明，"人大"监督制度尤其是监督工作机制仍有待进一步健全和完善。虽然"人大"在对权力的监督体系中处于主导地位，但它在可直接支配的监督资源和可采取的监督手段方面仍存在不足；在现行制度安排下，"人大"监督必须与权力监督的其他方式相结合，才能增强自身的监督能力，提升监督实效。因此，人大常委会监督要与充分发挥工作机构、支持体系作用相结合；要与纪检监察相结合；要与检察机关、审计部门监督相结合；要与公民行使监督权利相结合。就纪检监察机关、检察机关、审计机关而言，监督在其职能结构中是主责；用之于监督职能的资源，占其组织资源的绝大部分。通过党内监督，充分发挥纪检机关的监督执纪问责职能，尤其是纪检手段的独特作用，可以实现对党员干部（包括人大常委会机关中党员干部）的制度化常态化监督，从而弥补人大常委会在监督党员干部（包括人大常委会机关中党员干部）方面空间手段的有限问题。人大常委会必须充分借助审计监督、检察监督，这些监督组织体系完善、专业能力强、熟悉监督对象业务、手段独特、时间充裕、监督范围广、强度高，尤其是检察监督还担负着司法监督的职责。当然，审计机关和检察机关都要向人大常委会报告工作，接受人大常委会监督。为了拓宽对行政权力的监督，人大常委会还可以通过依法有序的信访、网络媒体等渠道吸纳公民参与其监督工作，以更加充分地利用社会监督资源。其实，各权力监督机构之间的统筹协调也是一种相互制约。由于权力的运行是常态化的，监督也应是常态化的。只要有权力运行，就需有与之相伴随的监督。只要有权力运行的领域，就需要监督的覆盖。而在我国的权力监督体系中，纪检、监察、审计、检察等机构恰恰就是常态化的用于监督行政审判权力运行的。这些监督机构监督的特点就是针对一个又一个的个案，因而"人大"信访机构接到的信访个案最终也要移交给这些机构处理。"人大"对于个案的处理，要成立专门的特定问题调查委员会，而特定问题调查委员会的成立有严格的程序。由于人大及其常委会主要通过周期性的会议来解决问题，而且会议间隔时间较长，即使常委会会议原则上也是两个月才开一次。因此，除了立法，从监督上看，"人大"往往处理的都是类问题，即听取和审议各项综合或专题报告、进行专题询问等。

（二）关于政府预算监督

人大及其常委会预决算审查监督机制的完善，要基于对现行机制运行中所存在问题的深入透彻分析。在政府预算管理机制体系中，人大及其常委会预决算审查监督机制是其主要组成部分，在政府预算管理机制的运行中担负着至关重要的职能。"人大"对行政权力的约束和限制必然会影响预算支出的范围和方向。政府内部如果没有有效的财政监督机制，仅凭"人大"的预算监督机制，监督效果往往是事倍功半；如果政府内部有着有效的财政监督机制，那么"人大"的预算监督就会取得事半功倍的效果。人大及其常委会预决算审查监督机制的功能就是规范约束预算行政管理权的运行。要实现人大及其常委会预决算审查监督机制的民主化、法治化和规范化，还要基于理论和制度的双重维度，以问题为导向对人大及其常委会预决算审查监督机制运行的现状进行分析。目前，人大及其常委会预决算审查监督的法律规定有待进一步完善。政府预算的初步审查机构设置和人员力量不足。人代会预算审批监督的时间保障不足、审查力量薄弱，审批方式和程序有待进一步完善，预算公开的内容不够详尽。"人大"在政府性资金决算、国有资本经营决算、资金沉淀、专项转移支付清理整合与年初落实、地方变相举债违规提供担保等方面的监督存在薄弱环节。人大常委会预算调整审查监督约束力不强，导致预算执行中的调整随意性仍较大。财政支出的绩效评价制度有待完善。审计监督有待进一步加强。监督预算执行的手段和方法有待进一步改进。

完善人大及其常委会预决算审查监督机制，就是要不断提高人大及其常委会预决算审查监督的法治化、民主化、规范化、公共化、信息化水平。这里的法治化就是预算管理权的行使者不仅要自我约束，而且要严格依法和自觉接受其他国家机关或社会大众的约束和监督，具体表现为监督和被监督者都要在完善的监督流程和程序中行动；民主化就是人大及其常委会作为人民的代表机关必须通过充分发扬民主来加强对预算的审查监督；规范化就是在人大及其常委会预决算审查监督的时间、环节、步骤、沟通协调等方面都要有明确规定，同时，督促政府对于预算收支安排的标准和流程要完整统一细化；公共化就是人大及其常委会的预算议题要充分反映和体现各个方面、不同群体的利益诉求，通过整合、协调不同利益，保证人民群众的根本利益；信息化就是一方面利用信息网络技术解决人大代表随时随地掌握预算部门单位相关信息的渠道和内容问题，另一方面通过信息网络技术解决预算编制、执行的标准流程、实时监控、及时预警、快速查处等，进而推动"人大"预算审查监督的流程再造、效率升级。基于人大及其常委会预决算审查监督的法治化、民主化、规范化、公共化、信息化要求，完善人大及其常委会预算审查监督机制，就是要建立和健全一个"横向到边、纵向到底"，覆盖政府所有财政性资金和财政运作全过程的预决算编制、审批、执行、审查监督的法律制度体系。具体来说，人大及其常委会预决算审查监督机制的完善，第一，要有统一且细化的法律规范，建立完善的全口径预算管理制度，细化"人大"预算审查监督的操作性规定，强化预算法律责任。第二，要注重发挥"人大"各专门委员会的专业优势，提高"人大"财政经济委员会的专业化水平，提升"人大"代表的预算审查能力。第三，明确党委、"人大"、政府在预算决策中的职能，党委要支持"人大"更好地发挥职能作用，用法治思维和法治方式对待预算审查监督问题。第四，依照全口径预算要求细化预算项目，设立预算审查听证和答辩程序，多途径征集预算初步审查意见。第五，确保预算的真实性，强化预算的合法性，提高预算的合理性，增强预算的有效性。第六，事前、事中与事后监督相结合，日常监督与专项监督相结合，逐步完善询问、质询等多种监督形式，注重预算支出结构的优化，强化对重点支出和转移支付的监督。第七，做好决算预审工作，加强结转结余资金的审查监督，积极稳妥推进决算公开，落实"人大"预决算绩效监督，高度重视地方性债务风险，发挥审计监督的专业化作用。①

（三）关于乡镇"人大"工作②

关于乡镇人大工作的现状，总体来说，从人民代表大会会议看，会议议题不断明确，会议程序不断完善，会前筹备不断细致；从"人大"在闭会期间的活动看，积极组织代表开展评议、视察等工作，积极组织代表开展联系选民活动，代表小组活动力求实效，代表的主体作用逐步得到发挥；从代表工作看，加强对代表的学习培训，切实加强对代表议案和建议、批评、意见办理情况的检查监督；从"人大"自身建设看，抓制度，建机制，夯基础，树形象，"人大"工作日趋规范，乡镇"人大"干部队伍建设得到加强；从区县人大的指导看，通过多种形式加强对乡镇"人大"工作的具体指导，及时总结乡镇"人大"工作的成功经验，推进乡镇人大工作的深入开展；从乡镇"人大"主席团会议看，由于现行法律对主席团会议的召开次数没有做硬性规定，各乡镇"人大"至少能在人代会召开之前先召开主席团会议，安排会议期间的各项工作，有的乡镇在大会闭会期间也能召开主席团会议，但主席团的工作没有做到制度化和日常化，随意性较大；从外部环境看，党委加强领导，乡镇"人大"自身建设逐步加强，外部环境不断优化；乡镇"人大"在行使职权过程中威望不高，作为能直接反映民意的最基层的权力机关，职能没有充分发挥出来。

就乡镇"人大"工作中所存在的问题来说，社会对"人大"的性质、地位和职权认识不深，认知还不够广泛。乡镇"人大"的职权在实际工作中难以行使到位。对闭会期间乡镇"人大"如何开展活动的法律规定不是很明确。乡镇"人大"代表的数量与其发挥的作用不成比例。乡镇"人大"主席团职责范围和工作定位难以把握，乡镇"人大"主席团日常作用发挥不够。乡镇"人大"自身建设还

---

① 王维国：《完善基于"五个导向"的人大预算审查监督机制》，《新视野》2017年第2期。

② 本部分内容是对石进贤、赵淑君、王福来、王纪表、吴德增和甄贞等人大制度研究专家观点的综述。

不够完善，组织机构比较薄弱。经费保障还不够充足。总的来看，从宪法定位角度看，权力机关的核心地位不够突出；从主要职权上看，权力实现相对薄弱；从基本工作开展上看，形式多于内容；从基本工作机制上看，运行欠畅。

就乡镇"人大"工作改进来说，要规范会议程序，提高会议质量，依法开好三个会，即开好五年一次的换届会、一年一次或两次的人代会，每年的代表述职会。要建立对会上各项报告的初审制度。政府工作报告、"人大"主席团工作报告、年度预算报告和其他专项工作报告均应在会前10天完成，在会前7天送达代表手中，以代表小组为单位对报告进行初审，熟悉内容，提出切实可行的修改意见，准备审议发言。乡镇"人大"主席不仅职位设置应专职化，其职能行使也应专职化，注重完善日常监督职能。从制度规范上明确禁止乡镇"人大"主席的职能"行政化"趋向。乡镇"人大"主席应立足于"人大"本职岗位，切实履行法定职权，充分行使监督职能，专心于推动基层政权的勤政廉政建设，使"人大"工作效能落到实处。要完善乡镇"人大"工作的各项保障机制。一方面落实乡镇"人大"工作的人员配备，每个乡镇至少应有一名专职副主席和专职工作人员负责"人大"工作，同时提高乡镇"人大"干部的有关待遇，盘活"人大"干部工作的"出口"，最大限度地调动乡镇"人大"干部的工作积极性。另一方面要保证"人大"工作经费。将乡镇"人大"的代表活动经费等一并纳入本级财政预算，并按照区财政经济状况逐步提高标准，确保专款专用，为乡镇"人大"工作提供物质保障。要适当增加直接选举的区县"人大"代表的数量。可以规定每个乡镇选举区县"人大"代表的基数，然后再按常住人口数量增加代表名额，使每个乡镇都能单独组团参加区县人代会。在上一级人民代表大会闭会期间组成代表小组，以代表小组全体会议的方式，集体行使现在地方组织法规定的乡镇人大的各项职权，同时通过视察、检查、听取专项工作汇报等各种形式的代表活动来监督乡镇政府的工作。要建立区县与乡镇"人大"的联动机制。乡镇"人大"参与区县人大常委会年度审议议题的确定。区县人大常委会在每年确定年度工作计划前，应先征求乡镇"人大"的意见，将具有普遍性、代表性的议题纳入工作计划，并有针对性地安排几项上下联动议题。授权乡镇人大开展执法检查和视察。根据上下联动监督的内容不同，执法检查和视察可以由全部乡镇普遍参与，也可由工作关联度高的部分乡镇参与。区县人大常委会要结合实际需要授权乡镇"人大"对管理权不在乡镇的驻乡镇垂直单位进行检查、视察、听取报告或评议。乡镇"人大"形成的执法检查或评议报告在交区县"人大"的同时也要送乡镇政府。

中国行政体制改革与建设

许开轶

党的十八大明确提出了要建立中国特色社会主义行政体制的目标，由此开启了我国第七次行政体制改革。这轮改革以进一步理顺政府、市场、社会的关系为着眼点，以转变政府职能为核心，以深化大部制改革为重点，以行政审批制度为突破口，不断向纵深发展，取得了显著成效。2016年是深化行政体制改革的关键之年，也是攻坚之年，本文主要在回顾改革发展历程的基础之上，立足于改革的时代语境分析论述中国行政体制改革的发展状况，总结其经验与教训，并据此展望未来的改革愿景。

一 改革开放以来中国行政体制改革的发展历程

行政体制改革是政治体制改革的重要内容，是中国改革发展事业的重要组成部分。在中国特色的政治语境中，行政体制改革有狭义和广义之分，狭义的行政体制改革仅仅指行政管理体制改革，包括行政机关的职能转变、行政权力的结构变革、行政组织的机构调整、行政责任的配置、行政管理制度以及行政方式的创新等；广义的行政体制改革"包括执政党在内的一切国家机关的体制改革"[1]。在中国现实

---

[1] 胡伟：《政府过程》，浙江人民出版社1998年版，第292页。

的政治体制中,行政体制改革的边界不是非常明确,行政体制改革往往寓于政治体制改革之中,因为行政体制改革"既需要着力解决政府行政的权力约束与权威发展,又需要时刻关注政府效率与公平的动态平衡,既需要建设有效政府,更需要建设责任政府,同时还需要通过政府结构的调整与功能的重塑来巩固政治秩序、强化管理和优化服务"[1]。这一过程肯定涉及执政党与国家、执政党与政府、中央政府与地方政府、政府与社会等多重关系的调整和重塑。因此,行政体制改革不仅仅是行政问题,更是政治问题。此外,行政体制还是连接政治体制、经济体制、文化体制、社会体制与生态文明体制的神经中枢,与其他体制改革息息相关,其牵涉面广,影响力大。有学者指出:"行政体制改革既是经济体制改革的必然结果,又是政治体制改革的突破口;既是经济体制改革深入进行的客观要求,又是政治体制改革逐步推进的直接动力。"[2] 因此,行政体制改革在我国改革开放和现代化建设中居于重要的战略地位,是在协同推进政治、经济、文化、社会体制改革的情况下,"对国家行政体制的性质、特点、规律、关系、目标和任务不断深化认识和逐步推进的探索过程,也是对建设中国特色社会主义的重大探索过程"[3]。改革开放以来,中国先后进行了七次较大规模的行政体制改革,大体上经历了三个主要发展阶段:

一是冲破高度集中的计划经济体制模式阶段。从党的十一届三中全会召开到党的十四大之前,主要是冲破高度集中的计划经济体制和行政管理模式,对完善中国特色社会主义行政体制进行了积极有效的探索,"摸着石头过河"的成分比较大。1982年行政体制改革主要是精简机构,1988年实施了新一轮行政体制改革,进一步转变职能,理顺关系,精简机构和人员,提高行政效率。通过这一阶段的改革,"初步摆脱了与高度集中的计划经济体制相适应的行政管理模式的羁绊,激发了经济社会活力,促进了社会生产力的解放和发展"[4]。

二是探索中国特色的社会主义行政体制改革阶段。从党的十四大

---

[1] 金太军:《行政体制改革的中国特色》,《行政管理改革》2012年第10期。
[2] 颜廷跃:《中国行政体制改革问题报告》,中国发展出版社2004年版,第15页。
[3] 魏礼群:《中国行政体制改革的历程和经验》,《全球化》2017年第5期。
[4] 同上。

召开到党的十八大之前，主要是按照发展社会主义市场经济的要求不断深化改革，中国特色社会主义行政体制改革取得重大进展。这一阶段，改革开始注重"顶层设计"，但仍以"摸着石头过河"为主。1993年和1998年改革开始注重政府职能转变，在前期改革的基础上进一步精简机构，同时明确部门职权，理顺权责关系。2002年党的十六大以来，行政体制改革的主要任务是推进服务型政府、法治政府、透明政府、创新政府建设，中国特色社会主义行政体制改革全方位深化。经过这一阶段的改革，"实现了中国特色社会主义行政体制改革的基本转型，在这一转型过程中，行政体制不断完善，不断适应社会主义市场经济发展的需要，配合政治体制改革的推进"①。

三是推进政府治理现代化阶段。党的十八大之后，改革更加注重"顶层设计"，特别是十八届三中全会提出了全面深化改革的总目标：发展和完善社会主义制度，着力推进国家治理体系和治理能力现代化。行政体制改革围绕这一总目标，加快建立中国特色社会主义行政体制。这一时期行政体制改革的主要内容包括切实转变政府职能，创新行政管理方式，深入推进政企分开、政资分开、政事分开、政社分开，持续推进简政放权、放管结合、优化服务等改革，建设职能科学、结构优化、廉洁高效、人民满意的服务型政府等。

二 2016年深化中国行政体制改革的时代语境

十八大以来，我国的经济社会发展形势呈现出新的面貌和特点，既处于重要的战略机遇期，也面临着矛盾增加、风险隐患增多的挑战。一方面，30多年的改革与开放不仅成就巨大，而且积聚了空前的发展动能，中国迎来了全面建成小康社会、实现中华民族伟大复兴的关键时期；另一方面，我们更应该看到，在新的历史时期，国际局势波诡云谲，综合国力竞争空前激烈，而我们自身的发展也存在着许多不足，前进的道路上还有不少困难和问题。2016年深化中国行政体制改革仍然是在这样的时代语境下砥砺前行的。

---

① 王婷：《行政体制改革的中国语境与中国命题》，《江海学刊》2015年第2期。

（一）深化行政体制改革的政治语境

1. 国家治理能力和治理体系现代化建设为深化行政体制改革提供了空前的机会和丰沃的土壤。党的十八届三中全会通过的《中共中央关于全面深化改革若干重大问题的决定》做出了推进国家治理体系和治理能力现代化的战略抉择，第一次把国家治理体系和治理能力与现代化联系起来，着眼于现代化，揭示了现代化与国家治理之间的内在关联性，这是对全面深化改革所面临的目标和任务做出的新的科学判断。深化行政体制改革是进一步推进国家治理能力现代化的重要手段和推力，国家治理体系和治理能力现代化建设则为中国行政体制改革的进一步深化提供了良好的发展机遇。政府治理、社会治理都是国家治理的重要组成部分，在推动国家治理现代化过程中扮演着重要角色，而国家治理现代化也推动着政府治理、公共政策、公共服务、公共危机治理的现代化。深化行政体制改革涉及方方面面的内容，国家治理体系现代化和治理能力现代化对深化行政体制改革提出了更高的要求，也提供了更加广阔的发展前景。

2. 反腐倡廉的全面深入为深化行政体制改革提供了良好的政治生态环境。党的十八大以来，在"四个全面"战略布局下，全面从严治党被提升到新高度，逐渐常态化和制度化，推动着反腐倡廉向纵深发展，群众路线教育实践活动"反四风""两学一做""巡视制度"的推进、制定新的《纪律处分条例》和《问责条例》等一系列措施取得明显成效，反腐败以压倒性态势取得重大成果，查处一大批腐败分子，政治生态环境得到进一步净化，政府公信力和政治合法性进一步提升。日益改善的良好的政治生态环境为行政体制改革破除了主要障碍，有利于改革的进一步深入推进。

3. 深化政治体制改革取得全面进展，与深化行政体制改革相辅相成、相得益彰。党的十八大以来，社会主义协商民主广泛多层制度化的发展、司法体制改革的推行、国家监察制度的改进、人民代表大会制度的丰富和完善等，标志着深化政治体制改革正在得以全面落实。行政体制改革不仅是政治体制改革的重要内容，而且堪称"排头兵"，起着重要的引领带动作用，其他领域改革的进展也为深化行政体制改革提供了更好的条件。

(二) 深化行政体制改革的经济语境

1. 经济新常态使深化行政体制改革面临着新任务与新挑战。经济是政治的基础，经济基础决定上层建筑，行政体制属于国家政治层面的上层建筑，国家经济发展水平则是行政体制改革的基础，国家的经济发展状况对行政体制改革具有决定性影响。当前，中国经济发展进入新常态，经济增长速度在变化，经济结构在优化，经济发展动力在转换。新常态给中国经济带来新的发展机遇，"新常态下，经济增速虽然放缓，实际增量依然可观；经济增长更趋平稳，增长动力更为多元；经济结构优化升级，发展前景更加稳定"。[①] 但是经济新常态也使中国经济发展面临着严峻的挑战，必须在经济、政治、社会等方面进行全面改革以适应发展的需要，尤其是在经济新常态下，市场将进一步成为经济的主导力量，在资源配置中起决定性作用，这就迫切需要深化行政体制改革，加快政府职能的转变。另外，为适应经济新常态而推进的供给侧结构性改革等措施也对各级政府的治理能力与水平提出了更新更高的要求。只有不断深化行政体制改革，才能适应、把握、引领经济发展新常态，才能更好地保持稳增长、促改革、调结构、惠民生、防风险的综合平衡，从而为全面建成小康社会，实现中华民族伟大复兴的中国梦提供强大支撑。

2. 深化行政体制改革是应对当前经济下行压力、保持经济平稳运行的迫切需要。近年来，我国经济发展总体稳定，但下行压力加大，困难和挑战增多，在这种错综复杂的形势下，保持经济运行在合理区间，并在较长时期内实现中高速增长、迈向中高端水平，必须坚定不移地深化行政体制改革，破除市场经济发展的体制机制障碍。李克强在 2016 年全国"推进简政放权放管结合优化服务改革"电视电话会议上指出："今年以来，世界经济增长乏力，不稳定不确定因素明显增多，国际货币基金组织（IMF）认为今年将面临近几年来最严

[①] 《习近平提出中国经济新常态的 3 个特点及带来的 4 个机遇》，http://politics.people.com.cn/n/2014/1109/c1024-25998809.html。

峻的形势，世界贸易组织（WTO）预计今年全球贸易增速是多年来最低的。从国内看，长期积累的矛盾和风险进一步显现。"① 因此，需要进一步转变政府职能，简政放权，真正发挥市场在资源配置中的决定性作用，不断释放市场活力，持续增强发展内生动力，有效对冲经济下行压力。总之，深化行政体制改革是促进国民经济提质增效升级、保持经济持续健康发展的迫切需要，同时也对经济体制改革产生了重大影响。"作为全面深化改革的重点，经济体制改革的实现力度，很大程度上取决于行政体制改革的深度。市场在资源配置中能否起决定性作用，也在很大程度上取决于政府作用的限度。"②

（三）深化行政体制改革的文化语境

党的十八大再次用12个词24个字概括提出的社会主义核心价值观，即"富强、民主、文明、和谐、自由、平等、公正、法治、爱国、敬业、诚信、友善"，在引领社会思潮、凝聚社会共识方面发挥了极为重要的作用。党的十八大以来，以习近平为核心的党中央，还提出了一系列治国理政的思想和论述，并得到广泛传播，影响深远，在广大党员干部和人民群众中产生了巨大反响，激励着人们为努力实现中华民族伟大复兴的中国梦而奋斗。此外，十八大以来，文化体制改革取得显著进展，文化行政部门职能转变工作顺利推进，不断建立健全文化市场体系，不断深化文化金融合作，文化产业迅速发展，公共文化服务体系不断完善。行政体制改革与文化体制改革密切相关，行政体制改革为文化体制改革保驾护航，而文化体制改革与文化建设的成就则为进一步深化行政体制改革营造了良好的文化氛围和思想基础。

（四）深化行政体制改革的社会语境

1. 互联网与大数据为深化行政体制改革和政府自身建设带来了新的发展机遇。随着网络传播与数据分析技术的迅猛发展，以互联网、物

---

① 李克强：《深化简政放权放管结合优化服务，推进行政体制改革转职能提效能》，《中国机构改革与管理》2016年第6期。

② 《全方位推进行政体制改革》，http://news.xinhuanet.com/politics/2015 - 06/14/c_127914120.htm。

联网、云计算等信息技术结合而成的大数据作为数据资源与信息资本对行政体制改革产生了重大影响。大数据不仅是数据，也是技术和能力，更是价值和思维。大数据时代的来临，越来越多的信息化手段被应用于政府建设、公共管理领域，这就为政府职能转变、政府治理方式创新提供了关键的技术支持，促进了行政体制改革的重大变革。

2. 新型城镇化建设对深化行政体制改革提出了新要求。新型城镇化是本届政府力推的重点改革，"城镇化建设"已经写入党的十八大报告，和新型工业化、信息化、农业现代化一起成为未来中国发展的方向。城镇化未来将成为中国全面建设小康社会的重要载体，更是撬动内需的最大潜力所在，也是一项重要的民生工程。新型城镇化建设所涉及的内容非常广，包括户籍、土地、财政、住房等方面，按照《国务院关于深入推进新型城镇化建设的若干意见》的要求，目前的工作重点包括加快落实户籍制度改革政策，全面实行居住证制度，推进城镇基本公共服务常住人口全覆盖，加快建立农业转移人口市民化激励机制，从而积极推进农业转移人口市民化；加快城镇棚户区和城中村改造，加快城市综合交通网络建设，实施城市地下管网改造工程，推进海绵城市建设，推动新型城市建设，提升城市公共服务水平，从而全面提升城市功能；加快培育中小城市和特色小城镇；辐射带动新农村建设；完善土地利用机制；创新投融资机制；完善城镇住房制度；加快推进新型城镇化综合试点；健全新型城镇化工作推进机制等。这些工作的内容之广泛、任务之艰巨都超过了以往，对各级政府而言，这既是动力也是挑战，亟须进一步深化行政体制改革以适应新形势、新任务、新工作的需要。

3. 创新社会治理体制需要不断深化行政体制改革。党的十八届三中全会《中共中央关于全面深化改革若干重大问题的决定》指出：必须着眼于维护最广大人民根本利益，最大限度增加和谐因素，增强社会发展活力，提高社会治理水平。党的十八届五中全会《中共中央关于制定国民经济和社会发展第十三个五年规划的建议》提出要构建全民共建共享的社会治理格局。由此可见，创新社会治理已经成为重要的国家发展战略，这是完善社会主义市场经济体制的必然要求，是应对现代化转型中挑战与风险的现实需要。改革开放以来，我国社会发生了深刻的转型，经济、社会、社区、社群结构都发生了巨大变化，产生了许多新的社会矛盾和问题，原有社会组织架构和治理模式已经无法适应社会发展的需要，必须通过创新社会治理体制来解决。创新社会治理需要各方力量综合协调共同努力，但毫无疑问政府在其中居于主导地位，需要政府发挥主导作用，但是政府主导并不意味着政府大包大揽，否则会导致市场和社会缺乏积极性，这就需要政府转变原有的工作思路与方式，重新整合各种内外部关系，既要坚持制度化的管理方式，又要根据需要采取灵活的策略，同时需要转变政府职能，充分向市场与社会放权，营造健康的政府、市场和社会关系，而这些只有通过不断深化行政体制改革才能实现。

（五）深化行政体制改革的生态语境

在中国经济持续增长的同时，环境压力越来越大，出现了雾霾频发、城市拥堵、河流污染、湖泊萎缩、生态脆弱等危机，这些危机的出现严重影响人民群众的生活环境和生活质量，严重影响经济的可持续发展，甚至引发社会危机和社会动荡。面对资源约束趋紧、环境污染严重、生态系统退化的严峻形势，必须正确处理好经济发展同生态环境保护的关系，树立尊重自然、顺应自然、保护自然的生态文明理念。习近平总书记在谈到环境保护问题时曾指出，我们既要绿水青山，也要金山银山。宁要绿水青山，不要金山银山，而且绿水青山就是金山银山。这生动形象地表达了我们党和政府大力推进生态文明建设的鲜明态度和坚定决心。2015年9月11日，中共中央政治局通过了《生态文明体制改革总体方案》，强调要在"坚持节约资源和保护环境基本国策，坚持节约优先、保护优先、自然恢复为主方针，立足我国社会主义初级阶段的基本国情和新的阶段性特征，以建设美丽中国为目标，以正确处理人与自然关系为核心，以解决生态环境领域突出问题为导向，保障国家生态安全，改善环境质量，提高资源利用效率，推动形成人与自然和谐发展的现代化建设新格局。"[①] 根据这一总体要求，着力推动实施健全自然资源资产产权制度、建立国土空间

---

① 《生态文明体制改革总体方案》，http://www.gov.cn/guowuyuan/2015－09/21/content_ 2936327.htm。

开发保护制度、建立空间规划体系、完善资源总量管理和全面节约制度、健全资源有偿使用和生态补偿制度、建立健全环境治理体系、健全环境治理和生态保护市场体系等各项改革措施。党的十八届五中全会又明确提出了"创新、协调、绿色、开放、共享"五大发展理念,把绿色发展理念进一步明确上升到党和国家发展战略的高度,这对政府的治理能力与治理水平都提出了更高的要求,唯有通过深化行政体制改革才能适应这种新形势和新变化。

(六) 深化行政体制改革的国际语境

纵观当今世界,和平与发展仍然是时代的主题,但天下并不太平,地区动荡,恐怖主义泛滥,中国周边安全形势也比较严峻。一方面,经济全球化使世界各国之间的相互依赖性日益增强,但另一方面国际经济竞争也日益激烈,美国等西方国家的贸易保护主义明显抬头,给中国造成很大压力。经过 30 多年的改革开放,中国成长为世界第二大经济体,中国经济已经深度融入世界经济体系,所谓逆水行舟不进则退,我们必须以全球视野来思考中国发展问题,必须坚定不移地通过推动更深层次更高水平的对外开放来应对挑战。为此,党的十八届五中全会明确提出,坚持开放发展,必须顺应我国经济深度融入世界经济的趋势,奉行互利共赢的开放战略,发展更高层次的开放型经济,积极参与全球经济治理和公共产品供给,提高我国在全球经济治理中的制度性话语权,构建广泛的利益共同体。目前,我国正在致力于推进"一带一路"建设,打造陆海内外联动、东西双向的全面开放新格局。但是,我们也应该清醒地认识到,近些年来,我国传统国际竞争优势出现明显弱化趋势,外贸增速持续下降,利用外资增速也在放缓,这既有我国资源要素条件变化和外需不振的因素,也与营商环境有关。所以,要继续深化行政体制改革、转职能、提效能,构建开放型经济新体制,以优质高效、低成本的服务,促进国际竞争新优势的培育和提升。[①]

[①] 《李克强在全国推进简政放权放管结合优化服务改革电视电话会议上的讲话》(2016 年), http://politics.people.com.cn/n1/2016/0523/c1001-28369865-2.html。

三 深化中国行政体制改革的具体进路

改革开放以来,为了适应市场经济发展和社会转型的需要,我国进行了多轮行政体制改革,力图优化政府机构组织,转变政府职能,提高行政效率,提升政府治理能力。2013年3月,根据党的十八大和十八届二中全会精神,国务院颁布了《国务院机构改革和职能转变方案》,这标志着我国新一轮行政体制改革的正式启动,同年11月,党的十八届三中全会通过了《中共中央关于全面深化改革若干重大问题的决定》,勾画出我国国家治理及政府改革的蓝图。之后,党中央和国务院部署并启动了全方位、多层面的改革,出台了一系列改革方案,实施了一系列改革举措,地方政府按照中央部署也展开了相应的配套改革。"新一轮的行政体制改革是一场以理顺政府与市场和社会关系为核心,以简政放权和职能转变为着力点,以建设现代化政府为目标导向的全方位政府治理变革。"[①]

2016年是全面建成小康社会决胜阶段的开局之年,也是推进结构性改革的攻坚之年,2016年中国行政体制改革加强了顶层设计,有序推进,本文围绕2016年改革的重点领域,改革所采取的重点举措,拟从政府职能转变、政府自身建设、行政执法体制改革、干部人事制度改革、社会保障制度改革、反腐败体制改革等方面来展开论述和分析深化行政体制改革的具体进路。

(一) 政府职能转变

政府职能转变是深化行政体制改革的核心,也是行政体制改革的重点难点命题。政府职能是随着经济体制的调整、社会结构的变化等转变的,这是政府职能变化调整的基本规律。政府职能转变是通过政府内部组织结构优化、权力配置、职能转变、流程再造等方式,进一步提高政府运行效率,增强政府治理能力。转变政府职能是贯穿改革

[①] 陈振明:《简政放权与职能转变——我国政府改革与治理的新趋势》,《福建行政学院学报》2016年第1期。

开放以来中国行政体制改革历程中的一条主线，深化行政体制改革方方面面的任务和内容，都是以职能转变作为基本出发点的，相关制度改革、政府自身建设、政府机构改革、地方政府改革都是紧紧围绕这个核心来协调推进的。在新的市场环境下，"全面切实转变政府职能，合理确定政府与市场、政府与社会关系，解决政府行为的越位、缺位和错位问题，仍然是全面深化改革的根本和基本命题"①。

1. 正确处理政府与市场的关系

政府与市场关系改革的实质就是政府向市场放权，发挥市场在资源配置中的决定性作用和更好地发挥政府作用，在经济新常态下，面对发展的新问题新挑战，进一步完善社会主义市场经济体制所需要解决的主要矛盾，突出表现为处理好政府和市场的关系。2016年在政府职能转变方面，突出表现为深化行政审批制度改革，深化商事制度改革，深化责任和权力清单制度改革。

（1）行政审批制度改革

深化行政审批制度改革是推进简政放权、放管结合、优化服务改革的重要内容，以行政审批权的削减和优化作为行政体制改革的突破口，是党的十八大以后我国行政体制改革的基本特征。作为深化行政体制改革的突破口，取消下放行政审批事项是转变政府职能、简政放权的首要之举，是理顺政府与市场关系、释放改革红利的关键之举。"通过行政审批制度改革，促进政府职能该归还市场、地方与社会的就归还，促成市场、地方与社会的发育和成长。"②进一步激发市场和社会活力，促进经济发展。

为深化行政审批制度改革，规范行政审批行为，改进行政审批工作，国务院于2015年出台了《国务院关于规范国务院部门行政审批行为 改进行政审批有关工作的通知》，要求各地各级政府部门加快转变政府职能。"坚持依法行政，推进简政放权、放管结合，规范行政审批行为、提高审批效率，激发市场社会活力、营造公平竞争环境，

---

① 王浦劬：《论转变政府职能的若干理论问题》，《国家行政学院学报》2015年第1期。

② 许耀桐：《中国行政体制改革的进展及其重点》，《北京行政学院学报》2016年第4期。

减少权力寻租空间、消除滋生腐败土壤,确保行政审批在法治轨道运行,进一步提升政府公信力和执行力,建设创新政府、廉洁政府和法治政府。"①

2016年行政审批制度改革稳步推进。1月22日,国务院发布《国务院关于取消一批职业资格许可和认定事项的决定》,取消61项职业资格许可和认定事项。2月19日,国务院发布《国务院关于第二批取消152项中央指定地方实施行政审批事项的决定》,取消152项中央指定地方实施的行政审批事项。2月23日,国务院发布《国务院关于取消13项国务院部门行政许可事项的决定》,取消13项国务院部门行政许可事项。2月28日,国务院发布《国务院关于第二批清理规范192项国务院部门行政审批中介服务事项的决定》,清理规范192项国务院部门行政审批中介服务事项,不再作为行政审批的受理条件。

在国务院大力推动下,各省市贯彻党中央国务院文件精神,出台了大量深化行政审批制度改革的文件,"层层取消和下放行政审批事项,精简行政审批流程,在全国范围内彻底终结了非行政许可审批"②。各地方政府主要围绕四点开展工作:一是严格落实行政许可法和有关法律法规,规范行政审批受理、审查、决定、送达等各环节,行政审批全过程依法有序进行;二是依法全面公开行政审批信息,切实保障申请人知情权,规范行政裁量权,"阳光审批"范围不断扩大;三是审批环节逐渐减少,审批程序逐渐简化,审批流程不断优化,审批效率逐步提高;四是行政审批行为进一步得到规范,2016年全面实行"一个窗口"受理服务,窗口服务质量不断提升,推行受理单制度,简化程序,实行办理时限承诺制,审批效率大大提高。

(2)深化商事制度改革

商事制度是社会主义市场经济体系中的重要组成部分。深化商事制度改革,有利于实现"重审批轻监管"到"轻审批重监管"的转

---

① 《国务院关于规范国务院部门行政审批行为改进行政审批有关工作的通知》,http://www.gov.cn/zhengce/content/2015-02/04/content_9454.htm。
② 包雅钧:《十八大以来政府职能转变改革进展与成效评估》,《新视野》2017年第1期。

变,促进政府职能转变,充分发挥市场在资源配置中的决定性作用。2016年7月,国务院办公厅印发《关于加快推进"五证合一、一照一码"登记制度改革的通知》,在全面实施工商营业执照、组织机构代码证、税务登记证"三证合一"登记制度改革的基础上,再整合社会保险登记证和统计登记证,实现"五证合一、一照一码"部署。10月1日,开始全面实施"五证合一、一照一码"登记制度改革,"在更大范围、更深层次实现信息共享和业务协同,巩固和扩大'三证合一'登记制度改革成果,进一步为企业开办和成长提供便利化服务,降低创业准入的制度性成本,优化营商环境,激发企业活力,推进大众创业、万众创新,促进就业增加和经济社会持续健康发展。推进这项改革要遵循标准统一规范、信息共享互认、流程简化优化、服务便捷高效的指导原则。"① 并在此基础上,进一步深化商事制度改革,扫除妨碍创业创新的制度羁绊,从而更大地激发社会创造活力。同时,李克强总理在国务院常务会议上指出:"一要将更多涉企证照与营业执照整合,开展'多证合一、一照一码'试点,更加便利群众办事创业。二要运用'互联网+',在全国推进企业登记网上办理,鼓励有条件的地方对企业登记全程电子化先行先试。三要创新事中事后监管,推动企业信息共享交换和互认互用。在各部门单独实施'双随机一公开'检查的基础上,加快推动跨部门联合检查方式,减少对企业的不合理干扰。"②

(3) 权力和责任清单制度改革

推行政府部门权力和责任清单制度是党的十八届三中、四中全会部署的重要改革任务,是国家治理体系和治理能力现代化建设的重要举措,对于深化行政体制改革,建设法治政府、创新政府、廉洁政府和服务型政府具有重要意义。③

---

① 《国务院办公厅关于加快推进"五证合一、一照一码"登记制度改革的通知》,http://www.gov.cn/zhengce/content/2016-07/05/content_5088351.htm。

② 《李克强主持召开国务院常务会议(2016年10月14日)》,http://www.gov.cn/premier/2016-10/14/content_5119206.htm。

③ 《国务院部门权力和责任清单编制试点方案》,http://www.gov.cn/zhengce/content/2016-01/05/content_10554.htm。

2016年权力和责任清单制度主要在国家发改委、民政部、司法部、文化部、海关总署、税务总局、证监会开展试点。试点工作与简政放权、放管结合、优化服务和推动政府职能转变等相关改革任务结合起来，统筹考虑、协调推进。

政府部门权力和责任清单制度试点工作主要有四部分内容：一是全面梳理部门现有权责事项。梳理部门现有权责事项是权力和责任清单制度改革的基础。政府部门权力和责任清单制度改革将权力和责任事项结合起来，参照行政许可、行政处罚、行政强制、行政征收、行政给付、行政检查、行政确认、行政奖励、行政裁决和其他类别的分类方式，对行政权责事项进行全面梳理并逐项列明设定依据。二是清理规范权责事项。清理规范权责事项是权力和责任清单制度改革的重要内容。在全面梳理基础上，对权责事项逐项提出取消、下放和保留的意见，需要对有关法律、行政法规进行立改废的，同时提出建议；对没有法定依据的，原则上予以取消；确有必要保留的，按程序办理。试点部门在依法审核清理规范的基础上，形成部门基础权责清单，列明权责事项名称、类型、设定依据、调整意见以及追责情形等内容，各试点部门已于2016年6月底前报送中央编办。三是审核权责清单。审核权责清单是权力和责任清单制度改革的关键。对于拟取消和下放的权责事项，要由第三方进行有效评估，并要逐项确认审核结果，需要对有关法律、行政法规进行立改废的，依照法定程序办理。四是优化权力运行流程。优化权力运行流程是权力和责任清单制度改革的重要支撑。对保留的行政权责事项，试点部门按照透明、高效、便捷的原则，制定行政权力运行流程图，切实减少工作环节，规范行政裁量权，明确每个环节的承办主体、办理标准、办理程序、办理时限、监督方式等，提高行政权力运行的科学化、规范化水平。[1]

权力和责任清单制度改革的最终目的就是进一步适应简政放权、放管结合、优化服务和转变政府职能的要求，以清单形式列明试点部门的行政权责及其依据、行使主体、运行流程等，推进行政权责依法

---

[1] 《国务院部门权力和责任清单编制试点方案》，http://www.gov.cn/zhengce/content/2016-01/05/content_ 10554.htm。

公开，强化行政权力监督和制约，防止出现权力真空和监管缺失，加快形成边界清晰、分工合理、权责一致、运转高效、依法保障的政府职能体系。随着2016年底试点工作的结束，根据探索所取得的经验，2017年开始，将全面推进国务院部门权力和责任清单编制工作。

2. 正确处理政府与社会的关系

党的十八大报告明确提出，推动政府职能向创造良好发展环境、提供优质公共服务、维护社会公平正义转变。理顺政府和社会的关系，改革社会组织管理制度，适应社会结构的转型，更好地发挥社会力量在社会治理中的作用，是新一轮行政体制改革的重要内容。正确处理政府与社会的关系就是政府向社会放权，激发社会组织、公民等社会主体的参与活力。

（1）政府购买社会服务

政府购买社会服务，"是通过发挥市场机制作用，把政府直接向社会公众提供的一部分公共服务事项，按照一定的方式和程序，交由具备条件的社会力量承担，并由政府根据服务数量和质量向其支付费用"[1]。推进政府购买服务是新时期实现国家治理现代化、加快政府职能转变、促进社会组织发展的根本要求，是当前全面深化改革的一项重要举措。我国当前的政府购买社会服务主要着眼于削减或转移职能，实现政府职能向社会领域分权。

2013年9月，国务院办公厅下发《国务院办公厅关于政府向社会力量购买服务的指导意见》，"拉开了国家立足'顶层设计'推进政府购买服务工作的序幕"[2]。2014年12月，财政部和民政部联合下发《关于支持和规范社会组织承接政府购买服务的通知》，支持和规范社会组织承接政府购买服务。各地方在正确把握政府向社会力量购买服务的总体方向的同时，规范有序地开展政府向社会力量购买服务工作，加大对社会组织承接政府购买服务的支持力度，按照突出公共性和公益性这一原则，逐步扩大承接政府购买服务的范围和规模，

---

[1] 《国务院办公厅关于政府向社会力量购买服务的指导意见》，http://www.gov.cn/zwgk/2013-09/30/content_2498186.htm。

[2] 赵宇新：《政府购买服务的实践困境及破解之道》，《科学社会主义》2016年第6期。

"探索多种有效方式,采用公开招标、邀请招标、竞争性谈判、单一来源采购等方式确定承接主体,加大社会组织承接政府购买服务支持力度"①。

2016年全国政府购买服务规模不断扩大,政府购买服务在助推经济社会发展中的独特优势也得到广泛认可。"全国政府采购规模为31089.8亿元,继续保持快速增长,剔除一些地方以政府购买服务方式实施的棚户区改造和轨道交通等工程建设项目相关支出5358.5亿元,全国政府采购同口径规模为25731.4亿元,较上年增长22.1%,占全国财政支出和GDP的比重分别为11%和3.5%。"② 政府购买服务逐渐成为稳增长、促改革、调结构、惠民生、防风险的重要保障。

(2) 积极培育社会组织

壮大社会组织的力量、提高社会组织的能力,是完成社会转型的重要条件,是政府职能转变、简政放权的重要基础。改革开放以来,我国社会组织不断发展,在促进经济发展、繁荣社会事业、创新社会治理、扩大对外交往等方面发挥了积极作用,但总体上,社会组织发挥作用还不够充分,社会组织工作中还存在制度建设滞后、管理体制不健全、支持力度不够等问题。党的十八大以来,各级政府进一步加强社会组织建设,改革社会组织管理制度,激发社会组织活力,促进社会组织健康有序发展。

2016年8月,中共中央办公厅、国务院办公厅印发《关于改革社会组织管理制度 促进社会组织健康有序发展的意见》,要求"到2020年,统一登记、各司其职、协调配合、分级负责、依法监管的中国特色社会组织管理体制建立健全,社会组织法规政策更加完善,政社分开、权责明确、依法自治的社会组织制度基本建立,结构合理、功能完善、竞争有序、诚信自律、充满活力的社会组织发展格局

---

① 《财政部民政部关于支持和规范社会组织承接政府购买服务的通知》,http://www.mof.gov.cn/zhengwuxinxi/caizhengwengao/wg2014/wg201412/201505/t20150511_1229636.html。

② 《2016年全国政府采购规模为31089.8亿元》,http://news.cctv.com/2017/08/27/ARTIA99R6L3hdzP0Pb6z0jQQ170827.shtml。

基本形成"①，努力走出一条具有中国特色、中国气派的社会组织发展之路。

各地也相应出台了配套文件，大力促进社会组织健康发展，紧紧围绕中央精神，改革社会组织管理制度，正确处理政府、市场、社会三者关系。坚持放管并重，处理好"放"和"管"的关系，既要简政放权，优化服务，积极培育扶持，又要加强事中事后监管，促进社会组织健康有序发展，有序推进。

各地方政府积极稳妥、有序推进工作。这主要集中在三个方面：一是降低准入门槛，大力培育发展社区社会组织；二是通过人才、财政等政策支持社会组织参与社会服务；三是依法做好社会组织登记审查，并加强严格管理和监督；四是加强社会组织自身建设，包括发挥党组织的作用，加强诚信建设，推进政社分开等。

（二）政府自身建设

李克强总理在2016年的《政府工作报告》中指出，面对异常艰巨复杂的改革发展任务，各级政府要深入贯彻落实新发展理念，把全面建成小康社会使命扛在肩上，把万家忧乐放在心头，建设人民满意的法治政府、创新政府、廉洁政府和服务型政府。加强政府自身建设，提高施政能力和服务水平。为此，必须大力加强政府自身建设，不断提高施政能力和服务水平。这也是本届政府的重点工作之一。

1. 政务诚信建设

诚信是社会主义核心价值观的重要内容之一，而政务诚信则是政府公信力评判的重要指标，同时政务诚信是社会诚信的根本，政务诚信是引领社会诚信的向导，在全面深化改革的大势下，政务诚信建设是加强政府自身建设，深化行政体制改革的重要举措。2016年12月，国务院办公厅发布《国务院关于加强政务诚信建设的指导意见》，强调指出，加强政务诚信建设是深化简政放权、放管结合、优化服务改革和加快转变政府职能、提高政府效能的必然要求，对于进

---

① 《关于改革社会组织管理制度 促进社会组织健康有序发展的意见》，http://www.gov.cn/gongbao/content/2016/content_5106178.htm。

一步提升政府公信力、引领其他领域信用建设、弘扬诚信文化、培育诚信社会具有重要而紧迫的现实意义。①

加强政务诚信建设，一是需要构建广泛而有效的政务诚信监督体系，包括政务诚信专项督导机制，横向政务诚信监督机制，社会监督和第三方机构评估机制。二是建立健全政务信用管理体系，包括加强公务员诚信教育，建立健全政务失信记录，健全守信激励与失信惩戒机制，健全信用权益保护和信用修复机制。三是加强重点领域政务诚信建设。包括政府采购领域政务诚信建设，政府和社会资本合作领域政务诚信建设，招标投标领域政务诚信建设，招商引资领域政务诚信建设，地方政府债务领域政务诚信建设，街道和乡镇政务诚信建设。②

2. 全面推进政务公开

公开透明是现代政府的基本特征，加强政府自身建设，需要全面推进政务公开，让权力在阳光下运行。政务公开是"行政机关全面推进决策、执行、管理、服务、结果全过程公开，加强政策解读、回应关切、平台建设、数据开放，保障公众知情权、参与权、表达权和监督权，增强政府公信力执行力，提升政府治理能力的制度安排"③。全面推进政务公开是推动简政放权、放管结合、优化服务改革的重要一环，强调了信息化建设在创新政府建设中的突出地位，促使各类资源互联互通，便利便民。

2016年国务院办公厅印发《关于全面推进政务公开工作的意见》，指导各地各部门全面推进政务公开工作。2016年实现了"省级政府部门权力和责任清单全面公布"④。各地政府在政务公开方面主要围绕以下几点进行：一是围绕深化改革推进政务公开，表现为进一步推进权力清单和责任清单公开，推进市场监管公开透明，推进政务服务公开，各地加快推进"互联网+政务服务"工作。二是围绕促

---

① 《国务院关于加强政务诚信建设的指导意见》，http：//news.xinhuanet.com/politics/2016-12/30/c_1120223559.htm。

② 同上。

③ 《关于全面推进政务公开工作的意见实施细则的通知》，http：//www.gov.cn/zhengce/content2016-11/15/content_5132852.htm。

④ 李克强：《政府工作报告——2017年3月5日在第十二届全国人民代表大会第五次会议上》，《人民日报》2017年3月17日第1版。

进经济发展推进政务公开，表现在进一步推进经济社会政策公开透明，推进市场准入负面清单公开，推进政府投资的重大建设项目信息公开，推进公共资源配置领域信息公开，推进减税降费信息公开，推进国有企业运营监管信息公开方面。三是围绕民生改善推进政务公开，主要表现在推进扶贫工作信息公开，推进社会救助信息公开，推进就业创业信息公开，推进棚户区改造和农村危房改造与保障性住房信息公开，推进环境保护信息公开，推进教育、卫生和食品药品安全信息公开方面。四是围绕助力政府建设推进政务公开，主要表现在积极推进决策公开，推进政策执行和落实情况公开，深入推进预决算公开方面。[①] 为更好地做好政务公开工作，各级政府积极围绕增强公开实效来加强能力建设，一是提高政务公开工作制度化、标准化水平；二是提高政务公开工作信息化、集中化水平；三是提高政务公开队伍专业化、理论化水平。

3. 推进"互联网+政务服务"

推进"互联网+政务服务"是贯彻落实党中央、国务院决策部署，把简政放权、放管结合、优化服务改革推向纵深的关键环节，对加快转变政府职能，提高政府服务效率和透明度，便利群众办事创业，进一步激发市场活力和社会创造力具有重要意义。

2016年，各级政府认真落实党中央国务院精神，深入贯彻习近平总书记系列重要讲话精神，牢固树立创新、协调、绿色、开放、共享的发展理念，按照建设法治政府、创新政府、廉洁政府和服务型政府的要求，优化服务流程，创新服务方式，推进数据共享，打通信息孤岛，推行公开透明服务，降低制度性交易成本，持续改善营商环境，深入推进大众创业、万众创新，最大限度地利企便民，让企业和群众少跑腿、好办事、不添堵，共享"互联网+政务服务"发展成果。各级政府坚持统筹规划、问题导向、协同发展、开放创新的原则，做了大量的工作，取得了许多成绩。一是优化再造政务服务，主要表现为进一步规范网上服务事项，优化网上服务流程，推进服务事

---

① 《国务院办公厅关于印发2016年政务公开工作要点的通知》，http://www.gov.cn/zhengce/content/2016-04/18/content_5065392.htm。

项网上办理，创新网上服务模式，全面公开服务信息。二是融合升级平台渠道。主要表现在规范网上政务服务平台建设、推进实体政务大厅与网上服务平台融合发展，推动基层服务网点与网上服务平台无缝对接。三是夯实支撑基础。主要表现在推进政务信息共享，加快新型智慧城市建设，建立健全制度标准规范，完善网络基础设施，加强网络和信息安全保护方面。①

（三）行政执法体制改革

党的十八届三中全会公报明确提出要深化行政执法体制改革，这也是规范市场秩序、推动经济社会持续健康发展的迫切需要。2015年，中央编办印发《中央编办关于开展综合行政执法体制改革试点工作的意见》，推动138个试点城市开展综合行政执法体制改革。2016年，各试点城市综合行政执法体制改革稳步推进，在文化市场领域、市场管理领域、卫生计生领域、交通运输领域效果明显，成绩突出。如贵州省通过划分不同层级部门行政执法职责权限，优化执法力量配置，撤销了13个省级执法机构，在推进执法重心下移、减少执法层级、整合执法主体、提高执法效率等方面取得积极成效；河南省通过厘清各级执法权限、推动执法重心下移、整合执法机构等举措，彻底破解"权责交叉、多头执法、重复执法"等难题。

环保执法体制改革是2016年行政执法体制改革中的亮点。2016年环保执法体制改革有序推进。2015年11月3日正式印发的《中共中央关于制定国民经济和社会发展第十三个五年规划的建议》提出："以提高环境质量为核心，实行最严格的环境保护制度，形成政府、企业、公众共治的环境治理体系。实行省以下环保机构监测监察执法垂直管理制度。建立全国统一的实时在线环境监控系统。健全环境信息公布制度。探索建立跨地区环保机构。开展环保督察巡视，严格环保执法。"② 2016年是新环境保护法实施的第二年，环保部继续加大

---

① 《国务院关于加快推进"互联网+政务服务"工作的指导意见》，http://www.gov.cn/zhengce/content/2016-09/29/content_5113369.htm。

② 《中共中央关于制定国民经济和社会发展第十三个五年规划的建议》，http://cpc.people.com.cn/n/2015/1103/c399243-27772351.html。

力度，严格执法，针对 2015 年在新环境保护法实施过程中所遇到的难点、问题，深化环保管理体制和执法体制改革，围绕党的十八届五中全会精神、"十三五规划"、新环境保护法，环保部、各级政府严格贯彻落实，取得了显著的阶段性成果。

一是成立中央环保督察组。中央环保督察是中央加强生态文明建设的一项重大举措，也是一项重要的制度性安排。2016 年 1 月 4 日，被称为"环保钦差"的中央环保督察组正式成立，由环保部牵头成立，是代表党中央、国务院对各省（自治区、直辖市）党委和政府及其有关部门开展的环境保护督察。2016 年先后开展了两批中央环境保护督察工作，组建 15 个中央环境保护督察组，分别对内蒙古、黑龙江、江苏、江西、河南、广西、云南、宁夏、北京、上海、湖北、广东、重庆、陕西、甘肃进行环保督查。环保督查中发现的问题比较多，查处力度也非常严格。第一批环保督查工作结果公示中，"超过百人因破坏生态和污染环境被刑事拘留，8 省区罚款总额可能超过 1 亿元，党政部门也有超过 2000 人被问责"[①]。第二批环保督察工作中，"7 个督察组共受理举报 8657 件，经梳理有效举报并合并重复举报，累计向被督察地区转办 5462 件。共计与 275 名领导谈话，其中省级领导 163 人，部门和地市主要负责同志 112 人；累计走访问询 169 个部门和单位，调阅资料 2.8 万余份"。[②]

二是严格落实地方政府和企业的责任。落实地方政府的环境保护责任，是落实环境保护法的重中之重。2016 年环保部对"环境问题突出的 33 个市县政府进行公开约谈，形成压力、推动工作，对工作任务不落实、问题突出的 5 个市县实施了区域环评限批"[③]。对企业加大执法力度，2016 年全年"各级环保部门下达行政处罚决定 12.4 万余份，罚款 66.3 亿元，比 2015 年分别增长 28% 和 56%。环保部

---

① 《第一批中央环保督察组现场督察阶段结束 百余人被刑事拘留》，http://china.cnr.cn/NewsFeeds/20160821/t20160821_523048218.shtml。
② 《第二批中央环保督察组已问责 687 人 罚款金额 6614 万》，http://www.china.com.cn/legal/2016-12/14/content_39911095.htm。
③ 《环保部部长陈吉宁就"加强生态环境保护"答记者问》，http://www.xinhuanet.com/politics/2017lh/live/20170309e/index.htm#wzsl。

挂牌督办27起重点环境违法案件,组织查处取缔'十小'企业2465家"。①

三是运用法律、行政综合手段,提高执法能力。推动环境监察执法体制改革是2016年环保管理体制改革的重中之重。结合监测监察执法机构的垂直改革,依法赋予环境执法机构实施现场检查行政处罚和行政强制的手段和条件。同时将环境执法机构列入政府行政执法部门序列,解决了执法着装、用车和设备问题。另外,加强了公安机关打击环境污染犯罪专业力量建设,推动各地环境污染犯罪侦查队伍建设和业务建设。截止到2017年"两会"前,9省市已经组建了环境警察队伍。出台相关配套文件,运用法律手段,对违规重污染企业重拳出击。"2016年环保部单独或会同有关部门和司法机关出台配套文件35件,通过明确执行规定,2016年查封扣押9976件,停产限产5673件,按日连续处罚1017件,分别比2015年增长138%、83%和42%。全国移送涉嫌环境污染犯罪案件共6064件,比2015年增长37%。"②

2016年在多方共同努力下,环保效果比较显著。时任环保部部长陈吉宁在第十二届全国人大五次会议新闻中心就"加强生态环境保护"的相关问题回答中外记者的提问时指出:"2016年,北京市$PM_{2.5}$平均浓度为73微克/立方米,比2013年下降18%。2016年,京津冀、长三角、珠三角,这是我们三个控制$PM_{2.5}$的重点地区,平均浓度分别为71微克/立方米、46微克/立方米、32微克/立方米,与2013年相比,分别下降33.0%、31.3%、31.9%。2016年74个重点城市,去年$PM_{2.5}$平均浓度是50微克/立方米,比2013年下降30.6%。"③

(四) 干部人事制度改革

无论政府治理还是提供公共服务,都需要通过行政组织中的人去

---

① 《环保部部长陈吉宁就"加强生态环境保护"答记者问》,http://www.xinhuanet.com/politics/2017lh/live/20170309e/index.htm#wzsl。
② 同上。
③ 同上。

实现。随着政府职能转变，政治治理思路的转变，必须进一步完善干部人事制度，以保证政府工作科学、高效、公正、便民。干部人事制度改革是党的建设的重要内容，也是行政体制改革的重要组成部分，干部人事制度改革发展是与政治、经济、文化体制改革密切相关的，干部人事制度的有效改革必然会推动政治、经济、文化体制改革的前进。2016年，在干部人事制度改革方面，主要是职务与职级并行制度改革和干部容错纠错机制改革得以加快推进，取得重大进展。

1. 职务与职级并行制度改革

公务员职务与职级制度，是公务员管理制度的重要组成部分，是确定公务员工资及其他待遇的依据。从目前情况看，公务员提高待遇主要靠晋升职务，职级的激励作用没有得到充分发挥，特别是在县以下机关，公务员受机构规格等因素的限制，职务晋升空间小，待遇得不到提高的矛盾更为突出，需要切实加以解决。根据党的十八大关于深化干部人事制度改革的精神和十八届三中全会关于推行公务员职务与职级并行、职级与待遇挂钩制度的要求，2015年，中央办公厅和国务院办公厅联合发布《关于县以下机关建立公务员职务与职级并行制度的意见》，开始实施职务与职级并行制度改革，这是在公务员法规定的制度框架内，保持现有领导职务和非领导职务晋升制度不变，建立主要依据任职年限和级别晋升职级的制度，发挥职级在确定干部工资待遇方面的作用，实行职级与待遇挂钩，实现职务与职级并行。2016年是职务与职级并行制度改革的关键一年，各省级配套文件也陆续出台，各基层政府部门精心组织实施，逐步贯彻到位。

2. 干部容错纠错机制改革

2016年10月党的十八届六中全会提出："建立容错纠错机制，宽容干部在工作中特别是改革创新中的失误。"[1] 容错纠错机制是鼓励干部创新、宽容干部失败的重要制度保障。在全面深化改革的大背景下，不少干部出现了"为官不为""多干多错、少干少错、不干不错""为了不出事，宁愿不干事"等消极思想，容错机制的构建就是

---

[1]《中国共产党第十八届中央委员会第六次全体会议公报》，http://news.12371.cn/2016/10/27/ARTI1477566918346559.shtml。

鼓励广大党员干部敢想敢干，大胆创新，为敢于改革、敢于创新的干部解除后顾之忧。只要不违背党纪国法，只要有利于提升人民群众的满意度，一切工作以人民为中心，以人民利益为出发点，党员干部都应受到保护，社会也要努力营造"鼓励创新、宽容失败"的浓郁氛围。

构建容错纠错机制，就是要"鼓励大胆探索者，宽容改革失误者，鞭策改革滞后者"①。"出发点是为干部排除阻力、消除顾虑，落脚点则是激励干部冲锋陷阵、敢于亮剑。"② 健全容错纠错机制，需要明晰容错纠错的内容，一是明确容错纠错的原则，"容错纠错要以支持实干、鼓励创新为原则，不违反党纪国法的禁止性规定，符合中央大政方针、经过民主决策程序、出于公心、善意履职、积极担当的作为等，应成为各地确定免责的一致原则"③。二是明确容错纠错的界限，宏观把握原则，微观注重边界，清楚地划分容错机制的适用范围，明确容错纠错的界限，将为容错纠错机制的施行提供科学依据。三是制定完备的权责清单。在坚持基本原则的前提下，各省市应因地制宜，结合本地区实际情况，厘清哪些错误能容、能容到哪种程度，哪些不能容，底线在哪里，科学分类，合理细化。2016年各省市贯彻落实中央关于建立容错纠错机制的意见，相继出台适合本地区的关于建立容错纠错机制，激励干部改革创新担当作为的实施意见，作为指导本地区干部容错纠错的指导方针和根本原则，并取得初步成效。

（五）社会保障制度改革

社会保障制度是在政府的管理之下，以国家为主体，依据一定的法律和规定，通过国民收入的再分配，以社会保障基金为依托，对公民在暂时或者永久性失去劳动能力以及由于各种原因生活发生困难时

---

① 《容错机制怎么构建》，http：//theory.people.com.cn/n1/2016/0704/c49150 - 28520625.html。

② 《构建容错纠错机制，激励干部干事创业》，《光明日报》2016年11月14日第11版。

③ 《健全容错纠错机制的着力点》，http：//theory.gmw.cn/2016 - 12/09/content_23226347.htm。

给予物质帮助,用以保障居民最基本的生活需要。改革开放30多年来,中国社会保障事业得到了突飞猛进的发展,但由于受到多种因素的制约,我国社会保障体系建设仍然处于滞后状态,并面临着必须妥善应对的诸多问题与挑战。十八大以来社会保障制度改革受到党和政府的高度重视,成为新一轮行政体制改革的重要内容。2016年社会保障制度改革继续稳步推进,尤其在机关事业单位养老保险制度改革、深化医药卫生体制改革方面成效显著。

1. 机关事业单位养老保险制度改革

长期以来,我国机关事业单位实行单位退休养老制度,与企业职工养老保险制度"双轨"运行,机关事业单位人员不用缴养老保险,但退休后的养老金标准却远远高于企业退休人员,但随着社会主义市场经济体制不断改革发展,"双轨制"的运行暴露出一些问题和矛盾,要求实现养老保障制度公平的呼声越来越高。改革机关事业单位养老保险制度势在必行。同时,改革机关事业单位养老保险制度意义重大,"一是有利于统筹推进城乡养老保障体系建设,二是有利于促进机关事业单位深化改革,三是有利于逐步化解'待遇差'的矛盾"[①],因此,加快推进机关事业单位养老保险制度改革,对建立更加公平更可持续的社会保障制度具有重大意义。但是,机关事业单位养老保险制度改革不可能一蹴而就,将有一个长期的过程,机关事业单位养老保险制度改革的最终目标是建立全国统一的城乡居民基本养老保险制度,进一步缩小贫富差距,促进社会公平正义,确保每一位群众都能老有所养、老有所依。

2015年国务院发布《机关事业单位工作人员养老保险制度改革的决定》,2015年12月,人社部、财政部联合印发了《在京中央国家机关事业单位工作人员养老保险制度改革实施办法的通知》,在京中央国家机关事业单位工作人员养老保险制度改革正式启动。2016年,31个省、区、市和新疆生产建设兵团按照国务院要求,"坚持公平与效率相结合、权利与义务相对应、保障水平与经济发展水平相适

---

① 谭中和:《机关事业单位养老保险改革制约因素与破解对策》,《中国党政干部论坛》2016年第12期。

应、改革前与改革后待遇水平相衔接、解决突出矛盾与保证可持续发展相促进的基本原则"①，制定了本地区的机关事业单位工作人员养老保险制度、具体政策和操作办法，各项改革工作得以有序推进。

2. 深化医药卫生体制改革

2016年是"十三五"的开局之年，是到2017年实现深化医药卫生体制改革阶段性目标的攻坚之年，也是到2020年实现人人享有基本医疗卫生服务目标的关键之年。深化医药卫生体制改革是一项长期、系统的工程，其最终目标就是要实现人人享有基本公平的医疗卫生服务，提高人民群众健康水平，让人民群众切实受益。2016年的医疗卫生体制改革主要围绕整合城乡居民基本医疗保险制度、全面深化公立医院改革等工作展开。

2016年1月，国务院发布《国务院关于整合城乡居民基本医疗保险制度的意见》，指出"建立统一的城乡居民基本医疗保险（以下简称城乡居民医保）制度，是推进医药卫生体制改革、实现城乡居民公平享有基本医疗保险权益、促进社会公平正义、增进人民福祉的重大举措，对促进城乡经济社会协调发展、全面建成小康社会具有重要意义"②。各省（区、市）按照国务院"统一覆盖范围、统一筹资政策、统一保障待遇、统一医保目录、统一定点管理、统一基金管理"六统一的政策要求加快实施。2016年，各省市整合工作有序推进。6月底前，全国各省（区、市）已经完成对整合城乡居民医保工作的基本规划和部署，明确了时间表和路线图，并不断健全工作推进和考核评价机制。各统筹地区在12月底前均已经出台具体实施方案，确保各项政策措施落实到位。

城市公立医院综合改革也是深化医药卫生体制改革的一项重要任务。2010年，国家联系试点城市开始启动公立医院改革，各试点城市积极探索，改革取得明显进展，积累了宝贵经验，奠定了拓展深化改革的基础。几年来，试点城市进一步扩大，2016年进入全面深化

---

① 《国务院发布〈机关事业单位工作人员养老保险制度改革的决定〉》，http://politics.people.com.cn/n/2015/0114/c1001 - 26385090.html。

② 《国务院关于整合城乡居民基本医疗保险制度的意见》，http://www.gov.cn/zhengce/content/2016 - 01/12/content_ 10582.htm。

公立医院改革阶段，各省市围绕"改革公立医院管理体制、建立公立医院运行新机制、强化医保支付和监控作用、建立符合医疗行业特点的人事薪酬制度、构建各类医疗机构协同发展的服务体系、推动建立分级诊疗制度"① 等内容深化改革，取得明显成效。"公立医院改革新增100个试点城市；在巩固公立医院取消药品加成的改革成果上，新增试点城市所有公立医院取消药品加成；在三级公立医院建立总会计师制度；探索新型医院人事制度和薪酬制度改革；城市家庭医生签约服务覆盖率达到15%以上，重点人群签约服务覆盖率达到30%以上；全面推进公立医院药品集中采购。"② 地方政府严格落实，并将医改纳入对地方政府的考核要求中。

（六）反腐败体制改革

党的十八大以后，开启了全面从严治党的新篇章。党中央推出了一系列反腐倡廉的举措："党的群众路线教育""八项规定""中国共产党廉洁自律准则""中国共产党纪律处分条例""中国共产党问责条例""反四风建设""三严三实""两学一做"，等等，党风廉政建设和反腐败斗争取得良好效果。2016年，巡视制度改革的大幅推进和国家监察体制改革的试点，再次掀起反腐败体制改革的高潮。

1. 巡视制度改革的推进

巡视制度是反腐败的重要方式，是党内监督的重要制度，是全面从严治党的重要手段。党的十八大以来，党中央把全面从严治党提升到"四个全面"的战略布局高度，深入推进正风反腐工作，巡视制度改革深入推进，中央巡视组的反腐成果令人瞩目。

（1）2016年是推进全面从严治党的关键一年，深化政治巡视，是2016年中央巡视的重中之重。这一年，深入推进巡视制度改革，

---

① 《国务院办公厅关于城市公立医院综合改革试点的指导意见》，http：//www.gov.cn/zhengce/content/2015-05/17/content_9776.htm。

② 《国务院办公厅关于印发深化医药卫生体制改革2016年重点工作任务的通知》，http：//www.gov.cn/zhengce/content/2016-04/26/content_5068131.htm。

"依法惩处一批腐败分子,反腐败斗争形成压倒性态势"①。

(2) 2016年,实现巡视全覆盖。全面从严治党要靠全党、管全党、治全党,巡视全覆盖是落实全面从严治党要求的重要举措。2014年7月,中央第四轮巡视,实现对31个省、区、市和新疆生产建设兵团的全覆盖;2015年6月,中央第七轮巡视,实现对中管国有重要骨干企业的全覆盖;2015年10月,中央第八轮巡视,实现对中管金融单位的全覆盖。2016年,中央纪委共设置47家派驻机构,实现对139家中央一级党和国家机关派驻纪检机构全覆盖,党内监督无死角。

(3) 2016年,不断创新巡视方式。十八大以来,巡视制度改革不断深化,巡视方式方法不断出新招。例如,"一次一授权""三个不固定""巡视组长不搞铁帽子",使巡视工作更加灵活有效,巡视方式,从一开始的常规巡视、整体推进,到后来探索专项巡视、以点带面,进一步释放了制度"红利",巡视制度的效应也不断扩大。2016年,中央巡视首次"回头看",效果比较显著,"这是巡视制度的重大创新,放大和延续了震慑效应,释放了全面从严治党的强烈信号,体现了党内监督的韧劲和严肃性"②。中央第九轮、第十轮、第十一轮巡视分别对辽宁、安徽、山东、湖南、天津、江西、河南、湖北、北京、重庆、广西、甘肃12个省(区、直辖市)杀出"回马枪",黄兴国、王珉、杨鲁豫、杨振超等一批高级领导干部应声落马,社会反响强烈。

(4) 2016年,巡视制度坚持标本兼治,推动改革促进发展。2016年,"中央巡视机构共向中央和国务院有关领导同志通报巡视情况24次,向中央深改办报送专题报告35份,为全面深化改革提供问题导向参考。第八轮巡视的21家金融单位共出台改革措施30余项,开展专项治理109次,制定完善制度1173项,挽回直接经济损失26.12亿元。第九轮巡视整改共推出改革措施131项,制定完善制度

---

① 李克强:《政府工作报告——2017年3月5日在第十二届全国人民代表大会第五次会议上》,《人民日报》2017年3月17日第1版。
② 《"尖兵"显神勇"利剑"展锋芒——2016年巡视工作综述》,http://politics.people.com.cn/n1/2017/0105/c1001-28999351.html。

851项。"① 以巡视为契机，找准问题，推进改革，全面深化改革与加强党内巡视相辅相成，相互促进，在"四个全面"战略布局下，统筹兼顾，协同并进。

（5）2016年，中央巡视工作与省区市巡视工作协同推进。2016年，在深化中央巡视工作的同时，积极推进省、市、县巡察制度改革，基本形成了横向全覆盖、纵向全链接、全国"一盘棋"的巡视战略格局。截至2016年底，"全国已有15个副省级城市、382个市（地、州、盟）、1722个县（市、区、旗）开展巡察工作，分别占总数的100%、90.3%和58.2%。"② 全国已有16个省区市完成巡视全覆盖，总体覆盖率达96%。"各省区市党委全年共召开'五人小组'会议109次，召开领导小组会议259次，推动巡视工作深化发展。据统计，省区市巡视全年发现违反'六项纪律'方面问题4.5万多个，发现厅局级干部问题线索6100多个，县处级干部问题线索近1.4万个。根据巡视移交问题线索，各级纪检监察机关立案查处厅局级干部近300名，县处级干部2200余名。"③

（6）2016年，党内法规制度不断完善，为巡视工作提供制度保障。《中国共产党廉洁自律准则》和《中国共产党纪律处分条例》1月1日正式实施；《中国共产党问责条例》7月8日正式施行。2016年10月24—27日党的十八届六中全会召开，踏上全面从严治党向纵深推进的新征程。全会聚焦全面从严治党重大主题，审议通过《关于新形势下党内政治生活的若干准则》和《中国共产党党内监督条例》。监督条例明确指出，全面从严治党，要运用监督执纪"四种形态"，即经常开展批评和自我批评、约谈函询，让"红红脸、出出汗"成为常态；使党纪轻处分、组织调整成为违纪处理的大多数；使党纪重处分、重大职务调整成为少数；使严重违纪涉嫌违法立案审查的成为极少数。强调要以严明的纪律推进全面从严治党。

---

① 《"尖兵"显神勇"利剑"展锋芒——2016年巡视工作综述》，http://politics.people.com.cn/n1/2017/0105/c1001-28999351.html。
② 同上。
③ 同上。

2. 国家监察体制改革的试点

国家监察体制改革是2016年一项重大的政治改革，也是一项重要的组织制度创新。监察体制改革是反腐治本的新探索，是依法治国和依规治党的需要，对实现党内监督和国家监督有机统一，推进国家治理体系和治理能力现代化，更好地体现党的领导、人民当家做主和依法治国的有机统一，具有十分重要的意义。

（1）2016年国家监察体制改革有序推进，取得重大进展。2016年1月12日，习近平总书记在十八届中央纪委六次全会上指出："完善监督制度，做好监督体系顶层设计，既加强党的自我监督，又加强对国家机器的监督。整合监察力量，健全国家监察组织架构，形成全面覆盖国家机关及其公务员的国家监察体系。"[1] 王岐山在十八届中央纪委六次全会上的工作报告中进一步提出："完善党内监督和国家监察法规制度，研究修改《中华人民共和国行政监察法》，建立覆盖国家机关和公务人员的国家监察体系，使党内监督和国家监察相互配套，依法治国和依规治党相互促进、相得益彰。"[2]

2016年10月党的十八届六中全会公报指出："各级党委应当支持和保证同级人大、政府、监察机关、司法机关等对国家机关及公职人员依法进行监督，人民政协依章程进行民主监督，审计机关依法进行审计监督。"[3] 2016年11月，中共中央办公厅印发《关于在北京市、山西省、浙江省开展国家监察体制改革试点方案》，部署在三个试点省份设立各级监察委员会，从体制机制、制度建设上先行先试、探索实践，为在全国推开积累经验。2016年11月25日，王岐山到北京、山西、浙江就开展国家监察体制改革试点工作进行调研，指出"要深入贯彻党的十八届六中全会精神，落实全面从严治党战略部署和深化国家监察体制改革的决策部署，构建权威高效的国家监察体

---

[1] 《习近平在第十八届中央纪律检查委员会第六次全体会议上的讲话》，http://www.ccdi.gov.cn/xwtt/201605/t20160503_78379.html。

[2] 《王岐山在中国共产党第十八届中央纪律检查委员会第六次全体会议上的工作报告》，http://www.ccdi.gov.cn/special/lcqh/topnews/lcqh/201601/t20160126_73493.html。

[3] 《中国共产党第十八届中央委员会第六次全体会议公报》，http://news.12371.cn/2016/10/27/ARTI1477566918346559.shtml。

系，推进国家治理体系和治理能力现代化。六中全会是全面从严治党的再动员、再出发，国家监察体制改革试点是落实全会精神的重大举措。国家监察体制改革是事关全局的重大政治改革，体现了全面深化改革、全面依法治国和全面从严治党的有机统一。深化国家监察体制改革目的正是完善党和国家的自我监督，不断增强自我净化、自我完善、自我革新、自我提高能力。"①

2016年12月25日，根据党中央确定的《关于在北京市、山西省、浙江省开展国家监察体制改革试点方案》，为在全国推进国家监察体制改革探索积累经验，张德江在第十二届全国人大常委会第二十五次会议上的讲话中指出："为贯彻落实党中央决策部署，按照重大改革于法有据的要求，本次会议经过认真审议，表决通过了关于在北京市、山西省、浙江省开展国家监察体制改革试点工作的决定，明确了试点工作涉及的最主要、最基本的制度，为试点工作提供了法治保障。试点地区要按照党中央部署要求和全国人大常委会的决定，认真组织实施，积极稳妥、依法有序推进试点工作。全国人大常委会有关工作机构要抓紧做好与深化国家监察体制改革有关的立法工作，依法及早提请审议。"② 12月26日，《全国人民代表大会常务委员会关于在北京市、山西省、浙江省开展国家监察体制改革试点工作的决定》正式施行。2016年12月30日，中共中央政治局召开会议，听取中央纪律检查委员会2016年工作汇报，研究部署2017年党风廉政建设和反腐败工作。并指出："要扎实推进国家监察体制改革及试点工作，确保如期实现改革目标。"③ 2016年在党中央和国家层面一系列关于国家监察体制改革的重要论述为下一步国家监察法的施行和国家监察委员会的设立奠定了基础和提供了法理依据。

（2）2016年国家监察体制改革的一项重要成就是国家监察委员

---

① 《王岐山在北京山西浙江调研国家监察体制改革试点工作》，http://zjnews.zjol.com.cn/gaoceng_developments/201611/t20161126_2118236.shtml。

② 《张德江委员长在十二届全国人大常委会第二十五次会议上的讲话》，http://www.npc.gov.cn/npc/xinwen/2017-01/06/content_2005846.htm。

③ 《中共中央政治局12月28日召开会议》，http://bbs1.people.com.cn/post/1/1/2/160389999.html。

会的成立。"深化国家监察体制改革的目标,是建立党统一领导下的国家反腐败工作机构。"[①] 这一机构就是国家监察委员会。建立国家监察委员会,目的在于"整合反腐败资源力量,形成集中统一、权威高效的反腐败体制,有利于形成严密的法治监督体系,实现全面推进依法治国的目标"[②]。监察委员会对现行分散的监督力量如监察力量、反贪力量、反渎力量、预防力量等进行资源整合,发挥其最大功效,当然,这一重大政治体制改革会涉及权力资源的重新配置、机构职能的重新定位、机构人员的重新调整等,监察委员也不再是传统意义上的监察局、监察厅、监察部,而是与政府、司法机关平行的一个独立的国家机关,由各级人大依法产生,并与纪委合署办公。监察委员会设置之后,它就成为与政府、法院、检察院平行的国家机构,国家机构体制也将由"一府两院"变为"一府一委两院",即人民政府、监察委员会、人民法院、人民检察院。

四 未来中国行政体制改革的发展愿景

中国的行政体制改革虽然取得了巨大的成就,但是距离建设中国特色的政治体制体系的目标还有一定的差距,改革过程中也出现了不少新问题,遇到了不少新阻力,唯有通过持续深入的改革才能破解目前的难题。未来的中国行政体制改革依然要立足于中国市场经济的发展大势,立足于中国社会发展的现实要求,立足于中国人民生活的实际需求,努力建立具有中国特色的促进政治、经济、文化、社会发展和生态安全的行政体制,建设法治政府、创新政府、廉洁政府、服务型政府。

(一)深化行政体制改革的路径选择

新一轮行政体制改革正在如火如荼地进行,在加强顶层设计的同

---

① 庄德水:《国家监察体制改革必须坚持党的统一领导》,《中国党政干部论坛》2017年第2期。
② 马怀德:《国家监察体制改革的重要意义和主要任务》,《国家行政学院学报》2016年第6期。

时，更加注重执行层面的实践推动。深化行政体制改革，要进一步转变政府职能，加强政府自身建设；提高政府治理能力，实现政府治理能力现代化；协同推进政治、经济、文化、社会、生态文明体制改革。

1. 进一步转变政府职能，加强政府自身建设

十八届三中全会强调，经济体制改革的核心问题是处理好政府和市场的关系，使市场在资源配置中起决定性作用和更好地发挥政府作用，其关键就是要转变政府职能。"这是政府自身的一场深刻革命，要继续以壮士断腕的勇气，坚决披荆斩棘向前推进。"[①] 转变政府职能可有效解决我国经济所面临的困境，更好地适应经济新常态，从而为经济发展、市场繁荣提供新的动力和活力。

深化行政体制改革，要更加注重政府职能转变，要继续深化审批制度改革，推进政企分开、政资分开、政事分开，减少政府直接管理和介入微观经济，更好地发挥市场在资源配置中的决定性作用，优化对经济运行的调节，大力加强市场监管，推进公共资源配置市场化改革，进一步激发市场活力，释放经济内生动力。

深化行政体制改革，要进一步加强政府自身建设，优化组织结构，理顺行政关系。要继续推进大部门制改革，优化行政层级和行政区划设置，按照精简、统一、效能的原则，设置更具综合性、权威性的行政机构，逐步建成科学合理、顺畅高效的"大部门制"行政机构体系，稳妥推进行政层级改革，继续探索实行省直管县，逐步减少行政层级，进一步理顺中央与地方的关系，妥善处理中央政府和地方政府的权限、职能与责任，科学合理界定省以下地方政府不同层级职能与权责关系，努力发挥地方各级政府的积极性、创造性。

2. 提高政府治理能力，实现政府治理能力现代化

政府治理能力不仅是一种执行能力，也是一种理念和思维。在国家治理能力现代化的影响下，政府治理能力急需进一步提高，这也是深化行政体制改革的迫切要求。

---

① 李克强：《政府工作报告——2017年3月5日在第十二届全国人民代表大会第五次会议上》，《人民日报》2017年3月17日第1版。

深化行政体制改革需要不断提高政府治理能力，转变治理理念，开阔治理思路。"网络化治理与协作性治理、德治与法治、善治政府与生态型政府的有机结合，将是未来政府治理理念的核心。"[①] 政府治理理念的转变，有利于适应全面深化改革的需要，同时行政体制改革的思路与经济发展、社会变迁相结合，与经济全球化、文化多元化的世界发展趋势相适应，在发展大势下，治理理念的深化也体现了政府治理能力的提高，治理水平的强化。

提高政府治理能力，需要打破利益藩篱，重构政府职能体系。随着全面改革的深化，"我国社会呈现出利益主体多元化、利益来源多样化、利益差别敏感化、利益表达公开化、利益矛盾复杂化的局面"[②]。进一步深化行政改革必然会触及既得利益者的利益，如何与既得利益群体有效博弈，这是对政府治理能力的考验，必须以"壮士断腕的决心和勇气"深入推进改革，打破利益藩篱，重构政府职能体系。

提高政府治理能力，要充分利用大数据等互联网信息技术。在网络信息化高度发达的时代，深化行政体制改革，推进治理能力现代化，需要充分利用大数据、云计算等互联网信息技术，提高公共服务质量，创新社会管理方式，改进行政管理决策，促进政务服务智能化应用。"政府治理能力现代化的新要求需要依靠大数据提供技术支撑，应用新技术进行管理创新，通过数据聚合推动决策科学化，通过扁平网络推动管理精细化，通过数据开放推动执政阳光化，通过个体预测推动服务个性化。"[③] 通过运用信息技术，建设创新政府，提高政府治理能力，实现政府治理能力现代化。

3. 协同推进政治、经济、文化、社会、生态文明体制改革

深化行政体制改革是全面深化改革的重要一环，是一项复杂的系统工程。当前，改革已进入攻坚期和深水区，深化改革的困难比较

---

① 姜波：《中国政府行政体制改革的路径选择》，《电子政务》2015 年第 3 期。
② 秦宣：《中国政治未来走向——兼论全面深化政治体制改革》，《南京社会科学》2014 年第 4 期。
③ 陈之常：《应用大数据推进政府治理能力现代化——以北京市东城区为例》，《中国行政管理》2015 年第 2 期。

大，必须紧紧依靠人民群众，加强顶层设计，以最大的决心和勇气推进改革，冲破思想观念的束缚，突破利益固化的藩篱，以经济体制改革为牵引，以行政体制改革为突破口，全面深化各领域改革，协同推进政治、经济、文化、社会、生态文明体制改革。

行政体制改革是全面深化改革总体部署和总体格局的有机组成部分，深化行政体制改革不是推进一个领域改革，也不是推进几个领域改革，而是推进深化经济体制、政治体制改革、文化体制改革、社会体制改革及其他体制改革，它们之间相互依赖，相互配合，相互促进。"在社会多元化、分层化发展的背景和趋势下，单独推进行政体制改革或向市场放权，或社会建设都不足以达到良治的目标，建立政府、市场、社会相互补充的新型治理格局是大势所趋。"[1]

特别需要指出的是，在推进行政体制改革的同时必须协同推进政治体制改革。改革开放以后，行政体制改革在推动政府的现代性转型，推动国家的现代化发展方面发挥了积极有效的主导作用。但是中国行政体制改革一直处于经济体制改革和政治体制改革的结合部，行政体制改革一直作为政治体制改革的替代品，特别是 1989 年之后，行政体制改革一度成为主流，而政治体制改革落在了后面，政治体制改革的滞后导致了一系列的问题，这些深层次问题的解决终归要靠政治体制改革来化解。政治体制改革是根本性的改革，只有进行政治体制改革，才能保住改革开放以来所取得的成就，才能解决发展路上所产生的矛盾和问题，才能在全面深化改革的道路上行将至远。

（二）建立中国特色社会主义行政体制的愿景展望

政府职能转变最终要落脚在确立科学的政府形态上，我们也一直在改革的实践中不断总结和探索这个问题，近年来逐步明晰了努力的方向。党的十七届二中全会提出，要"按照建设服务政府、责任政府、法治政府和廉洁政府的要求"创新政府管理，这是认知上的一大进步，十八大以来则进一步着重强调了建设服务政府和法治政府的重

---

[1] 薛澜：《走向国家治理现代化的政府职能转变：系统思维与改革取向》，《政治学研究》2014 年第 5 期。

要性，特别是 2015 年李克强总理在《政府工作报告》中，提出要"加快建设法治政府、创新政府、廉洁政府和服务型政府，增强政府执行力和公信力，促进国家治理体系和治理能力现代化"①。2016 年和 2017 年的《政府工作报告》也着力阐释了这个问题。"四个政府"建设的提出，明确了对新时期行政体制改革的目标和政府工作的重心，具有重要的指导性意义。"这四个方面的目标一体同心，又各有侧重，彼此之间相互关联，缺一不可，既是对全面推进依法治国的重要部署，也是对新常态下政府工作的方式和状态的新要求，涵盖了现阶段我国政府自身建设需要改进的关键内容。"②

1. 法治政府

法治是现代化的标志之一，现代国家就是法治国家，建设法治国家的核心是法治政府建设。深入推进依法行政、建设法治政府是深化行政体制改革的愿景之一。在社会主义市场经济条件下，"法治政府应该是政府以及所有公权力机构都在规定的基本原则的约束下运作"③，在法治的轨道上开展工作。建立权责统一、权威高效的依法行政体制，"建设职能科学、权责法定、执法严明、公开公正、廉洁高效、守法诚信的法治政府"④。

全面推进依法治国的总目标是建设中国特色社会主义法治体系和社会主义法治国家。深入推进依法行政、建设法治政府，是中国特色社会主义法治体系建设的重要内容，是全面推进依法治国、建设社会主义法治国家的中心环节。深化行政体制改革，建设法治政府，意义重大，影响深远。建设法治政府，一要依法全面履行政府职能，法律的生命力在于实施，法律的权威也在于实施。二要完善依法行政制度

---

① 李克强：《2015 年政府工作报告（全文实录）》，http：//lianghui.people.com.cn/2015npc/n/2015/0305/c394298 - 26642056.html。
② 孟庆国：《新常态新要求：要加快"四个政府"建设》，http：//dangjian.people.com.cn/n/2015/0401/c117092 - 26785004.html。
③ 王宝明：《法治政府——中国政府法治化建设的战略选择》，研究出版社 2009 年版，第 3 页。
④ 《法治政府建设实施纲要（2015—2020 年）》，http：//www.gov.cn/xinwen/2015 - 12/28/content_ 5028323.htm。

体系。"权从法出是法治政府的根本,依法行政是法治政府的核心。"① 三要推行政决策科学化、民主化、法治化,强化对行政权力的制约和监督。坚持从中国实际出发,坚持依宪施政、依法行政、简政放权,把政府工作全面纳入法治轨道。在全面深化改革的背景下,协同推进法治国家、法治政府、法治社会建设,实现法治一体化建设,不断开创依法治国新局面。

2. 创新政府

十八届五中全会提出"创新、协调、绿色、开放、共享"五大发展理念,把创新摆在首要位置,说明创新在引领社会发展,促进深化改革方面的重要地位,创新发展居于国家发展全局的核心位置。深化行政体制改革必须贯彻落实五大发展理念,建设创新政府。创新政府是"政府部门将创造性的改革作为提高行政效率、改善服务质量、增进公共利益的基本手段"②。建设创新政府是深化行政体制改革的客观要求,也是深化行政体制改革的愿景之一。

建设创新政府,是建设创新型国家的必然要求,是落实"四个全面"战略布局的内在要求。建设创新政府,需要政府不断创新,创新发展理念,创新治理方式,创新制度机制。在推进国家治理体系和治理能力现代化的过程中,政府创新的主要目标是"民主,法治,责任,服务,优质,效益,专业,透明,廉洁"③。

3. 廉洁政府

廉洁是从政道德的底线,也是政府公信力的基石。建设廉洁政府是深化行政体制改革的愿景之一。廉洁政府必须是干部清正、政府清廉、政治清明。建设廉洁政府是广大人民群众的迫切需求,是全面从严治党的必然要求,是提高政府公信力、强化政治合法性的内在要求。

建设廉洁政府,必须把权力关进制度的笼子里。坚持用制度管权管事管人,让人民监督权力,让权力在阳光下运行。建设廉洁政府"必须构建决策科学、执行坚决、监督有力的权力运行体系,健全惩

---

① 杜飞进:《论法治政府的标准》,《学习与探索》2013年第1期。
② 俞可平:《大力建设创新型政府》,《探索与争鸣》2013年第5期。
③ 同上。

治和预防腐败体系，建设廉洁政治，努力实现干部清正、政府清廉、政治清明"①。

4. 服务型政府

服务型政府是深化行政体制改革的首要目标。建设服务型政府是建设法治政府、创新政府、廉洁政府的基础。党的十八大报告提出："中国特色社会主义行政体制目标是深入推进政企分开、政资分开、政事分开、政社分开，建设职能科学、结构优化、廉洁高效、人民满意的服务型政府。"

服务型政府是以为人民服务为宗旨的政府，是"以公民为本位的政府，公民的利益和意志是政府工作首要关注的价值追求"②。政府必须处处以人民利益最大化为标准提供公共服务，包括制度、规则、服务、产品、体验等，以服务为宗旨强调的"不是政府的权力和权威，而是对公民权利的保证和公民最根本利益的实现"③。建设服务型政府，能够为市场经济提供更好的发展环境，促进经济增长方式的转变；建设服务型政府，是改善民生，促进社会发展的需要。建设服务型政府，一要牢固树立为人民服务的理念。理念是行动的先导，把维护好、实现好、发展好最广大人民的根本利益作为政府一切工作的出发点和落脚点，是树立为人民服务理念的指南。二要强化政府公共服务职能。建立惠及全体人民的基本公共服务体系，不断增加人民群众的获得感和幸福感。三要创新行政体制和管理方式。通过创新体制机制，提高政府效能，提高政府公信力和执行力。

总之，行政体制改革是政治体制改革的重要内容，贯穿我国改革开放和现代化建设的全过程。2016年行政体制改革按照十八大以来的总体部署稳步推进，不断向纵深发展，既延续了历次改革的逻辑主线，又呈现出一些不同于以往的特点，既探索出不少成功的经验，也有一些瓶颈问题亟待解决。可以预见，新的改革战略和措施即将出台，中国的行政体制改革也必将迎来新的发展机遇。

---

① 《中共中央关于全面深化改革若干重大问题的决定》，http://www.gov.cn/jrzg/2013-11/15/content_2528179.htm。
② 燕继荣：《服务型政府的研究路向》，《学海》2009年第1期。
③ 黄小勇：《中国行政体制改革研究》，中共中央党校出版社2014年版，第21页。

中国多党合作制度的新进展

张献生　肖照青

2016 年是中国共产党成立 95 周年，中国共产党鲜明地提出要"不忘初心、继续前进"①。国家"十三五"规划启动开局，创新驱动成为其中新的重要内容。中共十八届六中全会聚焦全面从严治党，营造风清气正的政治生态，为全面推进中国共产党建设新的伟大工程注入新的动力，也对健全党和国家的监督体系，发挥党内监督、国家机关监督、民主监督、司法监督、群众监督、舆论监督等提出新的要求。

国家发展的新形势新任务，对中国共产党与各民主党派团结合作赋予了新内容新要求。各民主党派作为中国共产党的亲密友党，作为中国特色社会主义参政党，着眼多党合作的"初心"和"前进"，自觉将中国特色社会主义学习实践活动推向深入，全面启动"不忘合作初心，继续携手前进"的专题教育活动，政治共识达到新高度；政党协商全面推进和展开，内容进一步明确，程序进一步规范，机制进一步完善，成效和水平有了新提高；积极为"十三五"开局助力，围绕主题主线，在服务"一带一路"建设、促进供给侧结构型改革、打赢脱贫攻坚战方面取得新成果；探索民主监督的新领域，脱贫攻坚专项民主监督深入推进，民主监督创造了新形式。参政党发挥作用的

---

① 习近平：《在庆祝中国共产党成立 95 周年大会上的讲话》，新华网，http://www.xinhuanet.com/politics/2016-07/01/c_1119150660.htm。

空间和深度有了新的拓展,我国多党合作制度的优势进一步彰显。

一 全面启动"不忘合作初心,继续携手前进"专题教育活动,在新起点上凝聚新共识

各民主党派开展主题教育活动,是增进思想政治共识,巩固共同思想政治基础,激发履职责任,切实发挥参政党作用的重要形式。党的十八大召开后,各民主党派深入学习贯彻会议精神,开展"坚持和发展中国特色社会主义学习实践"活动,取得了良好效果。

2016年7月1日,习近平总书记在庆祝中国共产党成立95周年大会的讲话中,深刻阐述了"不忘初心、继续前进"的理念,提出了必须牢牢把握的八个方面要求。[①] 这是中国共产党在新的历史条件下领导人民进行新的伟大斗争的政治宣言,是指引中国共产党奋力推进中国特色社会主义伟大事业的纲领性文献。在中国共产党"不忘初心、继续前进"进程中,作为中国共产党的亲密友党、中国特色社会主义参政党的各民主党派,将如何作为?各民主党派中央结合学习贯彻习近平总书记"七一"重要讲话精神,深入思考与中国共产党合作的本来、现在和未来,启动了"不忘合作初心,继续携手前进"专题教育活动,[②] 把坚持和发展中国特色社会主义学习实践活动引向深入,在新的历史起点上进一步巩固多党合作的思想政治共识,明确继续前进的方向。

(一)不忘合作初心,大力继承和弘扬多党合作的优良传统

民主党派与中国共产党实行多党合作,始于20世纪40年代,至今已经70多年。尽管多党合作的历程中有风雨和曲折,但合作的"初心"始终未改。这就是在中国共产党的领导下,为实现民族独立、人民解放、国家富强,实现中华民族伟大复兴而不懈奋斗。

[①] 习近平:《在庆祝中国共产党成立95周年大会上的讲话》,新华网,http://www.xinhuanet.com/politics/2016-07/01/c_1119150660.htm。

[②] 《民主党派思想教育有了新载体》,人民政协网,http://www.rmzxb.com.cn/c/2016-12-26/1242170.shtml。

"初心"源于共同奋斗的目标。近代历史上的中国处于列强欺辱、军阀混战、政治腐败、民不聊生的黑暗年代。特别是随着日本帝国主义侵略的日益加剧，中华民族到了生死存亡的关键时刻，中国共产党高举抗日旗帜，提出"停止内战、一致抗日"的口号，得到全国人民的拥护，并建立了抗日民族统一战线，与国民党实行第二次国共合作。在抗日战争胜利前后成立的各民主党派，作为民族资产阶级、城市小资产阶级及其知识分子的政治代表，是处在国共之间的中间势力，虽然他们并不完全赞同中国共产党的纲领，但在驱逐日本帝国主义出中国，实现民族独立，反对封建主义、国民党一党独裁，建立民主制度的政治主张上，则与中国共产党新民主主义的纲领基本一致，从而与中国共产党建立了多党合作关系。正是本着这一"初心"，中国共产党与各民主党派开始了团结合作的征程。

"初心"坚持于正确的历史抉择。抗日战争胜利后，在中国面临着两个前途、两种命运大决战的历史关头，中国共产党以民族大义为重，引领中国人民拨开迷雾，走向光明，建立了人民民主统一战线，开展推翻帝国主义、封建主义、官僚资本主义三座大山的伟大斗争。各民主党派在多党合作实践中，逐渐认识到只有中国共产党才能救中国，只有跟着中国共产党走才有光明的前景，因此继续选择与中国共产党合作。特别是1948年中国共产党发布的"五一口号"，得到各民主党派积极响应，他们从国统区纷纷来到解放区，一致表示"愿在中共领导下，献其绵薄，贯彻始终，以冀中国人民民主革命之迅速成功，独立、自由、和平、幸福的新中国之早日实现"，从而在政治上实现了从同情和倾向于中国共产党到公开自觉地接受中国共产党领导的根本转变，走上了新民主主义道路。尔后，又与中国共产党共同筹备召开中国人民政治协商会议，缔造了中华人民共和国，正式确立了中国共产党领导的多党合作和政治协商制度。此后，中国共产党与各民主党派、无党派人士一道，胜利实现由新民主主义向社会主义的转变，建立了社会主义制度。改革开放后，又开辟了中国特色社会主义的新征程。

"初心"凝结为多党合作的优良传统。各民主党派在与中国共产党70多年共同奋斗的风雨历程中，形成了始终维护中国共产党领导地位，始终坚持科学理论指导，始终致力于共同奋斗目标，始终与中国共产党风雨同舟、荣辱与共等优良传统。各民主党派也形成了自身的优良传统，如中国国民党革命委员会"继承和发扬孙中山爱国、革命、不断进步精神，坚定不移地接受中国共产党领导，致力于国家富强、民族复兴、人民幸福，积极促进祖国和平统一"；① 中国民主建国会"坚持爱国主义、坚持中共领导、坚持遵从人民群众根本利益、坚持与经济界紧密联系、坚持自我教育"；② 中国民主促进会"坚持接受中国共产党的领导、坚持爱国民主团结求实、坚持立会为公"等。③ 这些优良传统既是多党合作弥足珍贵的政治财富和不断前进的精神动力，也是应时刻牢记、继承发扬、使之薪火相传的"初心"。

在重温多党合作历史、继承优良传统中牢记"初心"。在"不忘合作初心，继续携手前进"专题教育中，各民主党派都把继承多党合作优良传统作为"不忘初心"的核心内容和"携手前进"的精神动力，采取多种方式开展教育活动，真正做到"入耳、入脑、入心、入行"。民革中央把主题教育活动与纪念民革成立70周年结合起来，继续推进"观故居，走多党合作之路"活动，举行优良传统巡回讲座。民盟各级组织结合庆祝中国共产党成立95周年、民盟成立75周年，把弘扬民盟的优良传统作为开展主题活动的重要内容，在昆明、常州、黄冈举办了纪念李公朴、闻一多殉难70周年系列纪念活动，在全盟营造学习先辈精神，传承光荣传统的良好氛围。民建中央将中国民主建国会成立旧址陈列馆命名为民建中央爱国主义教育基地，打造学习活动载体。民进中央加强对其优良传统、人物资料的挖掘整理，围绕民进"不忘初心"的会史溯源和实践路径进行深入研究，举办民进中央纪念"下关事件"70周年座谈会，努力提升民进优良传统的时代价值。农工党集中开展了"不忘合作初心，重温光荣历史"

---

① 《坚守优良传统 确保多党合作事业薪火永续——民革全党开展"不忘合作初心，继续携手前进"主题教育活动纪实》，《团结报》2017年6月23日。
② 《陈昌智主席在民建成立70周年纪念大会上的讲话》，民建中央网站，http://www.bjmj.gov.cn/bjmj/_2685/_2693/344005/index.html。
③ 《中国民主促进会章程》（中国民主促进会第十次全国代表大会2007年12月5日通过）。

主题宣讲,"不忘合作初心,重走先辈道路"主题教育和"不忘合作初心,继续携手前进"主题培训。九三学社中央宣讲团优化"菜单点题"方式,分赴10多个省市,面向基层、面向社员进行27场互动式宣讲。致公党中央大力推动宣讲团巡讲活动,讲好致公党故事。台盟中央举办"记忆历史·爱国爱乡"口述历史座谈会,教育引导盟员要使台盟老一辈与中国共产党同心奋斗的光辉理念薪火相传,把"两岸一家亲、共圆中国梦"的伟大事业不断发扬光大,从而使广大民主党派成员深刻体会先辈们崇高的革命信仰、救国救民的不懈追求、豪迈的人生情怀,更加准确地把握"初心"的底蕴和内涵。

(二)继续携手前进,坚持在中国共产党领导下,为实现中华民族伟大复兴而不懈奋斗

"不忘初心"是为了继续前进。为深入开展"不忘合作初心,继续携手前进"专题教育,各民主党派中央分别成立了领导小组,紧扣活动主题、制定具有自身特色的可行方案,在常委会或全会上审议通过并组织实施。在教育活动中,各民主党派把深入学习中共十八届六中全会精神、习近平总书记系列重要讲话精神和多党合作历史作为重点,通过举办学习会、报告会、知识竞赛等,不断充实丰富活动内涵,进一步凝聚政治共识,在道路、方向、目标上形成统一意志,共同把中国特色社会主义事业推向前进。

坚持中国共产党领导更加自觉。民盟中央主席张宝文在中国民主同盟历史展开展仪式上讲话中指出:"接受中国共产党的领导,坚持多党合作制度,是民盟在饱经艰难曲折之后的理性认知,也是在革命和建设实践当中锤炼出的自觉选择;是民盟先辈深思熟虑的政治智慧,也是全盟对历史经验的深刻总结。"强调"更加充分地认识接受中国共产党领导的历史必然,将民盟先辈们的历史选择内化为我们的自觉选择,不断夯实多党合作的共同思想政治基础"[①]。台盟中央主席林文漪撰文指出:"坚持中国共产党的领导,是台盟最核心的政治

[①] 《张宝文出席中国民主同盟历史展开展仪式》,人民政协网,http://www.rmzxb.com.cn/c/2017-09-29/1824355.shtml2017-9-29。

信念与价值追求，也是履行参政党职能最根本的政治基础与思想共识。"①

坚持走中国特色社会主义道路的信念更加坚定。民革中央主席万鄂湘撰文提出，在新的历史起点上，民革全党"必须坚定不移地走中国特色社会主义道路，增强道路自信、理论自信、制度自信、文化自信"②。民建中央主席陈昌智说："毫不动摇地坚持中国特色社会主义政治发展道路，是本会建设、发展、发挥作用的核心所在。"农工党中央主席陈竺撰文，强调农工党特别要增强"核心意识、看齐意识，更加紧密地团结在以习近平同志为核心的中共中央周围，更加坚定地维护以习近平同志为核心的中共中央权威，经常、主动向中共中央看齐，向中国共产党的理论和路线方针政策看齐，向中共中央决策部署看齐"。③民进中央主席严隽琪要求："不断提高思想政治工作精细化水平，在意识形态领域积极正面发声。"④九三学社中央主席韩启德在理论中心组学习时强调："九三学社各级组织和广大成员要守住政治底线，不断增强中国特色社会主义道路、理论、制度和文化自信，不断巩固团结合作共同思想政治基础。"⑤

坚持和完善我国多党合作政党制度更有担当。民革中央主席万鄂湘在开展"不忘合作初心，继续携手前进"主题教育中提出，要"确保政治信念和政治方向不变、与中国共产党的深厚感情不变，确保多党合作事业薪火永续"⑥。农工党中央主席陈竺在理论学习中心组发言中指出："要在搞好新老交替基础上顺利实现政治交接，始终不忘跟着中国共产党走的初心，继续在中国特色社会主义道路上前进，共同坚持好、完善好、发展好中国共产党领导的多党合作和政治

---

① 林文漪：《不忘合作初心，继续同心奋斗》，《中国统一战线》2006 年第 11 期。
② 万鄂湘：《高举伟大旗帜，共创美好未来》，《团结报》2017 年 8 月 15 日。
③ 陈竺：《共筑伟大梦想 继续携手前进》，《团结报》2017 年 8 月 29 日。
④ 严隽琪：《不忘合作初心 聚力决胜小康》，人民政协网，http：//www.china.com.cn/cppcc/2016 - 12/07/content_ 39870632.htm。
⑤ 韩启德：《守住政治底线 不断增强"四个自信"》，人民政协网，http：//www.rmzxb.com.cn/c/2017 - 06 - 26/1615946.shtml。
⑥ 《民革全党开展"不忘合作初心，继续携手前进"主题教育》，团结网，http：//www.china.com.cn/cppcc/2017 - 06/23/content_ 41082451.htm。

协商制度。"① 致公党中央副主席严以新强调，对坚持多党合作的"初心"，要做到"永不动摇"。台盟中央常务副主席黄志贤强调，要加强思想建设，更好地适应多党合作事业新发展的需要。

加强中国特色社会主义参政党建设更加主动。民革中央主席万鄂湘提出，要把民革"建设成为高素质、有作为的学习型参政党，把民革打造成中国特色社会主义建设力量中一支引人注目、特色鲜明的生力军"②。民建中央主席陈昌智指出："必须适应时代发展和多党合作新要求，从思想、人才、特色、制度等方面着力，切实提高政治把握能力、参政议政能力、组织领导能力、合作共事能力、解决自身问题能力，全面提高本会自身建设的水平。"③ 农工党中央主席陈竺指出，农工党"面临高层次人才储备不足、有较强参政议政能力的代表性人士较少、人口和资源领域参政议政能力亟待加强、履行民主监督职能的有效方式不足、社会服务成果有待提升为可复制可推广的工作模式、基层组织活力凝聚力有待进一步增强、理论研究能力尚待提高等一系列挑战，必须以执政党为师，以直面问题的勇气和胆识，思考解决问题的方法，真正把农工党建设成为合格的中国特色社会主义参政党"。致公党中央主席万钢在致公党十四届六中全会的讲话中指出："要以换届为契机推进组织和机关能力建设，在组织换届的同时，切实做好政治交接，确保本党政治方向、政治立场、政治路线和宗旨得以更好继承和延续，努力建设新时期高素质参政党，为实现'两个一百年'奋斗目标、实现中华民族伟大复兴的中国梦作出更大贡献。"④ 台盟中央主席林文漪在台盟九届五中全会上要求，要以"四个意识"为引领，在服务"四个全面"发展大局中彰显台盟党派特色，在服务"共圆中国梦"大局中发挥台盟亲情乡情优势，在服务"打赢脱

---

① 陈竺：《在农工党中央理论学习中心组学习座谈会上的发言》，中国农工党网站，http://www.ngd.org.cn/xwzx/ldjh/43385.htm。
② 万鄂湘：《让优良传统真正"入耳入脑入心入行"》，《人民政协报》2017年4月24日第1版。
③ 陈竺：《共筑伟大梦想 继续携手前进》，中国政协网，http://www.china.com.cn/cppcc/2017-08/30/content_41499970.htm。
④ 《致公党十四届六中全会在京召开》，中国致公党网站，http://www.zg.org.cn/zyyw/201612/t20161215_35539.htm。

贫攻坚战"大局中凝聚两岸同胞力量。

二 进一步提高政党协商质量,增强多党合作制度效能

政党协商是在中国共产党领导下,中国共产党同各民主党派、无党派人士就党和国家重大方针政策、重要事务进行的政治协商。这是中国共产党与各民主党派、无党派人士在长期团结合作过程中探索形成的,是中国共产党领导的多党合作和政治协商制度的重要内容,在推进社会主义协商民主中居于首位。

《中共中央关于加强社会主义协商民主建设的意见》和中共中央办公厅印发的《关于加强政党协商的实施意见》的颁布,使政党协商基本上实现了有制可依、有规可守、有序可循,民主党派在政党协商实践中有了更大舞台。如何在这个平台上更加充分地发挥民主党派的参政党作用,切实提高政党协商的成效,更好地体现我国政党制度的特色和优势?中国共产党与各民主党派对此共同探索、协力推进。

(一) 完善协商机制,提高规范化水平

加强制度化、规范化、程序化建设是保障政党协商常态长效的基础。从2015年12月开始,中央统战部和中央办公厅就制定2016年协商计划多次沟通,在充分听取民主党派中央意见后,报送中共中央。2016年3月,中共中央政治局召开会议,审议通过了《2016年政党协商(会议协商)年度计划》,这在统一战线和多党合作的历史上是第一次,具有重大的示范效应和现实意义。根据协商计划,全年由中共中央、国务院组织召开或委托中央统战部组织召开的党外人士座谈会、情况通报会等共计20场次。其中,习近平总书记主持召开4次,分别就经济社会发展的建议、半年度经济工作、中央全会文件、中央经济工作会议文件等内容,与民主党派中央和无党派人士代表协商。李克强同志主持召开座谈会1次、俞正声同志主持召开2次。这就保证了政党协商有计划、有重点、有秩序地展开。

地方党委也参照中共中央的做法，根据地方实际，研究制订了各自的实施意见和年度政党协商计划。如浙江出台实施意见，明确将中共浙江省代表大会、省委全会的有关文件，有关地方性法规的制定、修改建议，以及省级重要领导人选，全省改革发展重大问题等议题，纳入协商范畴。① 在各地的年度政党协商计划中，均对协商议题、协商时间、主持人和参加人员等做出具体安排，使政党协商在原有基础上真正形成了协商前制订计划、知情明政、考察调研，协商中说明情况、发表意见、交流互动，协商后的意见整理、交付办理、结果反馈三个环节的具体步骤，政党协商的制度化、规范化、程序化达到了一个新水平。

（二）开展"大调研"，提升政党协商质量

中共中央就党和国家经济社会发展中的重大问题，委托各民主党派中央联合或单独开展的考察调研活动，一般称"大调研"，是民主党派和无党派人士做好参政议政工作，提升政党协商质量的一项基础性、重点性工作。"大调研"始于1993年，当时经中共中央批准，中央统战部邀请各民主党派中央和无党派人士代表等组成考察团，就三峡工程进行联合考察调研，开创了民主党派对重大工程项目进行联合考察和决策实施过程中进行协商建言的先例。此后，在青藏铁路及沿线建设、北京城建和奥运场馆建设、长江经济带建设、法治中国建设中，都组织民主党派中央进行考察调研。多年来，"大调研"在实践中不断完善发展，已经形成了一整套比较成熟的做法：主要是中共中央委托，由中央统战部牵头组织，各民主党派中央参加，国务院有关部门和地方政府协助配合，调研形成的意见建议由各党派中央直接向中共中央和国务院报送，并在专题协商会或调研协商会上协商建言。

2016年，在中央统战部统一组织协调下，各民主党派中央和无党派人士以"推进西藏跨越式发展，如期实现全面小康"为主题进行"大调研"。各党派中央领导同志带队，赴西藏进行考察调研，掌

---

① 《省委办公厅印发关于加强政党协商的实施意见》，新浪网，http://news.sina.com.cn/o/2016-10-18/doc-ifxwvpqh7673084.shtml。

握第一手资料,倾听社情民意,感受西藏自治区成立50多年来所取得的辉煌成就,深入了解西藏经济社会发展情况,就推进西藏跨越式发展和长治久安提出意见和建议。调研成果得到了中共中央和国务院的重视,推动了相关政策的形成。

各民主党派地方组织也完善了调研考察机制,在地方党委和政府高度重视和支持下,普遍建立民主党派各地方组织与党委、政府部门的沟通联系机制,改变了过去调研协商表面化、形式化的问题,在调研前、调研中、调研后注重沟通、加强互动,在选题、调研及报告形成过程中都邀请政府有关部门参加,通过充分协商达成共识,使调研和建言更具有针对性和有效性。四川省委托各民主党派省委、无党派人士等开展脱贫攻坚重大课题调研,省委书记三次主持会议听取调研意见,27条建议被省委采纳;省委召开政党协商会,专题协商"四川统一战线凉山教育扶贫行动",就贫困生资助、师资力量、校舍建设、职业教育等10余个问题进行民主协商并达成共识。①

(三) 设置"直通车",书面协商更加高效

书面协商是各民主党派以文字材料的形式提出意见和建议,与中共中央领导同志进行互动的一种协商方式,是政党协商的三种主要形式之一。与会议协商和约谈协商相比,书面协商的优势是不受时间、场合、地点、氛围的影响,使意见与建议表达和论述更清晰、系统、充分。《中共中央关于加强社会主义协商民主建设的意见》和《关于加强政党协商的实施意见》明确规定:民主党派中央每年以调研报告、建议等形式直接向中共中央提出意见和建议。民主党派中央负责同志可以个人名义向中共中央和国务院直接反映情况、提出建议,从而为民主党派政党协商和建言献策开了"直通车"。

为了便于各民主党派运用"直通车",2016年5月,国务院办公厅为各民主党派中央单设机要文件交换箱,民主党派中央的意见和建议直接报送中共中央。中共中央领导同志的重要批示也直接反馈给各

---

① 四川统一战线:《聚焦脱贫攻坚,彰显统战作为》,中央统战部《统一战线砥砺奋进的五年》,内部资料。

民主党派中央。一年来,各民主党派中央围绕推进供给侧结构性改革,深入推进新型城镇化,抓好"三去一降一补"重点任务,打赢脱贫攻坚战等重大问题和战略部署,深入调查研究,提出了关于积极解决京津冀协同发展中贫困问题,加快大数据安全保障能力建设,积极应对人口老龄化,在参与全球治理体系建设中争取话语权等各类意见和建议111条,这些都通过"直通车"送达中共中央和国务院领导同志,其中习近平、李克强等中央领导同志做出重要批示89条,为中共中央、国务院决策和施策提供了重要依据。①

三 围绕主题主线,服务经济社会发展取得新突破

服务经济社会发展是多党合作的重要内容,是各民主党派和中国共产党推进共同事业的内在要求,也是发挥民主党派参政党作用的有力体现。2016年,各民主党派围绕主题主线,聚焦重点问题,与执政党一起攻坚克难,服务经济社会发展取得新进展新突破。

(一)服务"一带一路",民主党派促进经济社会发展拓展新领域

"一带一路"是我国首倡、高层推动的国家举措,是中共中央面对国际形势深刻变化和我国发展面临的新形势主动提出的新任务新要求,是围绕推进对外开放与国际合作做出的重大决策。它构建了以中国为主导的洲际开发合作框架,是推进多边跨境贸易、交流合作的重要平台,也为沿线国家优势互补、开放发展提供了新的机遇。各民主党派和无党派人士把服务"一带一路"建设,作为凝心聚力"十三五"行动的重要内容,精心组织,扎实推动,积极为打造陆海内外联动、东西双向的全面开放新格局贡献力量。

1. 建言献策深入具体

围绕服务"一带一路"建设重点问题,组织专题调研,形成专题报告,提出具体举措,许多意见建议受到中共中央领导同志的关注。

---

① 中央统战部内部工作资料。

如民进中央在政协会议上提交《关于加强"走出去"战略及"一带一路"建设中风险防控的提案》，从推进对外投资风险评估、建立对外投资保护体系等方面提出意见和建议。① 农工党中央组织西部六个省级组织联合调研，形成《对六盘山连片扶贫攻坚工程融入国家"一带一路"规划的建议》。无党派代表人士林毅夫率团到福建调研，提出《建设 21 世纪海上丝绸之路，助推沿海地区产业转型升级的建议》，商务部、福建省委、省政府对建议进行专题研究和推动。②

2. 交流平台丰富多样

着眼于推动民营企业"走出去"，拓展经济合作渠道，建立了企业家论坛、文化研究院、联席会议、异地商会等多种交流平台，推动服务"一带一路"建设不断深入。民盟中央在南宁举办第二届民盟经济论坛，围绕"'一带一路'与区域合作"开展交流研讨；③ 在江苏、福建成立"一带一路"研究院，与地方共同研究服务"一带一路"建设的途径和方式。民建中央在新疆哈密举办 2016 年丝绸之路（哈密）高峰论坛，邀请会员企业与有关部门，围绕哈密在"一带一路"建设中的区位优势和资源优势开展交流。④

3. 经济合作务实高效

围绕能源开发、基础设施建设、产业合作升级等方面，组织民营企业抱团"走出去"，深化与沿线国家经济合作，推动民营经济转型发展。致公党中央与陕西省政府共同主办"海外华商·致公峰会"，邀请100 余位海外华商和港澳台企业家，围绕"'一带一路'建设使命与行动"进行对话交流，探讨地方经济与华商事业共赢发展之策。⑤

---

① 《民进中央：加强"走出去"战略及"一带一路"建设中的风险防控》，光明网，http://politics.gmw.cn/2016-02/29/content_19090903.htm。
② 《统一战线服务"一带一路"建设取得阶段性成果》，《统战工作》2016 年第 39 期。
③ 《第二届民盟经济论坛在广西南宁开幕》，人民政协网，http://www.rmzxb.com.cn/c/2016-04-21/776663.shtml。
④ 《第二届（2016）丝绸之路（哈密）高峰论坛开幕》，人民政协网，http://www.rmzxb.com.cn/c/2016-08-11/970613.shtml。
⑤ 《致公党中央举办"海外华商·致公峰会"》，中共中央统战部网，http://www.zytzb.gov.cn/tzb2010/xw/201604/c21752e5ae1448659a2dba9fb2231725.shtml。

（二）建言供给侧结构性改革，民主党派为服务深化改革作出新贡献

2015年底召开的中央经济工作会议提出，着力加强供给侧结构性改革。这是适应和引领经济发展新常态的重大创新，将成为完成我国经济转型升级的突破口和着力点。各民主党派把推进供给侧结构性改革作为参政议政工作重点，围绕推进供给侧结构性改革深入调查研究，充分发挥本党派专家学者的作用，集中本党派集体智慧，努力提出有价值的意见和建议。

2016年7月6日，中共中央政治局常委、全国政协主席俞正声主持召开调研协商座谈会，邀请民革中央、民盟中央、民进中央、台盟中央等就大力推进供给侧结构性改革建言献策。民革中央主席万鄂湘建议，进一步推进能源领域供给侧改革，将京津冀地区打造成能源结构调整试验区和清洁低碳、安全高效的现代能源示范区。民盟中央主席张宝文提出，要把开发区作为实施国家重大战略的先行区，作为推进新型工业化、信息化、城镇化、农业现代化同步发展的重要支撑平台。民进中央主席严隽琪建议，扎实推进农村扶贫供给侧改革，既要打攻坚战，也要有战略思维、长远考量，切实提升扶贫供给的有效性和脱贫的可持续性。台盟中央常务副主席黄志贤建议，合理调整能源要素价格，破解基础设施瓶颈制约，加大对中西部地区的政策支持力度，推动台资参与中西部创新开放发展。[①] 这些意见和建议受到中央有关部门的重视。

（三）全力参与脱贫攻坚，民主党派为服务经济建设开辟新路径

打赢脱贫攻坚战，让全国人民在2020年都能进入小康社会，是当前党和国家一项十分艰巨而紧迫的重大政治任务，对于缩小区域发展差距、实现共同富裕具有重大而深远的意义。2016年7月25日，习近平总书记在党外人士座谈会上指出："现在，扶贫开发到了攻克

[①] 《俞正声主持召开调研协商座谈会》，新华网，http://www.xinhuanet.com/politics/2015-06/08/c_1115550215.htm。

最后堡垒的阶段。"① 各民主党派中央迅速行动、积极参与，把对口扶贫与重点扶贫相结合，充分发挥自身优势，围绕打赢脱贫攻坚战开展了一系列扎实而有效的工作，取得了阶段性成果。

1. 领导亲自谋划、带队调研

民盟中央领导多次到重点扶贫联系点考察调研，为当地的脱贫攻坚工作把脉建言。民进中央把农村扶贫定为今年大调研课题，开展职业教育参与精准扶贫模式专题调研，举办民进民办教育工作座谈会，发动教育界会员探索通过民办教育和职业教育为贫困家庭提供培训和就业服务的扶贫工作方式。农工党中央成立精准扶贫、精准脱贫工作领导小组，召开中央常委会进行研究部署，制定《农工党中央关于"十三五"期间全党参与精准扶贫精准脱贫工作的指导意见》，确定健康扶贫为助力脱贫攻坚的工作重点。九三学社成立由韩启德主席任组长的九三学社中央扶贫工作领导小组，加强统筹协调，举全社之力参与脱贫攻坚工作。一年来，先后有近30位党派中央领导同志带队赴定点扶贫县考察调研，指导脱贫攻坚工作。

2. 发挥自身优势、开展精准帮扶

民盟中央组织召开东部十省市民盟组织参与毕节试验区精准扶贫"同心助学"工作经验交流会，落实对毕节15所中小学结对帮扶任务。② 九三学社中央专门召开以精准扶贫为主题的全国社会服务工作会议，投入项目资金400余万元，在全国14个集中连片贫困地区实施"多党合作社会主义新农村建设"、农村卫生室建设、贫困农民养老帮扶及农村幸福院等45个社会服务示范项目。③ 民建探索建立以产业为主导，企业、合作社、农户、专家、干部共同参与的扶贫工作机制，凝聚会内企业家力量，在毕节实施"百千万"工程，即围绕服务业扶持一百个创业户，引领带动其他困难户发展；以输出就业和就

---

① 《中共中央召开党外人士座谈会 习近平主持并发表重要讲话》，新华网，http://www.xinhuanet.com/2017-12/08/c_1122082590.htm。

② 《民盟中央召开民盟东部十省市组织参加毕节试验区精准扶贫"同心助学"工作经验交流会》，中国民主同盟上海市委员会网站，http://www.minmengsh.gov.cn/shmm/n21/u1ai9227.html。

③ 《点穴治贫 合力为上——2016年各民主党派深入开展精准扶贫》，《团结报》2017年1月12日第1版。

地安置相结合的方式解决上千名困难家庭劳动力就业；开展万名新型职业农民技能培训。① 农工党就医疗健康精准脱贫深入调研，摸清因病致贫、因病返贫的情况，提出解决办法和预防措施。② 致公党引导海外侨团关注毕节发展，鼓励有实力的企业赴毕节开展投资兴业，以国际化视野为毕节打造生态农业、山地旅游献计出力。台盟邀请台商在内的企业家和社会团体到毕节、黔西南等地开展投资考察和公益参访，协调有关专家和科研院所提供技术指导和咨询服务，协助当地政府实施地方特色产业开发，多渠道帮助贫困户脱贫致富。③

3. 整合力量、共同开展工作

集聚了493万农村贫困人口的贵州，是全国贫困人口最多、贫困面积最大、贫困程度最深的省份，是我国脱贫攻坚战的主战场。各民主党派中央通过专题会议、专家研讨、论坛等多种形式，发挥优势、统筹推进贵州脱贫工作。民革中央组织东部地区14个省（市）民革组织深入纳雍县进行实地考察，开展项目对接，签订了多份合作协议。民建中央与黔西县签订了6项合作协议，捐赠帮扶资金150万元。农工党协调东部十省（市）组织与大方县进行精准医疗扶贫项目对接，帮助大方县解决因病致贫问题。致公党中央协调东部省（市）35个组织与9个贫困地区开展结对帮扶。④ 此外，民革中央牵头北京、天津、河北三地民革组织，把河北涞源、张北和隆化三个国家扶贫开发工作重点县作为对口联系县。⑤ 民革省级组织共确定36个定点扶贫地区，并向定点扶贫地区组织1800余人次考察，选派31名挂职干部。民盟中央成立农业、审计等领域专家组为扶贫攻坚提供人才保障。民进中央组织9个专门委员会以及国家14个集中连片特困

---

① 《点穴治贫 合力为上——2016年各民主党派深入开展精准扶贫》，《团结报》2017年1月12日第1版。
② 《脱贫攻坚，统战成员有主意了!》，中国统一战线新闻网，http：//tyzx. people. cn/n1/2016/0401/c396781 -28245258. html。
③ 同上。
④ 《统一战线聚力脱贫攻坚 发挥优势精准发力》，中共中央统战部网，http：//www. zytzb. gov. cn/tzb2010/ddbf/201701/37b3e3186d5d431e86ec4dccb73c4022. shtml。
⑤ 《"点穴+合力"，民主党派这样精准扶贫》，团结网，http：//www. tuanjiebao. com/2017 -01/12/content_ 100809. htm。

地区所涉及的 19 个民进省级组织开展调研。台盟中央集中了北京、上海、广东等省市的台盟骨干成员，进行摸底调研，推进工作开展。到 2016 年底，各民主党派共完成各类帮扶项目 287 个，培训乡村教师、医生和实用技术人员 2.2 万余人，组织开展公益捐赠、免费诊疗、科普讲座、信息服务、产业指导等活动 130 余场，落实直接帮扶资金 2.1 亿元。①

各民主党派聚力脱贫攻坚，是民主党派履行参政党职能，服务国家经济社会发展新的重要形式，也是多党合作的新拓展。它充分体现了参政党与执政党同心同德的合作关系。各民主党派作为我国的参政党，与执政党围绕共同目标通力合作、团结奋斗，是我国政党制度的重要特点和优势。这种合作既体现在事关全局的重要工作上，也体现在对艰巨任务、难点问题的合力攻坚上。各民主党派与执政党同心协力打赢脱贫攻坚战，既是作为参政党为执政党助力、为国家尽责的重要方面，也是参政党与执政党为共同目标协力奋斗的又一生动实践。它充分体现了多党合作制度民主协商的优越性。在脱贫攻坚过程中，中国共产党主动征求各民主党派的意见和建议，各民主党派通过政党协商等方式向中共中央建言献策，并与对口省区就脱贫攻坚的有关问题随时进行沟通交流。这种有序互动既能更好地统一思想、增进共识，又能凝聚起脱贫攻坚的强大合力，使多党合作集中力量办大事、同心协力克难事的优越性得以充分展现。它能够更好地展示民主党派的参政党作用。长期以来，民主党派作为参政党，其重要作用主要是通过参政议政来体现的。通过参与脱贫攻坚工作，各民主党派能够更加全面地把握国家重大政策决策的制定、推进、落实情况，了解决策和政策落实过程中所遇到的各种困难和问题，提出具有针对性和建设性的意见和建议。特别是直接参与这项工作的党派成员，投身于艰苦环境、服务贫困群众，能够更好地锻炼成长，进一步树立参政党参政为民的良好社会形象。

---

① 《点穴治贫 合力为上——2016 年各民主党派深入开展精准扶贫》，《团结报》2017 年 1 月 12 日。

四 深入开展专项脱贫监督,探索形成民主党派监督的新形式

2016年春节前夕,习近平总书记在同各民主党派中央、全国工商联负责人和无党派人士代表共迎新春时指出,要完善民主监督,加强对重大改革举措、重要政策贯彻执行情况和"十三五"时期重要约束型指标等的监督。2016年7月25日,习近平总书记在党外人士座谈会上明确提出,请各民主党派与8个省份对接,"深入对口地方一线调查研究,通过意见、批评、建议等方式,对脱贫攻坚落实情况进行监督"。① 经与各民主党派中央充分沟通,中央统战部于2016年6月召开民主党派中央开展脱贫攻坚民主监督工作启动会,并与国务院扶贫开发领导小组办公室联合出台《关于支持各民主党派中央开展脱贫攻坚民主监督工作的实施方案》,对工作原则、重点内容、主要形式、制度机制等进行了规范。

在对口安排上,各民主党派中央分别对口8个全国贫困人口多、贫困发生率高的中西部省区。具体是:民革中央对口贵州、民盟中央对口河南、民建中央对口广西、民进中央对口湖南、农工党中央对口云南、致公党中央对口四川、九三学社中央对口陕西、台盟中央对口甘肃。

在监督的内容上,主要是聚焦脱贫攻坚政策举措落实的重大问题。具体是六个方面:贫困人口精准识别情况;贫困人口精准脱贫情况;贫困县摘帽情况;落实脱贫攻坚责任制情况;重大政策措施执行情况;扶贫资金项目管理使用情况。此外,各民主党派中央还可结合各自特色优势,有针对性地确定相关扶贫脱贫监督内容。

在具体工作中,各民主党派中央聚焦脱贫攻坚中的重点难点问题和政策落实中的薄弱环节,通过开展考察调研、提出意见和建议、参与专项监督评估、加强日常联系等,以发现问题、研究对策、提出整

---

① 《中共中央召开党外人士座谈会》,新华网,http://www.xinhuanet.com/politics/2017-10/15/c_1121805814.htm。

改办法。真正把监督过程变成发现问题、解决问题的过程,把开展监督作为推动政策落实的过程。

各民主党派分别成立了由中央主席任组长的领导小组和分管副主席负责的工作小组或办公室,建立了监督专家组、顾问组,抽调骨干力量充实工作队伍,把开展脱贫攻坚专项监督作为中共中央赋予各民主党派的一项重要政治任务,作为坚持和完善多党合作制度的创新举措,作为民主党派参与国家政治生活和现代化建设的生动体现,进行动员部署,"把人民放在心上,把使命扛在肩上",全面开展工作。据不完全统计,2016 年,由各民主党派中央负责同志带队的调研共 166 次,涉及 240 个县(市、自治州)、542 个村,举办协商、座谈、培训、答复反馈等会议 193 次,解决了当地脱贫攻坚工作中所存在的问题和困难,提出一批有见地的意见和建议。①

(一)在合作共进中进行监督

开展脱贫攻坚民主监督,是参政党与执政党为共同目标而奋斗的生动实践,充分体现了合作性监督的特色和优势。它作为"体制内"监督,监督的着眼点不是找碴子、搞制约、唱对台戏,而是帮助解决问题、推动各项工作的开展。用民革中央主席万鄂湘的话说,就是"多帮忙,少添麻烦,不添乱"②。在脱贫攻坚专项民主监督中,各民主党派秉持"不说风凉话""不说虚话""不说冲动话"的工作作风,通过政党协商、沟通交流、共同探讨等多种方式,向中共中央和当地党委、政府提出意见和建议,对不足进行完善,对偏差进行校正,对难点协助破解,充分发挥建设性作用,使监督成为"有温度"的监督。九三学社中央与陕西省委、省政府就如何开展脱贫攻坚民主监督工作取得了高度共识,中共陕西省委副书记、省长胡和平表示,要建立健全工作机制,全力支持、配合九三学社中央开展脱贫攻坚民主监督工作,充分吸纳九三学社中央提出的意见和建议,高质量地推进脱

---

① 《为脱贫攻坚注入民主监督之力——各民主党派中央脱贫攻坚民主监督工作综述》,新华网,http://www.xinhuanet.com/2017-09/27/c_1121733320.htm。
② 《兹事体大 久久为功——民主党派脱贫攻坚民主监督工作启动半年来》,《团结报》2017 年 1 月 16 日。

贫攻坚工作。①

(二) 在深入调研中进行监督

脱贫攻坚地区多是边远山区、民族地区，扶贫攻坚任务都是难啃的"硬骨头"。为了使脱贫攻坚专项监督更具有针对性、科学性、可行性，各民主党派克服交通不便、语言不通等困难，深入贫困地区村镇山寨，深入贫困农户，面对面取得第一手资料。民建中央克服语言障碍，深入广西壮族自治区的少数民族贫困山寨，开展入户调研。民盟中央半年之内四次赴河南开展监督调研。台盟中央克服在甘肃省没有地方组织的困难，积极与省委、省政府对接开展工作。截至2016年9月底，各民主党派中央开展调研近20次，涉及40个市州县、110个乡村，为开展监督奠定了知情明政的坚实基础。

(三) 在深度参与中进行监督

民建中央主席陈昌智指出："开展脱贫攻坚民主监督，不是做旁观者在一旁指手画脚，而是要做参与者。"② 在脱贫攻坚中，各民主党派中央把参与同监督紧密结合起来，把中共中央最关注、各民主党派最有优势、对口地方最迫切需要解决的问题结合起来，选取监督的重点内容，深入参与到脱贫攻坚的实践推进之中。民盟中央积极协调盟内外资源，在河南贫困地区开展民主监督的同时，通过组织远程教育"烛光行动"等活动，积极开展社会服务，助力脱贫攻坚；民建中央发挥经济界优势，组织会内企业家赴少数民族贫困地区调研，为推动当地产业发展破解难题；农工党中央将帮扶与监督有机结合起来，协调北京市委会对口帮扶曲靖市，山东、浙江、江苏、湖南、湖北、深圳等农工党省市组织，也积极主动参与结对帮扶；致公党中央在参与中监督，在监督中建言，中央领导先后四次带调研组赴四川广安、广元等地进行专题调研，所形成的调研报告得到中共中央领导同志的高度肯定；台盟中央发挥自身优势，把台商、台企谋求发展与甘

---

① 《各民主党派中央聚力开展脱贫攻坚民主监督》，《光明日报》2017年1月11日。
② 同上。

肃省经济社会文化建设相结合，把台盟现有社会服务品牌向甘肃省贫困群众倾斜，从而使专项脱贫监督帮到关键处、监到点子上。

（四）在帮助解决中进行监督

民主党派专项脱贫监督不仅仅是发现问题、找准问题，更重要的是解决问题。农工党中央主席陈竺强调，要寓支持于监督之中，集中全党智慧和力量，助力云南省如期完成脱贫攻坚任务。[①] 在开展专项监督中，各民主党派把发现的问题及时向对口省委、省政府进行沟通反馈，发挥民主党派智力密集的优势，帮助地方党委政府出主意、想办法，共同研究应对之策，提出整改落实办法。各民主党派中央的真诚态度和务实作风，赢得了对口省区的广泛肯定，他们认真听取意见，切实整改落实。中共湖南省委主要负责同志与来自12个贫困县的县委书记交流座谈，直面民进中央提出的问题，研究整改落实方案；中共广西壮族自治区党委把民建中央反馈的整改问题，纳入2016年各级党委和政府扶贫开发成效考核"一盘棋"中来推进；一些党派中央将在调研中发现的普遍性问题及建议以"直通车"的形式报中央有关领导同志，国务院扶贫开发领导小组将民主党派民主监督发现的问题的整改情况作为重点任务进行督查巡查，在全国范围内促进落实。[②]

民主党派开展脱贫攻坚专项监督，展示了民主党派服务大局、勇于担当的良好形象和中国共产党胸襟宽广、从谏如流的非凡气度，彰显了多党合作制度的魅力和优势，进一步扩大了多党合作的社会影响。特别是这种监督形式既不同于过去一般的相互监督，也不同于国家有关部门的监督和第三方监督，具有鲜明的特色和优势。

一是专题性。它不是一般的、广泛的民主监督，而是具有明确指向和内容的专项监督，目标集中、内容集中、力量集中，能够深度开展。

[①] 《各民主党派中央聚力开展脱贫攻坚民主监督》，《光明日报》2017年1月11日。
[②] 《为脱贫攻坚注入民主监督之力——各民主党派中央脱贫攻坚民主监督工作综述》，新华网，http://www.xinhuanet.com/2017-09/27/c_1121733320.htm。

二是委托性。它不是民主党派在政党协商、政协大会上自主进行的民主监督,而是受中共中央委托进行的民主监督,饱含着执政党与参政党相互之间的信任和信赖,能够减少障碍、获得支持、同心协力。

三是建设性。它不是在野党对执政党的制约和限制,也不是相互之间的对立和对抗,而是参政党对执政党的协助和支持,虽然仍以提意见、做批评、提建议为基本方式,但它是改进工作的意见,是校正偏差的批评,是破解难题的建议,是共同攻坚克难、推进事业发展,体现的是参政党和执政党的团结合作、肝胆相照,两个积极性的协力共进。

四是参与性。它不是局外人站在执政党的工作实践之外,指手画脚、品头论足,而是在一起干中亲身参与实际工作,在实践中发现问题,在落实中检查督促,在共同研究中破解难题,能够接地气、入木三分,避免不切实际、隔靴搔痒。

五是联系性。它不是单独地、孤立地进行监督,而是形成了一个相互联系的完整链条。它有调研基础,有参与实践,有沟通交流过程,有直接上达渠道,既与知情、明政、沟能、反馈、落实的各个环节紧密衔接,又与协商、议政、监督融为一体,能够"上天入地""左右逢源",更有效地发挥作用。

总之,民主党派开展脱贫攻坚专项监督,开创了民主党派与执政党互相监督的新形式,拓宽了监督的新领域,赋予民主监督以新内涵,也是民主党派发挥参政党作用的新舞台。正如有关领导同志所指出的,它是"彰显我国多党合作制度优势的新实践,是对民主监督的新探索,也是展示和提高民主党派参政议政能力的新平台"。[1]

---

[1] 《脱贫攻坚民主监督,民主党派如何再深化?》,中共中央统战部网,http://www.zytzb.gov.cn/tzb2010/xw/201701/cb60e96b18ec452a9f710c4e79aabf77.shtml。

民族区域自治制度的建设与发展

张会龙　冯育林　张晓雅

民族区域自治制度是当代中国的基本政治制度之一，是中国特色社会主义制度体系的重要组成部分，更是党和国家民族政策的制度基础和政策来源。民族区域自治制度的贯彻、落实、调整、完善，关系到中国特色社会主义民族关系的未来走向和发展趋势。在坚持中推进民族区域自治制度的发展完善，不仅关系到以平等、团结、互助、和谐为基本特征的社会主义新型民族关系的巩固和发展，也关系到中国新型民族问题的有效治理和国家的统一稳定这一战略底线。本文拟在回顾2016年关于民族区域自治制度实践的基础上，站在国家统一和少数民族权益保护动态平衡的立场上，从民族政治学的研究视阈提出民族区域自治制度发展完善的可能路径。

一　2016年民族区域自治制度走向发展完善的政治实践

在民族区域自治制度逐步走向完善的过程中，党和国家出于推动国家建设、应对变动时局、回应社会呼声的考量，围绕如何充分释放民族区域自治制度的功能，构建新的制度功能结构，进行了方位全面、形式多样的有益探索。

（一）促进民族区域自治的法治化

"法律是治国之重器，法治是国家治理体系和治理能力的重要依托。"[①] 2016 年，党和国家及各级民族事务治理主体，继续探索推进民族区域自治法治化的政治实践。

1. 构建完善的民族事务治理法制体系

国家民委和五个自治区及云、贵、川、湘、青、甘、琼等少数民族聚居较多省份的民族宗教事务委员会官方网站"政策法规"栏目显示，2016 年各级政府单位在民族事务治理方面，拟立法、新立法或修改原有法规约 21 部。此外，各级政府单位还出台了若干办法类规范性文件，以作为法律法规的补充性文件。

其一，修改全国性法规。2016 年 6 月 29 日，国务院法制办公室发布《国务院关于修改〈城市民族工作条例〉的决定（征求意见稿）》，对原有部分条款进行删除或修改，并就城市民族工作监督指导、禁止民族歧视、清真食品管理、少数民族流动人口管理等增加相应条款。

其二，省级政府单位立法工作继续推进。2016 年 3 月，湖南民宗委就《湖南省散居少数民族工作条例（草案·征求意见稿）》向社会各界征求意见。条例的"修订草案·征求意见"定义了何谓"散居少数民族"，即"本省行政区域内居住在民族自治地方以外的少数民族和居住在民族自治地方，但不是实行区域自治的少数民族"。同时，该意见稿将"平等、团结、互助、和谐"这一社会主义新型民族关系纳入条例中，并从产业发展、政策支持、社会事业建设等多个方面就如何促进散居少数民族的经济社会发展做出规范和说明。此外，该意见稿显示，新条例涉及清真食品的条款有 6 条，指出清真食品即"按照回族等有清真饮食习惯的少数民族生活习惯生产、经营的饮食、肉食、副食等食品"，并用专条明确规定"违反清真食品有关规定的

---

① 习近平：《关于〈中共中央关于全面推进依法治国若干重大问题的决定〉的说明》，《人民日报》2014 年 10 月 29 日第 2 版。

责任"问题。①

2016年4月,浙江省"人大"相关人员到丽水市就《少数民族权益保障条例》的修订工作进行立法调研。此次条例修改,着眼于新形势下的城市民族工作,调研指出要"加大少数民族合法权益的保障力度,关注少数民族地区的就业、就学、就医等问题,营造全社会关心支持民族工作的良好氛围"②。

自2016年1月1日起,《新疆维吾尔自治区民族团结进步工作条例》开始施行,同时废止于2009年施行的《新疆维吾尔自治区民族团结教育条例》。新出台的条例,对于今后新疆的民族团结进步事业做出了统领性规范,明确规范地方各级政府、企事业单位,乃至非政府组织对于促进民族团结的责任与义务,强调民族团结进步事业是全社会的共同责任。

2016年5月,新疆维吾尔自治区根据国家民委和公安部于年前出台的《中国公民民族成份登记管理办法》,并在结合区内实际情况的基础上,制定出台了《新疆维吾尔自治区公民民族成份登记管理实施细则》。时下在一些地区,民族身份往往意味着不同程度的政策性照顾和优待,一些人试图通过更改所属民族身份而获取这些照顾,最为典型的就是"高考移民"。而《中国公民民族成份登记管理办法》以及相应实施细则的出台,无疑具有规范此类现象的作用。

2016年9月29日,《内蒙古自治区民族教育条例》获审议通过。该条例指出,民族教育是指对自治区行政区域内的蒙古族及其他少数民族公民所实施的以学校教育为主,以使用本民族语言文字和国家通用语言文字教学为重点,以科学文化知识传授和本民族优秀传统文化传承发展为基本内容的各级各类教育。该条例从教学机构设置、教育教学过程管理、教师队伍建设、各项投入与保障及相关法律责任等多个方面做出规定。此外,还就民族教育与宗教文化传播做出严格分

---

① 湖南省民族宗教事务委员会办公室:《〈湖南省散居少数民族工作条例(修订草案·征求意见第一稿)〉对照表》,湖南省民宗委官网,http://www.hunanmw.gov.cn/xxgk_71281/tzgg/201604/t20160418_3045542.html。
② 《浙江省人大到丽水市就〈少数民族权益保障条例〉修订开展立法调研》,国家民委网站,http://www.seac.gov.cn/art/2016/4/25/art_36_252848.html。

隔,明确规定:"民族教育应当坚持教育与宗教相分离的原则,任何组织和个人不得利用宗教妨碍民族学校的教育教学工作。"①

海南省五届人大常委会第二十四次会议审议通过了《海南省散居少数民族权益保障规定》,并围绕散居少数民族权益保护、聚居镇经济社会建设及各级政府单位工作责任等内容做出规定。但与《湖南省散居少数民族工作条例》不同的是,该规定并没有上升到"条例"地位,也就不具有"条例"性质。

2016年1月13日,贵州省十二届人大常委会第二十次会议通过了《贵州省人大常委会2016年立法计划（草案）》,其中,拟制订《贵州省民族乡工作条例》,同时把《贵州省清真食品管理条例》作为调研类法规项目。

除上述以外,甘肃省政府法制办于2016年2月初公布的《甘肃省人口与计划生育条例（修正草案）》亦对少数民族相关事宜做出了规定和说明。其中,一贯要求少数民族也要实行计划生育,但仍进行民族性考量和适当放松。该条例第十九条显示,在民族区域自治地方,夫妻双方都是农村居民的,且"其中一方系东乡、裕固、保安族",以及"居住在人口稀少的牧区、林区的藏、蒙古、撒拉、哈萨克族",已生育两个子女的,"要求再生育的可安排生育第三个子女"。同时,在少数民族地区,那些可以生育三个孩子但自愿少生,并采取了长效节育措施的夫妇,政府将按照相关规定发放奖励金。②

其三,省级以下自治地方出台的相关法规。2016年,全国省级以下各级地方人民代表大会审议通过单行条例11部,其中包括海南省的《保亭黎族苗族自治县饮用水水源保护若干规定》和《昌江黎族自治县农村公路条例》,湖南省的《通道侗族自治侗族文化村寨保护条例》和《湘西土家族苗族自治州白云山国家级自然保护区条例》,湖北省的《恩施土家族苗族自治州山体保护条例》,贵州省的《黔南布依族苗族自治州立法条例》和《沿河土家族自治县非物质文

---

① 《内蒙古自治区民族教育条例》,内蒙古人大网：http://www.nmgrd.gov.cn/lfgz/fg/xxqfg/201702/t20170223_175362.html。
② 《甘肃省人口与计划生育条例（修正草案）》,甘肃省政府法制信息网,http://www.gsfzb.gov.cn/LFGZ/ShowArticle.asp? ArticleID =113611。

化遗产保护条例》，广东省的《连南瑶族自治县民族文化遗产保护条例》和《连南瑶族自治县村镇规划建设管理条例（草案修改稿、征求意见稿）》，甘肃省的《甘肃省肃北蒙古族自治县非物质文化遗产保护条例》。而于2016年12月4日，获得湖南省人大审议通过的《湘西土家族苗族自治州白云山国家级自然保护区条例》，则是该州的首部地方性法规。

其四，办法类规范文件起到补充性作用。在民族事务治理法律化、制度化的进程中，对于一些尚不足以立法或不具备立法条件的事宜，出台相应的办法类和意见类补充性规范文件，无疑是规范民族事务治理或民族工作等政治实践过程的不二法门。2016年，各级政府单位在民族工作方面相继出台各类办法和意见性质的文件若干。

在自2016年起实施，或于该年度出台的具有这几种性质的规范性文件方面，云南省最多，共有5部，包括《云南省人民政府关于加快发展民族教育的实施意见》，省民族宗教委印发的《云南省百名民族民间传统文化突出人才扶持管理办法》和《云南省百项少数民族文化精品扶持管理办法》，以及昭通市的《关于加强和改进新形势下民族工作的实施意见》，红河州的《关于加强和改进新形势下民族工作加快建设民族团结进步示范州的实施意见》。

此外，还有《国家民委关于进一步加强和改进民族宣传工作的意见》，以及全国各地出台的《关于加强和改进新形势下民族工作的实施意见》《关于加强和改进民族工作重要举措分工方案》若干。

2. 督促民族区域自治法规体系的贯彻落实

对于国家治理的总体推进而言，法规体系的构建仅是初期工程，在此之后，还须采取行之有效的措施来推进法规的实施。就民族区域自治而言，其法治化亦不仅体现在构建完善的民族自治法规体系上，还在于构建完善的制度监督机制。其原因很简单，任何制度的全面、正确贯彻、落实，都需要在法制建设中为其构建相应的监督机制。也只有在拥有完备的制度监督机制的条件下，才能更好地推动已有的制度规范和未来要形成的制度内容得到正确落实。对此，也就必须明确所要监督的主体、内容、对象，建立相关政策制定的事前协调、贯彻执行、审察监督、追究惩戒等程序。①在我国的政治体系中，各级人民代表大会不仅是立法主体，还是法律监督的主体，对于法制的正确贯彻、落实发挥着关键性的作用。2016年以来，全国"人大"和地方多级人大，都强化了民族区域自治法及其配套法规贯彻落实的督促工作。

2016年5—9月，全国人大常委会启动该年度民族区域自治法配套法规专题调研活动，组织了6个调研小组，分赴内蒙古、广西、云南、贵州、青海、四川省区进行调研。调研的内容包括国务院及其有关部门制定、实施的与民族区域自治法配套的行政法规、规章、具体措施和办法的情况；有关地方贯彻、落实《国务院实施民族区域自治法若干规定》情况和对国务院及其有关部门制定、实施的民族区域自治法配套法规的建议。同时，根据2013年以来的数次调研情况，该次调研是全国人大常委会第一次就国务院及其有关部门制定、实施民族区域自治法配套法规情况进行专题调研。②

2016年3月，青海省"民宗委"多个省级部门组成督查组，赴海东市、海北州及省人社厅、省文化厅就2015年度贯彻执行民族区域自治法、《国务院实施〈中华人民共和国民族区域自治法〉若干规定》等有关法律法规情况进行重点抽查，并深入所属窗口服务单位进行实地检查。督查组在总结已取得的成绩和经验的基础上，表示其中还存在着部分不足情况，指出："一些上级机关在出台政策和具体措施时，没有考虑民族自治地方特殊情况，一刀切现象普遍，在减免配套资金、生态保护补偿、财政转移支付、具体政策支撑、基层人才培养、社会保障机制建设，以及保障民族自治地方行使自治权方面还存在一些问题。"同时，督查组围绕目前存在的问题，从防止民族歧视、少数民族文化传承和保护、少数民族流动人口管理等方面就深入贯彻

---

① 张会龙、冯育林：《民族区域自治制度发展完善的机遇与方向》，《云南行政学院学报》2016年第2期。
② 《全国人大常委会启动民族区域自治法配套法规专题调研》，《人民日报》2016年4月30日第4版。

执行党的民族政策提出要求。①

从 2016 年 3 月始，湖南省人大组织多个考察组分赴怀化、永州、邵阳、湘西、张家界等州（市），开展了为期 5 个月的"一法两规定"②执行情况检查，并形成"一法两规定"实施情况报告。报告显示，"全省各级各部门认真学习贯彻中央、省委民族工作会议精神，深入实施'一法两规定'，依法履行帮扶职责，加快了民族自治地方经济社会发展"，但"湖南省民族自治地方整体落后的现状还没有根本改变"，民族地区仍然是湖南省扶贫攻坚主战场。③

2016 年 4 月以来，云南省人大亦组织了多批调研组，分赴大理、普洱、红河等州市开展民族区域自治法和《云南省实施〈中华人民共和国民族区域自治法〉办法》贯彻实施的专题调研活动。期间，调研组召开了数次座谈会，并先后深入多个基层乡镇，以及典型村落、植物园和农作物基地、易地搬迁点及民族中学建设点等地进行了实地调研。在调研过程中，云南省人大常委会从增强责任感和主动性、加强省内民族法律法规"立改废释"工作、加强督促检查、提高人民群众的法律素质、打造高素质民族干部队伍等多个方面，就如何全面贯彻民族区域自治法和省实施办法提出了要求。④

此外，河北省"民宗厅"还专门出台《关于加强民族宗教政策法规贯彻落实的实施意见》，旨在解决相关政策落实不到位和依法行政不够力度的问题，并确定每年 10 月为相关政策法规检查月。

3. 重视民族区域自治相关法规的普法宣传工作

普法宣传工作是构建、完善法规体系和建设制度监督机制的补充环节。这一环节的初始目的在于促使广大群众懂法、知法、维法、用

---

① 《青海省就贯彻执行国务院实施〈民族区域自治法〉若干规定情况进行重点检查》，国家民委网站，http://www.seac.gov.cn/art/2016/4/6/art_36_251114.html。

② "一法两规定"即《中华人民共和国民族区域自治法》《国务院实施〈中华人民共和国民族区域自治法〉若干规定》《湖南省实施〈中华人民共和国民族区域自治法〉若干规定》。

③ 《湖南省人大常委会审议检查民族区域自治"一法两规定"实施情况报告》，湖南省民宗委网站，http://www.hunanmw.gov.cn/xxgk_71281/gzdt/szdt/201609/t20160930_3299666.html。

④ 《赵立雄率队赴大理普洱调研民族区域自治法和云南省实施办法贯彻实施情况》，云南人大网，http://www.srd.yn.gov.cn/rdyw/201605/t20160511_379479.html。

法，参与到制度的发展完善和实施监督过程中，其最终目的在于完善社会主义民主政治，提升政治过程的合法性和合理性。在中华人民共和国成立初期，党和国家组织了多批次的民族工作宣讲团分赴全国各地，宣传民族政策，对于当代中国民族事务的良善治理起到了很大的推动作用。在民族区域自治制度发展、完善取得重大成就的当下，对于各项政策的设计仍然必要。

2016年10月，国家民委制定了《全国民委系统法治宣传教育第七个五年规划（2016—2020年）》。规划强调，要深入学习宣传习近平总书记关于全面依法治国的重要论述，加强对于宪法、党内法规、民族区域自治法等中国特色社会主义法规体系及相关民族政策理论的学习宣传。而对于如何强化法治宣传教育，规划指出，除切实加强组织领导、健全普法宣传教育机制以外，还要通过网络知识竞赛、普法教材、知识读本以及案例汇编，制作普法专栏、专刊、图书报刊，利用音视频、图表、动漫等，加强民族法治宣传教育平台建设，以及运用微信、微博、微电影、客户端等新媒体技术推动法治宣传教育创新发展。①

在国家民委下发《国家民委关于组织实施法治宣传教育第七个五年规划的通知》后，内蒙古、广西、宁夏、吉林、福建、湖南、云南、贵州、南京市、漳州市、酒泉市等多个省级和地市级民委部门于2016年制定颁布了《民族宗教系统法治宣传教育第七个五年规划（2016—2020年）》。其中，诸多地方民委制定的规划基本上是在结合地域特点的同时，依循国家民委制定的《全国民委系统法治宣传教育第七个五年规划（2016—2020年）》的内容和形式"照葫芦画瓢"。而不同的是，湖南省、宁夏回族自治区、酒泉市出台的规划，都提出了大力宣传《国家安全法》、《反恐怖主义法》、《反间谍法》等国家安全领域的法律法规，增强民族宗教工作干部、宗教界人士、少数民族群众和信教群众依法履行义务和职责、维护国家安全的自觉性，并就法制宣传教育做出阶段性的步骤安排。此外，湖南省和南京市的规

---

① 《全国民委系统法治宣传教育第七个五年规划（2016—2020年）》，国家民委网站，http：//www.seac.gov.cn/art/2016/10/24/art_144_267649.html。

划均提出加大学习宣传行政许可法、行政处罚法、行政复议法、行政诉讼法、国家赔偿法、公务员法等法规。

除上述出台的关于"民族宗教系统法治宣传教育规划"以外，一些地方政府部门亦不断抓紧落实《中国公民民族成份登记管理办法》。2016年1月12日，广州市民族宗教事务局举办了《中国公民民族成份登记管理办法》专题培训班，该班主要由各区民宗局干部参加，并于培训结束后，向广州市各区民宗局、各街道、各社区印发《中国公民民族成份登记管理办法》学习资料2000册，以扩大民族政策法规的宣传面。2016年以来，云南省民宗委亦通过与省公安厅联合印发《关于贯彻执行〈中国公民民族成份登记管理办法〉的通知》、统一印发由国家民委编写的《〈中国公民民族成份登记管理办法〉解读与释义》，以及在QQ和微信等网络平台上建立云南省民族成份管理交流群等多种方式和途径，抓好《中国公民民族成份登记管理办法》宣传教育贯彻和执行工作。

2016年3月，国家民委按照全国普法办《关于开展2011—2015年全国法治宣传教育评选表彰工作的通知》要求，推荐民委系统法治宣传教育先进单位2个，先进个人2名。

（二）推进民族地区的经济社会建设

习近平总书记在中央民族工作会议上强调"把宪法和民族区域自治法的规定落实好，关键是帮助自治地方发展经济、改善民生"[①]，肯定了经济社会发展对于民族区域自治的重要性。诚然，在改革开放近40年的今天，国家通过先发展带动后发展、西部大开发、对口支援，以及推进"三个国家级专项规划"[②] 等战略和措施，不同程度地促进了民族地区的经济社会发展。但是，若从地理学意义上稍加分析，不难发现民族地区多处于全国交通网与经济发展网的末梢，不仅在全国意义上存在东部地区经济发展水平高于西部地区的现象，而且

---

① 《中央民族工作会议暨国务院第六次全国民族团结进步表彰大会在北京举行》，《中国民族》2014年第10期。

② 三个国家级专项规划分别是：扶持人口较少民族发展规划、兴边富民行动规划、少数民族事业"十二五"规划。

少数民族聚居的一些省份,也出现省内之东部强于西部的尴尬局面,这在不完整或不严格意义上就表现为汉族聚居区与少数民族聚居区的不平衡状态。在此国情与民族地区实际状况下,如何推动民族地区经济社会建设的破局,实现"到 2020 年全面建成小康社会,任何一个地区、任何一个民族都不能落下"[①]的总体目标呢?2016 年以来,党和国家及地方各级党委政府,继续把民族地区经济社会建设,视为推进民族区域自治制度发展完善的着重点,并做出了系列政治探索与实践。

1. 应用政策手段促进民族地区经济社会发展

党和国家自确立民族区域自治制度伊始,就明确指出要促进民族地区经济社会发展。现行的民族区域自治法亦以条文的形式规定了针对民族地区的"西部大开发""对口支援""转移支付"等政策,各个民族自治地方更是以"自治条例"和"单行条例"的形式,为经济社会建设布局。这样一种以法律和政策手段来促进经济社会建设的方式,有助于促进这些地方经济社会建设的规范化,提升稳定性和持续性。

其一,出台各类"意见""专项规划"及"工作方案"。近年来,国家和地方各级出台了一系列有关"意见""专项规划"及"工作方案"等。2016 年,国家民委先后联合多部门或独自出台了《关于推进武陵山片区旅游减贫致富与协同发展的意见》《关于支持黔西南"星火计划、科技扶贫"试验区建设的意见》《关于做好 2016 年少数民族特色小镇专项建设基金项目储备工作的通知》,并启动了《国家民委少数民族事业"十三五"规划》和《中国少数民族特色村镇保护与发展"十三五"规划》的编制工作,以及拟修订《国家民委经济发展司关于征求〈民族贸易和民族特需商品生产贷款贴息管理暂行办法〉》。

2016 年以来,云南省围绕促进少数民族发展,加强民族地区经济社会建设,先后编制并出台了《云南省民族团结进步示范区建设规

[①] 《习近平在宁夏考察时强调:解放思想真抓实干奋力前进,确保与全国同步建成全面小康社会》,《人民日报》2016 年 7 月 21 日第 1 版。

划（2016—2020年）》《云南省少数民族特色村镇保护与发展规划（2016—2020年）》《扶持直过民族和人口较少民族精准扶贫规划》及《云南省全面打赢"直过民族"扶贫攻坚战行动计划（2016—2020年）》等多个规划。其中《云南省少数民族特色村镇保护与发展规划（2016—2020年）》提出，要做好民族特色乡镇的宣传推介工作，努力打造民族特色旅游精品村镇。

2016年8月，甘肃省制定并印发了《甘肃省"十三五"民族地区经济和社会发展规划》，并指出要于2020年实现下表所示的目标规划。

类别	实现金额	年均增长率	与全省平均增长速度相比
全省民族地区生产总值	710亿元	8.5%	高1个百分点
全社会固定资产投资	1300亿元	11%以上	高1个百分点
公共财政预算收入	56亿元	9%	
城乡居民人均可支配收入	超过27500元	9%	与经济增长同步
农村居民人均可支配收入	达到9400元	11%	

资料来源：《甘肃省"十三五"民族地区经济和社会发展规划》，甘肃人民政府网站，http://www.gansu.gov.cn/art/2016/8/29/art_4786_284615.html。

此外，据规划，甘肃省还将针对民族地区经济社会发展编制并出台《甘肃藏区经济社会发展"十三五"规划》《甘肃省加快发展民族教育专项规划》《甘肃省"十三五"扶持人口较少民族发展规划》《甘肃省"十三五"少数民族特色村镇保护与发展规划》《甘肃省"十三五"兴边富民行动规划》《甘肃省"十三五"清真食品产业发展规划》等系列战略规划。

除此以外，2016年各地出台的规划、方案、意见还有《河南省少数民族事业"十三五"规划》《漳州市畲族乡经济社会发展规划（2016—2030）》《河北省唐山市2016年度帮扶少数民族乡村经济社会发展工作实施方案》《内蒙古自治区蒙药材中药材保护和发展实施方案（2016—2020年）》、北京市房山区窦店镇制定的《进一步加快少数民族村经济社会发展的意见》，以及湖南省出台的《关于支持加快民族地区产业园区建设发展的若干政策》和《关于继续深入实施湘西地区开发战略 促进全面建成小康社会的意见》,等等。

其二,为民族地区经济社会建设划出专项资金。近年来,为加大对民族地区的扶持力度,各级政府划出专项资金,每年分批发放,以支持少数民族和少数民族经济的现代化发展。

一是中央下拨的专项资金。据国家民委官方网站报道,2016年国家民委下达全国28个省(自治区、直辖市)少数民族发展资金32亿元,该资金主要用于"解决边境地区、人口较少民族聚居地区、少数民族特色村寨以及民族地区全面建成小康社会中的突出短板和特殊困难,扎实推进兴边富民行动、扶持人口较少民族发展,少数民族特色村寨和少数民族传统手工艺品保护与发展等工作"。①

二是五个民族自治地方设置的少数民族发展资金。2016年初,广西壮族自治区下达2016年第一批自治区财政专项资金2.6亿元,计划安排67个项目。具体安排情况如下:"南宁市4项,安排资金1250万元;百色市22项,安排资金7932万元;河池市23项,安排资金7580万元;崇左市18项,安排资金9238万元"。②

2016年5月,内蒙古自治区"安排下达中央财政少数民族发展资金29568万元,其中向57个贫困旗县安排资金17768万元,占比60%。安排下达自治区本级财政少数民族发展资金7800万元,其中向57个贫困旗县安排资金5070万元,占比65%"。③

三是其他少数民族聚居区的专项资金。甘肃省2016全年下达少数民族发展资金24514万元,其中,中央少数民族发展资金19214万元、省级配套资金1000万元、民族自治县开发资金700万元、民族乡发展资金3600万元。④

---

① 《国家民委提前下达2016年少数民族发展资金》,国家民委网站,http://jjfzs.seac.gov.cn/art/2015/11/19/art_ 3383_ 242405.html。
② 《广西提前下达左右江革命老区重大工程建设财政专项资金2.6亿元》,国家民委网站,http://www.seac.gov.cn/art/2016/1/8/art_ 3983_ 246038.html。
③ 《内蒙古少数民族发展资金使用分配向57个贫困旗县倾斜》,国家民委网站,http://www.seac.gov.cn/art/2016/5/6/art_ 3983_ 254020.html。
④ 《甘肃省2016年下达少数民族发展资金24514万元》,国家民委网站,http://www.seac.gov.cn/art/2016/11/10/art_ 3983_ 269534.html。

青海省争取落实少数民族发展资金 22208 万元，其中，扶持人口较少民族发展资金 12767 万元，少数民族特色村寨 3000 万元，少数民族特困发展补助资金 6000 万元，项目管理资金 441 万元。另外，协调落实扶持人口较少民族发展中央预算内资金 7990 万元。①

安徽省认真贯彻中央民族工作会议精神，实施差别化扶持政策。"在 2016 年部门预算项目支出中，安排民族企业技术改造贷款财政贴息和生产补助资金 1000 万元"。该资金主要用于支持"以少数民族为主要服务对象、少数民族职工占职工总数 30% 以上、在少数民族聚居地区兴办 3 类企业发展"。②

河北省 2016 年 1 月，制定并出台了《加快我省民族地区发展的若干措施》，其中指出，自 2016 年始，将"加大民族地区转移支付力度，落实配套资金减免政策"，尤其是"十三五"期间，省财政将"每年安排少数民族发展资金 2500 万元"③。

四川省凉山彝族自治州 2016 年，将安排相关资金，促进民族地区农民农业发展，包括"现代农牧业增收示范工程 1500 万元，农牧民增收创业带头人培训项目 190 万元，民族地区文化推进工程项目安排资金 1200 万元，农村农牧区'四小'工程项目安排资金 3160 万元"④。

除具体设置少数民族发展专项资金外，诸多地区还建立了完善的专项资金管理办法，如《红河州州级民族宗教专项资金管理暂行办法》《合肥市少数民族转移支付资金管理办法》《福州市级帮扶少数民族地区发展专项资金管理办法》。《福州市级帮扶少数民族地区发展专项资金管理办法》从资金管理职责和分工、补助对象、方式和标准、申报与审核、使用和管理、项目绩效管理和监督检查等方面做出

---

① 《青海省民宗委 2016 年争取资金 2.22 亿元促进民族地区经济社会发展》，国家民委网站，http://www.seac.gov.cn/art/2016/11/24/art_ 3983_ 270895.html。
② 《安徽省财政设立民族企业技术改造贷款财政贴息和生产补助资金》，国家民委网站，http://www.seac.gov.cn/art/2016/4/8/art_ 3983_ 251264.html。
③ 《河北省制定出台〈加快我省民族地区发展的若干措施〉力促民族地区经济社会发展》，国家民委网站，http://www.seac.gov.cn/art/2016/2/4/art_ 3983_ 247681.html。
④ 《2016 年四川省明确凉山州两项资金重点投向》，国家民委网站，http://www.seac.gov.cn/art/2016/3/29/art_ 3983_ 250657.html。

了完整规范。①

2. 注重少数民族特色产业的发展

2016年7月18—20日，习近平在宁夏考察工作时强调，经济社会建设要"强基础、谋长远""要切实把新发展理念贯穿于经济社会发展全过程、落实到全面建成小康社会各方面"，并指出"要因地制宜，把培育产业作为推动脱贫攻坚的根本出路"②。

2016年，国家民委出台《关于支持黔西南"星火计划、科技扶贫"试验区建设的意见》，就产业发展指出，要积极支持和发展民族特色旅游、民族特色药品及保健食品产业、民族文化产业，促进对少数民族特色村镇保护与发展的支持力度。此外还提出，要制定实施民族村寨工作条例。

国家民委还与国家旅游局等多部门联合出台了《关于推进武陵山片区旅游减贫致富与协同发展的意见》，其中，把旅游塑造为一个完整的产业链，要积极建设"民族特色旅游县（市）、民族特色旅游产业园区、民族文化旅游创意景区、民族特色旅游乡镇、民族特色旅游街区、民族特色旅游村寨、民族特色旅游商品企业、民族客栈和民族之家""发展民族风情、民俗节庆、宗教文化、民族体育竞技、旅游演艺等旅游休闲项目。积极发展民族医药健康旅游和民族历史文化研学旅行活动"③。

2016年8月，甘肃省在其出台的《"十三五"民族地区经济和社会发展规划》中，从多个角度阐释了如何通过发展产业，尤其是具有民族特色和地域特点的优势产业，来促进民族地区的经济社会建设。具体而言：一是推进民族地区清真食品产业的全面发展，加快清真食品走向国际市场；二是培育具有少数民族传统文化特色的旅游产业，积极引导和推出一批以民族文化游、生态山水游、民族风情游、红色

---

① 《福建福州市出台市级帮扶少数民族地区发展专项资金管理办法》，国家民委网站，http://www.seac.gov.cn/art/2016/3/15/art_ 3983_ 249459.html。
② 《习近平在宁夏考察时强调：解放思想真抓实干奋力前进 确保与全国同步建成全面小康社会》，《人民日报》2016年7月21日第1版。
③ 《国家民委、国家旅游局、全国工商联、国家开发银行关于推进武陵山片区旅游减贫致富与协同发展的意见》，国家民委网站，http://www.seac.gov.cn/art/2016/8/18/art_ 142_ 262947.html。

圣地游为代表的旅游品牌；三是扶持具有民族特色和特需的商品产业，如民族刺绣、民族服饰、藏式家具、毡画、马头琴等，推进民族手工艺品产业化；四是推进以藏医药为主的民族医药产业；五是优化矿产资源开发；六是助推园区经济快速发展，建设甘肃民族产业园。此外还要发展畜草产业，构建"企业＋农户"的生产模式和"三社合一"的农牧民合作新模式。①

2016年10月，四川省首次到广州、上海等地举办"藏区彝区产业扶贫推介会"。推介会的举办，不仅促进了当地特色品牌的展示、宣传，让世人更好地了解四川藏区彝区，吸引了众多知名企业到藏区彝区投资旅游、文化、能源等优势产业，同时也为产品、资源输出开拓了更大的市场空间。

3. 开创多元多样的经济发展模式

其一，民族地区的经济社会发展要坚持党的领导。就中国现代化而言，"'没有共产党就没有新中国'不仅是一种意识形态话语和政治宣示，还是中国民族国家建设和制度变迁历程的真实写照"②。习近平总书记曾强调"办好中国的事情，关键在党"，指出"中国特色社会主义最本质的特征是中国共产党领导，中国特色社会主义制度的最大优势是中国共产党领导；坚持和完善党的领导，是党和国家的根本所在、命脉所在，是全国各族人民的利益所在、幸福所在"。③

2016年7月18—20日，习近平在宁夏考察工作时强调指出推动经济社会发展，促进社会和谐，根本靠坚持和改善党的领导，靠党执政的思想基础、组织基础、群众基础牢固扎实。同时，欠发达地区可以通过东西部联动和对口支援等机制来增加科技创新力量，以创新的思维和坚定的信心探索创新驱动发展新路。

其二，促进民族地区将自我优势与国家战略相契合。近年来，国家先后推出深化西部大开发、全面建成小康社会、"一带一路"倡议

---

① 《甘肃省"十三五"民族地区经济和社会发展规划》，甘肃人民政府网站，http://www.gansu.gov.cn/art/2016/8/29/art_4786_284615.html。
② 杨光斌：《政治变迁中的国家与制度》，中央编译出版社2011年版，第226页。
③ 习近平：《坚持和完善党的领导是党和国家的根本所在、命脉所在》，人民网，http://cpc.people.com.cn/n1/2016/0701/c405440-28516046.html。

等,这些的实施必然为我们国家包括民族地区在内的广大地区的经济社会建设带来前所未有的机遇。在此过程中党和国家督促各个地方融入国家重大战略,而各级地方政府亦努力抓住国家的重大战略规划,实现地区经济社会建设。

2016年,国家民委在其出台的《关于支持黔西南"星火计划、科技扶贫"试验区建设的意见》中就明确指出,支持推动试验区融入"一带一路"倡议,为试验区与东盟各国合作提供便利。此外,多个部级单位联合制定的《关于推进武陵山片区旅游减贫致富与协同发展的意见》亦指出,武陵山片区要积极融入国家"一带一路"、长江经济带建设等,深化片区与周边地区旅游合作。

2016年4月,辽宁省出台相关金融政策,提出通过加大金融扶持,"紧抓'一带一路'倡议机遇,鼓励本溪、桓仁两个自治县涉外企业主动参与中蒙俄经济走廊建设""继续扩展跨境人民币业务的深度和广度,不断推动民族地区涉外企业扩大人民币跨境使用规模"①。

甘肃省在建设丝绸之路经济带甘肃黄金段过程中,努力谋求各市、县积极融入"一带一路",支持企业境外参会或自主办会,进而提升民族地区向西开放的战略地位;试图通过贸易合作区建设等方式,推动民族地区融入经济走廊建设,加入经济圈和旅游发展圈。

其三,实现和谐式、科学式的发展模式。民族地区的全面经济社会发展,除了坚持党的领导,依附于自我优势和战略式推动外,最终还应采取和谐式、科学式的发展模式。这种和谐式、科学式的发展模式,要求既要进行物质扶贫,也要进行观念扶贫;既要进行经济社会发展,也要进行精神文化发展;既要注重人本身的发展,也要促进人与社会、自然的和谐。

习近平总书记在中央财经领导小组第十四次会议上强调:"全面建成小康社会,在保持经济增长的同时,更重要的是落实以人民为中心的发展思想,想群众之所想、急群众之所急、解群众之所困,在学有所教、

---

① 《辽宁本溪市加大民族地区金融扶贫工作力度》,国家民委网站,http://www.seac.gov.cn/art/2016/4/7/art_ 3983_ 251171. html。

劳有所得、病有所医、老有所养、住有所居上持续取得新进展。"①

4. 全方位推进民族地区扶贫攻坚工作

民族地区能否顺利完成扶贫攻坚工作，是 2020 年顺利实现全面建成小康社会的重要内容。2016 年，党和国家及地方各级政府，持续加大力度，以一种全方位的态势促进攻坚脱贫工作的展开。

2016 年 7 月下旬，习近平在宁夏考察工作时强调："要认真落实党中央决策部署，贯彻新发展理念，主动融入国家发展战略，进一步解放思想、真抓实干、奋力前进，努力实现经济繁荣、民族团结、环境优美、人民富裕，确保与全国同步建成全面小康社会。"针对贫困户，习近平特别指出，要"实施人均发展一亩粮、一亩菜、一头牛的帮扶措施，使贫困户收入越来越有保障"②。

2016 年，宁夏回族自治区就精准扶贫和精准脱贫提出五个"结合"理念，即促进扶贫开发与经济社会发展、生态保护相结合，精准扶贫与区域整体性脱贫相结合，脱贫攻坚与社会保障相结合，政府主导与社会参与相结合，外部扶持与自力更生相结合。这五个"结合"的扶贫思路，改变了传统就扶贫而扶贫的粗线条经济社会发展理路，试图构建一种更具全方位和整体性考量的扶贫路径。同时，宁夏明确扶贫攻坚的具体目标："到 2018 年，实现现行标准下的 58 万农村贫困人口全部脱贫、800 个贫困村全部销号、9 个贫困县全部摘帽；贫困地区农民人均可支配收入增幅高于全区平均水平，到 2020 年达到 1 万元以上，基本公共服务主要指标达到或接近全国平均水平。"③

甘肃省在《"十三五"民族地区经济和社会发展规划》中，就如何实现精准脱贫，明确了易地扶贫搬迁、集中连片攻坚、健全精准扶贫精准脱贫机制等多种举措，并规划了一揽子项目（见下表所示）。

---

① 习近平：《从解决好人民群众普遍关心的突出问题入手 推进全面小康社会建设》，新华网，http：//news. xinhuanet. com/politics/2016 - 12/21/c_ 1120162829. htm。
② 习近平：《解放思想真抓实干奋力前进 确保与全国同步建成全面小康社会》，人民网，http：//politics. people. com. cn/n1/2016/0720/c1001 - 28571156. html。
③ 《宁夏明确脱贫攻坚的总体要求和目标任务》，国家民委网站，http：//www. seac. gov. cn/art/2016/1/22/art_ 3983_ 246958. html。

类别	新实施项目	原待完成的项目
精准扶贫建设项目	永靖县易地扶贫搬迁、永靖县整流域特困片带扶贫攻坚项目、扶贫项目村社道路硬化、临夏市棚户区改造、贫困移民乡村农田水利设施配套、农村扶贫对象危房改造、贫困乡村扶贫增收产业、农村公路、教育支持计划、卫生扶贫支持计划、贫困乡村文化场所建设支持计划	甘南州"十三五"易地扶贫搬迁工程、甘南州贫困村动力电覆盖支持计划、甘南州农村危旧房改造、甘南州易着火榻板房改造
保障性安居工程	甘南州公租房项目、甘南州城镇棚户区改造，永靖县、阿克塞县和张家川县保障性住房项目建设，永靖县棚户区改造	
易地扶贫搬迁计划	广河县以工代赈骨干工程及易地扶贫搬迁，永靖县和张家川县易地扶贫搬迁、康乐县扶贫开发综合试点	
危房改造支持计划	甘南州危房改造、永靖县农村危房改造，康乐县2016—2020年农村危房改造，张家川县整村推进、危房改造、新农村和肃南县20个精准扶贫巩固提升村土地整治、整村推进	
生态村推进项目	甘南州1500个生态文明小康村建设	

资料来源：《甘肃省"十三五"民族地区经济和社会发展规划》，甘肃人民政府网站，http://www.gansu.gov.cn/art/2016/8/29/art_ 4786_ 284615. html。

2016年，北京市延庆区为实现"因地制宜、精准扶持、持续发展"，区"民宗办"建立了少数民族乡村经济发展项目储备库，为民族经济创新发展制造增长点。其中，入库项目要做到每年更新，且具有严格要求：一是要符合该区实施生态文明发展战略的总体要求及该区生态涵养发展区的功能定位；二是要符合各民族村所在乡镇区域总体发展规划；三是要符合各民族村实际发展需要。截至2016年2月，已入库项目11个，2016年计划实施项目5个。[1]

2016年1月，贵州省制定、出台了《关于加快少数民族特困地区和人口数量较少民族发展 推进精准扶贫的实施意见》。意见"要求按照优先安排项目资金原则，重点对全省2047个少数民族特别贫困

---

[1] 《北京市延庆区建立少数民族乡村经济项目储备库》，国家民委网站，http://www.seac.gov.cn/art/2016/2/24/art_ 3983_ 248309. html。

村开展扶贫攻坚决战行动",并提出"雨露计划'1户1人'培训、劳动力转移就业培训、职业技能培训、锦绣计划等培训项目要优先安排到少数民族特别贫困村"①。

2016年以来,青海省继续坚持把精准扶贫作为全省头等大事和第一民生工程,探索出多元化的扶贫路径,包括政策制定、物质保障、创收渠道构建、社会事业(教育、医疗、就业、基础设施)完善等。

除具体项目措施外,为推进少数民族精准扶贫、精准脱贫,全力打赢民族地区脱贫攻坚战,2016年7月,人力资源社会保障部、国家民委、中央民族大学等多家单位还共同举办了"全国少数民族和民族地区精准扶贫高级研修班"培训项目。

(三)开创民族团结进步事业

十八大以来,新一届党和国家领导人,在论述多民族国家统一问题时,多次强调民族团结工作的重要性。习近平总书记屡次鲜明地指出"民族团结是各族人民的生命线"②,要"最大限度团结一切可以团结的力量",各民族要"紧密团结,万众一心"③。2016年7月,习近平总书记在宁夏考察工作时再次强调,"做好民族工作和宗教工作非常重要""要加强民族团结进步教育,使各民族都牢固树立汉族离不开少数民族、少数民族离不开汉族、各少数民族之间也相互离不开的思想,要加快民族地区经济社会发展,以发展促团结,以团结聚人心"。④

根据对国家民委官网公布的相关"决定"的统计,2016年,国家民委先后命名西双版纳傣族自治州、拉萨市等11个州(市)为全国民族团结进步创建活动示范州(市),命名恩施土家族苗族自治州唐崖土司城址世界文化遗址公园、和田地区塔里木河流域和田管理局王蔚纪念馆等60个全国民族团结进步教育基地,命名北京市东城区

---

① 《贵州省"六优先"深化少数民族特困地区精准扶贫》,国家民委网站,http://www.seac.gov.cn/art/2016/1/22/art_36_246948.html。
② 《中央民族工作会议暨国务院第六次全国民族团结进步表彰大会在北京举行》,《中国民族》2014年第10期。
③ 习近平:《再接再厉,继续为实现中国梦奋斗》,中国新闻网,http://www.chinanews.com/gn/2013/03-17/4650079.shtml。
④ 《习近平在宁夏考察时强调:解放思想真抓实干奋力前进 确保与全国同步建成全面小康社会》,《人民日报》2016年7月21日第1版。

东花市街道等 187 家县级以下（含县级）单位为"全国民族团结进步创建活动示范单位"。

与此同时，诸多民族地区亦积极开展民族区团结进步创建活动。2015 年，习近平总书记在云南考察时强调，云南要"努力成为民族团结进步示范区、生态文明建设排头兵、面向南亚东南亚辐射中心，谱写好中国梦的云南篇章"。为深入贯彻落实习近平总书记重要讲话精神，云南省编制了《云南省建设我国民族团结进步示范区规划（2016—2020 年）》。规划就"加强民族团结进步创建活动"指出，要"推进民族团结进步创建进机关、进社区、进学校、进企业、进农村、进部队、进宗教活动场所、进窗口行业，支持各地区争创全国民族团结进步示范州、市、县、乡、村、社区、单位和基地"；要"实施'十县百乡千村万户'示范创建工程，支持宁洱民族团结誓词碑等民族团结教育基地建设，开展民族团结进步宣传月、宣传周、宣传日活动"。[①]

甘肃省亦在其编制的《甘肃省民族团结进步创建活动规划纲要（2015—2020）》中，作出民族团结创建重点项目规划（如下表所示）。

民族团结创建重点项目
（1）全覆盖工程：依托民族团结进步示范创建全覆盖规划，制定各个层面的示范创建方案，组织民族团结进步宣传教育，实现示范创建活动"全覆盖"
（2）精准滴灌工程：推进民族团结进步宣传教育和民族团结进步创建进机关、进企业、进社区、进乡镇、进学校、进寺庙等
（3）文化引领工程：有计划、有目标地打造一批展示时代风貌，体现多元一体文化特点、特色，具有广泛影响力的历史文化精品
（4）金种子工程：开展少年儿童"爱我中华""中华民族一家亲"宣传教育，在广大未成年人心中播撒中华民族多元一体，各民族交往交流交融，各民族和睦相处、和衷共济的"金种子"
（5）精神家园工程：结合社会主义核心价值观教育，探索具有甘肃特色的民族团结进步宣传教育新路子，推动各民族守望相助、手足相亲、人心归聚、精神相依
（6）权益保障工程：全面贯彻落实党和政府各项民族政策，使少数民族各项合法权益得到充分保障
（7）对口帮扶：实施"1414"对口支援行动，加大资金投入力度和帮扶力度
（8）干部培训：实施"少数民族干部素质提升工程"，加大少数民族干部交流任职力度

---

① 《云南省建设我国民族团结进步示范区规划（2016—2020 年）》，云南民族网，http://www.ynmzsb.cn/hp－nry.aspx?id=7575。

2016年4月6日，湖南省民宗委下发了《关于2016年度重点推进民族团结进步创建活动进社区的通知》，要求全省要提高对创建活动进社区的认识，并明确了创建活动进社区的重点任务和制度机制。其中制度机制包括工作机制、服务平台、网络管理、示范典型等。

此外，一些地区亦不断加大民族团结事业的资金投入。2016年，四川省凉山彝族自治州安排民族团结进步示范新村建设项目3200万元，每个项目400万元，共8个项目。① 云南省大理白族自治州12县市安排及整合4943万元民族团结示范项目资金，助推少数民族地区发展。在民族团结示范区建设上，每年预算安排民族事务经费不低于900万元；州财政预算投入示范创建经费每年不低于3000万元，县市财政按照1∶1列入财政预算。②

（四）保障少数民族合法权益

1. 持续推进民族教育事业健康发展

2016年初，《教育部民族教育司2016年工作要点》出台，对民族团结教育、双语教育、少数民族人才培养、西藏、四省藏区与新疆教育发展等多个方面作出规划。其中，提出修订《民族中小学汉语课程标准（普通高中）》《中小学少数民族文字教材编写审查管理办法》《少数民族汉语水平等级考试大纲》《关于进一步加强内地西藏班、新疆班工作的意见》，制定《少数民族双语专项经费管理办法》《少数民族汉语水平等级考试管理办法》《内地民族班改革和发展长远规划（2016—2025年）》。

此外，还出台了《教育部关于加强"十三五"期间教育对口支援西藏和四省藏区工作的意见》，提出开展"组团式"教育人才援藏工作，帮助提高教师和管理人员素质、双语教育质量、教育信息化水平、推进中等职业教育发展，加强学校之间的结对帮扶和对口支援，加大人

---

① 《2016年四川省明确凉山州两项资金重点投向》，国家民族事务委员会网，http://www.seac.gov.cn/art/2016/3/29/art_3983_250657.html。
② 《大理州加大少数民族发展资金投放力度》，云南民族宗教网，http://www.ynethnic.gov.cn/pub/ynethnic/gzdt/dfdt/201605/t20160523_17709.html。

才培养力度，加强教育部直属单位对口援藏工作等。

国家民委在《关于支持黔西南"星火计划、科技扶贫"试验区建设的意见》中，指出要"全面提升各级各类教育办学水平，切实提高少数民族人才培养质量，加强民族教育薄弱环节建设，建立完善教师队伍建设长效机制，落实民族教育发展的条件保障，逐步实现基本公共教育服务均等化"[1]。

2016年9月29日，内蒙古自治区第十二届人民代表大会常务委员会第二十六次会议审议通过了《内蒙古自治区民族教育条例》。该条例就少数民族毕业生实行升学优惠政策、扩大蒙古语授课高等教育办学规模、双语教学课程教材建设等若干事项作出了规定，并指出"少数民族幼儿园、中小学校，应当主要招收本民族学生，使用本民族通用的语言文字教学，开设适合学生特点的民族传统文化教育课程"[2]。

2016年5月，《甘肃省加快发展民族教育专项规划（2016—2020年）》出台，对学前教育到高等教育，以及双语教育、特殊教育、继续教育等各式各类教育作出规划和定位。其中，就高中教育提出"扩大普通高中内地民族班招生规模""实行混合编班、混合寄宿"，以及"适当增加蒙古族、哈萨克族、裕固族等民族自治县在西北师范大学附属中学就读名额"。而对于双语教学模式则实行"以汉为主""以民为主""民汉兼通"等多种模式。[3]

四川省自2009年开始，实施藏区"9+3"免费教育计划，2014年，又实施了大小凉山彝区"9+3"免费教育计划。2016年，四川省继续实施民族地区"9+3"免费教育，凉山彝族自治州仅在明确全州两项资金重点投向时，就安排了民族地区教育发展十年行动计划1000万元，重点用于寄宿制贫困学生生活补助。[4]

---

[1] 《关于支持黔西南"星火计划、科技扶贫"试验区建设的意见》，国家民委网站，http：//www.seac.gov.cn/art/2016/1/5/art_142_263039.html。

[2] 《内蒙古自治区民族教育条例》，内蒙古人大网站，http：//www.nmgrd.gov.cn/lfgz/fg/xxqfg/201702/t20170223_175362.html。

[3] 《甘肃省加快发展民族教育专项规划（2016—2020年）》，甘肃政务服务网，http：//www.gansu.gov.cn/art/2016/5/10/art_4786_272673.html。

[4] 《2016年四川省明确凉山州两项资金重点投向》，国家民委网站，http：//www.seac.gov.cn/art/2016/3/29/art_3983_250657.html。

2016年10月,云南省政府第九十九次常务会议通过了《关于在迪庆州怒江州实施14年免费教育的意见》和《关于对镇雄县彝良县威信县建档立卡家庭经济困难学生实施14年免费教育试点的意见》,以促进民族教育发展。此外,云南大理州苗族协会还制定了《苗族学子奖助学管理办法》。

2. 完善少数民族特色文化的保护与传承机制

其一,强化保护与传承少数民族文化的法制建设。除民族区域自治法以外,近年来,多个地方出台了涉及传承民族文化的法规。内蒙古自治区在2016年9月出台的《内蒙古自治区民族教育条例》就明确规定:"自治区支持鄂伦春族、鄂温克族、达斡尔族以学校教育形式学习传承本民族语言和本民族文化。"[1] 湖南省新晃侗族自治县于2015年制定了《新晃侗族自治县民族民间传统文化保护条例》,又于2016年下发了《关于贯彻落实〈新晃侗族自治县民族民间传统文化保护条例〉的实施意见》。该意见指出,"开展民族民间传统文化保护是县人民政府职能部门的职责,政府职能部门要密切配合",并提出"编制和实施民族民间传统文化保护规划和传统文化乡(镇)、村(寨)保护规划"。[2]

2016年5月,浙江省人大通过了《浙江省少数民族权益保障条例(修订案)》。修订后的条例第二十五条对保护少数民族文化做了详细规定:"各级人民政府及有关部门应当采取措施,加大财政投入,促进少数民族文化体育事业发展",要支持对少数民族文物、非物质文化遗产、传统建筑物、文学艺术等历史文化遗产的保护和利用。同时,第三十六条规定,要"支持开展畲族文化研究、发展畲族文化事业和文化产业,鼓励自治县传承少数民族语言,培养少数民族文化人才,对少数民族优秀文化遗产进行抢救保护传承发展"。[3]

---

[1] 《内蒙古自治区民族教育条例》,内蒙古人大网站,http://www.nmgrd.gov.cn/lfgz/fg/xxqfg/201702/t20170223_175362.html。

[2] 《关于贯彻落实〈新晃侗族自治县民族民间传统文化保护条例〉的实施意见》,新晃侗族自治县人民政府网站,http://www.xinhuang.gov.cn/index.php?m=content&c=index&a=show&catid=595&id=30140。

[3] 《浙江省少数民族权益保障条例》,浙江民宗委网站,http://www.zjsmzw.gov.cn/Public/NewsInfo.aspx?id=1d030fd0-238e-44c3-9d7b-c3d8448b88db。

另外，广西壮族自治区自 2005 年开始实行《广西壮族自治区民族民间传统文化保护条例》，又于 2016 年制定了《广西壮族自治区非物质文化遗产保护条例》；2016 年 7 月，广东省连南县向社会发布了《连南瑶族自治县民族文化遗产保护条例》和《连南瑶族自治县村镇规划建设管理条例（草案修改稿、征求意见稿）》；2016 年 8 月，贵州省第十二届人大常委会第二十三次会议审议通过了《沿河土家族自治县非物质文化遗产保护条例》；2016 年 11 月，甘肃省人大常委会批准了《甘肃省肃北蒙古族自治县非物质文化遗产保护条例》。

其二，民族文化传承与创新示范点建设。近年来，国家加强少数民族特色文化的保护与传承工作，在全国职业院校中构建了多个民族文化传承与创新示范专业点。2016 年 7 月 8 日，教育部联合国家民委等部门，印发了《关于公布第二批全国职业院校民族文化传承与创新示范专业点名单的通知》。该通知将北京戏曲艺术职业学院的戏曲表演（评剧）等 62 个专业点确定为第二批全国职业院校民族文化传承与创新示范专业点。截至 2016 年，全国共确立了 162 个全国职业院校民族文化传承与创新示范专业点。

自 1990 年开始，国家民委等多个部门联合在贵州黔西南实施"星火计划、科技扶贫"试验区建设工程。2016 年，这些部门继续推进实验区建设，并就推进民族文化健康发展指出："加强民族文化保护与传承，推动试验区建立国家级民族文化生态保护区。加强文化（群艺）馆、民族艺术文化地标和国家级少数民族文学艺术创作基地等建设。支持开展民族文化节庆活动，打造一批民族原生态文化节庆活动品牌，提升节庆活动品质。"①

2016 年 5 月 25 日，云南省公布了第三批省级非物质文化遗产保护传承基地，该批次共确定保护传承基地 17 家。

其三，加大对民族文化传承与保护的扶持。2016 年，中央财政"安排专项资金 23.85 亿元，用于支持少数民族地区文化事业的发展"，同时"在安排文化体育与传媒有关转移支付资金时，对少数民

---

① 《关于支持黔西南"星火计划、科技扶贫"试验区建设的意见》，国家民委网站，http://www.seac.gov.cn/art/2016/1/5/art_142_263039.html。

族地区予以倾斜，支持少数民族文化遗产保护利用"，通过财政投入的方式，努力实现少数民族地区基本公共文化服务标准化、均等化，以求更好地保障少数民族群众基本文化权益。①

在 2016 年两会期间，国家发布了《中华人民共和国国民经济和社会发展第十三个五年规划纲要》，提出"促进少数民族事业发展，大力扶持人口较少民族发展，支持民族特需商品生产发展，保护和传承少数民族传统文化。深入开展民族团结进步示范区创建活动，促进各民族交往交流交融"②。

2016 年，内蒙古给予民族文化大区建设 2041 万元专项资金支持。这些专项资金主要以"文艺精品剧目创作、草原文化研究、社会科学研究基地建设、宣传思想文化工作、基层文化建设"，以及对"三带三创"先进集体、个人实施奖励为重点。③

此外，党和国家还比较重视少数民族语言文字的传承与保护，国家领导人的重要讲话通常都会形成民族文字版。如 2016 年 7 月，就发行了习近平总书记《在庆祝中国共产党成立 95 周年大会上的讲话》的蒙古、藏、维吾尔、哈萨克、朝鲜、彝、壮 7 种少数民族文字单行本。

3. 注重保护城市或散居少数民族各项权益

2016 年 1 月 5—6 日，全国城市民族工作会议召开。俞正声从新形势下民族工作的高度作出批示，指出"要依法管理城市民族事务，以保障各民族合法权益为核心，以做好少数民族流动人口服务管理为重点，以推动建立相互嵌入的社会结构和社区环境为抓手，推进城市民族工作制度化、规范化、精细化，让城市更好接纳少数民族群众、让少数民族群众更好融入城市"④。

刘延东在全国城市民族工作会议上的讲话中指出，做好城市民族

---

① 《中央财政 2016 年支持少数民族文化事业发展情况》，中华人民共和国财政部网站，http://jkw.mof.gov.cn/zhengwuxinxi/gongzuodongtai/201608/t20160822_2396800.html。
② 《中华人民共和国国民经济和社会发展第十三个五年规划纲要》，《人民日报》2016 年 3 月 18 日第 1 版。
③ 《内蒙古下达 2016 年民族文化大区建设专项资金 2041 万元》，内蒙古人民政府网，http://www.nmg.gov.cn/fabu/xwdt/bm/201608/t20160814_565594.html。
④ 《全国城市民族工作会议在京召开 俞正声作出批示》，新华网，http://news.xinhuanet.com/2016-01/06/c_1117690526.htm。

工作，要"搞好流入地和流出地的对接，加强少数民族流动人口服务管理"，并从城市民族工作的载体建设、民族团结进步活动、互嵌式社区建设和民族宗教事务的法治化管理，以及城市民族工作的领导机制完善等多个方面提出要求。

2016年11月30日，海南省人大会议审议通过了《海南省散居少数民族权益保障规定》，就海南省所辖区域内，居住在民族自治地方（含六个民族自治县和三亚市、五指山市、东方市）以外的少数民族，以及居住在民族自治地方但不实行区域自治的少数民族相关事宜作出规定。该规定的制定出台，从政策扶持、财政支持、基础设施建设、社会事业发展等多个角度给予海南省散居少数民族以合法权益保护。

（五）中华民族共同体建设新起步

经由舶来之"民族"概念而演变生成的"中华民族"，自其产生之始就是备受关注和争论的学术命题，并经由学术讨论而日渐进入政治生活的视野。如中国共产党在抗战期间，就形成了一种多民族国家统一视角下的中华民族观，认为"中国有四万万五千万人口，组成中华民族，其中包括汉、满、蒙、回、藏、苗、瑶、番、黎、夷等几十个民族"[1]。在新中国成立后，中国共产党的中华民族观持续深化发展，并在21世纪的时代大背景下，开启了中华民族共同体建设的新征程。十八大以来，党和国家逐渐开启了中华民族共同体建设新征程，不断在政治实践中强调中华民族共同体建设，作出了"积极培育中华民族共同体意识""增强中华民族共同体认同"和"建设中华民族共有精神家园"等诸多具有深远意蕴的战略构想，视中华民族共同体建设为国家重大工程，并以此引领新形势下的民族工作。

1. 着重于中华民族共有精神家园建设

2016年全国人大会议召开期间，习近平总书记来到青海代表团参加审议工作，强调"多民族是我国一大特色，是我国发展的一大有利因素""要着力增强民族地区自我发展能力和可持续发展能力，尊重民族差异、包容文化多样，让各民族在中华民族大家庭中手足相

---

[1] 中共中央统战部编：《民族问题文献汇编》，1991：808。

亲、守望相助、团结和睦、共同发展"①。

2016年5月24日,习近平总书记前往东北边境,看望赫哲族群众,了解赫哲族生活状况,参观赫哲族民俗展。期间,习近平指出:"我心里惦记着每一个少数民族。各民族要像石榴籽一样紧紧抱在一起,在实现中华民族伟大复兴的征程上团结一致,共同发展进步。"②总书记在讲话中,再一次用石榴籽来形容各具文化特色的56个民族,但这56个民族又都聚合在中华民族共同体和中华人民共和国这个巨大外壳内,镶嵌于一体,要不断推进中华民族由多元凝聚为一体。

党和国家围绕中华民族共有精神家园建设而推进的各项事宜,不仅仅体现于政治上的战略重视,而且还通过各类措施把精神家园建设融入广泛的社会过程中。2016年初,在全国城市民族工作会议举行期间,俞正声所作的批示,就把中华民族共有精神家园建设融入城市民族工作中,指出要"让少数民族群众更好融入城市,切实加强各民族交往交流交融",要"健全体制机制和工作格局,为推动中华民族一家亲、同心共筑中国梦作出新的贡献"③。

2016年8月,国家民委等多家单位共同出台了《关于推进武陵山片区旅游减贫致富与协同发展的意见》。该意见把中华民族共有精神家园建设融入民族地区的攻坚脱贫过程中,指出"推进片区旅游减贫致富与协同发展,是促进各民族交往交流交融,推进民族团结进步事业,构筑各民族共有精神家园,构建和谐社会的重要举措"④。

2016年11—12月,国家民委组织了新一轮"中华民族一家亲"文化下基层活动。活动期间,参加机构先后在重庆市开州区、吉林省长春市开展了送戏、送书、送医等多种形式的活动,并以此促进各民族之间的交流交往与相知了解,增进各民族文化的相互认同与理解。

教育部于2016年制定的《关于加强"十三五"期间教育对口支

---

① 《习近平参加青海代表团审议》,新华网,http://news.xinhuanet.com/politics/2016lh/2016-03/10/c_1118286141.htm。
② 《习近平登上黑瞎子岛 看望赫哲族群众》,人民网,http://politics.people.com.cn/n1/2016/0525/c1001-28377818.html。
③ 《全国城市民族工作会议在京召开》,《人民日报》2016年1月7日第1版。
④ 《关于推进武陵山片区旅游减贫致富与协同发展的意见》,国家民委网站,http://www.seac.gov.cn/art/2016/8/18/art_142_262947.html。

援西藏和四省藏区工作的意见》,紧紧把住中华民族共有精神家园建设这一脉络,提出"在学生之间开展'我在内地有朋友''我在西藏有朋友'的活动",鼓励学生充分利用现代通信手段加强联系和交流,促进相互了解、增进感情,最终形成"祖国一家亲"的氛围。此外,这一意见还提出,要"增进各民族师生交往交流交融,教育学生树立正确的国家观、民族观、文化观、宗教观,增强师生'五个认同'和'三个离不开'的思想意识"①。

2016年9月,河南省在新制定的《河南省少数民族事业"十三五"规划》中,提出要促进少数民族和民族聚居区的经济社会发展,进而"巩固和发展平等、团结、互助、和谐的社会主义民族关系,为实现中华民族一家亲,同心共筑中国梦做出贡献"②。

云南省于2016年制定了《云南省民族团结进步示范区建设规划(2016—2020年)》。该规划明确提出"构建同呼吸、共命运、心连心的中华民族共同体",并将此作为基本原则。同时,强调要"坚持促进各民族和睦相处、和衷共济、和谐发展,相知相亲相惜、交往交流交融,构筑各民族共有精神家园"③。

2. 不断强调中华民族共同体意识

习近平总书记在多次会议上强调,要在各族群众中牢固树立正确的祖国观、民族观,弘扬社会主义核心价值观,不断增进各族群众对伟大祖国、中华民族、中华文化、中国共产党、中国特色社会主义的认同,高举各民族大团结的旗帜,在各民族中牢固树立国家意识、公民意识、中华民族共同体意识,最终实现整个中华民族共同体的人心相聚,精神相依。

各级地方政府在贯彻落实习近平总书记系列重要讲话精神时,亦日趋重视促生全体社会成员的中华民族共同体意识,并采取了系列措

---

① 《关于加强"十三五"期间教育对口支援西藏和四省藏区工作的意见》,教育部网站,http://www.moe.edu.cn/srcsite/A09/s3082/201701/t20170112_294684.html。
② 《河南省少数民族事业"十三五"规划》,河南人民政府网站,http://www.henan.gov.cn/jrhn/system/2016/09/12/010671261.shtml。
③ 《云南省民族团结进步示范区建设规划(2016—2020年)》,云南网,http://yn.yunnan.cn/html/2017-02/23/content_4737911.htm。

施。内蒙古自治区在 2016 年 9 月出台了《内蒙古自治区民族教育条例》,该条例"总则"中就明确规定,要"以立德树人为根本,加强社会主义核心价值观教育,弘扬以爱国主义为核心的民族精神,开展中华民族共同体思想教育"[1]。

2016 年 3 月 28 日,新疆维吾尔自治区举行了"民族团结进步年"活动动员大会。大会期间,时任自治区党委书记张春贤指出,新疆民族工作,要"突出各民族交往交流交融和培育中华民族共同体意识这个战略重点"[2]。

2016 年,新疆维吾尔自治区阿克苏地区,围绕"加强民族团结和培育中华民族共同体意识,是新疆民族工作的战略重点"这一思想和要求,深入开展民族团结进步创建活动。在活动过程中,做到几个坚持:在干部教育过程中,坚持把强化中华民族共同体意识贯穿始终,引导各族干部准确理解中华民族共同体意识的内涵;坚持"在寓教于乐中引导各族群众牢固树立中华民族共同体意识";坚持"从解决群众反映突出问题入手,突出'各族人民团结奋斗、共建美好家园'主题,并不断强化各族群众'五个认同'意识";坚持在学校教育中"打造以培育中华民族共同体意识为主题的校园文化精品工程",积极组织并开展"同吃、同住、同学习、同活动"融情实践活动,促进交往交流交融;坚持在宗教活动场所开展党的民族理论政策学习教育活动,统一思想,"引导宗教与社会主义社会相适应,引导信教群众主动树立中华民族共同体意识"。此外,还要在交通运输等各类企业、民族团体以及相关载体上进行党的民族宗教政策宣传教育,大力开展"五个认同"思想教育活动。[3]

2016 年 3 月末,青海省开展了就贯彻执行《国务院实施〈民族区域自治法〉若干规定》情况进行重点检查。期间,督查组就贯彻

---

[1] 《内蒙古自治区民族教育条例》,内蒙古人大网,http://www.nmgrd.gov.cn/lfgz/fg/xxqfg/201702/t20170223_175362.html。

[2] 《新疆决定开展"民族团结进步年"活动,孙春兰张春贤出席动员大会》,《人民日报》2016 年 3 月 31 日第 4 版。

[3] 《地区围绕"中华民族共同体意识"深化民族团结进步创建活动》,阿克苏新闻网,http://zht.aksxw.com/content/2016-08/07/content_296781.htm。

落实国家民族政策提出要求:"建设各民族共有精神家园,引领少数民族群众树立正确的国家观、民族观,努力增强'五个认同'。"①

2016年,甘肃省在开展民族团结创建活动过程中,把实现"中华民族一家亲,同心共筑中国梦"作为重要目标任务。在《甘肃省民族团结进步创建活动规划纲要(2015—2020年)》中,提出实施金种子工程,即"开展少年儿童'爱我中华'、'中华民族一家亲'宣传教育,在广大未成年人心中播撒中华民族多元一体、各民族交往交流交融、各民族和睦相处、和衷共济的'金种子'"。

3. 中华民族文化整体性得到彰显

2016年4月,在新疆维吾尔自治区"民族团结进步年"动员大会举行期间,自治区有关领导指出:"中华文化是56个民族共同创造的,保护各民族的优秀传统文化是对中华文化认同的一部分,也是培养中华民族共同体意识的体现。"②

2016年5月,甘肃省制定出台了《甘肃省加快发展民族教育专项规划(2016—2020年)》,提出把中华民族文化融入少数民族教育的各个过程中,充分发挥教育在各民族文化交融创新中的基础性作用,把中华优秀传统文化融入中小学教材和课堂教学中。同时,该规划还提出,坚持以社会主义先进文化为引领,传承建设各民族共享的中华文化,继承和弘扬少数民族优秀传统文化,建设各民族共有精神家园。

近年来,国家通过多种措施与形式,促进中华各族成员的中华文化认同,彰显中华民族文化的整体性。2016年12月,西藏各地寺院选拔出38名高僧到中央社会主义学院研修中华文化和宗教理论。期间,他们将进行以筑牢中华文化认同的思想基础为主题的教研交流活动,学习关于中华文化及大一统的课程。"希望藏传佛教界代表人士,积极主动推动藏传佛教与汉传佛教、儒家、道教以及其他民族文化之间的对话交流,使各宗教、各民族文化浸润在中华文化的丰厚土壤

---

① 青海省就贯彻执行《〈国务院实施民族区域自治法若干规定〉情况进行重点检查》,国家民委网站,http://www.seac.gov.cn/art/2016/4/6/art_36_251114.html。
② 《新疆保护各民族传统文化》,国务院新闻办公室网站,http://www.scio.gov.cn/zhzc/8/2/Document/1474304/1474304.htm。

中，筑牢中华文化认同的思想基础，共同增强国家认同。"①

二 民族区域自治制度进一步发展和完善的条件与动力

民族区域自治制度，其创制和实施依赖一定的条件，其发展和完善源于环境和条件的变化，也只有在一定的条件下凭借若干动力的推动才能实现。

（一）在两个坚持中求发展

从国家整体布局而言，立足国情，坚持中华民族共同体的一元主体是民族区域自治制度以及国家稳定发展大框架下的主干与核心。

中国几千年的历史过程是一个同质性因素不断扩大的民族交融过程，中华民族就是一个"你中有我、我中有你"的多元统一体。中华民族这个实体由小到大不断扩展，由松散不断凝聚，历经千百年锤炼，造就了如今疆域辽阔的强大共和国。由中华各民族共同缔造的民族共同体经历了由前 221 年秦统一六国到 1840 年鸦片战争爆发这一雏形演化，再到抗日战争时期中华民族的初步成形，随着时代的发展，由在整个国际舞台上不断变换着主角而愈加复杂。如今的中华民族各组成部分在这片广袤的土地上已然相互依存、密不可分，牵一发而动全身，形象地诠释出"多元一体"的民族格局的牢固状态。

从整体对部分的引领作用讲，中华民族就是整个国家在多元一体格局中起着领导和核心凝聚作用的想象共同体，由此搭建出一个必不可少的骨架，发掘出各民族利益之间深刻的内涵与内在联系，归纳出同质的利益并将其上升为一种拥有巨大一体性的力量，使其作为一个整体以同一种声音活跃在国际社会的舞台上。从部分对整体的贡献角度看，中国能够形成一个统一的多民族国家，各民族组成部分也起到了巨大的贡献作用。无论是在开疆拓土的历史时期组织和捍卫领土的

---

① 《西藏高僧到京研修中华文化和宗教理论》，新华网，http://news.xinhuanet.com/mrdx/2016 - 12/15/c_ 135906368. htm。

民族，还是现今拥有拱卫核心区域功能和价值的少数民族，各民族充当着国家统一的缔造者和维护者，同时，作为组成部分的各民族更是在提升国家整体文化软实力上发挥着巨大的作用。

中华民族多元一体的格局和统一性要求我们必须立足于国情，坚持单一的国家体制结构来发展和完善这种统一性，并且在坚持主干与核心的基本前提下，坚持民族区域自治制度，不以对一元性的过多强调而忽略多元性的发展，只有如此，才能不违背历史的规律，更好地满足各族人民以及中华民族整体的愿望。从解决民族问题的实际路径而言，坚持民族区域自治制度是多民族国家族际政治整合的必然举措。

首先，从理论及其内涵的角度讲，列宁关于民族区域自治提出"一个民族成分复杂的大国只有通过地区的自治才能够实现真正民主的集中制"①。自治是建立在平等基础上的自治，民族自治实质上将中国各民族的利益集中以自由意志的形式和法律所赋予的权利表达出来，各个民族之间无论是在政治、经济还是文化上享有平等一致的权利，这是整个团结的中华民族上升成为统一国家的政治基础。对于国家治理的现代化架构进程而言，"民族区域自治制度是当代中国制度架构中的主干之一，自然也是构成国家治理体系的重要内容"②。中国特色社会主义制度体系的不断完善必然要由一个统一的多民族国家推动，其本身也就蕴含着驱动民族区域自治制度以何种方式进行现代化的内涵。

其次，从实践价值的角度而言，民族区域自治制度是解决我国民族问题行之有效的基本政治制度。实践经验表明，民族区域自治制度应当持续存在的合法性来源于它所带来的巨大成效。将民族自治与地方自治相结合，根据各少数民族在历史、政治、经济以及文化等方面的不同特点，实施民族区域自治解决了新中国成立前期的民族不平等以及民族压迫，使多民族社会主义国家实施了少数民族在自己聚居所

---

① 列宁：《关于民族政策问题》（1914年），《列宁全集》（第25卷），人民出版社1988年版。

② 张会龙、冯育林：《民族区域自治制度发展完善的机遇与方向》，《云南行政学院学报》2016年第2期。

在地当家做主的重大举措，为各民族良好发展和自愿结合成为一个统一的国家奠定了坚实的基础。在社会主义道路演进渐深的几十年里，民族区域自治也不断取得显著的成就，一方面，在政治上，不以规模大小论民族，各自治单位都充分享受到了民族自治权利，从实际上避免了大民族主义的倾向，不仅使得各少数民族的利益得以充分表达，更为国家的统一安定、社会主义民族关系的稳定长远发展提供了充分的条件和不竭的动力；另一方面，在经济价值上，民族区域自治制度实质上以制度的形式解决了各少数民族在享受民族平等权利时所受到的约束和限制问题，在制度规定的保护下从先进的汉民族地区引进资源、技术、经验和管理，以实际的物质支援和帮扶提升了少数民族的实际生活质量，缩小了民族地区与先进地区的差距，有效地提高了各民族地区的经济发展能力，为中华民族和国家的前进提供了坚实的保障。

（二）增设并丰富制度内涵

不仅中华民族政治文明的内在衍生需要不竭的动力，而且民族区域自治制度作为这一文明内在演进的结果更需要被不断赋予新的内涵与意义以适应时代的进步。民族区域自治制度在少数民族聚居地区设立自治区、自治县、自治州等自治单位，在自治区域内给予自治地方极大的自治权，这一制度在一定程度上的优越性及其本身所具有的政治智慧强调了各民族差异、平等、多样的特点，然而，在各个社会领域将民族身份进行明确标识，这在一定程度上反而固化了民族界限的存在，"领地"意识的攀升与对于聚居地区占有意识的显著增强明确区分出一族不同于另一族的潜在观念，因此，本应照顾少数民族但其效用反而"把本是文化民族的各民族政治化、实体化，从而削弱中华民族的实体性，严重后果就是中华民族被虚拟化，民族国家找不到国家民族这一依托，影响民族国家的统一性"[①]。因此，增设并丰富民族区域自治制度的内涵要从整体民族关系和具体政策制度方面入手，

---

① 张会龙、冯育林：《民族区域自治制度发展完善的机遇与方向》，《云南行政学院学报》2016年第2期。

以建构的联系填补民族区域自治制度随着改革深入而来的更多的缺失与空白。

第一，我国的民族关系是各民族"平等、团结、互助、和谐"的社会主义新型民族关系，然而，在社会主义新的历史条件下，这种社会的普遍民主俨然已经不能完全满足一些民族地区高速现代化进程的需要，少数民族按照本民族聚居区的情况发展和繁荣本民族无法完全解决的新的民族矛盾和冲突现象，并且在一些边疆地区，极少数受到极端民族主义影响的民族问题愈演愈烈，且通常伴随着新的恶劣影响以更加现代化的手段散播，单单用以往的民族关系准则所做的民族工作无法有效地根除持续出现的恶劣事件，这就要求在制度的本义上增添新的内涵，赋予民族自治制度更加与时俱进的精神与准则，从而在制度的具体实施中能够由核心力量予以支撑和维护，更好地开展制度细化工作。

第二，法治化作为推进制度切实可行的方式，是将民族区域自治制度这一政治形式具体化、鲜活化的根本之举。民族区域自治制度是一项长期的基本政治制度，在民族工作实施的过程中，民族自治地方自治机关自治权的充分行使、行政机关权责的明晰、民族地区干部培养与任职相关制度政策的完善建设都需要更加具体的法律细则引导，达到平衡发展的稳步前进状态。现有的一些过于宏观的规定也在推进民族工作的实施中加大了操作的难度，因此，增添更为细致的制度机制实质上加固了民族团结、繁荣、共同进步这一张大网，将各种现实的沟通渠道疏导得更为畅通，制度内涵的丰富应当从多方面、多渠道深入，在自治机关的权利与义务上要加大力度、范围和深度地进行明晰，在协调族际关系的社会结构和社区建设方面应进一步构建相关的服务机制，同时，紧抓民族区域自治监督机制的完善，配套相关的法律法规、相关条例，予以监督主体明确的地位和职责，从贯彻实施到监督反馈都要将民族区域自治更加制度化、具体化。

（三）观念与认同的建构

"由于民族区域自治制度的核心症结在于其为多民族国家形塑了一种以各'民族'为单元的分散性认同，并造成了国家政治版图中的'民族割据',冲击着国家的整体建构。"[1] 因此,在多民族国家中,在坚持民族区域自治所带来的复杂性基础上,建立并巩固一种统一的、集合的凝聚力团结起各民族,就可以在很大程度上破解可能出现的割据的政治风险,并加固整体民族的构建。

在建设这一力量之时,我们并非要对民族区域自治作出任何批判性的摒弃,而是要在认清事实的基础之上,找到一种规避风险的办法,真正凝合对制度的自信,这个引导的力量即是观念与认同的建构。民族认同与国家认同对中华民族共同体的建设以及国家的深远发展有着极其深刻的意义,如果各民族组成部分对国家认同的程度较高,构成部分即各个民族就能主动地维护国家利益,将国家利益放置于首要地位;否则,如果对国家的认同程度不高,国家的统一和稳定就可能出现裂缝,观念上认同的实质是支撑起国家统一和发展的必要条件。中华民族共同体作为拥有独立主权的中华现代国家,作为构建一个国族的现代政治共同体,它更是现代民族国家的建设主体与凝聚的中心力量,其地位和意义决定了它必须被不断地建设和巩固,民族区域自治制度基于每一个民族个体和整个民族体系之间"相依为命"的关系以及作为支撑起整个中华民族的核心制度力量,更需要人心的凝聚来搭建起与国家之间相互作用与影响的这张"大网"。"民族对国家的认同构成了民族国家最本质的要求,因而中华民族的形成是中国民族国家建立的基础。中国的国家认同,在相当大程度上是以中华民族对国家的认同的形式表现出来的,并且与中华民族的发展紧密相连。"[2]

关于构建对中华民族和国家的认同,有不少学者提出,要以一种"公民"的意识逐渐取代对于"民族"意识的过分强调。对于"公民身份"的强调在于将"同质"的特性从"异质"中提炼出来加以深化,"在国家的宪法和法律之下,所有'个体'享有平等的'公民权利',承担平等的'公民义务',因此也分享着统一的'公民身

---

[1] 才圣:《民族区域自治制度的困局与出路》,博士毕业论文,吉林大学,2016年。
[2] 周平:《论中国的国家认同建设》,《学术探索》2009年第6期。

份'"①。民族问题和冲突的化解能够从一个同质的"公民身份"角度去看待，并以共同的利益为目标，民族关系在不被刻意界限化的情况下得以协调。这种统一的公民身份实质上弱化了对于民族差异性的刻意表达，所有的个体往来都建立在同样的利益基础之上，在维护民族权益的同时，维护了宪法和法律对于公民"人人平等"的权威性。然而，对于公民身份和意识建构的强化并不意味着我们对民族身份的摒弃，只是通过这样一种观念和认同所建构的力量，尽可能减少民族区域自治所带来的民族差异化扩大的弊端，将其负面影响降至最低，最终以一个共同的中华民族身份屹立于世界舞台之上。

（四）区域自治与版块式制度的动态平衡

在单一制的国家结构形式之下，民族区域自治是在各少数民族聚居的地方实行区域自治，设立自治机关，行使自治权。在这其中，自治地方的区域划分是以一定的少数民族聚居区为基础，将民族与区域结合起来，以民族的地域分布来设立自治地方。这样的自治地方虽然考虑到了地方民族的区域界限、环境结构等特点，却将制度权力的下设在一定程度上局限在一片区域内，版块之间过于强调分疏性，民族特色的差异成为政治身份上的巨大不同，导致其他方面也难以沟通联系。因此，应当更加注重民族地方特色发展与制度之间的动态平衡。这样的平衡体现在以下几个方面：

第一，国家统一与地方优势的平衡。"强调统一和自治相结合，并不是各占一半的机械结合，而是要和国家及自治地方实现共同当家做主的权利。"② 要将过于强调民族地区的差异分殊逐渐向强化统一性和同质性过渡，给予地方特殊照顾和需要的同时让制度的优势显现在国家与地方平衡但是以统一的核心力量为支撑的这个天平上。

第二，民族自治与区位因素的平衡。习近平同志强调，民族区域自治并非某个民族独享的自治，民族自治地方也不是某个民族独有的

---

① 才圣：《民族区域自治制度的困局与出路》，博士毕业论文，吉林大学，2016年。
② 李贽、金炳镐：《新时期坚持和完善民族区域自治制度的基本要求》，《西北民族大学学报》（哲学社会科学版）2017年第9期。

地方。平衡民族地区的民族因素与区位环境结构之间的关系就是要将两者结合起来丰富地方自治机关自治权的内涵，综合考量两者的优势进行管理和发展。

第三，自治机关权力与义务的平衡。民族自治地方代表着该地区自治民族的整体利益，并且自治机关在履行义务的同时，不仅要对本民族负责，而且要对本民族自治地方整个区域负责。为此，应当进一步定位和明晰自治地方自治机关的权责，全面考察和拓展民族自治地方的相关义务规定，让地方真正承担起应有的甚至比国家政权机关更大的责任和义务，把握两者间动态的平衡，才能更为高效地解决民族问题，促进民族地方稳步发展。

（五）发掘自治地方的特色与定位

自治地方的长期稳定发展依托于适宜的体制，以一种具体问题具体分析的方式找到该自治地方的特色和优势，实现适宜功能的开发，只有充分调动各种资源，在互补与收集中找准定位，才能够更好地在新时代背景下发展和完善民族区域自治制度。

民族自治地方的民族工作面临着政治制度、战略举措、经济发展机遇、环境结构、文化差异、生态秩序等方方面面的挑战，在这种情况下，多民族国家中共处于同一个政治屋檐之下的各民族，其各自独特的文化和风俗习惯要传承发展，就必须找准长远发展的支撑，找准民族工作及其挑战的来源，找寻沟通交往交流的共同感，定位特色、发展特色才能让民族区域自治制度带来更多的裨益。

在定位优势与特色的发展中，既要紧抓自治地方自治机关的职能与责任工作，又要充分发挥群众的力量和积极性，从两个角度同时联结起支撑民族地方区域发展的纽带。从基层政府和组织的角度讲，自治机关在提供服务和管理职能时，应当充分了解本民族、本地区各行各业的要求，注重利用新时代传媒的优势，探索出普遍性和多样性结合的方式，以具体的地域特色为重点分析和考虑各种因素，在加强服务互动性的基础上体现出互补的原则，在巩固地方发展的基础上引进其他地域的支持力量，采取融入方式推进本地区特色的传播和弘扬。从群众的角度讲，拥护和支持党和政府的民族工作，积极提供有价值的信息、发展地区优势产业,友好交往,尊重不同民族的风俗习惯,主动达成普遍利益的一致共识,在和政府部门的互动期间,积极参与社会服务和管理,发挥热情和创造力,推动民族区域自治的具体实施。

(六)国际环境既是挑战也是机遇

民族区域自治作为保障少数民族权利、避免和缓解激烈民族冲突的一个重要机制,成为许多统一的多民族国家解决民族问题的一种方式和理念。

复杂但是发展契机良好的国际大环境为民族区域自治的实行带来了巨大的挑战。国际舞台上一些地区的民族主义思潮演变剧烈,甚至分裂主义、极端宗教主义的思潮有渗透进我国并在一些地区猖獗的趋势,使民族关系呈现出更加复杂的局面,这也为民族工作的开展增添了难度。与此同时,国际社会也存在着有利于中华民族一体化发展的因素,为民族区域自治制度的完善和发展提供了契机。新科技革命和经济全球化的大趋势、多极化制约了霸权主义的国际形势以及中国秉承发扬的"亲、诚、惠、容"理念和安全观念,造就了一个较为和善的周边环境,边疆治理和族际整合的实践内容有了可以切实倚靠的大环境基础,民族区域自治制度的开展和完善也就能够更加顺利。

在实施"一带一路"倡议的新形势下,边疆多民族地区已成为中国对外开放和引领全球发展的关键制高点。[①] 历史的演变和社会发展的实际表明,国家统一和民族团结是我国各族人民的最高利益和生命线,社会主义的现代化要求我们必须在坚持民族区域自治制度的基础上不断深化改革、与时俱进,在国际社会复杂的大环境下维护国内边疆地区持续的稳定和谐发展与民族的团结统一,在开放的世界上树立起中华民族的自信,抓住时机,更加细致地、实际地坚持开展和完善民族区域自治制度。

---

① 邓玉函:《中国民族区域自治制度研究20年回眸》,《广西民族研究》2016年第4期。

基层社会群众自治制度的新拓展

郜清攀　管文行　杨　弘

基层群众自治制度作为我国基层群众最直接、最广泛、最生动的民主实践形式，是实现基层治理现代化的重要内容和必由之路。2016年是"十三五"开局之年，也是我国全面建成小康社会的决胜之年。党和国家围绕着全面建成小康社会的总目标，继续全面推进基层群众自治和基层社会治理制度向纵深发展。与此同时，基层群众自治制度的理论研究也与时俱进，开拓创新。相关专家学者结合时代主题和中国基层自治发展的现实要求，针对新时期推进基层群众自治制度和基层社会治理发展过程中的重点、难点议题，提出了许多重要的新观点、新命题、新论断，形成了当前基层群众自治研究的新动向、新趋势。

一　党和国家全面推进基层群众自治的政策和措施

2016年，党和国家推进基层社会治理和群众自治发展的措施主要有以下几方面。

（一）继续推进全面从严治党向基层延伸，为基层群众自治创造良好的政治生态

中国共产党在基层群众自治中居于领导核心地位，全面落实从严

治党，加强基层党组织建设，是推进基层群众自治制度深入发展的政治保障。2016年，中国共产党继续推动全面从严治党向基层延伸，在加强基层党内反腐、完善党内法规制度体系建设方面做了具体的政策部署，为基层群众自治营造了健康良好的政治生态环境。

1. 形成基层高压反腐的工作态势。基层腐败不仅损害了社会公平，污染了基层政治生态，损害了党在人民群众心中的正面形象，而且损害了国家利益和人民的正当权益，甚至动摇了党在基层的执政基础。[①] 2016年1月12日，习近平在第十八届中央纪律检查委员会第六次全体会议上的讲话中强调，基层干部队伍主流是好的，但在一些地方、部门、单位，基层干部不正之风和腐败问题还呈现出易发多发、量大面广的态势。他同时深刻地指出，"微腐败"也可能成为"大祸害"，它损害的是老百姓的切身利益，啃食的是群众的获得感，挥霍的是基层群众对党的信任，因此，各级党组织要推动全面从严治党向基层延伸，认真纠正和严肃查处基层贪腐以及执法不公等问题，维护群众切身利益，让群众更多地感受到反腐倡廉的实际成果；要继续加强基层组织和干部队伍建设，把基层组织建设成为坚强的战斗堡垒，充分发挥广大党员、干部的先锋模范作用。[②] 基于此，党的第十八届中央纪律检查委员会第六次全会将"坚决整治和查处侵害群众利益的不正之风和腐败问题，切实加强基层党风廉政建设"作为2016年七项任务之一并作出具体部署。这势必会进一步净化基层党组织的干部队伍，巩固党在基层群众自治中的领导地位。

2. 修改地方党委工作条例，完善党内法规制度体系。一是修改了《中国共产党地方委员会工作条例（试行）》。早在1996年，中共中央就印发了《中国共产党地方委员会工作条例（试行）》，在数十年中，该条例对加强和改善地方党委的领导发挥了重要作用。随着党和国家事业的不断发展，该条例中的部分内容已不能完全适应新形势、新任务的要求。2016年1月4日，中共中央决定予以重新修订，

---

① 周韶钧：《反腐剑指基层是民心所向》，《中国纪检监察报》2016年1月16日。
② 《在第十八届中央纪律检查委员会第六次全体会议上的讲话》，人民网，http://politics.people.com.cn/n1/2016/0503/c1001-28319087.html。

在原有的基础上印发了《中国共产党地方委员会工作条例》,并下发通知,要求各地区各部门认真遵照执行。通知指出,地方党委制度是我们党执政治国的重要组织制度,完善这项制度是推进国家治理体系和治理能力现代化的重要方面。协调推进"四个全面"战略布局,必须始终坚持和加强党的领导,更好地发挥党总揽全局、协调各方的核心领导作用。通知还强调,省、市、县三级地方党委作为本地区的领导核心,在贯彻落实中央决策部署、推动党的奋斗目标实现上居于关键位置,负有重大责任。地方党委工作必须进一步加强,地方党委领导能力必须进一步提高。通知对工作条例的实施做了高度评价,并明确指出,工作条例是深入贯彻党的十八大和十八届三中、四中、五中全会精神,坚持问题导向和改革精神,突出地方党委全面从严治党政治责任,健全地方党委发挥领导核心作用的制度基础,因而它是新形势下做好地方党委工作,完善地方党委运行机制的基本遵循。工作条例的制定和实施,对进一步加强和改进地方党委工作,提高党的执政能力和领导水平,具有十分重要的意义。

二是印发了《中国共产党问责条例》。2016年7月17日,中共中央印发了《中国共产党问责条例》,问责条例以党章为根本遵循,全面贯彻党的十八大和十八届三中、四中、五中全会精神,深入贯彻习近平总书记系列重要讲话精神,聚焦全面从严治党,突出管党治党的政治责任,着力解决一些在党组织和党的领导干部中所存在的党的领导弱化、党的建设缺失、全面从严治党不力、党的观念淡漠、组织涣散、纪律松弛、不担当、不负责等突出问题,要求各省、自治区、直辖市党委,中央各部委,中央国家机关各部委党组(党委),根据问责条例制定实施办法。问责条例体现了党的十八大以来管党治党理论和实践创新成果,是全面从严治党重要的制度遵循,对于统筹推进"五位一体"总体布局和协调推进"四个全面"战略布局,实现党的历史使命,具有十分重要的意义。[①]

---

① 中共中央印发《中国共产党问责条例》,新华网,http://news.xinhuanet.com/politics/2016-07/17/c_1119232150.html。

三是完善了《中国共产党党内监督条例（试行）》。《中国共产党党内监督条例（试行）》自2003年颁布施行以来，对加强党内监督、维护党的团结统一发挥了积极作用。然而，随着形势任务的发展变化，原监督条例与新实践、新要求不相适应的问题显现出来。因此，面对新的形势和任务，修订党内监督条例，制定一个符合新形势需要的党内政治生活准则，时机成熟、条件具备，要求迫切，意义重大。① 早在2014年，党中央就组织专项工作小组，就加强党内政治生活问题进行调查研究，并形成了初步成果。2016年2月，党的十八届六中全会成立了文件起草小组，由习近平担任组长，刘云山、王岐山任副组长，有关部门和地方同志参加，专门负责党内监督条例的修订工作，并于10月在中国共产党第十八届中央委员会第六次全体会议上通过《中国共产党党内监督条例》。② 该监督条例明确了党内监督的任务、主要内容以及重点对象，对党的中央组织、党委（党组）、党的纪律检查委员会，特别是党的基层组织和党员四类监督主体的监督职责等问题作出了具体规定。其中，就加强对党的基层组织和党员的监督方面，该监督条例明确指出，党的基层组织应当发挥战斗堡垒作用，应履行的监督职责包括严格党的组织生活，了解党员、群众对党的工作和党的领导干部的批评和意见，维护和执行党的纪律等。③ 此外，该监督条例还强调，党内监督必须把纪律挺在前面，运用监督执纪"四种形态"。这一要求鲜明地体现在从党的中央组织的监督、党委（党组）的监督、纪委的监督到党的基层组织和党员的监督制度安排中，成为开展党内监督工作的基本遵循，也使党内监督成为从政治上深化全面从严治党的有力抓手。④

---

① 《关于〈关于新形势下党内政治生活的若干准则〉和〈中国共产党党内监督条例〉的说明》，新华网，http://news.xinhuanet.com/politics/2016-11/02/c_1119838057.html。

② 《中国共产党党内监督条例》，新华网，http://news.xinhuanet.com/politics/2016-11/02/c_1119838242.html。

③ 《〈中国共产党党内监督条例〉要点一览》，人民网，http://politics.people.com.cn/n1/2016/1103/c1001-28831774-2.html。

④ 《从政治上深化全面从严治党》，人民网，http://theory.people.com.cn/n1/2016/1208/c49150-28934647.html。

(二) 进一步加强基层政权建设，以充分发挥基层政权在群众自治中的作用

基层群众自治的发展水平、发展方向离不开基层政权特别是乡镇一级政权的大力支持和积极引导。可以说，基层政权是推动基层社会群众自治制度发展的关键力量。加强基层政权建设，加快转变政府职能，推进行政体制改革，充分发挥基层政权在基层群众自治中的推动和引导作用，是完善基层群众自治制度、提高基层社会自治能力的题中之义。2016年，党和国家在加强基层政权建设，深化群众自治方面主要采取了以下措施。

1. 加快基层简政放权工作，进一步推进基层政府职能转变。权力清单制度是政府职能转变落到实处的有效途径。2015年后，中央继续加大基层政府简政放权的实施力度，2016年2月，国务院印发了《国务院关于第二批清理规范192项国务院部门行政审批中介服务事项的决定》，要求各地方落实清理规范行政审批中介服务事项的工作，加快推进配套改革和相关制度建设，切实加强事中、事后监管。[①] 3月，国务院办公厅印发《国务院关于落实〈政府工作报告〉重点工作部门分工的意见》，要求地方政府全面公布权力和责任清单，并在部分地区试行市场准入负面清单制度；对行政事业性收费、政府定价或指导价经营服务性收费、政府性基金、国家职业资格，实行目录清单管理。5月，国务院印发《2016年推进简政放权放管结合优化服务改革工作要点》，要求在更大范围、更深层次、以更有力的举措推进简政放权、放管结合、优化服务改革，以推进市场在资源配置中起决定性作用和更好发挥政府作用。8月，国务院印发《国务院关于开展第三次大督查的通知》，对于地方政府工作部门落实权力和责任清单制度、试行市场准入负面清单制度以及对行政事业性收费、政府定价或指导价经营服务性收费、政府性基金、国家职业资格实行目录清单管理等情况进行严格督查。

2. 推进基层政务公开，保障基层群众的知情权、参与权、表达

[①]《国务院关于第二批清理规范192项国务院部门行政审批中介服务事项的决定》，人民政府网，http://www.gov.cn/gongbao/content/2016/content_5051221.htm。

权、监督权。政务公开是民众政治参与的重要前提，也是提升国家治理能力，增强政府公信力执行力，促进基层群众自治发展的重要手段。2016年2月，中共中央办公厅、国务院办公厅联合印发《关于全面推进政务公开工作的意见》，提出要通过政务公开让公众更大程度地参与政策制定、执行和监督；要研究探索不同层级、不同领域公众参与的事项种类和方式，搭建政民互动平台，问政于民、问需于民、问计于民，增进公众对政府工作的认同和支持；要充分利用互联网优势，积极探索公众参与新模式，提高政府公共政策制定、公共管理、公共服务的响应速度。7月，国务院办公厅又印发了《关于在政务公开工作中进一步做好政务舆情回应的通知》，强调各地区各部门要以政务舆情回应制度、回应机制、回应效果为重点，定期开展督查，切实做到解疑释惑、澄清事实，赢得公众的理解和支持。11月，国务院办公厅再次就推进政务公开问题印发《关于全面推进政务公开工作的意见》，提出了要开展"五公开"标准化规范化试点工作，并提出要探索适应基层特点的政务公开方式，要求各地方在两年时间里形成县乡政府政务公开标准规范，切实优化政务服务，提升政府效能，破解企业和群众"办证多、办事难"问题，打通政府联系服务群众"最后一公里"。

3. 审议通过《关于加强乡镇政府服务能力建设的意见》，为基层社会群众自治提供优质的服务支持。乡镇政府作为最基层的政权机关和行政单元，是党和国家联系基层人民群众的重要桥梁，不仅承担着贯彻执行党和国家各项方针政策的职责，同时也承担着为基层社会治理和自治提供指导和服务的任务。"加强乡镇政府服务能力建设，是解决基层社会扶贫、社会保障、义务教育、就业、住房等与人民群众息息相关的问题的重要途径，是基层社会稳定的保证，也是使广大基层群众享受到改革开放成果的最关键的一步。"2016年12月2日，中央全面深化改革领导小组第三十次会议审议通过了《关于加强乡镇政府服务能力建设的意见》。该意见进一步明确要加强乡镇政府服务能力建设，坚持基本公共服务均等化的发展方向，优化基本公共服务资源配置、创新公共服务供给方式，有效提升乡镇政府服务水平等，从而为基层社会自治创新的有效展开提供切实的动力和保障。

（三）进一步提出具体政策措施，推进基层各领域自治实践深入发展

2016年，为进一步完善基层群众自治，推进基层社会治理现代化，党和国家精准定位，在城乡社区治理、城市社区治理以及社会自治组织及行业自治等领域制定了一系列具有针对性的政策和措施。

1. 针对农村社区治理领域，2016年1月，中共中央、国务院印发第十三个聚焦"三农"的中央"一号文件"《关于落实发展新理念 加快农业现代化 实现全面小康目标的若干意见》。该意见明确提出，要创新和完善乡村治理机制。具体而言，一是加强乡镇服务型政府建设；二是依法开展村民自治实践，探索村党组织领导的村民自治有效实现形式；三是深化农村社区建设试点工作，完善多元共治的农村社区治理结构；四是在有实际需要的地方开展以村民小组或自然村为基本单元的村民自治试点；五是发挥好村规民约在乡村治理中的积极作用；六是深入开展涉农信访突出问题专项治理。同时，为切实保障基层人民群众当家做主的权利，有效监督村级领导干部，该意见还提出了建立健全务实管用的村务监督委员会或其他形式的村务监督机构的要求。

8月8日，为落实各级部门的责任，提高做好城乡社区协商的自觉性和主动性，民政部出台了《关于深入推进城乡社区协商工作的通知》。该通知指出，城乡社区协商是中国特色社会主义民主政治建设的重要组成部分，是最广泛、最直接、最生动的社会主义民主协商形式。深入推进城乡社区协商，紧紧抓住基层工作的牛鼻子，有序引导城乡居民在社区公共事务和公益事业中依法自我管理、自我服务、自我教育、自我监督，对于密切党群、干群关系，促进社会和谐稳定，推动实现社会治理体系和治理能力现代化具有十分重要的意义。基于此，该通知提出，要将城乡社区协商贯穿于党组织领导的充满活力的基层群众自治全过程。具体而言，就是要求各级民政部门积极推动，争取将城乡社区协商列为地方党委、政府的重点工作内容，纳入考核评价体系，推动将城乡社区协商上升为城乡社区基本工作制度，加快形成协商主体广泛、内容丰富、形式多样、程序科学、制度健全、成

效显著的城乡社区协商新局面。①

8月30日,为推动新形势下农村社区建设再上新台阶,民政部决定开展全国农村社区建设示范创建活动,并下发通知,提出要以农村基层社会治理创新为引领,以构建新型乡村治理体制机制为目标,以增强农村社区自治和服务功能为重点,以规范化、标准化建设为动力,着力打造一批管理有序、服务完善、文明祥和的农村社区建设示范点,为深化农村社区建设试点工作积累经验、提供示范。通知还特别强调,要坚持以人为本、服务居民;把解决农村居民反映强烈的突出问题作为创建活动的出发点和落脚点,不断满足农村居民的多元化需求,提高农村居民生活质量和文明程度;要坚持标准先行、重心下移,把工作重点放在农村社区,把人力、财力、物力资源投向农村社区,切实减轻基层负担。②

12月,中共中央出台了《关于稳步推进农村集体产权制度改革的意见》。该意见强调,要尊重农民群众意愿,发挥农民主体作用,支持农民创新创造,把选择权交给农民,确保农民知情权、参与权、表达权、监督权,真正让农民成为改革的参与者和受益者。该意见对农村集体资产财务管理做了特别说明,要求修订完善农村集体经济组织财务会计制度,加快农村集体资产监督管理平台建设,推动农村集体资产财务管理制度化、规范化、信息化。稳定农村财会队伍,落实民主理财,规范财务公开,切实维护集体成员的监督管理权。此外,该意见还就农村集体经济组织的功能作用作出明确指示,提出要在基层党组织领导下,探索明晰农村集体经济组织与村民委员会的职能关系,有效承担集体经济经营管理事务和村民自治事务。有需要且条件许可的地方,可以实行村民委员会事务和集体经济事务相分离。妥善处理好村党组织、村民委员会和农村集体经济组织的关系。③

---

① 《民政部关于深入推进城乡社区协商工作的通知》,民政部网站,http://www.mca.gov.cn/article/yw/jczqhsqjs/fgwj/201612/20161200002641.shtml。

② 《民政部关于开展全国农村社区建设示范创建活动的通知》,民政部网站,http://www.mca.gov.cn/article/gk/wj/201609/20160900001946.shtml。

③ 《中共中央国务院关于稳步推进农村集体产权制度改革的意见》,中央政府门户网站,http://www.gov.cn/gongbao/content/2017/content_5163444.htm。

2. 针对城市社区治理领域，近年来，随着我国经济社会的快速发展和城镇化进程的不断提速，城市中人口膨胀、环境恶化、交通拥堵、住房紧张等问题日益凸显，而落后的城市治理体系和低下的社会治理水平无法满足当前城市社会发展的实际需要。加强城市社区自治，提高城市社区治理能力和治理水平，是实现城市可持续、科学化发展的当务之急。基于此，2016 年，党和国家在 2015 年深入推进城市治理体制机制优化升级的基础上，继续出台相关政策和措施，以调动社会公众积极参与为重点，以加强城市社区服务体系和服务能力建设为核心，着力转变城市发展方式，创新城市服务机制，努力实现城市社区治理水平全方位升级。

2016 年 2 月，在时隔 37 年后，中央重启城市工作会议，印发了《中共中央国务院关于进一步加强城市规划建设管理工作的若干意见》，并勾画出"十三五"乃至更长时间里中国城市发展的"路线图"。该意见针对城市建设中盲目追求规模扩张，违法建设、大拆大建，公共产品和服务供给不足等突出问题，提出要创新城市治理方式，落实市、区、街道、社区的管理服务责任，健全城市基层治理机制；进一步强化街道、社区党组织的领导核心作用，以社区服务型党组织建设带动社区居民自治组织、社区社会组织建设；要增强社区服务功能，实现政府治理和社会调节、居民自治的良性互动，加强信息公开，推进城市治理的阳光运行。此外，该意见还特别强调，要充分发挥社会公众参与在城市规划建设中的重要作用，健全国家城乡规划督察员制度，实现规划督察全覆盖；进一步完善社会参与机制，充分发挥专家和公众的力量，加强规划实施的社会监督；要提高企业、社会组织和市民参与城市治理的意识和能力。在治理手段方面，该意见指出，要加强城市治理的智能化建设，利用现代信息技术提升城市的治理服务水平，推进城市智慧管理。[①]

10 月，民政部、中央组织部、中央综治办等部门联合印发了《城乡社区服务体系建设规划（2016—2020 年）》，该规划就加强城市

---

① 《中共中央国务院关于进一步加强城市规划建设管理工作的若干意见》，中央政府门户网站，http://www.gov.cn/zhengce/2016－02/21/content_ 5044367.htm。

社区法规制度建设和标准化建设提出了意见；要求在贯彻实施《中华人民共和国村民委员会组织法》的基础上，推动修订《中华人民共和国城市居民委员会组织法》，完善地方配套法规。

3. 针对社会自治组织及行业自治领域，社会组织是基层社会群众自治的重要力量，坚持社会组织中党组织的政治领导核心地位，是发展中国特色社会组织的本质要求和显著特征。2016年8月，中共中央办公厅、国务院办公厅印发了《关于改革社会组织管理制度 促进社会组织健康有序发展的意见》，提出社会组织发展要坚持党的领导、改革创新、放管并重、积极稳妥推进的基本原则。该意见还提出，要从政策上支持社会组织提供公共服务，从财政、税收、人才方面支持社会组织发展，依法做好社会组织登记审查工作，同时，从组织的负责人、活动、资金、管理制度方面规范社会组织的行为。[1]

2016年是党关于"建设宏大社会工作人才队伍"决策部署的第十年。十年来，社会工作专业人才队伍迅速壮大，规模总量达到76万人，其中持证社工近30万人；相关事业单位、群团组织、社区和社会组织社会工作专业岗位超过20万个，社会工作服务机构达到6600余家。[2] 11月7日，为全面总结十年来社会工作发展的成绩与经验，明确"十三五"时期社会工作的推进思路与目标任务，民政部在广州召开了全国社会工作推进会议。会议总结了十年来社会工作人才队伍建设的经验和成就，并就加强社会工作专业人才队伍建设，加快推动社会工作全面深入发展作出了重要部署：一是要进一步健全制度体系。建立健全政府购买社会工作服务制度，建立健全社区、社会组织和社会工作"三社联动"机制；二是进一步壮大人才队伍。要加快培养一批具有重要引领示范带动作用的高层次社会工作专业人才队伍；三是进一步拓展服务平台，力争到2020年，实现社会工作专业岗位与人才的合理配置，每个城市社区和农村乡镇至少配备1名社会工作专业人才，全国范围内社会工作服务机构数量达到1万家，并

---

[1] 《关于改革社会组织管理制度 促进社会组织健康有序发展的意见》，中央政府门户网站，http：//www.gov.cn/zhengce/2016-08/21/content_5101125.htm。

[2] 《民政部在广州召开全国社会工作推进会》，中央政府门户网站，http：//www.gov.cn/xinwen/2016-11/08/content_5129689.htm。

基本形成覆盖省、市、县三级的社会工作行业体系；四是进一步发展专业服务，率先在民政业务领域深化拓展社会工作服务。①

12月，为促进行业协会商会成为依法自治的现代社会组织，明确政府综合监管责任，落实各项监管制度，创新监管方式，规范行业协会商会行为，国家发展改革委、民政部会同有关部门，在中共中央办公厅、国务院办公厅2015年印发的《行业协会商会与行政机关脱钩总体方案》的指导基础上，研究制定了《行业协会商会综合监管办法（试行）》。该办法按照厘清行政机关与协会商会的职能边界，健全专业化、协同化、社会化的监督管理机制等原则，提出了行业协会商会脱钩改革的具体监管办法。②

12月29日，财政部、民政部联合下发《关于通过政府购买服务支持社会组织培育发展的指导意见》。该意见明确了政府购买服务的原则和目标，确立了社会组织参与承接政府购买服务的要求，将鼓励和引导社会力量参与落到实处，并提出鼓励在街道（乡镇）成立社区社会组织联合会，联合业务范围内的社区社会组织承接政府购买服务，带动社区社会组织健康有序发展。该意见对于促进提供公共服务能力持续提升，发挥社会组织的独特优势，优化公共服务供给，形成和改善多元主体公共服务的合力，构建多元化的公共服务供给体系，提高公共服务水平和效率具有重要的现实意义。

（四）全面深入推进社区服务体系建设，打造全方位社区治理新格局

"十三五"时期是我国全面建成小康社会的决胜阶段，也是我国城乡社区服务体系建设，特别是农村社区服务体系建设夯基垒台、立柱架梁的关键阶段。随着新型工业化、信息化、城镇化、农业现代化的加速推进，我国城乡社区服务体系建设面临着一系列机遇和挑战。一方面，我国经济持续健康发展，社会治理体系日益健全，各级党委

---

① 《民政部在广州召开全国社会工作推进会》，中央政府门户网站，http://www.gov.cn/xinwen/2016-11/08/content_5129689.htm。
② 《全国社会工作推进会议在广州召开》，中华人民共和国民政部，http://www.mca.gov.cn/article/zwgk/mzyw/201611/20161100002350.shtml。

政府对社区建设高度重视，为城乡社区服务体系建设提供了有利条件；另一方面，坚决打赢脱贫攻坚战，解决好"三个1亿人"城镇化问题，实现农业转移人口市民化，以及有效应对人口老龄化加速，对建设惠及十几亿人口的城乡社区服务体系提出了新的更高要求。2016年是"十三五"规划的关键时间点，党和国家相继出台了一系列政策文件，为推动我国社区服务体系化发展，打造全方位社区治理新格局营造了良好的政策环境。

6月，为了发现、总结和推广各地社区治理创新的实践经验，民政部发布《关于推介"2015年度中国社区治理十大创新成果"创新经验的通知》。①该通知对各地推进社区治理创新和发展提出了具体要求和指导意见：一是要求各地充分认识"2015年度中国社区治理十大创新成果"的积极意义，认真借鉴相关地区和单位的先进经验，切实增强创新社区治理的自觉性和主动性；二是要求各地切实加强社区治理政策创制，抓紧制定省级层面具体实施意见和相关配套措施，着力完善多元主体共同治理的农村社区治理机制，大力推进城乡社区协商制度化，逐步建立社区公共事务准入机制，努力形成上下贯通的政策体系；三是要求各地切实做好宣传推介和推广应用工作，培育一批符合区域实际、体现地方特色的社区治理创新典型，推动形成多层次的社区治理创新格局，从而为在全国范围内有效开展社区治理和创新工作起到引导示范作用。

7月，为进一步推动社区治理理论创新、实践创新和制度创新，切实发挥专家委员会政策咨询、督导评价、调查研究等方面的作用，鉴于2013年以来成立的首届专家委员会任期已满，应进行换届，民政部印发了《关于推荐第二届"全国城乡社区建设专家委员会"成员的通知》。②该通知根据《民政部全国城乡社区建设专家委员会工作规范》，对第二届专家委员会的总体规模（60人左右）、种类（按

---

① 《民政部关于推介"2015年度中国社区治理十大创新成果"创新经验的通知》，民政部门户网，http：//www.mca.gov.cn/article/zwgk/tzl/201606/20160600000937.shtml。
② 《民政部办公厅关于推荐第二届"全国城乡社区建设专家委员会"成员的通知》，民政部门户网，http：//www.mca.gov.cn/article/yw/jczqhsqjs/fgwj/201612/20161200002633.shtml。

照年龄、职称、学术造诣等条件分为顾问委员、专家委员、青年委员三类)、选拔产生方式(专家委员会成员采用定向推荐、民政系统推荐和面向社会征集"三结合"的方式进行选拔)作出明确规定,以为城乡社区治理和群众自治提供良好的人才支撑和智力支持。

10月,民政部、中央组织部、中央综治办等十余个部门联合印发了《城乡社区服务体系建设规划(2016—2020年)》。该规划强调,要坚持人民主体、多元参与在城乡社区服务体系建设中的重要作用;要引导社区居民参与政策制定、项目设计、服务供给和绩效评估,促进社区服务与居民需求精准对接,拓宽各类主体特别是社会力量参与渠道,最大限度地集合服务资源、形成推进合力。为此,该规划从社区党组织、社区自治组织以及社区社会组织三个方面提出完善城乡社区自我服务机制的具体措施:一是要充分发挥社区党组织的领导核心作用,组织社区党员干部成立联系服务群众团体,为群众提供便利、快捷、有效服务。二是要发挥城乡社区自治组织作用,围绕涉及居民群众切身利益的公共事务和公益事业组织社区协商活动,吸纳社区居民参与社区服务项目提出、运行、监督全过程,探索通过居民自愿筹资、建立社区基金等方式扩充自我服务资源。三是要支持城乡社区群众团体组织发挥各自优势参与社区服务活动,大力培育服务性、公益性、互助性城乡社区社会组织。针对城乡社区服务人才队伍建设,该规划提出,要引导优秀人才向城乡社区服务领域流动,依章依法选优配强社区(村)"两委"班子成员,健全居(村)民委员会下属委员会,选齐配强居(村)民小组长、楼院门栋长。此外,该规划还提出,要健全城乡"三社联动"机制,即要充分发挥社区的基础平台作用、社区社会组织的服务载体作用、社会工作者的专业支撑作用,建立居民群众提出要求、社区组织开发设计、社会组织竞争承接、社工团队执行实施、相关各方监督评估的联动机制,广泛汇集社会资源,更好地回应社区居民的多样化、个性化服务需求。[1]

---

[1] 《城乡社区服务体系建设规划(2016—2020年)》,中国社区网,http://www.cncn.org.cn/content/2016-11/147910437430782.html。

二 2016年基层社会群众自治制度实践的新亮点

2016年,在党和国家的积极推动下,地方各级政府对相关政策展开全方位跟进,并制定了一系列实施方案和配套措施,推动基层社会治理和群众自治实践继续向纵深发展。在国家和地方各级政府的大力支持和引导下,基层社会涌现出更多的先进实践案例,极大地丰富和拓展了基层社会治理和群众自治的形式和内容。

(一)地方政府继续加强对国家基层社会群众自治政策的全方位跟进

2016年,为进一步加强全面从严治党向基层推进,贯彻落实中共中央印发的《中国共产党问责条例》,各省、自治区结合自身实际情况制定了实施办法,对问责原则、问责情形、问责方式、问责程序、问责监督等内容进行了相关规定。例如,8月,甘肃省审议通过了《甘肃省实施〈中国共产党问责条例〉办法(试行)》,提出对于基层党风廉政建设不力,落实惠民政策措施不到位,整治和查处群众身边的不正之风和腐败问题不坚决,扶贫领域虚报冒领、截留私分、挥霍浪费问题多发,集体"三资"管理、土地征收等领域违规违纪问题突出,管辖范围内损害群众利益问题反复发生、得不到有效治理的,应当予以问责。9月,云南省委印发的《贯彻〈中国共产党问责条例〉实施办法》也强调,对于加强基层党风廉政建设不力,损害群众利益的不正之风和发生在群众身边的腐败问题突出的,应当予以问责。

为了贯彻中共中央办公厅、国务院办公厅印发《关于全面推进政务公开工作的意见》,各省、自治区相继出台了关于政务公开的实施意见。9月,吉林省印发了《关于全面推进政务公开工作的实施意见》,明确指出要推进基层政务公开规范化,探索适应基层特点的公开方式,形成县乡政府政务公开标准规范,让基层群众及时了解信息、掌握政策、知晓办事流程,打通政府联系服务群众"最后一公里"。10月，江苏省出台了《关于全面推进政务公开工作的实施意见》，提出要加强服务公开，全面清理规范政府部门、国有企事业单位、基层组织、中介服务机构、社会组织等提供的公共服务和管理服务事项，形成省、市、县（市、区）、乡镇（街道）、村（社区）五级服务清单，向社会公布。12月，海南省印发了《关于全面推进全省政务公开工作的实施意见》，强调要积极扩大公众参与，研究探索多层级、多领域公众参与公共政策制定、公共管理、公共服务的事项种类和方式，以打通政府联系服务群众的"最后一公里"。此外，广东省、甘肃省、广西壮族自治区等省、自治区也陆续出台了关于本省、自治区的政务公开工作实施意见，有力地推动了基层政府政务公开工作的顺利开展。同时，根据《国务院办公厅关于印发2016年政务公开工作要点的通知》的要求，贵州省、广东省、河北省等也相继出台了相关政策规定予以跟进落实，并对政务公开的工作要点做了详细具体的说明。通过中央到地方各级政府的努力，各地区各部门政务公开和舆情回应工作取得较大进展。据调查，全国政府网站抽查的合格率从第一季度的81.5%，第二季度的85%，第三季度的88%逐步上升至第四季度的95%。[1]

为深入贯彻落实中央《关于加强城乡社区协商的意见》和《关于深入推进城乡社区协商工作的通知》，各省、市结合自身具体情况，出台了具体实施意见，扎实推进城乡社区协商制度化、规范化和程序化。例如，北京市在6月颁布了《关于加强城乡社区协商的实施意见》，提出到2020年，在全市普遍建立主体广泛、内容丰富、形式多样、环节完整、规范有序、行之有效的"参与型"社区协商体系，实现城乡社区协商的制度化、规范化和程序化水平大幅提升，城乡居民参与协商的能力不断增强。7月，江西省出台了《关于加强全省城乡社区协商的实施意见》，要求从2016年开始全面部署开展城乡社区协商工作，到2020年，全省城乡社区普遍开展协商实践，构建协商主体广泛、内容丰富、形式多样、程序科学、制度健全、成效显著的

---

[1] 《一图读懂2016年全国政府网站抽查结果》，中国政府网，http://www.gov.cn/xinwen/2017-02/15/content_5168054.html。

城乡社区协商新局面。10月，福建省颁布了《关于深入推进城乡社区协商工作的通知》，提出要将"城乡社区协商"列为地方党委、政府重点工作内容，纳入考核评价体系，将"城乡社区协商"上升为城乡社区基本工作制度，加快形成协商主体广泛、内容丰富、形式多样、程序科学、制度健全、成效显著的城乡社区协商新局面。为此，福建省还出台了《城乡社区协商基本规范》和《城乡社区协商具体制度》两项指导性文件。11月，黑龙江省印发了《关于加强全省城乡社区协商的实施意见》，为城乡社区协商建设勾画了时间进度表，即2017年，各市（地）结合实际分别确定两个以上的试点县（市、区），为城乡社区协商在全省的全覆盖探索路径、积累经验；2018年，各地总结试点经验，全面开展城乡社区协商工作；2020年，在全省建立起规范完善的城乡社区协商制度，形成协商主体广泛、内容丰富、形式多样、程序科学、制度健全、成效显著的城乡社区协商新局面。此外，河南、甘肃、青海等省也陆续出台相关文件，对加强城乡社区协商建设，深入推进城乡社区协商工作予以政策跟进。

（二）基层社会群众自治制度建设成就显著

总体来看，2016年基层社会群众自治组织整合步伐加快，自治制度和组织建设进一步完善，政策支撑体系更加健全，自治内容和形式更加丰富多样，各领域的基层社会群众自治实践稳步推进，并取得显著成就。

1. 基层社会群众自治组织建设更加完备。2016年，基层社会群众自治组织建设进一步完善。一是基层社会群众自治组织建设稳步推进，据统计，截至2016年底，基层群众自治组织共计66.2万个，其中，村委会55.9万个，村民小组447.8万个；居委会10.3万个，比上年增长3.3%，居民小组142.0万个。二是各类社区服务机构和设施更加完善，对基层社会的覆盖面进一步扩大。截至2016年底，全国共有各类社区服务机构和设施38.6万个，其中社区服务指导中心809个（其中农村27个），社区服务中心2.3万个（其中农村0.8万个），社区服务站13.8万个（其中农村7.2万个），社区养老服务机构和设施3.5万个，比上年增长34.6%，互助型养老服务设施7.6万个，比上年增长22.6%，其他社区服务设施11.3万个，社区服务中心（站）覆盖率24.4%，其中城市社区服务中心（站）覆盖率79.3%，农村社区服务中心（站）覆盖率14.3%。城镇便民、利民服务网点8.7万个。社区志愿服务组织11.6万个。三是社会组织建设继续保持健康快速增长，社会力量进一步壮大。截至2016年底，全国共有社会组织70.2万个，比上年增长6.0%；吸纳社会各类人员就业763.7万人，比上年增长3.9%。社会团体33.6万个，比上年增长2.3%；各类基金会5559个，比上年增长16.2%；民办非企业单位36.1万个，比上年增长9.7%。[①]

2. 基层社会群众自治的内容形式更加丰富多样。2016年，基层社会群众自治的内容和形式更加丰富多样，并在民主选举、民主决策、民主管理、民主监督等方面取得了进一步提升。首先，基层民主选举稳步推进，选举程序和机制更加规范合理。以吉林省为例，2016年1月，吉林省印发了《关于做好2016年全省村党组织、村民委员会和村务监督委员会换届选举工作的通知》，强调村党组织书记和村民委员会主任"一肩挑"比例要达到80%以上，"项目支书"比例达到95%以上。同时，进一步优化"两委"班子结构，要求35岁以下村"两委"委员比例要达到30%以上；拟提名的村党组织书记人选要参选村民委员会主任，凡得票率达不到50%的，原则上不提名为村党组织书记人选。2016年，全国共有9.7万个村（居）委会完成选举，参与选举的村（居）民登记数为1.7亿人，参与投票人数为0.9亿人。其次，城乡社区服务体系建设取得显著成效，自我服务能力进一步提升。一是服务设施更加完善。截至2015年底，全国共建成城乡社区综合服务设施15.3万个，比2010年底增加9.6万个，城市社区综合服务设施覆盖率达到82%，农村社区综合服务设施覆盖率达到12.3%。二是服务内容逐步丰富。社区公共服务扩大覆盖面，便民利民服务和志愿服务蓬勃开展。截至2015年底，全国共有社区便民利民服务网点24.9万个，社区服务志愿者组织9.6万个。三是

---

① 参见《2016年社会服务发展统计公报》，数据没有指出具体来源，均来自该公报，见民政部门户网，http://www.mca.gov.cn/article/sj/tjgb/201708/20170800005382.shtml。

人才队伍不断壮大。截至2015年底，全国共有社区居民委员会成员51.2万人，村民委员会成员229.7万人，社区专职工作人员127.6万人，社区志愿者数量不断增长。四是信息共享正在形成。社区公共服务综合信息平台覆盖率已达到10%，智慧社区建设在部分地区探索起步，信息化与社区服务深度融合，提高了公共服务便捷性和群众办事满意度。五是体制机制持续创新。社区多元主体广泛参与，以社区为平台，以社会组织为载体，以社会工作专业人才为支撑的"三社联动"社区服务机制初现雏形。[①] 最后，基层群众自治的手段更加丰富，借助互联网平台，微信、微博、短信、论坛等新媒体或移动终端的利用，催生了基层群众自治实践形式的多元化发展。例如，广州市制定了《广州市业主决策电子投票暂行规则》，规范业主决策电子投票行为，维护业主合法权益，让业主自主推动的"互联网+治理创新"进入政府视野；贵州省通过"云上贵州"系统，让社区居民在家门口就可以享受便捷的政务服务。

3. 基层社会群众自治的保障机制更加健全。在2015年的基础上，2016年党和国家采取了一系列政策措施，继续推动基层社会群众自治的深入发展，基层群众自治的保障机制更加健全。具体而言，一是基层政府职能持续转变，基层政府服务基层社会的功能不断加强，基层政府治理与基层社会自治良性互动的趋势逐步显现。2016年，中央各部委继续支持中西部地区（含福建、山东中央苏区和革命老区）110个县、近300个乡镇开展基层服务设施建设。自2010年启动以来，共支持1500多个县、5500多个乡镇开展项目建设。[②] 二是新型城乡社区建设进度加快，并且更加突出地方特色，进一步拓展了基层群众自治的成长空间。例如，湖北省咸宁市农村社区建设根据不同村庄的具体特点，探索实行了"4+4"的农村社区建设举措，即"平原发达型""山区贫困型""两型社会型""城郊生态文化型"四种

---

① 《城乡社区服务体系建设规划（2016—2020年）》，民政部门户网，http://www.mca.gov.cn/article/yw/jczqhsqjs/fgwj/201612/20161200002614.shtml。

② 《2016年度人力资源和社会保障事业发展统计公报》，中华人民共和国人力资源和社会保障部，http://www.mohrss.gov.cn/ghcws/BHCSWgongzuodongtai/201705/W020170531609020123750.pdf。

试点模式和"政府引领、企业主建""村企联营、项目推动""镇社联动、村民自治""多方帮扶、社区主建"四种建设措施。① 三是继续贯彻落实专家服务基层计划,为大力推进基层社会治理和群众自治提供技术服务支持。2016年,国家在2015年的基础上,继续推动实施万名专家服务基层计划,遴选101项专家服务基层项目,设立20个国家级专家服务基地。在示范项目的带动下,4400多名专家深入服务基层一线,开展各类服务活动3900多场次,与基层单位签订合作协议650多项,培训指导基层专业技术人员8.1万人。组织实施西部和东北地区高层次人才援助计划,遴选34个示范项目。② 上述政策和措施进一步加强和巩固了基层群众自治的实践基础,为加快推进基层群众自治深化发展提供了坚实的制度保障。

(三)基层社会群众自治实践的新亮点

2016年,在党和国家以及地方各级政府的大力推动下,基层各地从具体情况出发,不断创新基层社会治理和基层群众自治的有效形式,涌现出一大批具有代表性的地方实践案例。

1. 村民自治实践向基层社会不同治理领域的拓展。随着基层自治在农村地区的深入推进,农村社区协商实践广泛开展,村民自治形式更加丰富多样,基层党风廉政建设进一步加强,村民自治实践在农村社区建设中的作用更加凸显,互联网在村民自治中的运用更加频繁。

(1)以民主协商为突破口,丰富和拓展村民自治的有效实现形式。四川省巴中市坚持以"四民工作法"推进基层协商民主建设。为破解村务管理难题,引导群众有序政治参与,四川省巴中市在农村基层积极推行以"民议定方案,民选搭班子,民建保实施,民管促长效"为主要内容的"四民工作法"。即坚持"一事一方案""一事一

---

① 《农村社区建设模式与路径的探索》,湖北省民政厅,http://www.hbmzt.gov.cn/xxgk/ywb/jczq/dfxx/201611/t20161108_264877.shtml。

② 《2016年度人力资源和社会保障事业发展统计公报》,中华人民共和国人力资源和社会保障部,http://www.mohrss.gov.cn/ghcws/BHCSWgongzuodongtai/201705/W020170531609020123750.pdf。

专班"①"一事一建设""一事一管护"的工作方式，充分聚集民智，顺应民意，调动人民群众参与村集体事务的主动性和积极性，真正实现了"村民的事情村民议、村民的队伍村民选、村民的事情村民建、村民的事情村民管"。"四民工作法"不仅保障了村民的参与权、知情权、决策权、监督权、管理权，而且还解决了群众最关心、最直接、最现实的利益问题，切实体现和维护了人民群众的主人翁地位。

德阳市旌阳区"三明确一规范"推进社区协商试点工作。一是明确社区协商内容，明确城乡社区协商议事议题清单，将精准扶贫项目、公共基础设施建设、居民公共服务需求、土地流转、生态环境保护、城乡环境综合治理等事关群众切身利益的事项作为协商重点。二是明确社区协商组织。将村民协商议事会作为城乡社区协商的常设议事机构，制定村民协商议事会议事规则和协商议事会选举办法，明确议事会成员的权利和义务。三是明确社区协商形式。以村民协商议事会为重点，结合村民会议、村民代表会议等多种协商形式，广泛收集村民意见，突出协商议事的实效性。四是规范社区协商程序。规范党组织提议、事先告知、民主协商、纳入决策、决议反馈、过程监督六个环节的内容，推动工作的开展。

（2）以基层党建为引领，助推基层社会治理和村民自治稳步发展。加强农村基层党风廉政建设，是不断提高基层群众自治和社会治理水平的政治保障。2016年，各级党委和政府认真贯彻落实中央的部署和要求，在农村基层党风廉政建设方面做了大量工作，取得了明显成效，有力地推动了基层社会治理和群众自治实践向纵深发展。

山东省日照市东港区建立党建"ISO标准"，让农村基层党建实起来。党建"ISO标准"，就是把ISO质量管理体系的标准化考核办法引入党建工作，明确区直部门和镇街两个基层党建工作的标准和考评体系，夯实党组织和党员领导干部抓好党建工作的责任。目前，从区委到村党支部，从区委书记到党支部书记，到每位党员都有自己的党建清单。东港区委组织部提供的一份清单详细罗列了区委书记

---

① "专班"即"工作专班"，指为了推进某项工作而特意组建领导班子，由该领导班子专门负责该项目工作的具体实施。

2016年抓基层党建需要做的22项任务、6项责任和8项问题。通过基层党建责任落实，东港区建立了责任清单、工作清单、问题清单、考核清单"四张清单"，基层党组织得到进一步规范和加强。基层党组在化解基层矛盾、处理村级事务、推进新农村建设中的地位和作用得到极大巩固和提升。①

2016年，湖南株洲市全面开展"基层党建提升年"活动，出台"1+6+1"系列文件，对"干什么、怎么干、干出什么样"作出明确要求。具体而言，第一个"1"是指制定了一个指导基层党建工作的总体性方案，即《关于加强农村和社区基层党的建设工作的二十条意见》；"6"指关于村级后备干部队伍建设的两个"实施意见"，关于村级组织活动场所提质改造的三个"三年行动计划"，以及县市区、市直单位、乡镇（街道）书记抓基层党建工作的责任清单；最后一个"1"是指《关于在市管企业中坚持党的领导 加强党的建设的实施办法》。② 通过开展"基层党建提升年"活动，株洲市各级党委明确了党建工作的具体职责，加强了基层党组织的凝聚力和战斗堡垒作用，激发了基层党员干部和广大普通党员的工作热情，极大地提升了基层党组织在基层社会治理和自治中的政治保障和综合服务能力。

（3）以农村社区建设为契机，推进村民自治向社区自治优化升级。农村社区是农村社会服务管理的基本单元，是基层群众自治实践的重要载体。随着中国特色新型工业化、信息化、城镇化、农业现代化进程的加快，我国农村社会正在发生深刻变化，农村社区建设成为推动农村基层社会发展的重要内容。在中央政策的推动下，2016年农村社区试点工作在全国农村地区得到有序进行，农村社区建设步伐进一步加快。与此同时，基层群众自治依托农村社区建设，向社区自我教育、自我管理、自我服务等领域逐步延伸，这不仅拓展了基层群众自治的发展空间，而且推动了村民自治向城乡社区自治的优化

---

① 《"ISO标准"让党建实起来》，光明网，http://dangjian.gmw.cn/2016-09/08/content_21885959.htm。

② 《湖南株洲"1+6+1"助推基层党建提升》，共产党员网，http://news.12371.cn/2016/04/11/ARTI1460343571743874.shtml。

升级。

2016年5月,四川省委办公厅、省政府办公厅联合下发《关于开展农村社区建设试点工作的实施意见》,明确从2016年起,按全省每年1000个村的规模开展农村社区建设试点工作,提出从基层党组织建设、产业发展、基础设施建设、公共服务、信息化建设、村级治理、社会组织、基层民主协商、社区文化和法治建设10个方面着力,促进试点村全方位"变脸"升级。该意见特别强调,要坚持村民自治制度,建立健全以村党组织为领导核心,村民会议、村民代表会议决策,村民委员会执行,村务监督委员会监督,群团组织、集体经济组织、农民合作组织、社会组织为补充的"一核多元、合作共治"村级治理体系。全面推广"中江经验"[1],继续巩固深化完善村规民约(居民公约、小组公约),试行将村规民约的遵守情况纳入村民个人信用等级评定。进一步丰富完善村(居)民自治形式、拓展村(居)民自治深度,充分发挥村(居)民小组、院落(小区)、村民聚居区等微自治组织自我服务的作用。通过新媒体平台保障外出人员参与本村自治事务的民主权利。[2]

(4)以"互联网+乡村"为平台,大力提升农村基层自治效力。将现代网络信息技术运用于基层社会群众自治,实现自治手段的优化升级,是当前基层群众自治发展的重要方向之一。2016年,重庆、安徽等地在推进农村基层治理过程中纷纷将"互联网+"和大数据应用于基层社会群众自治实践中,探索更加高效、便捷的自治形式,形成了一大批具有典型性的实践案例。

重庆铜梁区建立起全国首个"互联网+文化乡村"项目。2016年7月,重庆铜梁区黄桷门村打造上线全国首个"互联网+文化乡村"项目,推出"智慧村务"等微信公众号,成为村民参与自治、

---

[1] "中江经验"是指四川省中江县为推进依法治省在基层的落实,以"村规民约"为抓手所形成的"三上、三下,六步工作法"。其中,"三上、三下"是指"村规民约"的起草过程反复三次征求意见、三次整理修改;"六步工作法"是指"村规民约"的制定实施要经过"强化领导监督、广泛宣传动员、精心组织起草、反复征求意见、依法表决备案、认真组织实施"六个步骤。

[2]《四川出台农村社区建设试点实施意见 今年起1000个村试点农村社区建设》,中央政府门户网站,http://www.mca.gov.cn/article/zwgk/dfxx/201605/20160500000179.shtml。

建言献策、维护权益以及化解矛盾的重要渠道。"智慧村务"设置了村务公开、书记信箱、调查问卷、办事指南等子栏目。村委会通过它发布政策信息、招工启事；村民通过它参与村级事务、反映社情民意。项目上线至今，已有193户实名认证，500余户关注，占黄桷门村864户家庭的80%以上。"互联网+乡村"构建起农村公共服务平台，推行电子村务、政务、财务公开，使村民通过微信群等方式实现政策信息上传下达、建言献策，可以说是打通了政府服务基层百姓和信息连接的最后一公里，也是将农村基层治理由单向度转为双向度和多向度，更利于政府倾听民意、百姓反映心声。①

安徽阜南县"三力齐驱"推进阳光村务常态化建设。2016年，安徽阜南县启动了"阳光村务工程"，以"阳光村务信息管理系统"为平台，以"阳光村务信息网"为主，实行"一村一网"，构建了包含328个村级独立网页在内的县、乡、村三级网络平台，内容包括"村级概况""党务公开""村务公开""土地流转""办事流程""精准扶贫"6个主栏目及"三资"管理、投诉举报、便民服务等18个子栏目，并以微信公众号为辅，实行"一乡（镇）一号"。公众号与信息网内容同步，群众不管在哪里，只要关注了公众号，随时都可以通过电脑、手机等方式查看村务信息，查询和了解本村村务、党务和民主管理等工作情况，甚至提出意见、建议和咨询。通过政务上网，阜南县各村镇基本上实现了农村集体"三资"监管常态化、村级事务集体决策和民主评议常态化，以及村务监督工作常态化，极大地促进了当地基层群众自治和党风廉政建设。②

安徽淮南市开展"互联网+阳光村务"，创新基层治理模式。淮南市田家庵区运用"互联网+政务"思路，大力推行网上阳光村务监督平台建设，将老百姓关心的财务、村务、党务及时晒到互联网平台，并通过一系列制度建设实现了对基层人、财、事、权的立体监管。截至2016年5月，田家庵区网上阳光村务监督平台已经在淮南

---

① 《全国首个"互联网+文化乡村"项目今年7月落户铜梁》，腾讯网，http://cq.qq.com/a/20161104/023427.htm。
② 《安徽阜南县："三力齐驱"推进阳光村务常态化建设》，人民网，http://dangjian.people.com.cn/n1/2016/0809/c117092-28623086.html。

市46个乡镇、561个村居全面推行。"阳光村务"网上平台使村（社区）党务、村务、财务由村级组织独自管理，转变为上级组织监督、群众参与的联合管理，信息的公开透明极大地降低了村里干群矛盾，使村务管理从"为民做主"转变为"由民做主"，从"制度民主"转变为"程序民主"。此外，"互联网＋阳光村务"还极大地提高了村民的民主管理意识和素养，增强了村干部履行党建工作责任意识，激发了党员参与、支持和监督党建工作的热情。[1]

2. 城市社区自治进一步向纵深推进。随着城镇化进程的加快，城市社区治理和社区居民自治日益成为推进和完善基层群众自治制度的重要阵地。2016年，城市社区治理和居民自治的实践形式更加丰富，制度机制建设更加完善，服务能力、自治能力进一步提升。

（1）注重制度机制建设，进一步推进社区协商的发展。苏州市完善社区协商机制，丰富"政社互动"内涵，深化社区治理。2016年，苏州市为充分发挥"政社互动"在社会建设领域的作用，努力通过建立社区协商新机制，构建了"广泛协商"大格局。例如，苏州市张家港杨舍镇采取"五步工作法"，即开好一个大会、订好一个章程、建好一个机制、搭好一个平台、解好一个难题等，探索建立基层社会多元主体广泛、多层和制度化的协商机制。太仓制定了《关于推进社区协商民主建设 深化"政社互动"的意见》，通过完善村（居）民小组代表会议、民主决策日、"政社互动"面对面、多元化民主协商四项制度和"4＋1"民主协商流程（"提出议题、事先通告、开展协商、实施结果"＋民主决策），进一步健全完善村（居）民代表会议、村（居）民议事会（理事会）等协商平台以及议事规则，促进了互动协商程序化、规范化。为扩大"政社互动"的范围，充分发挥社区协商机制的作用，苏州市在教育、公安、卫生计生、住建、市政市容等11个部门开展"政社互动"试点，主要围绕制定惠民政策、改进服务方式、提升服务质量等，与基层群众互动协商，扩大"政社互动"在外来人口服务管理、小区物业服务管理、老新村改造、农村

---

[1] 《淮南："互联网＋阳光村务"创新基层治理模式》，新华网，http：//www.ah.xinhuanet.com/20160531/3177322_c.html。

环境整治、城乡环境保护等重点民生领域的运用。① 通过上述措施，苏州市形成了具有特色的社会治理新路径，"政社互动"内涵日益丰富，城乡社区治理迈上新台阶。

（2）"三社联动"在全国城市社区自治中得到迅速推进。创新社会治理和社会服务的关键在基层、重心在社区。2015年10月22日，民政部召开的全国社区社会工作暨"三社联动"推进会，为社区治理和社区服务体系建设制定了时间进度表，提出力争到2020年，全国绝大部分城市社区和多数农村社区都能形成及时回应居民需求的社区服务体系，每个城市社区至少有10个以上、农村社区至少有5个以上社会组织，有专兼职专业社工或接纳民办社工机构从事社会服务活动。② 在民政部的推动下，2016年城市社区"三社联动"在现有的基础上进一步扩大，并在重庆等地得到进一步实践和推广。

重庆巴南区政府从三个方面入手，全面构建"三社联动"新模式。2016年，巴南区政府在原有的基础上，从加强城乡社区建设、激发社会组织活力以及提高社会工作水平三个方面采取措施，创新了"三社联动"的新模式。首先，在城乡社区建设方面，投入建设资金2230万元，建设四个社区便民服务中心、53个城乡社区养老服务站。在城乡社区全面设立社会工作室，配备300名专（兼）职社工开展社会服务工作。其次，在社会组织建设方面，新增设立三家民办社会工作机构。建立镇街、村（居）社区社会组织双轨备案制度，开展区级社会组织孵化基地建设和610个服务性、公益性城乡社区社会组织备案工作。最后，在社会工作建设方面，巴南区政府落实资金656万元，采取"本土+引进"民办社工机构方式，实施59个政府购买社会工作服务项目。完成区级社会工作专业实习（训）基地和22个镇街、300个村（社区）社会工作专业实习（训）站（点）筹备工作。此外，深入开展志愿服务，有序推进实施"社工+义工""项目+社区""动态+常态"社区志愿服务模式。通过上述措施，重庆巴南区全面建成区、

---

① 《深化"政社互动"机制 推动城乡社区治理实现新发展》，苏州市人民政府网站，http：//www.jsmz.gov.cn/xwzx/jyjl/201611/2016 - 11 - 11_ 97007.htm。
② 《全国社区社会工作暨"三社联动"推进会在重庆召开 李立国出席并讲话》，民政部门户网，http：//www.mca.gov.cn/article/zwgk/mzyw/201510/20151000876120.shtml。

镇街、村（居）三级社会组织孵化网络、社会工作专业实习（训）阵地，城乡社区基础设施覆盖率达到100%，基本建立了一支粗具规模的社会工作服务队伍，社会服务工作的总体水平显著提高。[①]

北京市继续深入推进"三社联动"机制。2013年，北京市民政局开始在朝阳区将台地区办事处、东风地区办事处开展"三社联动"试点工作，并在探索基层社会治理、创新社区服务方式、激发社区居民活力、增强社区治理能力等方面取得了显著成果。2016年，北京市已在16个区共启动包括"提升专业服务，助力精准救助""城市特殊困难老年人社会工作服务项目""社区低保人员继续社会化帮扶"等58个"三社联动"项目，持续至2017年4月，共投入资金800万元。[②]

浙江省秀洲区立足高、精、尖，三社水平创全国佳绩。一是夯实基础，社区治理迈入高速发展。新建、改造社区21个，其中农村社区16个、城市社区5个，累计增加社区服务用房面积5859平方米，全区城乡社区服务用房面积平均超过800平方米，社区服务环境得到进一步改善。建成城市社区居家养老服务照料中心覆盖率达100%、农村社区达82.3%。打通了民政、残联、社保、医保、计生等部门信息系统平台，为实现"一口受理"打下良好基础。二是"质""量"同增，社会组织树立行业标尖。截至目前，全区共登记社会组织178家，备案社会组织1164家。在区社会组织培育发展中心2014年首批出壳的7家社会组织的基础上，第二批15家机构也已经培育形成。通过注重社会工作服务机构的特色服务项目，强调优质服务内容，提倡创新运营模式，鼓励社会工作服务机构由"政府输血"向"自我造血"的运作模式转变。三是专业引领，社工队伍打造人才精英。大力实施社工人才培育工程，截至目前，全区共有持证社工251人，其中全国证70人，实现了"一村一社区一社工"的目标。社会工作实务水平显著提升，2015年，全年累计开展专业社会工作服务

[①] 《重庆巴南区全面构建"三社联动"新模式》，央广网，http://news.cnr.cn/native/city/20161124/t20161124_523287990.shtml。

[②] 《北京市确定2016年58个"三社联动"服务项目》，一点资讯，http://www.yidianzixun.com/home? page = article&id = 0DeYCFQ5。

案例278个,受众人数达2万余人次。①

(3)"互联网+"助推城市社区治理和自治模式优化升级。随着我国城镇化快速发展、城市社区基层治理和自治所面临的问题日益复杂,依托互联网技术的"智慧城市",成为推动新型城镇化,提高城市社区治理和自治水平的重要举措。实践表明,网络表决、电子公示、网络征集意见、微信讨论与动员、大数据、智慧社区,正涌动着基层社会治理创新的巨大能量。2016年,借助信息化手段,社区群众自治利用微信公众号、QQ群等社交平台,实现"线上互动"和"线下服务"良性结合,有效提升了社区治理和服务水平,形成了一大批具有典型性的实践案例。

无锡市崇安区引入"互联网+"创新社区"四联治理"体系目标。2016年无锡市崇安区继续加强互联网建设,发挥互联网在社区治理中的作用,到2016年2月,95%的社区工作者建立了移动终端系统,将居民群众逐步引入平台客户端,日均处理40件民生事务。该平台已正式在全区发布推广。其中设置的"我的日程""我的地盘""我在走访""我有难题""我来解决""我有话说"六个子系统,成为政社互动、百姓参与、民情处置的有效媒介,初步实现了全方位收集民情民意、全天候解决民生难题、全过程跟踪监督反馈的功能,得到社会和居民群众的普遍好评。②

福建"e治理"打造"互联网+社会治理"新模式。福建政法系统立足"数字福建"这一基础优势,打通数据壁垒,打破信息孤岛,推进"互联网+社会治理"建设,创新推出"e治理"品牌。至2016年10月,全省98%的城市社区和76%的农村实现了信息联网、互联共享,促进了现代网络技术在社会治安、社会管理和公共服务等领域的广泛应用,有效提升了社会治理的现代化、信息化、智能化水平。目前,福建全省已构建10.76万个网格,配备了12.33万名专兼职网格员和42.28万名协管员,实现政务服务向乡镇下沉659项、向

---

① 《秀洲区立足高、精、尖,三社水平创全国佳绩》,衢州市民政局,http://www.qzmzj.gov.cn/show-39-22212-1.html。

② 《用"互联网+"创新社区治理》,群众网,http://www.qunzh.com/ldjs/sh/shzl/201602/t20160205_17461.html。

社区下沉168项、手机APP部署38项,基本实现了企业注册登记、户籍户政、教育医疗、医保社保等与民生密切相关的服务事项网上办理,提高政府效率和透明度,降低制度性交易成本,变"群众跑腿"为"信息跑路"、变"企业四处找"为"部门协同办"①。

(4)整合城市社区治理资源,创新社区治理和群众自治新模式。山东省平原县推进"平安平原"优秀城市创建工作。2016年以来,山东省平原县紧紧围绕实现"国家治理体系和治理能力现代化目标",坚持"系统治理、依法治理、综合治理、源头治理"的总体思路,不断挖掘总结城市综合治理工作亮点,创新城市治理工作模式,倾力打造优质城市品牌,不断推进"平安平原"优秀城市创建工作,为"幸福平原""平安平原"注入了生机和活力。2016年以来,平原县共邀请农民、工人、出租车司机、进城务工人员、个体私营业主等普通群众,召开警民恳谈会100余次,广泛征求创新社会治理的建议;还推行了一站式服务群众,针对群众反映办证、办事跑路多的问题,将多种服务窗口集中进驻行政服务中心,开办了"网上派出所""网上警务室",精简办事程序和审批环境,解决了群众多头跑路的问题,深受群众欢迎。截至2016年12月初,全县180个社区有138个社区"零发案",实现了由"社会管理"向"社会治理"的极大提升,在全省群众安全感满意度调查中,平原县取得了满意度为97.8%、名列全省第19名、全市第二名的好成绩。2016年12月,山东省平原县从200多个入围城市中脱颖而出,被评为"全国创新社会治理优秀城市"②。

杭州市余杭区探索实施社会治理大联动机制。2016年,杭州市余杭区通过深化基层党建主体工程,建立基层社会治理大联动机制,围绕构建"王"字形基层治理新模式,余杭建立完善区级整体联动"顶线"、镇(街)部门联动"中线"、村(社)网格干群联动"底线"和上下贯通运作机制"竖线"这四条主线,推进基层社会治理

---

① 陈锦:《福建"e治理"打造"互联网+社会治理"新模式》,人民网,http://dangjian.people.com.cn/n1/2016/1008/c117092-28760345.html。
② 《山东平原荣膺"2016全国创新社会治理优秀城市"》,新华网,http://www.sd.xinhuanet.com/sd/2016-12/14/c_1120114340.htm。

能力和治理体系现代化。在"王"字形的运行机制基础上,临平、东湖街道结合实际,形成了以"一张网格、一支队伍、一组平台、一套系统"为主的"四个一"基层社会治理大联动工作机制,以此进一步厘清部门与镇街的权责,将管理、执法、服务资源打通整合,实现资源集成、信息共享、上下联动的大治理格局。"大联动"打通整合了过去相对独立的部门机构、资源力量,发挥基层治理的最大效果,联通全区部分职能部门的业务系统、监管平台和指挥调度系统,以实现信息汇聚、信息共享、平台共用和可视化的指挥调度。此外,余杭区大联动中心还开通了967999政务民生一号通热线,整合了全区政务咨询、举报投诉、矛盾纠纷和民生服务热线,与全区28个部门的32条热线双号并存,统一接听,实行24小时受理,使群众拨打更方便、受理更及时、处置更快速。自大联动系统运行以来,余杭全区共受理事件31713起,办结事件31485起,办结率为99%。通过大联动机制,杭州市余杭区实现了基层社会治理网络化、网格化、扁平化、一体化、规范化、制度化、常态化、长效化"8个化",突击运动变常态长效、事后变事前、治标变治本、被动变主动、管理变治理"5个变",推动基层党建、基层治理水平全面提高。2016年,余杭区社会治理大联动机制荣获"2016年中国改革年度特别案例奖"[①]。

三 我国基层社会群众自治研究新动向

在基层社会治理和群众自治实践稳步推进、有序发展的同时,针对新时期的新情况、新问题、新挑战,关于基层社会治理和群众自治的理论研究也与时俱进,开拓创新。相关专家学者结合时代主题和中国基层自治发展的现实要求,针对新时期推进基层社会群众自治制度和基层社会治理发展过程中的重点、难点议题,提出了许多重要的新观点、新命题、新论断,形成了当前基层社会群众自治研究的新动向、新趋势。

从基层社会群众自治的研究视角向治理理论的总体转向,是现阶

---

① 《社会治理大联动 护卫平安余杭》,《杭州日报》2016年8月18日第5版。

段基层社会群众自治理论发展的最显著特征。这既是在基层社会快速发展和迅速变迁的推动下基层社会自治自身发展的结果，同时也是新形势下党和国家推进国家治理体系和治理能力现代化对基层社会群众自治转型的内在要求。一方面，基层社会经济的迅猛发展和基层社会的结构性变革，将基层社会群众自治置于一个全新的社会生态环境之中。基层社会群众自治既从中汲取新的元素，获得新的动力，同时又遭遇了前所未有的新问题、新挑战，[①] 这为如何在新形势下继续推进基层社会群众自治的深入发展提出了新的时代命题和任务要求；另一方面，党的十八届三中全会作出了全面推进国家治理体系和治理能力现代化的重大战略部署，为国家在新的发展环境和时代背景下解决新问题、应对新挑战、适应新形势提出了总体改革方案。作为推进国家治理体系和治理能力现代化的微观缩影，将基层社会群众自治融入基层社会治理的研究视野，在基层社会治理的背景下创新基层群众自治实践，逐步成为基层社会自治理论研究的一致共识。在治理理念的指导下，许多学者重新审视基层社会群众自治的内在价值和现实意义，重新定位党和群众、国家与社会等主体之间的相互差异和内在关联，并从依法治国、协商民主等方面深入探究基层社会群众自治的发展路径。总之，基层社会群众自治理论研究背景的宏观转向，影响并塑造了当前相关理论研究的总体特征，成为当前基层社会群众自治研究成果的新亮点。

（一）价值重申：基层社会群众自治价值的再探讨

治理理念的引入要求人们将基层社会群众自治放在社会治理的宏观视域下，重申基层社会群众自治之于基层社会治理的内在价值。一方面，从社会自治和社会治理的关系来看，一般认为，社会自治是社会治理的重要内容，是社会治理力求实现的目标之一。有的学者提出："社会治理并不只是政府对社会事务的治理，还必须有社会自治……社会自治是社会民主的实质性内容，也是社会治理现代化的必然趋

[①] 李勇华：《乡村治理现代化中的村民自治权利保障》，中国社会科学出版社2015年版，第2页。

势。没有发达的社会自治,就没有高度发达的社会民主,也难以实现社会治理的现代化。"① 然而,从现实发展状况来看,基层社会自治的发展显然是不够理想的,并且呈现出基层社会自治被日益扩张的行政权力吞噬的倾向。有的学者尖锐地指出:"基层社会自治实际上并没有获得实质性的发展。也就是说,虽然经济社会基础条件发生了变化,但是旧的权力结构和社会治理思维并没有出现根本性变化。对基层群众自治组织的政治与行政领导表现为集权化和行政化趋向,基层群众自治组织成为政府体制内一个行政力量,职责是完成政府社会治理任务,成为政府在基层社会的行政代理人。"②

另一方面,一些学者认为,伴随着基层社会的结构性变迁,现有的社会自治系统越来越无法满足现实发展的需要。有的学者指出:"事实上,在工业化、城镇化和社会分化加速进行的过程中,大部分人群不能为城乡自治系统所含纳。因为在转型时期的中国,社会的开放和流动,使得大部分人群不必然隶属于城乡自治体系。就其主要身份而言,这些人群或者是党政机关、企事业单位、工厂、学校、社会团体以及其他社会组织的人员,或者是社会边缘群体成员。从根本上说,这部分人群并不认同,事实上也确实不是城乡自治系统所含纳的管理和服务对象。"③ 正因如此,以村民自治为例,有学者提出,不能将村民自治等同于基层社会自治。认为:"如何建构基层社会治理体系,不能局限于村民自治的范畴来讨论和设计,恰好相反,对基层社会治理现代转型来说,迫切需要梳理清楚的理论和实践问题是,重新审视和检讨村民自治的含义、范畴和功能作用。"就村民自治与基层社会自治在概念、范畴及功能作用方面的差异来看,他进一步提出:"村民自治是与集体土地产权相关联的行政村村民的'成员身份自治',是一个封闭性的共同体;而基层社会自治是社会成员基于个人权利、民主参与所结成的自我治理、自我统治的社会组织形式,是一个开放性的治理结构体系。"因此,在构建现代化的基层社会治理

---

① 俞可平:《自治与基层治理现代化》,《党政视野》2016 年第 7 期。
② 周庆智:《基层社会自治与社会治理现代转型》,《政治学研究》2016 年第 4 期。
③ 戴长征:《当代中国基层政治治理的新变化和新挑战——基于城乡自治体制的思考》,《江苏行政学院学报》2012 年第 1 期。

体系背景下,"村民自治已无法整合或代替基层社会自治组织体系的功能和作用"①。正如一些学者所提出的那样,"农村经济社会结构的快速变迁,都对既有的村民自治制度产生着重要冲击,并将农村基层民主治理制度再次推向转型的边缘"②。

那么,鉴于基层群众自治所面临的上述问题与挑战,它是否还有继续发展的必要?有学者重新审视基层社会自治的必要性、价值和意义,认为从产生的历史背景来看,基层群众自治的出现符合基层社会自身的发展逻辑和内在需要,提出:"中国的村民自治是在国家高度管制的人民公社体制解体过程中产生的,是农村居民在一定地域范围进行自我治理的制度和行为。在人民公社制度废除后,我国之所以选择村民自治制度,在于这一制度内含的自治所具有的特殊价值和力量。"对于基层群众自治的价值,有的学者充分肯定了村民自治对中国民主建设的重要意义,认为"村民自治内含着民主的要素,同时也是民主的根基……没有自治的民主是不牢固的"③。此外,也有学者认为:"虽然不可否认,村民自治是在政府主导下推广开来的,但从源头上说,它是农民在新的生产组织结构下自发创造的,是应对基层新的公共需求时制度创新的产物。"④ 就基层群众自治对中国民主政治发展的影响来看,有的学者认为:"虽然村民自治并没有上升到乡镇直接选举,引起重大体制性突破的迹象,但迄今为止的村级选举对于中国农村的治理影响是显著而深刻的,也是长远的。这种现实而深远的影响,不仅反映在乡村治理和基层政治层面,而且也会直接反映在整个中国政治发展的进程中。这种影响的核心内容,是已经或者正在继续塑造公民化的农民,为中国社会走向现代民主政治提供了最广

---

① 周庆智:《厘清村民自治与基层社会自治的不同属性》,《人民论坛》2016年第22期。

② 李增元:《村民自治到社区自治:农村基层民主治理的现代转型》,山东人民出版社2014年版,第4页。

③ 徐勇、赵德健:《找回自治:对村民自治有效实现形式的探索》,《华中师范大学学报》(人文社会科学版)2014年第4期。

④ 燕继荣:《社会资本与国家治理》,北京大学出版社2015年版,第229页。

泛的公民基础。"①

（二）重塑社会：社会自主性力量的再发掘

在基层社会治理理念的推动下，人们重新审视基层社会群众自治中社会力量、社会发展、社会建设、社会需求的内在价值，发掘社会自身的意义，并力图将人们对基层群众自治的理论关怀从国家建构的宏观视野转向社会自发需求和社会建设自身。换言之，基层群众自治制度与社会自身的匹配和适应程度，成为人们关注的焦点。

其中一条研究路径着眼于社会自身建设，这一路径围绕着"基层社会治理和自治需要什么样的现代社会基础"这一命题展开深入探究。有学者认为："基层民主的发展需要从社区经济利益、经济关系、经济组织和经济分配，社区治理体制、治理关系、治理过程和治理参与，社区价值观念、道德规范、生活习俗和文化活动，以及社区社会结果、社会关系、社会交往和社会互动等方面来培育合适的社会基础，即民主社会的土壤。"②

沿着这条路径，人们反思如何在国家与分散的社会个体之间构建一个强有力的自治空间。其最重要的措施就是要实现"基于个人权利和个人概念上的社会团体的发展和组织化"③。有的学者指出："基层民主的现实实践遭遇表明，脱离乡村社会内部文化孕育和未与地方性知识相结合的输入式民主制度设计，必然遭遇制度失灵，其根源在于制度设计缺陷和制度实施无效的双重制约。"因此，"村民自治作为基层民主的一种重要形式，在中国乡村社会落地过程中，需要结合乡村社会状况，设计适合村民自治运行的有效制度。""需要进一步建立以农民为主体的社会组织。而社会组织的管理和功能发挥，与参与主体的素质和能力紧密相关。所以，从根本上看，村民自治的有效运

---

① 赵树凯：《村民自治的检讨与展望》，《江西师范大学学报》（哲学社会科学版）2015年第3期。
② 徐勇等：《基层民主发展的途径与机制》，北京师范大学出版社2015年版，第3页。
③ 周庆智：《基层社会自治与社会治理现代转型》，《政治学研究》2016年第4期。

行,最根本的是农民民主能力的提高。"①

与之不同的是,另一条路径沿着社会自身的需求,围绕"什么样的自治形式符合基层社会自身的需要"这一命题展开。有学者提出了村民自治需要有效的实现形式,并分析道:"村民自治的有效实现形式与一定条件相关。村民自治是一项植根于群众实践中的制度和活动,对实践的'社会土壤'要求特别高。只有合适的'社会土壤',村民自治的实现形式才是有效的。村民自治第三波的共同特性就是在建制村以下开拓出村民自治的空间。这其中,就反映出村民自治内在地要求具备相应的条件。这些条件包括利益相关、地域相近、文化相连、群众自愿、便于自治等,涉及产权关系、社会联系、文化认同、自治能力等深层领域的结构。"② 鉴于此,他认为,当前村民自治实现形式发展到了一个新的阶段,即建制村以下内生外动的村民自治,主要贡献是有效实现形式。

围绕着如何丰富和拓展基层群众自治的有效实现形式,相关学者展开了激烈的争论。一些学者提出,村民小组更有利于体现村民自治的原初价值,因此,应当将基层群众自治从行政村下沉到自然村一级,探索以村民小组为基本单元的村民自治。有学者通过大量的调查数据,得出结论认为,利益、文化、地域、规模和个人意愿是影响基层自治有效性的五大因素。其中,利益相关特别是产权相关是村民自治有效实现的经济基础;群众自愿是村民自治有效实现的主体基础;地域相近是村民自治有效实现的外部条件;文化相连、规模适度是村民自治有效实现的内在要求。最后,他进一步指出:"村民自治应打破以行政村为统一单位的村庄自治,根据利益相关、文化相连、地域相近、规模适宜、群众自愿等条件寻找可以实施直接民主的自治单元,大力推进村民小组自治、湾冲自治、屯自治及各种活动自治、载体自治,寻找多种类型、多样化的村民自治实现形式,建构多元化、

---

① 马华:《从制度、组织到能力:村民自治实现方式的发展及其反思——对三个"村治实验"样本的观察》,《社会主义研究》2015 年第 3 期。
② 徐勇、赵德健:《找回自治:对村民自治有效实现形式的探索》,《华中师范大学学报》(人文社会科学版)2014 年第 4 期。

多层次、多样化的中国农村村民自治体系，真实有效地实现村民自治。"① 对此，有的学者也具有相似的判断，她认为，近年来，村（居）民自治出现了一种新动向，即"微自治"，它"将自治范围不断下移让自治内容更具体化，使自治方式趋于细化；赋予自治主体以更大的空间和自由度，从而更好地发挥基层民主自治的功能，将广大人民群众的自治水平与创新能力提升到一个新的高度"。因此，这是继村（居）民自治后的又一次制度创新和转型。② 此外，城市基层社会治理中同样也存在着上述倾向，正如有学者所指出的："相对于一个完整的社区来讲，规模更小的单元网格更能体现'地域社区'和'功能社区'的统一，更有助于推动人的变化。它将地域边界局限在居民日常生活能够发生互动的范围之内，为成员之间直接面对面的交往提供条件。与此同时，网格内成员基于共同产权和共同利益的激励，有着相似需求和共同问题，利益关联度和同质性更强，对于共同合作价值的体验感和可见性更强，可以推动人们的参与从私人利益向公共行动转变。"③

然而，持不同意见者认为，以村民小组为基本单元的村民自治并非村民自治的有效实现形式。有的学者提出："开展以村民小组为基本单元的村民自治试点的理由、依据，并不是很充分、确实。"他们以广东清远将村民自治下沉到村民小组的改革为例，指出："不能将村民自治与村委会的组成和活动直接、简单地画等号。不是说在村民小组这个层次只有成立村委会，才能把村民自治落到实处；开好村民小组会议，对村民小组的有关问题进行充分的民主协商、民主决策，同样也可以使村民自治得以有效实现。反过来说，在村民小组这个层次设立村委会，如果不充分发扬民主，由全体或多数村民决定村里的大事小情，也同样不能把村民自治落到实处。在现有的村组架构下，既做好村级民主，又做好组级民主，才应当是努力方向。取消原村委

---

① 邓大才：《村民自治有效实现的条件研究——从村民自治的社会基础视角来考察》，《政治学研究》2014 年第 6 期。
② 赵秀玲：《"微自治"与中国基层民主治理》，《政治学研究》2014 年第 5 期。
③ 孔娜娜：《网格中的微自治：城市基层社会治理的新机制》，《社会主义研究》2015 年第 4 期。

会一级的民主自治，会导致村民自我管理、自我教育、自我服务、民主选举、民主决策、民主管理、民主监督的范围大大缩小，层次大大降低。基于上述认识，他们得出结论认为"探索不同情况下村民自治的有效实现形式，要以宪法和法律为行为规范，以统筹城乡发展、城乡一体化为努力方向，以国家治理体系和治理能力现代化为改革目标"①。

（三）民主协商：基层社会群众自治制度的新突破

近年来，国内学者围绕着协商民主的理论渊源、形式内容、制度机制、功能价值、实践路径等相关议题，掀起了关于协商民主理论研究的热潮。与此同时，许多学者将协商民主运用于我国基层群众自治制度的研究中，试图通过协商民主为基层社会治理和群众自治寻求从理论到实践的突破口，并取得了丰硕的成果。

关于协商民主与基层民主自治之间的关系，有学者认为，基层民主蕴含着民主协商的意蕴，协商民主是基层民主的应有之义。他提出，有基层民主，就一定有民主协商，从而发育出制度化的协商民主。他高度评价基层社会中的协商民主对协商民主体系的意义，并指出："中国的协商民主体系，既包括了国家层面的政治协商，也包括基层社会的协商民主。协商民主在基层社会的成长，将对整个协商民主体系起支撑作用。"同时，他还指出，中国的村民自治、社区居民自治等本身就带有直接民主的形式，因而也具有协商的性质。"基层民主的发展，新社会治理力量的涌现，都将为协商民主在基层社会的发育和成长提供强大的支撑。"② 有学者也指出："基层协商民主制度在我国协商民主制度架构中处于基础地位，是推进协商民主广泛多层发展的重中之重，具有基础广泛、涉及面广、政策性强、内涵丰富的特点，是广泛吸纳民意、汇聚民智的重要平台。"他还提出，在中国协商民主体系中，基层协商尤其农村的协商是最基础的，也是最有创

---

① 唐鸣、陈荣卓：《论探索不同情况下村民自治的有效实现形式》，《当代世界社会主义问题》2014 年第 2 期。

② 林尚立、赵宇峰：《中国协商民主的逻辑》，上海人民出版社 2016 年版，第 57 页。

新性的。之所以如此，是因为"协商民主需要有一个共同体并且是真实的共同体为基础，在目前的中国，农村社区是唯一的真实存在的共同体，城市社区则是概念意义而非实际意义的共同体。而农村这个共同体的协商民主的兴起，在于对村落共同体自治原有功能的再落实"①。他认为，基层协商民主能够有效运行，并且其他地方也可复制，关键在于三个因素：一是中国基层协商民主在党的引领（而不是控制）之下，并且党的领导、政府的主导始终嵌入基层协商之中，通过基层协商民主之实践，巩固执政党在基层的领导地位。二是基层协商民主的制度化，其关键在于要构建系统完备、科学规范、运行有效的协商民主制度体系。三是基层协商民主的事务性而非政治性的特征，即协商民主是一种工具式的民主。②

还有学者认为："在中国特色社会主义政治发展进程中，协商民主之所以具有不可或缺的重要地位，协商民主制度化建设之所以具有不可逆转的发展趋势，归根到底是因为协商民主在实现人民当家做主、推进中国特色社会主义民主政治建设中具有特殊的政治价值。"③针对基层协商民主，他提出："积极开展基层民主协商，是健全与发展中国特色社会主义协商民主制度的基础性工程。近些年来，在我国基层治理和群众自治中涌现出许多协商民主的有效形式，包括民主议事会、民主恳谈会、民主理财会、民情恳谈会、民情直通车、社区民主论坛、民主听证会、平安协会等等，这些生动活泼且卓有成效的制度和形式，进一步扩大了民众制度化参与渠道，丰富了协商民主制度化内涵。"④ 有的学者也提出："不管是民主恳谈、议事会、集体协商制度、旁听制度，还是网络参与，中国基层民主治理正在创造越来越多的参与形式和渠道，普通民众可以利用这些平台参与政治生活和政治过程。在这些多样化的基层民主形式中，蕴含着平等对话、理性思

---

① 郎友兴：《村落共同体、农民道义与中国乡村协商民主》，《浙江社会科学》2016年第9期。
② 郎友兴：《让农民的协商民主有效地运行起来：浙江省临海基层协商民主研究》，《中共浙江省委党校学报》2016年第5期。
③ 包心鉴：《论协商民主的现实政治价值和制度化构建》，《中共天津市委党校学报》2013年第1期。
④ 包心鉴：《协商民主制度化与国家治理现代化》，《学习与实践》2014年第3期。

考、共识形成等各种协商要素。从某种程度上讲，这些形式具有相当的协商民主特征。在实践中正在成为一种具有巨大潜能的民主形式。"① 总之，协商民主理论研究的兴起及其在基层社会群众自治中的运用，势必会对基层群众自治的实践发展，乃至基层社会治理结构的变迁产生深远的影响。

---

① 陈家刚：《协商民主与当代中国政治》，中国人民大学出版社2009年版，第239页。

反对腐败的巨大成效

张等文　张　月　杨倩倩

党的十八大以来，习近平总书记提出"老虎""苍蝇"一起打，2016 年中央依旧保持反腐的高压态势，以零容忍的坚决态度，在强硬的铁腕手段下，反腐败取得显著成效。反腐败的高压态势充分表明党和国家反腐无死角、有腐必惩、有贪必肃的决心与意志。

一　持续保持反对腐败高压态势

（一）"打虎"力度不减，彰显党中央重拳反腐决心

党员高级干部的廉洁与自律是党的领导力与凝聚力的关键影响因素，在全面依法治国、建设社会主义法治国家的背景下，任何人都不能心存侥幸，钻法律的空子，任何级别的干部都不可能在触及法律的底线后免受惩罚。党的高级干部更要严明法制与纪律准则，做好党内政治生活的表率与榜样。

2016 年"打虎"行动仍保持一贯的零容忍，威慑效果有增无减。从 2016 年 1 月 16 日河南省委常委、洛阳市委书记陈雪枫被查，到 12 月底西藏自治区人大常委会原副主任乐大克成为 2016 年最后一位被查处的高官，至此，2016 年共有 48 名省部级以上的老虎落马。[①] 其中，陈雪枫是 2016 年开年第一个被查的省部级官员；3 月国家统计局原党组书记、局长王保安，四川省省委原副书记、省长魏宏，湖北

[①] 《反腐 2016 年：拍蝇打虎 强化顶层设计》，新浪网，http://finance.sina.com.cn/roll/2016-12-31/doc-ifxzczsu6434136.shtml。

省原省委常委、组织部部长贺家铁,广东省副省长刘志庚,辽宁省人大常委会副主任王阳皆因涉嫌严重违纪先后被组织调查;4月辽宁省委常委、政法委书记苏宏章,四川省原副省长李成云也因涉嫌严重违纪被免职;7月安徽省政府原党组成员、副省长杨振超因严重违纪被调查;9月天津市委代理书记黄兴国,以及11月安徽省副省长陈树隆,12月司法部党组成员、政治部主任卢恩光等人皆因涉嫌违纪被组织先后调查。

随着众多落马官员涉嫌犯罪案件进入司法程序,2016年我国反腐败形势的一个突出特点是,进入审判贪腐官员的"高峰年"和"审判季"。"累计查处违规问题14.6万多起,处理19.7万人。"① 截至2016年12月27日,全国法院一审开庭共审理"大老虎"42人,与2015年一审开庭审理18人和2014年一审开庭审理6人相比,审理"大老虎"数量创历史新高。② 不仅如此,从开庭审理的密集度上看,也是十分惊人的,其中9月被提起公诉的原省部级落马高官就达10名,成为今年起诉"大老虎"人数最多的月份。③ 最为"著名"的大老虎审判有对浙江省政协原副主席斯鑫良,云南省委原常委、副书记仇和的审判,以及对备受关注的山西省集体性腐败事件涉事官员——山西省政协原副主席令政策,山西省委原常委、原副省长杜善学,山西省委原常委、太原市委原书记陈川平等的审判。

与此同时,2016年还呈现出众多"老虎"被判处终身监禁甚至死刑的现象,这既是中央重拳反腐决心的充分展现,也是对人民根本利益与社会正义的坚定维护。2016年首位获刑的官员是重庆市人大常委会原副主任谭栖伟,一审被法院判处有期徒刑12年。2016年7月4日全国政协原副主席、中央统战部原部长令计划,被天津市第一中级人民法院依法判处无期徒刑,剥夺政治权利终身,并处没收个人全部财产。7月25日,原中央军事委员会副主席郭伯雄也因受贿罪

---

① 《反腐2016年:拍蝇打虎 强化顶层设计》,新浪网,http://finance.sina.com.cn/roll/2016-12-31/doc-ifxzczsu6434136.shtml。
② 蔡长春、李豪:《2016年42名"大老虎"密集受审》,搜狐网,http://news.sohu.com/20161229/n477248671.shtml。
③ 同上。

被判无期徒刑，2016 年共有 7 名"大老虎"被判处无期徒刑。① 在刑法修正案新增终生监禁与慎用死刑实施的背景下，2016 年 10 月 9 日，全国人大环境与资源保护委员会原副主任白恩培因受贿等罪名被河南省中级人民法院判处终身监禁，白恩培也是 2016 年首位被判处终身监禁的高官。内蒙古自治区政协原副主席赵黎平因故意杀人罪等违法违纪行为被山西太原市中级人民法院一审判处死刑，剥夺政治权利终身，赵黎平也是十八大以来首位被判处死刑的高官。终身监禁与死刑的判决是对那些严重侵害国家人民利益的腐败分子最严厉的惩罚、最强烈的震慑，不仅丰富了司法审判的手段与方式，也维护了社会的公平与正义。

从 2016 年审判情况来看，落马高级官员越来越呈现出异地受审的现象。据不完全统计，从 2003 年起，异地受审的高官贪腐案件有 30 多起，其中北京至少审理了 10 起，山东至少审理 8 起，河北审理 4 起，天津、江苏、河南审理两起，安徽、湖北、吉林等地各审理 1 起。② 例如，山东省原常委、济南市委原书记王敏因受贿罪在浙江宁波受审。曾经在吉林省从政的谷春立，2016 年则在黑龙江哈尔滨市中级人民法院接受审判，大老虎接受异地审判的现象将会逐渐普遍化，异地审判既避免了地方主义对司法审判的干扰，又高度彰显了司法审判的公信力。对于腐败分子公正而严厉的审判，维护了法律的权威，也增强了法律的公信力，对推进我国法治建设意义重大。

（二）坚决惩治侵害群众利益的不正之风和腐败问题

"基础不牢，地动山摇"，在 2016 年高压反腐的态势下，切实解决群众身边的腐败问题已经成为全面反腐的基础性工程。③ 基层的腐败分子是侵蚀国家政治生命的蛀虫，在人民当家做主的社会主义国家

---

① 蔡长春、李豪：《2016 年 42 名"大老虎"密集受审》，搜狐网，http://news.sohu.com/20161229/n477248671.shtml。

② 黄帅：《从关键词看 2016 年》，中青在线，http://news.cyol.com/content/2016-12/28/content_15114206.html。

③ 王小宁：《突出重点 精准发力 坚决整治和查处侵害群众利益问题》，中央纪委监察部网站，http://www.ccdi.gov.cn/yw/201612/t20161229_91963.html。

里,在全面建成小康社会的时代背景下,绝不允许"蝇贪"们遍地横飞。否则我们必将失去民心,失去百姓对基层党组织的信任。2016年1月中纪委第六次全会,明确要着力解决群众身边的不正之风和腐败问题。中央纪委以每月通报的形式,通报了2016年侵害群众利益的基层腐败案例达上千起。① 这些基层不正之风与腐败问题主要涉及与群众利益息息相关的拆迁补偿、粮食补贴、农业补偿、扶贫等改善民生的重点领域,中央加大力度解决基层长期存在的腐败痼疾,严肃问责相关责任人,筑牢基层防腐的每一道屏障。拍苍蝇,挖蛀虫,反腐的力度不断加强,节奏不断加快,效果立竿见影。

2016年反腐强势推向基层。查处的典型基层腐败案件有:山西省文水县北张乡南武涝村党支部原委员周国斌、辽宁省凌海市余积镇余东村党支部原书记王立臣皆因冒领国家低保费或克扣低保金,受到开除党籍被司法机关依法追究刑事责任的严肃处理;天津市蓟县杨津庄镇东芦庄村党支部原书记赵良因私分村集体资产被处理;河北省顺平县腰山镇党委原书记杨爱民、正童村党支部原书记齐永喜和湖南省祁阳县白水镇赵衕里村原出纳申文皆因侵占村集体征地款被通报;云南省镇雄县杉树乡党委原书记曾孝恩因贪污惠农资金被通报。与此同时,地方各个省份"拍蝇"成效也十分突出。仅"湖北全省查处违纪党员干部1.35万人,追缴退缴违规资金1.22亿元"。"湖南省共查实138件基层腐败案件,处分346人。"② 对于基层存在的吃拿卡要、贪污扶贫资金、土地流转资金等问题,"截至2016年11月底,西安市纪委严密部署各方协调一致,共查处涉嫌扶贫领域的腐败问题,立案85件,处分158人,批评谈话84人,追究相关责任人99人,威慑力强烈"③。此外,西安市还追究了监督落实扶贫政策不力的党委、纪委职能部门的一系列责任。2016年1—10月,甘肃省各级纪检监察机关共查处侵害群众利益的不正之风与腐败问题1263件,处分

---

① 《反腐2016年:拍蝇打虎 强化顶层设计》,新浪网,http://finance.sina.com.cn/roll/2016-12-31/doc-ifxzczsu6434136.shtml。

② 同上。

③ 《中央纪律监察委员会》,http://www.ccdi.gov.cn/yw/201612/t20161216_91251.html。

1598 人、组织处理 488 人、移送司法机关 93 人。① 与此同时，2016 年其他各地方纪委也通报并严肃处理了诸多微腐败案例，诸如深圳龙岗南联村周伟思因涉嫌受贿高达千万元而被查处；辽宁省法库县叶茂台镇西头台子村村委会原主任刘克辉因侵占用于农村义务教育的补助金 5 万元、套用土地流转金 2 万元而受到处理；河北省内丘县獐么乡岩南村党支部书记刘保忠因违规发放扶贫苗而受到通报；甘肃省榆中县甘草店镇三墩营村村委会原主任王旭光因侵占村集体资金、乱收费等问题以及违规收缴资金而受到开除党籍处分，被责令辞去村委会主任职务；广东省茂名市茂南区鳌头镇文蓬村原党支部副书记、村委会主任郑超文因套取惠农资金等问题而受到开除党籍的处分，并被移送司法机关依法处理。

　　基层腐败具有危害长期性、范围广泛性、方式隐蔽性的特点，所以这些在"金字塔"最底层的腐败"苍蝇"，其危害似"老虎"，甚至比"老虎"的危害还大。一些基层官员以为"天高皇帝远"，为了自身的私利而出卖老百姓的利益，尤其是基层存在的克扣国家低保款的腐败问题，势必会给困难百姓的生活雪上加霜，严重侵害并动摇了基层政权在人民群众心目中的威信与地位。对基层腐败问题，如果不加以严肃处理，我们的党和国家必将失信于百姓，后果不堪设想。

　　2016 年基层反腐不仅成效显著，而且人民群众的获得感倍增。"2016 年初，在十八届中央纪委六次全会上，习近平总书记强调，推动全面从严治党向基层延伸。对基层贪腐以及执法不公等问题，要认真纠正和严肃查处，维护群众切身利益，让群众更多感受到反腐倡廉的实际成果。"② 基层人民获得感是衡量基层政权廉洁的重要标准，人民群众最深恶痛绝的莫过于严重侵害其利益的基层贪污受贿问题。基层腐败问题有的或许只是小事，但是对人民群众来说却是大事，因为人民的利益是最根本的利益，基层反腐中群众在自己的周围真切地感受到了腐败分子所受到的应有惩罚，自身根本利益得到了切实维

---

① 《中央纪律监察委员会》，http://www.ccdi.gov.cn/yw/201612/t20161216_91251.html.

② 刘少华：《反腐无死角 2016 年中国反腐将强势推向基层》，搜狐网，http://news.sohu.com/20160620/n455312534.shtml.

护。各地基层反腐工作效果明显,老百姓也从中感受到了党和政府的关怀,因此获得感倍增。

中国共产党的大多数党组织在基层,决定了必须把反腐的利器时刻高悬于基层党组织和党员干部的头上,警钟长鸣,发现一起,查处一起,绝不姑息迁就。随着过去几年反腐败成效的凸显,基层反腐也越来越呈现出常态化、规范化、体制化的特征,这必将对反腐大业的成败起到至关重要的作用。

(三)"天网2016"行动启动,反腐败国际追逃追赃一刻不放松

面对腐败分子携赃款逃往海外的现象,自2015年3月"天网行动"启动以来,2016年又继续发力,并在相关方面取得了突破性进展。在世界范围内积极推动各级反腐败协调小组加强对国际追逃追赃工作的统一领导,健全国际追逃追赃协调机制,织牢织密追逃追赃"天网",让腐败分子受到应有的惩罚。

反腐败国际追逃追赃的国际合作成效显著。无论腐败分子身处国内还是远在海外,都要一刻不放松,坚决追查到底不动摇,"天网恢恢,疏而不漏"。2016年5月,中国就已与89个国家和地区缔结44项引渡条约和57项刑事司法协助条约,并与35个国家和地区签署金融情报交换合作协议,[①] 初步建立了反腐败合作关系,构筑了追逃追赃的国际合作网络。2016年9月,在杭州举行的二十国集团G20峰会上,各成员国一致通过了《二十国集团反腐败追逃追赃高级原则》《二十国集团2017—2018年反腐败行动计划》合作宣言。至此,我国在反腐败国际合作领域取得了突破性成果,受到了国内外各方的高度关注,反响热烈。其中,《二十国集团反腐败追逃追赃高级原则》主要涉及的内容有协调国际力量拒绝腐败分子入境、建立腐败分子的个案协查机制、完善合作法律法规框架等多个方面,中国将与各成员国建立一个以"零容忍""零漏洞""零障碍"为原则的反腐败国际追逃追赃合作体系,开展反腐败国家间的双边与多边合作,为我国乃至

[①] 高艺宁:《反腐肃纪年度观察:不敢腐的目标初步实现 不能腐的制度日益完善》,环球网,http://china.huanqiu.com/article/2017-01/9930023.html。

世界反腐败事业发挥积极作用。与此同时，在 G20 峰会上还决定在我国设立反腐败国家追逃追赃中心，地点设在北京，研究中心依托北京的相关高校与科研机构开展反腐败国家专项学术研究、专题讨论以及多种形式的研究工作。这不仅为我国参与国际追逃追赃合作提供了广阔的发展空间，也为二十国集团各成员国家的反腐败追逃追赃工作提供了便利与支持。

中央反腐败协调小组协调各方的力量，在国际追逃追赃工作领域积极加强国际合作，在国际追逃追赃效力卓然的背景下，充分显示了法律的威信、合作的力量、正义的坚强。据统计，2016 年 1—12 月共从 70 多个国家和地区追回外逃人员 908 人，"百名红通"的代表人物杨秀珠等 19 名重点在逃人员相继归案，追回赃款 23.12 亿元人民币"①。其中，2016 年 1 月 1 日，逃亡海外 6 年的原中企国际合作有限责任公司进出口部负责人裴健强被捉拿归案，裴健强是 2016 年"天网行动"继续发力后，第一个被抓的"百名红通"人员。自 2014 年以来，中央持续保持对杨秀珠等海外腐败分子的高压态势，将杨秀珠案确定为中美两国 5 起重点追逃案件之一，利用外交、司法等多种合作渠道，在中央反腐败领导小组的协调下，终于在 2016 年使杨秀珠归案。作为"百名红通"的代表性案件，杨秀珠案不仅是中美两国反腐败合作取得阶段性成果的标志，而且再次证明了"天网恢恢，疏而不漏"的威力。

2016"天网行动"的继续发力，不但给侥幸逃亡海外的腐败分子以当头一棒，起到了极大的震慑作用，也打碎了腐败分子企图逃至海外的幻想，让其弹尽粮绝，无处藏身，充分彰显了中国继续加强国际合作打击逃往海外腐败分子的决心与智慧，从而树立了我国良好的国际形象。国际反腐败追逃追赃"天网行动"没有完成时，只有进行时。

（四）积极查处违反中央八项规定精神问题

作风问题的根本是党性问题，衡量一名共产党员、一名领导干部

---

① 《外媒：中国 2016 年追回外逃人员 900 多人 赃款 21 亿》，凤凰网，http://finance.ifeng.com/a/20170102/15117896_0.shtml。

的关键标准是能否自觉加强自身党性修养、改进工作和生活作风,是否坚持全心全意为人民服务的宗旨,是否坚持始终与人民群众保持血肉联系。目前我们党面临着一系列挑战,尤其是党内一些干部存在着形式主义、官僚主义、享乐主义和奢靡之风的"四风"问题,这需要我们每一名党员和党员干部保持高度警醒,因为如果作风问题得不到解决,不仅会使党与人民产生隔阂,还会使党脱离广大人民群众,甚至有使我们党执政根基遭受劫难的危险。

1. 中央"八项规定"继续发挥作用。改进工作作风、密切联系群众的八项规定是中共中央政治局 2012 年 12 月 4 日会议确定的,截至 2016 年 11 月,全国已累计查处违反中央八项规定精神问题 15.03 万起,处理 20.2 万人,给予党纪政纪处分 10.28 万人。①其中,2016 年全国各级纪检监察机关积极查处违反中央八项规定精神问题,共查处违规违纪问题 40820 万起,处理党员干部 57723 人,给予党政纪处分 42466 人。② 2016 年各地纪委也相继严肃处理了违反中央八项规定的干部,2016 年西藏自治区纪委查处违反八项规定精神问题 488 起,处分 345 人③;贵州省共查处违反中央八项规定精神的问题 1754 起,处理 2278 人,处分 1711 人④;吉林省查处违反八项规定精神问题 1937 起,处分 1855 人。⑤

2. 纠正"四风"不放松。中央纪委对 2016 年 1 月 1 日以后发生的违反中央八项规定精神的违纪干部进行点名道姓的通报曝光。据统计,2016 年以来中央纪委点名道姓通报曝光典型问题 8 批 44 起,涉

---

① 罗宇凡、朱基钗:《咬住作风建设不放松 保持反腐高压态势——2016 年党风廉政建设和反腐败工作成果盘点》,新华网,http://news.xinhuanet.com/politics/2017 - 01/04/c_1120244732.htm。

② 《2016 年 12 月全国查处违反中央八项规定精神问题 5019 起》,中央纪委监察部网站,http://www.ccdi.gov.cn/yw/201701/t20170104_92255.html。

③ 《西藏:查处违反八项规定问题 488 起 处分 345 人》,中央纪委监察网站,http://www.ccdi.gov.cn/yw/201701/t20170104_92255.html。

④ 《贵州:1 至 11 月查处违反八项规定精神问题 1754 起》,中央纪委监察网站,http://www.ccdi.gov.cn/yw/201701/t20170104_92255.html。

⑤ 《吉林:查处违反八项规定精神问题 1937 起 处分 1855 人》,中央纪委监察网站,http://www.ccdi.gov.cn/yw/201612/t20161213_91029.html。

及中管干部 11 人。① 地方纪委通报和查处的违反中央八项规定精神的干部也很多，例如，江西省通报违反中央八项规定精神的典型案例有：鹰潭市余江县人大常委会调研员孙林华违规操办儿子婚宴问题；南昌市江铃底盘股份有限公司采购中心主任刘欢水违规收取"红包"问题；新余市渝水区水北镇政府计生服务所干部何桂兰公款吃喝问题。

中央纪委还推出监督举报专区，并在两节期间设立了特别举报专区。各级纪检监察机关以在坚持中深化，在深化中坚持的工作原则，全面贯彻从严治党的各项要求，积极落实中央八项规定精神，狠抓"四风"建设，让党的不正之风得到深度改善。2016 年 12 月 21 日，中央纪委网站再次推出《元旦春节期间违反中央八项规定精神问题监督举报曝光专区》，开设举报窗口，网友可以通过网站、客户端和微信公众号等平台对"四风"问题进行监督举报。各地方也积极响应，例如，重庆市纪委下发《关于强化监督执纪问责 确保 2017 年元旦春节风清气正的通知》，要求加强监督执纪问责，确保廉洁过节。

中央纪委先后组织中央以及各国家机关对有关违反八项规定精神制度的制定、执行情况开展"回头看"。2016 年约有 60 多个中央和国家机关对贯彻落实中央八项规定精神的实施办法进行修订，在"回头看"的过程中修订完善相关配套制度 1078 项。② 党的"四风"建设是一项长期工作，必须坚持不松懈，从细节着眼，发现苗头就严格制止，并经常督促，形成"回头看"的常态，不断加大查处力度，创新工作方式。

党员和党员干部作为中国特色社会主义现代化建设事业的领路人，身上肩负着人民的期望与责任，诚信、自律、清廉这些中华民族的优秀传统美德，在中国特色社会主义的伟大实践中依然具有宝贵的时代价值，依然值得每一个人，特别是作为中国特色社会主义事业坚强领导核心的党员干部始终如一坚持并诚心笃行的。"欲影正者端其

---

① 罗宇凡、朱基钗：《咬住作风建设不放松 保持反腐高压态势——2016 年党风廉政建设和反腐败工作成果盘点》，新华网，http://news.xinhuanet.com/politics/2017-01/04/c_1120244732.htm。

② 同上。

表，欲下廉者先之身。"党员与党员干部自身的一言一行都会对群众乃至整个社会的风气起到引领作用与导向作用，所以，不搞所谓的"形象工程"，杜绝奢靡之风，反对享乐主义与官僚作风，是每一名共产党员不迷惘、不行乐、不退缩、大公无私、廉洁自律的根本。廉洁自律是党的灵魂，"四风"建设是党的生命之本，如果没有廉洁自律的规矩意识，没有以身作则的担当精神，我们党将会失去活力。

（五）群众对党风廉政建设和反腐败工作满意度提升

"人民满意不满意，人民赞成不赞成，人民答应不答应，人民支不支持"，是检验我党工作成效的一条根本准则。

"国家统计局于2016年10月底至11月底开展了全国党风廉政建设民意调查。调查结果显示，与往年相比，2016年有92.9%的群众对党风廉政建设和反腐败工作成效表示满意，比2012年提高17.9个百分点。其中，93.1%的群众对遏制腐败现象表示有信心，比2012年提高13.8个百分点。93.0%的群众认为其所在地区、部门和单位的党政领导重视党风廉政建设和反腐败斗争，比2012年提高12.8个百分点。90.9%的群众认为，当前党员干部违法违纪案件的势头得到有效遏制，比2012年提高了5.5个百分点。"[1] 全面从严治党的重要举措得到了广大人民群众的高度认可与支持，尤其是在纠正人民群众最为深恶痛绝的违反中央八项规定的"四风"问题和治理侵害群众利益的不正之风、腐败问题方面，更是分别得到了92.1%和90.1%群众的认可，比2013年提高10.8个百分比，比2012年提高18.1个百分点。[2] 对腐败官员严惩不贷，尤其是对生活在人民周围的基层小官蚕食民众利益、剥夺民众所得的基层腐败的治理，使得民众从中获得了直接的利益，满意度升高也是再自然不过的事情。

从全面从严治党的提出到实施，从打"大老虎"到拍"苍蝇"，从中央八项规定精神落地生根到反腐败在基层的全面推进，从纪检巡

---

[1] 《民意调查显示逾九成群众对反腐败工作成效表示满意》，中央纪委监察部网站，http://www.ccdi.gov.cn/yw/201701/t20170107_92461.html。

[2] 同上。

视到执纪监督的常态化，中央以踏石留印、抓铁有痕的勇气与决心打击各层次、各领域的不正之风与腐败问题，让人民群众看到了实实在在的成效与变化，让人民群众感受到了真真切切的实惠与关怀，更让人民群众孕育了美好生活的希望与梦想。

（六）军队反腐绝不手软

军队是一个国家和人民的坚强护卫，身上肩负着国家与民族的嘱托和大任，在全面从严治党、加大反腐力度的背景下，军中绝不允许腐败分子偷偷隐藏，为所欲为。2016年，在中央对各地方反腐力度加强的情况下，军队成为2016年反腐的又一重镇。从2016年1月起，被查处的"军老虎"达42人。[①] 其中，7月25日，原中央军委副主席郭伯雄因犯受贿罪，被军事法院判处无期徒刑，随后牵出其背后的一系列军队腐败分子，诸如担任全国人民代表大会外事委员会副主任委员的空军原政委田修思、原济南军区参谋长张鸣、原总后勤部军需物资油料部部长周林和、武警部队原副司令员牛志忠等，皆受到了严厉惩处。

为了取得军队反腐的全面胜利，2016年中央军委纪律监察委员会还开设了信访举报专线电话和专用信箱，充分发挥人民群众的监督作用，对违反军纪军规问题进行检举控告以及军队党员和干部不服党纪军纪处分可以进行申诉，中央军委纪律监察委员会严格按照相关法律、纪律、程序设置其事项，有效维护了检举控告人的合法权益，加强了军队的党风廉政建设与反腐败建设，有利于实现军队腐败监督体制的完善。

2016年中央对军队反腐采取的果敢、雷厉风行的行动收到了明显的成效，达到了对某些心里想腐但不敢腐的军队高官以儆效尤的威慑作用，同时，对那些军队腐败分子依旧保持着警惕，一旦发现，绝不心慈手软。

---

① 《反腐2016年：拍蝇打虎 强化顶层设计》，新浪网，http://finance.sina.com.cn/roll/2016-12-31/doc-ifxzczsu6434136.shtm。

(七) 两高发布贪污贿赂刑事案件司法解释

法律作为社会正义的最后一道屏障,需要司法机关发挥司法审判的权威作用,树立法律的权威,维护社会的公平与正义。然而,司法审判的前提是对法律进行司法解释,这对于严惩犯罪分子具有决定性的意义。社会情况不断发生着新的变化,司法机关为了强化司法的适用性,严厉追究目前存在的贪污腐败者的责任,对贪污受贿犯罪出现的新情况与新问题、犯罪的构成要件、刑法适用、不同职务犯罪的定刑量刑标准、罪与非罪、罪轻与罪重等做出了符合客观实际的扩展性解释,以确保审判案件法律公正性。

伴随着刑法修正案的出台,2016年4月18日最高人民法院和最高人民检察院联合发布《最高人民法院、最高人民检察院关于贪污受贿刑事案件适用法律若干问题的解释》,明确将贪污罪和受贿罪的定罪与量刑的标准以及贪污罪、受贿罪死刑、死缓、终身监禁的适用原则等,突出强调了依法严惩贪污受贿犯罪行为。[①]

最高人民法院和最高人民检察院还对受贿犯罪的财物、国家工作人员受贿犯罪与滥用职权损害人民利益、国家工作人员的身边者的贪污受贿相关行为进行了司法解释,明确了受贿犯罪的财物为货币、物品扩大为以货币结算的财产性利益,如房屋装修、债务免除、会员服务等,明确了不影响其犯罪认定的行为,即将受贿赃款用于公务或社会捐赠行为也是贪污受贿行为。

(八) 规范高干家属经商 五地铺开试点

2015年2月,中央全面深化改革领导小组审议通过了《上海开展进一步规范领导干部配偶、子女及其配偶经商办企业管理工作的意见》,随后北京、广东、重庆、新疆等地也通过了进一步规范领导干部配偶、子女及其配偶经商办企业行为的规定(试行),逐步开展试点工作。

[①] 罗沙、陈菲:《两高发布贪污贿赂刑事案件司法解释 明确定罪量刑标准》,新华社,http://fanfu.people.com.cn/n1/2016/0418/c64371-28284274.html。

在中央巡视组对各地省份巡视时发现，有11个省份存在干部家属违规经商的问题。其中五个试点省份中，有三个存在类似问题。2016年1月19日，在上海市委常委、副市长艾宝俊因严重违纪被组织调查事件中，其中就有"利用职务之便为家属经营商铺谋取利益的一项"。今后，将严格规范干部家属违规经营商铺，建立常态化监督机制，每年抽查20%。

改革开放30多年来中央规范干部家属违规经商的法规时有出台，只是收效并不明显。2016年首轮试点的上海，对"1802名省局和司局级干部进行了全覆盖专项申报，经核实发现有182名干部家属存在违规经营办企业的现象，其中10人被免职，10人被调职，1人辞职，还有3人涉嫌严重违纪被组织调查"①。

对于规范高干家属违规经营企业的问题，呈现出级别越高监督审查越严格的趋势。其中，上海、北京、重庆规定：市政领导干部的配偶不得经营办企业。北京市对局级干部规定：正局职领导干部的配偶、子女及其配偶不得经营办企业，局级副职领导干部的配偶、子女及其配偶不得在领导干部所在区域内和领导干部曾经工作地经营办企业。要想实现对领导干部亲属经营商业活动的监督常态化，必须充分整合各个政府部门、社会、舆论媒体等的作用，形成强大的监督合力。

（九）切实管好权用好权

政府作为行政机关，承担着社会管理、公共服务等众多涉及人民切身利益的职责，如果政府工作不得力，部门之间互相推诿，效率低下，不仅会侵害群众的利益，还会对经济社会的发展造成极大的影响，甚至滋生腐败。2016年我国深入加强政府行政审批事项的改革，积极转变政府职能，实现放管结合，发挥政府与市场在经济建设中的各自优势，实现资源的优化配置，为推动经济的平稳运行增加砝码，今后我们还会进一步加强行政审批制度改革，让政府真正承担起为人民服务的责任。

---

① 沙雪良：《规范高干家属经营 五地铺开试点 每年监督抽检20%》，中国共产党新闻网，http://fanfu.people.com.cn/n1/2016/0525/c64371-28377324.html。

权力来自人民,必须受人民的监督,这是一条铁律。管权用权的关键是靠制度,要建立权力制约与监督的制度体系。2016年2月4日,中办、国办印发了《关于全面推进政务公开工作的意见》。① 该意见指出,要重点做好晒清单工作,建立公布各地政府权力清单制度,实现政府信息公开化,提高工作透明度;要建立常态化督查问责机制,坚持不懈,一以贯之地落实督查问责机制,创新监管方式方法,2016年在全国推开"双随机、一公开"监管制度,检查人员随机产生,整个过程也是公开的。

要想预防并有效地惩治腐败,必须切实管好权用好权,必须坚持用制度管人、管权、管事,才能形成反腐败的长效机制,在全面建设小康社会的决胜阶段就需要切实地管好权用好权,加强权力的制约与监督,让权力在阳光下发挥正面作用,使权力真正为人民造福。

二 把纪律、规矩挺在前面,实践监督执纪"四种形态"

腐败问题的解决需要各组织相互配合、积极合作。其中,中国共产党中央纪律检查委员会负责协助党委加强党风廉政建设、组织协调反腐败工作的一系列任务,是中国共产党的检查监督机关。在全面推进从严治党的格局下,2015年9月,王岐山同志在福建调研时提出坚决把纪律和规矩挺在前面,本着惩前毖后、治病救人的原则,准确把握运用监督执纪"四种形态":"党内关系要正常化,批评和自我批评要经常开展,让咬耳扯袖、红脸出汗成为常态;党纪轻处分和组织处理要成为大多数;对严重违纪的重处分、作出重大职务调整应当是少数;严重违纪涉嫌违法立案审查的只能是极少数。"这四种形态体现了纪委对党员干部的严格与爱护,是纪委工作的重要依据。

---

① 李源、姚茜:《李克强在第四次廉政工作会议上的讲话》,中国共产党新闻网,http://fanfu.people.com.cn/n1/2016/0415/c64371-28278007.html。

（一）各级纪检检察机关工作取得重大成效

2016年1月，中央纪委第六次全会工作报告，对实践好"四种形态"做出全面部署。2016年各级纪检监察机关深入贯彻第十八届中央纪委第六次全会工作部署，监督执纪问责不退缩，严守纪律底线不松懈，规范问题行为不动摇，继续保持遏制腐败的强姿态，纪律审查工作取得效果明显。2016年"1至11月，全国纪检监察机关共立案36万件，处分33.7万人。2016年1至11月全国纪检监察机关处置问题线索61.5万件次，与去年同期相比增长41.8%。截至今年11月，全国纪检监察机关谈话函询数达到11.1万件次，与去年同期相比增长205.8%。"① "仅2016年上半年全国就有2.9万名干部主动向纪检监察机关交代问题，是去年全国的5倍多。2016年已办结的77件中管干部违纪案件中，认定存在政治纪律问题的共有33件，占总数的42.8%。在已办结的中管干部违纪案件中，运用第二种和第三种形态处理的案件有57件，占案件总数的74%，比2015年增长了90%，按第四种形态处理的案件有20件，占26%，比2015年减少56.5%。"② 进一步严明思想纪律、政治纪律与组织纪律，不仅优化了党员队伍，实现了党组织的净化，也充分体现了党中央惩治腐败的明确态度和坚定决心。

对中国共产党的监督是我党一直以来加强党自身建设、完善党的领导方式与执政方式的重要工作之一。2016年第十八届六中全会审议通过了修订后的《中国共产党党内监督条例》，党内监督条例共八章、四十七条，是自十八大以来党内监督工作经验与实践经验的总结与概括，其中，最主要的监督对象是党的领导机关和领导干部，尤其是对党的主要领导干部，更是本着严格的态度进行督查。同时，党内监督条例还规定了作为党员所必须履行的监督义务，党员同志可以向

---

① 中央纪委案件监督管理室：《聚焦监督执纪问责 持续保持遏制腐败高压态势》，中央纪委监察部网站，http：//v.ccdi.gov.cn/2016/12/30/VIDEkUJ7ZOoWkJJgm8cBRAV8161230.shtml。
② 罗宇凡、罗争光：《2016年正风反腐新成就盘点：用好监督执纪"四种形态"》，中国新闻网，http：//www.chinanews.com/gn/2017/01-03/8112191.shtml。

党组织反映来自群众的意见与诉求，认真倾听来自底层群众的呼声与需求，诚实反映百姓意见，在党员会议上可以向任何党组织和党员提出批评与建议，指出缺点与错误。但是，提出的建议必须是有理有据的，不可任意捏造违背实事求是原则的意见，每一名党员要有敢于向错误提出质疑，敢于追求真理，敢于向权威斗争的精神与勇气。党内监督条例的颁布是为了适应新形势下党发展的客观需要，不仅加强了党的领导，也提高了党内监督的制度化水平，有利于保持党的先进性和纯洁性。

（二）纪律、规矩挺在前，积极实践监督执纪"四种形态"

实践好"四种形态"，需要在深刻理解其内涵的基础上，进一步完善相配套的制度规范体系，强化各级党组织及其负责人在日常监管中的作用。2016年12月，中央纪委办公厅印发《纪检监察机关监督执纪"四种形态"统计指标体系（试行）》，为统计和反映纪检监察机关运用监督执纪"四种形态"的情况提供了具体实施依据，从2017年起开始试行《纪检监察机关监督执纪"四种形态"统计指标体系（试行）》。

《纪检监察机关监督执纪"四种形态"统计指标体系（试行）》坚持一贯的方针与理念，共设置了五类56项统计指标，具体包括四种形态指标："第一种形态指标为谈话函询了结、"面对面"初步核实了结、诫勉谈话等14种"红脸出汗"的情形；第二种形态指标为党内警告、党内严重警告、免职等21种纪律轻处分和组织调整措施；第三种形态指标为撤销党内职务、留党察看、开除党籍等12种纪律重处分和重大职务调整措施；第四种形态指标为纪检监察机关立案审查后移送司法机关等两种严重违纪涉嫌违法的情形。

监督执纪"四种形态"，是新时代下全面从严治党的标准与尺度。要想实践好监督执纪"四种形态"，不仅需要纪检机关拿出无畏的勇气，更需要采取恰如其分的措施。实践"四种形态"，主责在党委，在强化日常管理监督上下足功夫，抓常、抓细、抓长，只有这样才能发挥纪检监察机关的独特作用，收到良好的预期成效。

党的思想建设始终是关系党全局的关键性问题，是党性的重要体现。做细、做扎实思想政治工作，必须分情况运用好监督执纪"四种形态"。要早治,从根本上医治病人,唤醒各级党员干部的政治觉悟、思想意识,改变以往只重视影响全局的大问题,忽视身边小细节的倾向,发现问题及时治疗,早字当头,严格到底,重在挽救"病人",注意明确惩罚只是手段,不是最终目的。

准确把握运用"四种形态",核心在于把纪律和规矩挺在前面,以严格的纪律保持党的纯洁性。当然,在处置各种违纪违法案件中,还要坚持纪法分开,在对严重违纪违法的党员干部给予党纪处分的同时,司法手段必须随即发挥作用。

三 不断深化政治巡视,巡视"回头看"成常态

所谓的"回头看"就是再巡视,目的是精准打击腐败,严格督查被巡视单位的责任落实情况,让腐败问题不再复发,让整改成为常态,让"回头看"成为遏制腐败的一剂良药①,让巡视成为制约腐败的有力武器,让清正廉洁成为党的流行风尚。

2016年巡视"回头看"成效显著。2016年中纪委共开展了三次巡视"回头看"。2月,中纪委对辽宁、安徽、山东、湖南四省开展了巡视"回头看",并对32家单位党组织开展了专项巡视,② 其中,2月29日,辽宁省沈阳市委常委、副市长杨亚洲因违纪被组织调查;3月16日,辽宁省人大常委会原副主任王阳因违纪被查;4月6日,辽宁省委常委、政法委书记苏宏章因违纪被组织调查。此外,还有最引人关注和震惊的湖南衡阳的贿选案和辽宁选举存在的拉票问题。2016年6月,中央纪委对天津、江西、河南、湖北四省进行了巡视"回头看"并对其中32家单位的党组织开展专项巡视工作;11月,中央纪委对北京、重庆、广西、甘肃4省区市进行"回头看"并对

---

① 郭兴:《深化政治巡视 利剑愈显锋芒》,中央纪委监察部网站,http://www.ccdi.gov.cn/yw/201612/t20161229_91970.html。
② 陈尚营、乌梦达、李劲峰:《彰显"永远在路上"的决心与力量》,新华网,http://news.xinhuanet.com/politics/2016-12/12/c_1120103238.htm。

27个单位党组织开展专项巡视。①

2016年中纪委启动了三轮巡视"回头看"，查处贪腐高官至少30人，其中包括辽宁省委原书记王珉，山东省济南市委原副书记、市长杨鲁豫和安徽省原副省长杨振超等中管干部。②中央巡视组在"回头看"的过程中，发现了搞"小圈子"和"拉帮结派""违反中央八项规定精神""买官卖官、带病提拔""执行个人有关事项报告制度不严""工程项目、土地出让、房地产开发"等问题，并提出了相应的整改意见。

各地方巡视工作也取得了一定的成效，2016年12月下旬，江苏省委巡视组陆续向被巡视单位反馈巡视意见，提出整改要求。截至12月底，已全面完成向37个单位党组织的巡视反馈工作。早在2015年8—10月，江苏省委纪委对省人大机关等33个省直部门、单位党组织开展专项巡视，并对省盐业集团、省沿海开发集团有限公司、南京信息职业技术学院、南京工业大学四个单位的党组织开展巡视"回头看"，发现突出问题1307个和涉及党员干部问题线索114件。③2016年新疆维吾尔自治区安排部署了对20个部门单位组织开展专项巡视工作任务，覆盖16所高等院校。④青海省巡视省委办公厅等12家单位。⑤2016年11月，黑龙江省委启动第十轮巡视"回头看"工作，对26个党组织进行了专项巡视，对两个地区进行"回头看"，切实加强对巡视干部的教育督查工作，激发巡视队伍的工作热情与积极性，认真履行各自的责任。⑥实现全覆盖式的巡视，以党章党规为尺

---

① 高巍、秦华：《年终盘点：2016年党建大事记》，中国共产党新闻网，http://dangjian.people.com.cn/n1/2017/0112/c117092-29018808.html。

② 《反腐2016年：拍蝇打虎 强化顶层设计》，新浪网，http://finance.sina.com.cn/roll/2016-12-31/doc-ifxzczsu6434136.shtml。

③ 《江苏：巡视省人大机关等37个单位 发现问题1307个》，中央纪委监察网站，http://www.ccdi.gov.cn/gzdt/xsgz/201701/t20170112_92719.html。

④ 《新疆：巡视20个单位党组织 覆盖16所高等院校》，中央纪委监察网站，i.gov.cn/gzdt/xsgz/201612/t20161221_91539.html。

⑤ 《青海：专项巡视省委办公厅等12家单位 实现全覆盖》，中央纪委监察网站，http://www.ccdi.gov.cn/gzdt/xsgz/201611/t20161130_90305.html。

⑥ 《黑龙江：专项巡视26个党组织 对2个地区"回头看"》，中央纪委监察网站，http://www.ccdi.gov.cn/gzdt/xsgz/201611/t20161118_89791.html。

子，严肃党内政治生活，对巡视中发现的问题，及时纠正，严格处理，形成持续震慑力。

2016年对各级军队领域的巡视工作也取得了明显成效。5月，中央军委巡视组分别对海军、空军、国防大学、国防科学技术大学等军事组织和大学开展了回访式巡视，这也是2016年首次集中组织对军队领域开展的巡视"回头看"。军队在第一轮巡视期间，发现了一些单位领导干部在遵守纪律、选贤任能、"四风"建设、工程项目管理、房地产及装备物资采购与管理等方面所存在的问题和一些相关问题线索，中央军委对存在的问题提出具体的整改意见，问题严重的移交军委等相关部门查办，在巡视中对查处的部分军委干部采取了谈话提醒的方式，诚勉党员同志要清正廉洁、自律自省，要为推进军队政治生态净化建设尽一份力，真正发挥军队党员干部的先锋模范作用。

在巡视过程中发现的问题，归根结底无外乎理想信念缺失、党的组织纪律意识淡薄、政治观念不强、党的领导建设弱化以及从严治党不彻底等。为此必须加强政治巡视的常态化建设，形成一套严密的配套措施与制度，消除腐败种子成长的温床。

2016年1月29日中共中央政治局会议首次提出"四个意识"，即"政治意识""大局意识""核心意识""看齐意识"。这"四种意识"成为巡视工作的指导方针，目的是在具体工作中对照中央提出的"四个意识"找问题，纠正错误，实现监督巡视工作的常态化。坚决贯彻并落实中央决策指示，着眼于全面推进从严治党的大局，找准政治方向，提出重点监督检查、遵守纪律规矩、问题反馈、调查线索的处理等相关检查不彻底的问题，形成监督永远不松懈的强大威慑力，让那些抱着侥幸心理的腐败分子受到警示，进一步深化政治巡视常态化建设。

党章第十三条规定："党的中央和省、自治区、直辖市委员会实行巡视制度。"《中国共产党党内监督条例》第十九条总结党的十八大以来的实践经验，明确规定，巡视是党内监督的重要方式。十八大以来，党风廉政建设和反腐败斗争成效显著，目标定位准确，力度明显加大，巡视监督在其中发挥的作用也越来越重要。中央巡视工作针对各个地方、部门、监管机构、企事业单位在全面贯彻落实党的各项方针政策，全面贯彻从严治党的理念，全面贯彻落实中央八项规定与反腐败方面的工作进行监督,严格要求、一视同仁,积极开展巡视"回头看",发现问题及时纠正,时刻警示党组织及党员干部,要把纪律挺在前面,把政治纪律和政治规矩摆在首位,推动被巡视党组织真正把纪律和规矩立起来、严起来,形成风清气正的政治生态。巡视不是目的,只是手段,各级党组织和党员干部要明确任务、把握方向、聚焦问题、廉洁自律,真正做到心中有法,心中有纪律,心中有人民。

四 打铁还需自身硬,建设忠诚干净担当的纪检监察队伍

纪检监察机关在全面从严治党中承担着监督执纪问责的重要任务,打铁还需自身硬,唯有建设一支忠诚干净担当的纪检监察队伍,才能打赢反腐败这场没有硝烟的战役,才能提高党员队伍的整体素质,才能践行立党为公、执政为民的理念。自党的十八大以来,中央纪委机关谈话函询 218 人,组织调整 21 人,立案查处 17 人,全国纪检监察系统共谈话函询 5000 人次,组织处理 2100 余人,处分 7500 人。[①] 但是在纪检检查队伍中仍有一些领导干部存在违法违纪的问题,纪检作为党的检察机关身上肩负着来自人民的嘱托,如果自身建设存在问题,不仅降低了纪检机关在人民心中的威望与信任感,也会对进一步开展纪检工作产生阻碍作用。

在 2016 年中央纪委第七次全会上,习近平总书记对纪检监察机关提出要求,各级纪委要强化自我监督,自觉接受党内和社会监督,建设一支让党放心、人民信赖的纪检干部队伍,为全党全社会树起严格自律的标杆。与此同时,中央纪委第七次全会审议并通过了《中国共产党纪律检查机关监督执纪工作规则(试行)》,目的是实现纪检监察工作的制度化与规范化。2016 年对各级纪检机关的监督检查工作取得了明显的效果。

---

① 高艺宁:《2016 反贪肃纪年度观察:不敢腐的目标初步实现 不能腐的制度日益完善》,环球网, http://china.huanqiu.com/article/2017-01/9930023.html。

（一）对中央一级党和国家机关派驻纪检机构全覆盖

党的十八届三中全会《中共中央关于全面深化改革若干重大问题的决定》要求："全面落实中央纪委向中央一级党委和国家机关派驻纪检机构，实行统一名称、统一管理。派驻机构对派出机关负责，履行监督职责。"2016年中共中央办公厅印发了《关于全面落实中央纪委向中央一级党和国家机关派驻机构的方案》。中央决定，中央纪委共设置47家派驻机构，实现对139家中央一级党和国家机关派驻纪检机构全覆盖。①

中央纪委实现对中央一级党和国家机关派驻纪检机关的全覆盖，是党的十八大以来关于派驻机构改革的最新成效，采取不同于以往"一对一"的综合派驻和单独派驻形式相结合的方式，不仅节约了人力资源，也提高了工作效率和工作质量，更强化了纪检派驻机构的权威。

实现派驻机构的全覆盖有利于强化党内监督，有利于强化党的自我监督，有利于树立监督执纪的权威，有利于党风廉政建设，有利于党员整体素质的提高，为全面从严治党奠定了良好根基。

（二）中组部会同中央纪委机关启动和开展两轮换届风气巡回督查

开展巡回督查工作是全面从严治党的具体体现，是推动换届工作有序健康平稳进行的有效途径，是督促各级党委落实主体责任、廉洁自律的保证，是开展督查、着力解决突出问题的必然要求，也是营造风清气正政治生态的基础。

为了确保地方领导班子换届工作有序平稳进行，营造良好换届风气，2016年，中组部会同中央纪委机关派出换届风气巡回督查组，对河北、山西、内蒙古、辽宁、江苏、安徽、福建、湖南、广西、云南、西藏、新疆12个省（区）和新疆生产建设兵团进行督查，对天津、江西、河南、湖北四省（市）结合巡视"回头看"选人用人专

---

① 白羽：《中央批准中央纪委对中央一级党和国家机关派驻纪检机构全覆盖》，新华网，http：//news.xinhuanet.com/politics/2016 - 01/05/c_ 1117678140. htm。

项检查，开展换届风气督查。

在第二批换届风气监督检查工作中，中央组织部会同中央纪委机关对吉林、黑龙江、上海、浙江、山东、广东、海南、四川、贵州、陕西、青海、宁夏12省（区、市）进行督查，结合巡视"回头看"督查北京、重庆、甘肃等两市一省的换届风气情况。

中组部督查工作本着"五个必查""五个搞清楚"原则，坚持严字当头，对责任落实、教育宣传、监督查处、制度执行、"凡提四必"等方面的情况进行严格把关，增强对换届进展情况、换届风气状况、突出问题矛盾、干部群众反映、潜在风险隐患等督查督导的力度。

纪检监察工作人员不仅要监督广大党员干部的工作，而且必须严格要求自己，明确自身的责任，突出重点问题，严格执行督查工作，充分发挥纪检监察机关的监督、教育、惩处、保护的职能。这就要求纪检监察机关做到转职能、转方式、转作风，真正把监督责任落实到位，意识到党风廉政建设和反腐败斗争的形势依然严峻而复杂。为了防止问题回流，在做到"三转"的基础上强化监督执纪问责，真切地对广大人民群众负责。

五　完善全面从严治党制度体系，扎牢管党治党制度笼子

法律和制度是反腐败斗争的利器。全面从严治党，要靠法律、制度的制约与规范，把权力关进制度的笼子里，铸牢反腐败的坚固堡垒。[1]

第一，制定规范党的问责工作的基础性法规。6月28日，中共中央政治局召开会议，审议通过《中国共产党问责条例》。7月8日，中共中央印发的《中国共产党问责条例》开始施行。[2] 问责条例的制定与实施为全面从严治党提供了制度保障。

《中国共产党问责条例》本着党要管党、全面从严治党、深入贯

---

[1]《扎牢管党治党制度笼子》，中央纪委监察部网站，http://www.ccdi.gov.cn/yw/201701/t20170103_92218.html。
[2]《反腐2016年：拍蝇打虎 强化顶层设计》，新浪网，http://finance.sina.com.cn/roll/2016-12-31/doc-ifxzczsu6434136.shtml。

彻中央反腐败的各项政策、规范强化党的问责工作的目的，坚持依规依纪、失责必问、问责必严以及惩前毖后、治病救人、分级负责、层层落实责任的原则。问责对象主要是各级党委（党组）、党的工作部门及其领导成员，各级纪委（纪检组）及其领导成员，重点是主要负责人。问责内容涉及党的领导不力、党的纪律弱化、党的建设缺失、反腐败工作不彻底等问题，问责方式包括检查、通报、改组、劝勉、纪律处分等。值得注意的是，《中国共产党问责条例》规定实行终身问责制，对失职渎职行为严重、影响恶劣的人员，无论其是否离职、转职、退休，只要存在问题，一律进行严肃问责。

第二，制定新形势下党内政治生活准则。党内政治生活是党的基础，党要管党、全面从严治党必须从党内政治生活抓起、管起。党中央把党内政治生活作为净化政治空气的主要任务，不仅是我党的光荣传统，也是十八大以来党的一贯作风。

为了保持共产党人的先锋模范作用，永葆中国共产党的生机、活力，2016年10月27日中国共产党第十八届六中全会审议通过了《关于新形势下党内政治生活的若干准则》。这是我党规范党内政治生活、加强党内监督的指导方针，为推进全面从严治党提供了制度法规保障。《关于新形势下党内政治生活的若干准则》的内容主要包括：坚定理想信念，坚持党的基本路线，坚决维护党中央权威，严明党的政治纪律，保持党同人民群众的血肉联系，坚持民主集中制原则，发扬党内民主和保障党员权利，坚持正确选人用人导向，严格党的组织生活制度，开展批评和自我批评，加强对权力运行的制约和监督，保持清正廉洁的政治本色。

党内政治生活的若干准则突出体现了"四个着力"点，即"着力增强党内政治生活的政治性、时代性、原则性、战斗性""着力增强党自我净化、自我完善、自我革新、自我提高能力""着力提高党的领导水平和执政水平、增强拒腐防变和抵御风险能力""着力维护党中央权威、保证党的团结统一、保持党的先进性和纯洁性"[1]。每

---

[1] 黄瑾、杨丽娜：《中办印发〈关于新形势下党内政治生活的若干准则〉》，中国共产党新闻网，http://cpc.people.com.cn/n1/2016/1103/c64387-28830240.html。

个党员及党员干部都应增强规矩意识、担当意识,严肃党内政治生活基础,在实践中不断砥砺自身政治品格,坚定崇高理想信仰,严格执行党内决定,夯实全面从严治党的政治根基。

第三,修订党内监督条例。为了落实全面从严治党的战略部署,完善党内监督机制,严格管理监督干部、激励约束干部、正确选人用人,确保建设一支忠诚、敢于担当的干部队伍,我党在总结改革开放以来关于党的领导干部选拔任用、考核条例的基础上,第十八届六中全会审议通过了《中国共产党党内监督条例》。该条例共8章47条,明确了党内监督的任务、党内监督的主要内容、党内监督的重点对象等,同时对党的中央组织、党委(党组)、党的纪律检查委员会、党的基层组织和党员四类监督主体的监督职责等做出规定。①

中央2016年出台的多部党内法规,是十八大以来从严治党的制度化成果。习近平总书记在第十八届中央纪委六次全会上讲话指出:"反腐败斗争压倒性态势正在形成,党中央坚定不移反对腐败的决心没有变,坚决遏制腐败现象蔓延势头的目标没有变。"② 我国反腐败斗争正逐步走向标本兼治的制度化发展道路。

第四,深化国家监察体制改革。监察委员会是重要的反腐败机构,作为监督执法机关,身上肩负着艰巨的责任。进一步深化国家监察体制改革是我国政治改革领域的一项重要任务。2016年11月,中共中央办公厅印发《关于在北京市、山西省、浙江省开展国家监察体制改革试点方案》,部署在三省市设立各级监察委员会,③ 率先示范、探索实践,为在全国的推广奠定基础。该方案本着牢固树立"四个意识"的原则,积极开展试点工作,由中央成立的深化监察体制改革试点工作领导小组统一领导。该方案强调,要丰富监察方式,建立统一、高效的监察体系,明确监察委员会的相关职能、职

---

① 《〈中国共产党党内监督条例〉要点一览》,人民网,http://politics.people.com.cn/n1/2016/1103/c1001-28831774.html。

② 陈磊:《2016年中国反腐三大亮点:严追逃 惩腐败 立规矩》,新华网,http://news.xinhuanet.com/2016-12/17/c_1120135624.htm。

③ 黄瑾、姚茜:《中办印发〈关于在北京市、山西省、浙江省开展国家监察体制改革试点方案〉》,中国共产党新闻网,http://cpc.people.com.cn/n1/2016/1108/c64387-28842803.html。

责，建立监察委员会与司法机关的协调衔接机制，强化对监察委员会自身的监督，通过试点工作逐步实现国家监察体制对所有公职人员的监督。

成立试点监察委员会，有助于构建权威高效的国家监察体系，综合发挥行政监察、检察系统、制约监督体系等的反腐败作用，充分发挥各级党委纪律监察委员会的作用。将监察视野扩展到所有行使公权力的国家公职人员身上，有助于构建不敢腐、不能腐、不想腐的监督环境。①

第五，制定防止干部"带病提拔"的实施办法。为了贯彻落实全面从严治党、管理干部、防止干部"带病提拔"，2016年8月，中共中央办公厅印发了《关于防止干部"带病提拔"的意见》。②该意见实行"四凡四必"的原则，做到干部档案"凡提必审"，个人有关事项报告"凡提必核"，纪检监察机关意见"凡提必听"，反映违规违纪问题线索具体、有可查性的信访举报"凡提必查"。③该意见关于具体的执行内容包括：落实具体工作职责；深化日常工作了解；坚持多渠道、多层次、多侧面识别干部；注重仔细分析研判；加强审查；强化任前把关；严格责任追究。

该意见的制定实施，对于贯彻落实党中央的政策主张，完善干部培养、选拔、任用、监察工作机制，建设忠诚、廉洁、担当的干部队伍具有十分重要的意义。

第六，制定中央和国家机关工作人员赴地方差旅住宿费标准明细。2016年4月15日财政部发布关于印发《中央和国家机关工作人员赴地方差旅住宿费标准明细表》的通知。该标准明细表将中央和国家机关工作人员赴地方差旅住宿费具体规范到地市级，并制定了与各职务级别相对应的住宿价格标准。这次制定的标准明细表是对2015

---

① 陈尚营、乌梦达、李劲峰：《彰显"永远在路上"的决心与力量》，新华网，http://news.xinhuanet.com/politics/2016-12/12/c_1120103238.html。
② 高巍、秦华：《年终盘点：2016年党建大事记》，中国共产党新闻网，http://dangjian.people.com.cn/n1/2017/0112/c117092-29018808.html。
③ 曹滢、底东娜：《中国社科院评出2016年党风廉政建设十件大事》，新华网，http://news.xinhuanet.com/politics/2017-01/04/c_129431979.html。

年发布的《关于调整中央和国家机关差旅住宿费标准等有关问题的通知》相关标准的具体化。

第七，制定中央和国家机关会议费新规。为了响应党中央厉行节俭的号召和贯彻落实《党政机关厉行节约反对浪费条例》，进一步加强会议费管理，2016年重新修订了《中央和国家机关会议费管理办法》。该办法于2016年7月1日起正式施行。该办法适用的对象是中央和国家机关，指党中央各部门、国务院各部委、各直属机构、全国人大常委会办公厅、全国政协办公厅、最高人民法院、最高人民检察院、各人民团体、各民主党派中央和全国工商联。

该办法就会议数量、规模、参会人数、会期以及食宿标准等方面的预算费用进行了细化，具体内容包括：一类会议参会人员按照批准文件严格限定会议代表和工作人员数量，会期不超过两天，费用标准：住宿费500元/人天，伙食费150元/人天，其他费用110元/人天。二类会议参会人员不得超过300人，会期不超过两天，费用标准：住宿费400元/人天，伙食费150元/人天，其他费用100元/人天。其中，工作人员控制在会议代表人数的15%以内，不请省、自治区、直辖市和中央部门主要负责同志、分管负责同志出席。三类会议参会人员不得超过150人，其中，工作人员控制在会议代表人数的10%以内。四类会议参会人员一般不得超过50人。三四类会议会期合计不超过1天，费用标准：住宿费340元/人天，伙食费130元/人天，其他费用80元/人天。[①] 该办法还对中央和国家机关会议进行了明确分类，就如何改进会议形式也进行了说明，建议充分运用现代信息技术手段，降低会议成本，提高会议效率，具体可以采用电视电话、网络视频会议方式召开，并要求实行会议的管理、分级审批制度。

该办法的施行有利于进一步加强和规范中央和国家机关会议费管理，有利于净化会风，更有利于节省经费开支，提高办事效率和质量。

---

① 杨丽娜、常雪梅：《中央和国家机关会议费有新规：控参会人数 定费用标准》，中国共产党新闻网，http://fanfu.people.com.cn/n1/2016/0714/c64371-28552235.html。

第八，完善信访举报工作机制。为增强信访工作的透明度，坚持把纪律和规矩挺在前面，中央和各地方狠抓信访举报工作，坚持信访制度化建设，严格各项监督机制，为老百姓解决各种难题，深得民心。国家信访局统计数字显示，2016 年，全国信访事项中来信量同比下降 0.7%，来访人次同比下降 12.6%。[①]

2016 年 10 月，中共中央办公厅、国务院办公厅印发《信访工作责任制实施办法》。该办法着力构建"有权必有责、权责相一致，有责要担当、失责必追究"的信访工作责任体系，以责任落实来推动信访工作落实。同时，信访部门还出台了信访事项简易便民办法，有效提升了信访的办事效率。

湖南株洲对疑难信访问题实行公开办理制度，即公开受理程序、公开调查过程、公开处理结果。2016 年，莱西市纪委共受理信访举报 1033 件次，立案 211 件，给予党纪政纪处分 197 人。[②] 浙江象山严把信访初访审核关，强化信访办理责任落实；严把初信初访审核关，实行规范化管理；严把答复意见质量关，实行"疏导式"化解；严把信访举报化解关，实行"排查式"处置。山西长治市委纪委 2016 年加大对扶贫领域违纪问题信访举报督办力度，长治市纪委制定并下发了《关于开展反映扶贫领域涉嫌违纪问题信访举报督办工作办法》，用制度规范信访工作，监督信访工作责任落实，针对扶贫领域的突出问题，该市 2016 年共受理扶贫领域信访举报问题线索 106 件，查处扶贫领域腐败问题 57 件，给予党政纪处分和组织处理 82 人。[③] 信访工作关涉到群众的切身利益，关系到社会的和谐与稳定，因而需要各部门强化自身主体责任，强化风险意识，扎实推进信访制度化建设，让老百姓看到实效。

---

① 张朝华：《2016 年全国信访量同比下降 6.8 万件 信访积案得到化解》，新华网，http://news.xinhuanet.com/politics/2017-01/14/c_1120312616.htm。

② 《山东莱西：2016 年市纪委受理信访举报 1033 件次》，中央纪委监察网站，http://www.ccdi.gov.cn/gzdt/xfjb/201702/t20170203_93469.html。

③ 《山西长治：加大对扶贫领域违纪问题信访举报督办力度》，中央纪委监察网站，http://www.ccdi.gov.cn/gzdt/xfjb/201611/t20161118_89832.html。

六 开展"两学一做"学习教育,努力构筑"不想腐"的廉洁文化堤坝

为了全面贯彻习近平总书记系列重要讲话精神和中央反腐败的具体举措,巩固党的反腐败理论建设成果与反腐败斗争的实际效果,进一步解决党员队伍在思想、组织、作风、纪律等方面存在的问题,优化党的队伍建设,保持党员干部的先进性和纯洁性,实现党内政治生活的有序化,中央决定部署在全体党员中开展"两学一做"学习教育活动和宣传廉洁文化。[①]

(一) 深入开展"两学一做"学习教育活动

"两学一做",是指"学党章党规、学系列讲话,做合格党员"。"两学一做"学习教育活动是面向全体党员深化党内教育的重要实践。2016 年,习近平总书记曾多次做出重要指示,深刻剖析了学习教育的重大意义、任务要求和具体目标。"两学一做"学习教育活动是加强党的思想政治建设的一项重要工作安排,是推动党内政治生活民主化、规范化、纪律化的必要工作,更是协调推进"四个全面"战略布局的灵魂支柱,要求各级党组织、党员干部积极组织、精细安排、扎实推进,务必取得实效。

2016 年 2 月下旬,中央印发关于开展"两学一做"学习教育的方案。为实践好"两学一做"学习教育活动,以令率人,中共中央政治局率先垂范,于 12 月 26—27 日召开民主生活会,中央组织部会同中央机关等部门党员同志,以深入学习领会党的十八届六中全会精神为主题,围绕"两学一做"学习教育的要求,根据《关于新形势下党内政治生活的若干准则》《中国共产党党内监督条例》的要求,联系中央政治局工作、自身执行中央相关政策规定的实际,以讲党课、参加支部组织生活等方式带头参加学习教育,开展自我检查、自

---

① 曹滢、底东娜:《中国社科院评出 2016 年党风廉政建设十件大事》,新华网,http://news.xinhuanet.com/politics/2017-01/04/c_129431979.html。

我批评、党性分析、党内民主监督等一系列活动，充分发挥自身职能作用，推进学习教育扎实稳步推进，形成"领头羊""头雁"的强大示范效应。

各级党委组织也把开展"两学一做"学习教育活动作为 2016 年党建工作重中之重的任务，认真贯彻落实中央各项要求、学习教育工作的总体规划与统筹安排，积极主动、严格及时地开展相关领域的教育工作。在全国 441.3 万个基层党组织的具体组织下，8875 万多名党员广泛参与到学习教育中来。① 各级党员领导干部先后通过个人自学、小组集中研讨、领导干部读书班、邀请专家解读等多种方式，切实树立好标杆与榜样，坚持笃行为先、深刻为要，本着学懂弄通、学深悟透的原则，认真学习贯彻党的十八届六中全会精神，仔细研读准则、条例等相关文件，掌握要领、基本精神，并积极参加所在党支部的组织生活，深入基层党组织讲党课，与基层党员一起重温入党誓词，交流各自的体会与感受、反省自身的不足与问题，明确未来前进的方向与动力。

在学习教育实践活动进程中，各级党委在强有力的组织领导下，以严格的标准、严格的措施、严格的纪律、严格的姿态，保证学习教育活动的各项工作落到实处。例如，新疆维吾尔自治区开展督查指导工作，认真布置安排，积极推动贯彻落实；江苏省也积极开展大范围的督查行动，采用约谈、诫勉等多种手段确保学习教育活动的顺利展开。

（二）宣传和打造廉洁文化

党的十八大以来，以习近平同志为核心的党中央坚定推进全面从严治党，严厉惩治贪污腐败问题、严肃党纪国法，不断加强党的思想建设与组织建设，净化党内政治空气，展现党内政治生活新风尚，赢民心、聚民智、达民情，开创党风廉政建设新局面。

1. 《习近平关于全面从严治党论述摘编》和《习近平关于严明

---

① 高巍、秦华：《年终盘点：2016 年党建大事记》，中国共产党新闻网，http://dangjian.people.com.cn/n1/2017/0112/c117092 - 29018808.html。

党的纪律和规矩论述摘编》的编辑出版。为了深入贯彻习近平总书记系列讲话精神，认真落实中央全面从严治党的举措，牢固树立政治意识、大局意识、核心意识、看齐意识的"四个意识"，坚定不移地维护党中央集中统一领导，继续推进党的建设新的伟大工程，确保党团结带领人民不断开创中国特色社会主义事业新局面，2016 年中央文献出版社出版了由中共中央文献研究室编辑的《习近平关于全面从严治党论述摘编》一书。该书内容主要涉及习近平总书记于 2012 年 11 月 15 日至 2016 年 10 月 27 日期间的重要讲话和文章，具体分关于全面从严治党；坚定信念理想；牢固树立"四个意识"；坚持把纪律、规矩挺在前；作风建设永远在路上；以零容忍的态度惩治腐败；加强党内监督；贯彻落实全面从严治党的主体责任等专题。

为了使全体党员干部系统学习习近平总书记针对腐败问题所发表的一系列论述，中共中央纪律检查委员会和中央文献研究室于 2016 年 1 月出版了《习近平关于严明党的纪律和规矩论述摘编》，具体内容主要包括以下几个方面：

第一，严明政治纪律。党的纪律是多方面的，包括政治纪律、组织纪律、廉洁纪律、群众纪律、工作纪律和生活纪律。其中，严明纪律是全面从严治党的首要问题，铁一般的纪律是我党的优良传统和一贯作风。政治纪律涉及的是方向、原则、立场的关键性问题，是维护党内团结与统一的基础，是巩固党执政基础的重要影响因素。因此，遵守政治纪律和政治规矩永远是严肃党内纪律的第一位问题。

第二，树立规矩意识。讲规矩是党的行为规范和规则，是全体党员必须遵守的，是党性原则的评判标准之一，是考察党员干部忠诚度的关键因素，主要包括四个方面，分别是党章、党的纪律、国家法律、党在长期实践中所形成的优良传统和工作惯例。所谓的规矩就是一种纪律，一种自我约束的纪律。作为一名共产党员，心中要有规矩，特别是领导干部更要树立规矩意识，培养自身的政治素养，提升自身政治觉悟，提高自身政治本领。请示报告是必须遵守的规矩，也是检验一名干部合格不合格的试金石。习近平同志特别强调规矩问题，重视增强党内生活的政治性、原则性、战斗性。

第三，坚持党的领导。遵守党的纪律、树立党的规矩意识最根本的一点，就是坚持中国共产党的领导，坚持维护中央权威，坚决贯彻党的路线、方针、政策，无论在思想上，还是在行动上都与党保持高度一致。

第四，做到"五个必须""五个决不允许"。必须维护党中央权威，决不允许背离党中央要求另搞一套；必须维护党的团结，决不允许在党内培植私人势力；必须遵循组织程序，决不允许擅作主张、我行我素；必须服从组织决定，决不允许搞非组织活动；必须管好亲属和身边工作人员，决不允许他们擅权干政、谋取私利等。

此外，各级地方党组织也积极响应中央号召开展宣传教育活动，积极开展廉洁文化建设。例如，云南昆明市建成了首个廉洁文化主题站，积极培育廉洁新风尚；安徽滁州发放《滁州市典型腐败案例剖析读本》《百案释纪》等学习材料，组织党员干部认真学习，筑牢党员干部的廉洁防线。有的省市还通过举办文化展览的方式弘扬传统家训、家风、廉洁文化的魅力，让广大党员干部在感悟先贤们清廉务实精神与淳厚家风文化的过程中，增强自律意识、廉洁意识、责任意识和担当意识。

2. 中纪委八集大型电视专题片《永远在路上》引起强烈反响。习近平总书记曾多次强调，党中央反腐决心不会变，管党治党不会松懈，坚决下大力气打反腐败这场持久战攻坚战，党风廉政建设和反腐败斗争没有终点，"永远在路上"。2016 年 10 月 17—25 日，中央纪委宣传部、中央电视台联合制作的八集专题片《永远在路上》播出。该片分为《人心向背》《以上率下》《踏石留印》《利剑出鞘》《把纪律挺在前面》《拍蝇惩贪》《天网追逃》《标本兼治》八个专题，以真实具体的案例介绍了作风建设、纪律建设、惩治腐败、巡视工作、追逃追赃等领域的工作进展，集中展示了党的十八大以来党中央坚定不移地推进党风廉政建设和反腐败斗争的成果。[1] 影片讲述了违法犯罪分子犯罪的过程及心理，起到了很好的警示作用。

反腐败工作虽然取得了显著成效，但反腐任务仍然任重道远。需

---

[1] 曹滢、底东娜：《中国社科院评出 2016 年党风廉政建设十件大事》，新华网，http://news.xinhuanet.com/politics/2017-01/04/c_129431979.html。

要在巩固反腐工作所取得的胜利成果的基础上,保持清醒的头脑与坚韧的毅力,与腐败现象死磕到底,与腐败分子战斗到底,与不正之风对峙到底,才能打赢反腐败这场持久战,才能切实和群众的愿望相契合,才能夯实我党全面建成小康社会的根基。

大数据方法在政治学研究中的应用与前景

李 猛

数据作为人类认知世界的重要载体，自产生之日起就是政治学研究的重要组成部分。从西方看，亚里士多德在游历的基础上按照统治者的数量（一人或少数人或多数人）[①]将政体分为三个种类，并进而衍生出其完整的政体学说。从中国看，古老的周易根据奇数和偶数的组合，建构出一套完整的分类归纳与输入输出系统，通过64卦以及384个爻位演化出一套深刻影响中国政治发展的哲学体系。[②]

数据在当代政治学研究中的地位是随着统计学、计量经济学以及政治学行为主义的发展而崛起的。当大卫·休谟提出"铡开"经验研究与规范研究之后，越来越多的学者强调"系统运用所有相关经验证据，而非有限的一套支持论点的例证"[③]。对于行为主义者而言，理论的验证需要"大量"经验性观察的支撑。对于证据量的需求催生出政治学研究过程中数据的收集和制造。但在这一时期，一项研究是否可靠并不单纯依靠数据的量。一方面，收集和整理数据需要耗费大量的人力物力，另一方面在运用统计技术的前提下，并非数据量越大，得到的结果就越准确。一个典型的例子是1936年美国总统大选

[①] 亚里士多德：《政治学》，吴寿彭译，商务印书馆2007年版，第136页。
[②] 余敦康：《周易现代解读》，华夏出版社2006年版，第1页。
[③] 大卫·马什：《政治科学的理论与方法》，景跃进等译，中国人民大学出版社2006年版，第44页。

前夕，曾经连续四次准确预测美国大选结果的《文学文摘》杂志史无前例地发放了240万份问卷，并预测共和党候选人兰登当选总统。与之相对，当时一位不知名的大学教授，乔治·盖勒普却通过5万份问卷得出了截然不同的结果，他预测罗斯福总统会连任。最终的结果是少数战胜了多数。盖勒普之所以能够以相对少量的数据做出准确的预测，就是因为他使用了相对科学的抽样方法，覆盖了不同年龄、性别、种族以及收入水平的大部分社会群体，而《文学文摘》杂志则仅仅针对订阅杂志以及拥有电话的群体进行了数据采集。

样本数据采集的科学性成为行为主义时代重要的课题，同时也是无法解决的难题。依据统计学原理，对于类似美国这样人口规模的国家，5000份随机采集的样本便足以保证95%以上的预测准确性。然而，这个过程中的第一个难点就是如何完全"随机采样"。很多学者采用全国身份证信息随机采样，虽然能够抽到某一个人，但是由于人口的流动会导致无法找到受访者；也有学者采用GPS定位的方式来应对人口的流动性，[1] 但是这种方式存在着GPS精度有限、不同地域人口密度差异以及无法精确到人等一系列问题。学者们在研究过程中发明的"等距抽样""层级抽样""立意抽样""雪球抽样"等都是在无法进行完全随机抽样的情形下不得已进行的妥协，[2] 并且难以真正达到随机抽样的效果。因此，即使后来成为行业巨头的盖勒普也被一次次证明统计预测的错误。其实，假设完全随机抽样能够实现，研究者也不一定能够得到真实的数据，因为受访者并不一定会表达自己的真实意图。即使通过一系列复杂的社会调查技术来保证受访者说出真实的意图，[3] 也没有任何方法能保证受访者不会因为某种内部或外部因素而改变自己的想法。

还以美国大选为例。2016年，美国几乎所有的主流媒体和调查机构的调查结果都认为，希拉里会获得最后的胜利，但是结果却出乎

---

[1] 沈明明、李磊：《流动人口、覆盖偏差和GPS辅助的区域抽样方法》，《理论月刊》2007年第6期。

[2] H. M. Blalock Jr., "Some General Goals in Teaching Statistics," *Teaching Sociology*, 1987: 164–172.

[3] 风笑天：《现代社会调查方法》，华中科技大学出版社2009年版。

大多数人的预料。因此，很多人指出，基于社会调查的数据收集与分析技术面临着重大的危机。① 这也是行为主义相关研究成果被人们广泛质疑的痛点。基于样本代表性和数据质量的政治学研究，"在大数据出现之前，其实都没有做得很好"②。大数据的出现为政治学研究的拓展提供了新的工具与空间。

一 大数据的含义及其特征

大数据作为一个新兴的概念，其公认的创造者是美国硅图（SGI）首席科学家约翰·马西（John Masey）。他在1998年发表的一篇文章中明确提出了大数据的概念,③ 并用该词描绘数据爆炸式增长的状态。如果追溯大数据理念的来源，则可以进一步回到阿尔温·托夫勒1980年的著作《第三次浪潮》，在其中他描述了即将到来的信息社会，并谈道："计算机能够加深我们对因果关系的认识，提高我们对事务相互关系的了解，以及帮助我们把周围相互没有关系的数据综合成有意义的'整体'。"④ 托夫勒的这种理念与大数据的理念不谋而合。

虽然人们谈论大数据已经有了一段时间，并形成了一定的共识，但对于什么是大数据并没有清晰的定义。概括来说，大数据的内涵和特征主要包括以下四个方面：

其一，数据与信息之间的差异性。无论在日常生活中还是在学术书籍里，数据和信息这两个概念往往混同使用。大数据也被普遍认为是信息爆炸的产物。严格来看，数据和信息虽然有密切联系，但是并不属于同一事物。根据信息论的经典定义：信息是被消除的不确定

---

① Joseph P. Williams, "The Problem With Polls," *US News*, Sept. 28, 2015.
② 吴军：《智能时代：大数据与智能革命重新定义未来》，中信出版集团2016年版，第34页。
③ J. Mashey, "Big Data and the Next Wave of Infra-stress," Berkeley, University of California, Computer Science Division Seminar, 1997.
④ 阿尔温·托夫勒：《第三次浪潮》，朱志焱等译，香港三联书店1984年版，第252页。

性。① 换言之，信息是对这个世界有意义的表达，是对未知事物清晰而简洁的描述。以选举为例，如果一家电视台首先播报"候选人 A 获得胜利"，而另外一家电视台随后播报"候选人 B 选举失败"，还有一家电视台说"候选人 A 没有失败"，对于听众而言，只有第一家电视台播报的属于"信息"；第二家电台的新闻不仅滞后，而且还可以从第一条信息中推论出来；第三家电视台的新闻则存在滞后和不准确两个问题。其实，在计算机技术飞速发展的当代，无论是传统的统计数字还是文字、图片、视频等都可以转化成数据。但是这些数据并不是全部有用的。甚至很多数据因为主观的意图或者客观的限制，会扭曲或者掩盖真正有用的信息，并对人们观察和认识客观世界产生误导。因此，在信息时代，人类面临的重要挑战就是如何在海量的数据中去伪存真，挖掘可以描述客观存在的真实信息。很多学者将这个过程比喻成为"挖矿"，或者去除"噪声"。正是由于数据与信息之间的差异，才使大数据成为储藏丰富信息的宝藏。

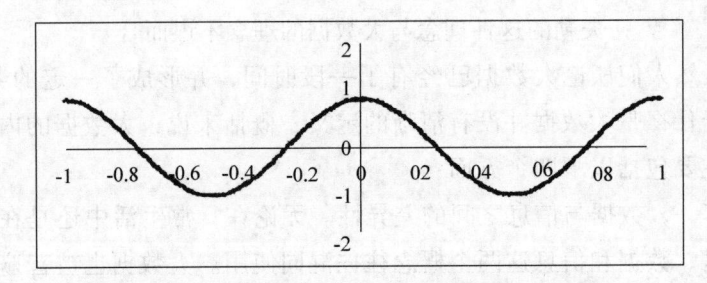

图 1　从数据"噪声"中获得真正的信息示意图

其二，"大"数据含义的多重性。大数据的英文名字是 Big Data。这里用的形容词是 Big，而不是 Large 或者 Vast。这其中重要的原因是 Big 相对于其他两个词在语境中更加抽象，它并不仅仅指具体的"大"。大数据中的"大"，主要有以下几层含义：首先是数据量"大"。最初提出大数据概念的约翰·马西就用之描述"海量"的数

---

① R. V. Hartley, "Transmission of Information," *Bell Labs Technical Journal*, 1928, 7 (3): 535–563.

据。2008年《自然》杂志出版了大数据专刊,其题名便是"大数据:千万亿字节(PB)[①]时代的科学",其中一篇文章预测之后人类社会的数据制造和复制量会以40%的速度增长。[②]根据麦肯锡全球研究院(MGI)的预测,到2020年,全球数据使用量将达到天文数字35ZB(10^{21}Byte)。[③]其次是大数据覆盖广泛。依据传统的调查和统计技术,即使再复杂的问卷也仅仅能容纳有限的问题和维度。因此,在学术研究中学者只能绞尽脑汁地在狭窄领域进行数据的收集与分析工作。而大数据则突破了上述限制,全时空的内容都可以被全面和实时量化,小到每个人的一天,大到国家的日常运转。"将世界看作信息,看作可以理解的数据的海洋,为我们提供了一个从未有过审视现实的视角。"[④]量化一切为人们提供研究问题的新角度。在2012年美国总统大选中,当传统媒体和机构仍然用问卷的方式来预测谁会当选时,一位名叫内特·斯威尔(Nate Silver)[⑤]的统计学者通过收集各地新闻媒体的报道、论坛中的评论、推特的点赞数量、脸书网站的留言等传统方法无法触及的数据,最后成功预测了美国全部州的选举结果。再次是大数据包含从"数据收集、数据存储、数据建模、数据分析和数据变现"[⑥]的全产业链条,而在这个链条上的每一个环节都蕴藏着巨大的机会和可能性。仅从变现角度看,截至2017年9月,贵阳交易所的交易额累计突破1亿元的发展会员超1500家,可交易的数据总量超150 PB。[⑦]

[①] 注:1PB = 1024TB,比 PB 更大的单位还有 EB、ZB、YB、BB,相邻两个单位之间的进率均为1024。

[②] C. Lynch, "Big Data: How Do Your Data Grow?" *Nature*, 2008: 455 (7209), 28 – 29.

[③] J. Manyika, M. Chui, B. Brown, J. Bughin, R. Dobbs, C. Roxburgh, & A. H. Byers, "Big Data: The Next Frontier for Innovation, Competition, and Productivity," McKinsey Global Institute, 2011.

[④] 迈尔·舍恩伯格、库克耶:《大数据时代:生活、工作与思维的大变革》,盛杨燕等译,浙江人民出版社2013年版,第126页。

[⑤] 内特·斯威尔创建的政治和体育预测网站 Five Thirty Eight,成为分析美国总统大选的重要网站。

[⑥] 高扬等:《白话大数据与机器学习》,机械工业出版社2017年版,第1页。

[⑦] 《交易所介绍》,贵阳大数据交易所网,http://www.gbdex.com/website/view/about-Gbdex.jsp。

图 2　内特·斯威尔对 2012 年美国总统选举的预测与结果

其三，大数据对于算法的依赖性。"简单来说，算法就是任何明确定义的计算过程，它接收一些值或集合作为输入，并产生一些值或集合作为输出。"① 换言之，算法（Algorithm）就是将输入转换为输出的一系列计算过程。由于前述的海量数据以及掺杂其中的"噪声"，如何从中获取真正有价值的信息就成为摆在研究者面前的难题。算法就是架在数据与信息之间的滤网，"帮助我们在每天产生多达 2.5 艾字节（EB）的数据海洋中航行，并得出切实可行的结论"②。举一个简单的例子，警察在一个按照姓氏字母排序的、有 1024 份资料的数据库中查找某一个 Z 姓嫌疑人的名字，这时他有两种查找方法：第一种是简单查找，警察从 A 开始顺序查找；第二种方法是应用新的算法"二分查找"，先从中间将资料一分为二，如果一半资料中包含嫌疑人的名字，那么就舍弃另一半资料，依次往复。如果嫌疑人名字正好位于最末尾，第一种方法需要 1024 个步骤，而第二种方法仅仅需要 10 个步骤。③ 这比 1024 个步骤少了太多的运算量。这是算法在大数据中最简单的应用。其实，算法在计算机高级语言发明之后，大量地被封装成独立的函数或者独立的程序包，并通过开放的结构供程序员或者研究者使用。这就使得算法往往不被人们所关注，成为隐藏在大数据背后的"黑箱子"。但这并不意味着大数据挖掘和应用过程中可以忽略算法的存在。算法的使用是一个

---

①　T. H. Cormen, *Introduction to Algorithms*, London：MIT Press, 2009.
②　卢克·多梅尔：《算法时代：新经济的引擎》，胡小锐等译，中信出版集团 2016 年版，第 14 页。
③　对于按照一定顺序排列的数据而言，对包含 n 个元素的列表，用二分查找最多需要 $\log 2^n$ 步。所需要的时间被称为对数时间，而简单查找法所对应的时间是线性时间。

辩证的过程，需要根据问题和情景的不同合理地搭配使用，否则产生的结果就很可能是错误或者具有误导性的。

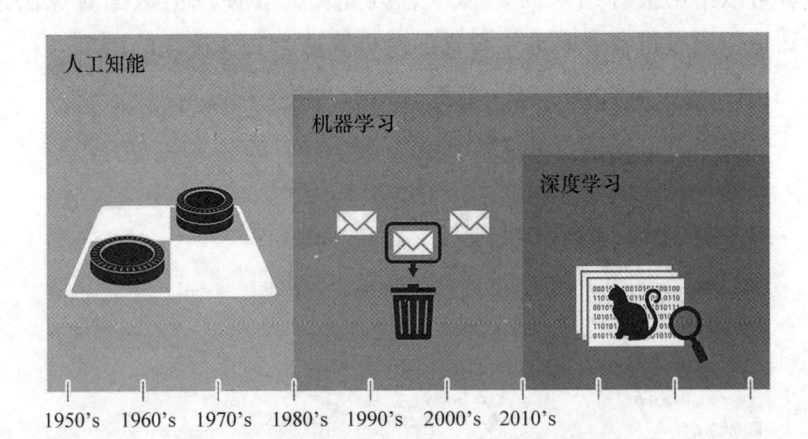

图3 人工智能、机器学习与深度学习的关系

Michael Copeland,"What's the Difference between Artificial Intelligence, Machine Learning, and Deep Learning?" *NVIDIA AI Podcast*, July 29, 2016.

其四，大数据发展到机器学习的趋向性。在阿尔法围棋（Alpha Go）与人类棋手对战过程中，人工智能（Artificial Intelligence, AI）、机器学习（Machine Learning）和深度学习（Deep Learning）等概念也开始被广泛提及。这三个概念之间的关系如图3所示。简单来说，人工智能的概念最早提出，当时的科学家试图用故宫珍藏的原始手摇计算机来构造复杂的、拥有与人类智慧同样本质特性的机器即"强人工智能"（General AI）。依据当时以及现在的技术条件，人工智能只能在特定的领域发挥作用，比如图像分类、人脸识别、语言翻译或者下围棋等，这些一般被称为"弱人工智能"（Narrow AI）。而机器学习就是为了实现弱人工智能而发明的一种方法。其基本原理是使用算法来解析数据，从中学习，进而改进算法，然后对真实世界中的事件做出决策和预测。深度学习又是机器学习方法中比较有效的一种，它通过模仿人工神经网络来模仿人类大脑的思维方式，进而在不断的训练过程中实现更加智能的机器辅助功能。通过上文简单的描述可以发现两个核心点：算法和学习。正如前文所述，在大数据挖掘过程中，算法的选择是关键性的。但是研究者其实只能根据经验做出选择,"我们只能在一定程度上缩小算法的选择范围,一般并不存在做好的算法或者可以给出最好结果的算法"①,因此就需要使用大数据对算法进行训练,通过机器不断地学习进而改进算法,实现更优的结果。

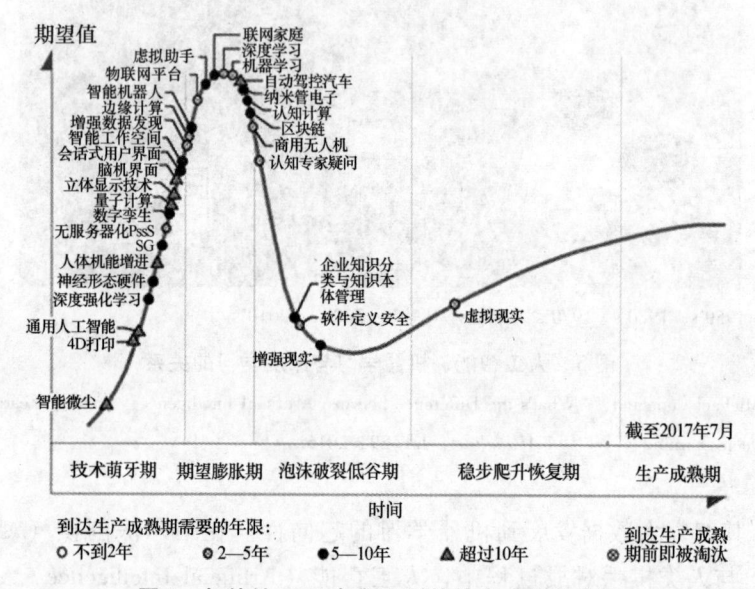

图4 加特纳2017年新兴科技技术成熟度曲线

资料来源:Top Trends in the Gartner Hype Cycle for Emerging Technologies, Gartner, http://blogs.Gartner.com/smarterwithgartner/top-trends-in-the-gartner-hype-cycle-for-emerging-technologies-2017/.

概括而言,从大数据中挖掘信息依靠算法,而算法的改进又依靠机器学习。因此,对大数据的理解需要放置在更加宏观的背景之中。仅就技术热度而言,大数据包括云计算以及被移除加特纳(Gartner)发布的技术成熟度曲线。机器学习和深度学习等正处于期望膨胀期。当然,这并不意味着大数据的概念和相关技术不再重要,而是"大数

---

① P. Harrington, *Machine Learning in Action*, New York: Manning Publications Co., 2012, p.9.

据已经度过了技术期望膨胀期,到了真正使用大数据解决问题的时候"[1]。而这恰恰为政治学应用大数据分析和解决问题提供了相对成熟的方法和解决方案。

如前文所述,大数据就像深埋在地下的宝藏,在没有适合的发掘技术之前,它的存在对人类并没有现实的意义。大数据理念虽然很早就有,但其正式成为产业,并被学术界所关注是随着现代信息记录、存储、发掘、分析等技术膨胀式发展才得以实现的。从某种意义上讲,基于大数据的研究是"技术驱动"的。[2] 因此掌握大数据的相关技术和方法对于政治学研究者而言至关重要。不同学者和机构对于大数据技术的分类标准并不一致,根据麦肯锡全球研究院提出的标准,它主要包括以下几个方面:数据获取技术、数据存储技术、数据分析技术以及数据可视化技术。[3] 现有政治学研究对于数据存储的探讨与应用并不多,因此主要针对其他三种技术和方法在政治学中的应用进行简要综述。

二 数据收集技术在政治学中的应用

大数据时代数据无所不在。不同的数据类型就决定了不同的数据收集方法。从大数据产生的途径看包括人与人交往所产生的社交网络数据、人机对话所产生的网络数据、物与物对接所产生的感应数据和机器数据;[4] 按照数据形态可以分为结构化数据(计算机可以直接处理的数据)、非结构化数据(计算机无法直接处理的文本、图像和自

---

[1] 朱洁等编著:《大数据架构详解:从数据获取到深度学习》,电子工业出版社 2017 年版,第 3 页。

[2] Targio Hashem, Abaker, Yaqoob, Ibrar; Badrul Anuar, Nor; Mokhtar, Salimah; Gani, Abdullah, Ullah Khan, Samee, "Big Data on Cloud Computing: Review and Open Research Issues," *Information Systems*, 2015, 47: 98 – 115.

[3] J. Manyika, M. Chui, B. Brown, J. Bughin, R. Dobbs, C. Roxburgh, & A. H. Byers, "Big Data: The Next Frontier for Innovation, Competition, and Productivity," McKinsey Global Institute, 2011

[4] 李金昌:《从政治算术到大数据分析》,《统计研究》2014 年第 11 期。

然语言等）以及半结构化数据；① 按照数据产生的时间可以分为实时型数据、准实时型数据和非实时型数据等。需要注意的是，虽然大数据的类型繁多，但是它们的收集往往需要计算机或者网络技术的辅助，比如获取物联网数据需要探针（probe）技术，获取网页数据需要网络爬虫技术，获取日志数据需要 flume 等组件。有些学者通过网络问卷调查手段获取大量民众偏好数据，并冠之大数据研究的称谓。这种划定存在可商榷之处。② 因为网络问卷技术仍然是传统问卷调查技术的扩展。用这种方式所获得的数据虽然多，但是仍然依赖样本的质量和受访者回应的质量，这并不符合前文述及的大数据综合性、全面性的特征。因此这种方法并不在本文的讨论范围之内。

从整体上看，政治学研究使用的大数据大多是网络文本数据，尤其是社交网络或者网络论坛上的文本数据就常常是学者的研究对象。比如，大卫·罗宾逊基于 R 语言，用 twitte R 程序包抓取特朗普竞选过程中所发布的全部推特消息、发布工具以及消息发布的时间等信息。他从中发现：③ 特朗普所发的推文来自安卓和苹果两个平台，其中安卓平台的消息大多发布于凌晨，且内容带有强烈的负面感情色彩，比如包含糟糕的（badly）、疯狂的（crazy）等词汇；而苹果平台的消息则大多发布于傍晚或者早晨，其中则更多正面的口号，比如使美国再次伟大（make American great again）、美国第一（American first），等等。这表明"两种推特的发布平台可能是分别由特朗普和公关团队控制和使用的，以此发出了不同类型的信息，使民众可以各取所需"④。除了基于 R 语言进行数据获取外，另一个主流的方式是利用 python 语言进行数据"爬取"。有学者通过编写"爬虫程序"对

---

① N. Dedić, C. Stanier, *Towards Differentiating Business Intelligence, Big Data, Data Analytics and Knowledge Discovery*, Berlin, Heidelberg: Springer International Publishing, 2017, p. 285.

② 蒲清平、赵楠、王婕：《志愿服务对志愿者政治认同的影响研究——基于全国志愿服务项目大赛的大数据调查》，《重庆大学学报》（社会科学版）2017 年第 2 期。

③ David Robinson, Text Analysis of Trump's Tweets Confirms He Writes Only the (Angrier) Android Half, August 9, 2016, http://varianceexplained.org/r/trump-tweets/.

④ 李猛：《从说服选民到塑造选民：特朗普"推特选举"的政治心理基础》，《国际论坛》2017 年第 4 期。

白宫官方网站上关于奥巴马总统的演讲和行程数据进行收集,获得了大概1GB的资料,并据此分析出美国总统文件中的政策主张与实际政策行为之间的差异。① 相类似的研究还有马修·霍尔等学者为了克服美国最高法院运作方面数据的缺失,运用python"爬虫",收集了1995—2010年的诉讼事件表、法庭异议以及庭前审判记录等,并将相关数据开放给所有的研究者。② 除了作者通过编写"爬虫"所获取的数据外,很多学术和商业机构也提供数据的抓取和收集服务。比如加里·金等学者对于中国网络审查制度的研究所使用的数据就是加里·金自己创立的社交媒体数据分析公司(Crimson Hexagon)提供的。③

值得注意的是,很多学者和机构都选择将特定领域的研究数据集(dataset)通过开放接口(API)的方式予以公开,从而为学者的研究以及对大数据的充分利用提供了便利的资源。仅以与政治学相关的资源为例,美国的智能投票工程(Project Vote Smart)收集了大量关于美国国会议员以及主要官员的投票和其他相关的数据。④ 美国政府公开数据(data.gov)中包含了美国联邦以及地方政府近20万个数据集;⑤ 亚马逊提供了AWS公用数据集,其中包含了从人口普查收据到人类基因组在内的海量数据。⑥ 澳大利亚、法国、新西兰、英国等政府都对公共数据进行公开,其中比较有代表性的是伦敦数据商店(London Datastore),其中包含了700个与伦敦相关的各类数据。⑦ 非洲信息高速公路则包含了非洲大部分国家的经济、治理等方面的数据。此外,还有很多营利或者半营利机构参与数据交易和平台建设,在此不一一列举了。总之,在一切都可以测量的大数据时代,多元数

---

① A. Bensrhir, Big Data for Geo-political Analysis: Application on Barack Obama's Remarks and Speeches. In Computer Systems and Applications (AICCSA), 2013 ACS International Conference on (pp. 1 - 4). IEEE.

② M. E. K. Hall, & J. H. Windett (2013), New Data on State Supreme Court Cases, *State Politics & Policy Quarterly*, 13 (4), 427 - 445.

③ 参见 https://www.crimsonhexagon.com/machine-learning/。

④ 智能投票工程开放的接口,https://votesmart.org/share/api。

⑤ 参见 https://www.data.gov/。

⑥ 参见 https://amazonaws-china.com/cn/public-datasets/。

⑦ 参见 https://data.london.gov.uk/。

据的来源以及便捷的数据获取方式为政治学研究提供了丰富的资源。

三 数据分析技术在政治学中的应用

正如有的学者所定义的那样,大数据是运用传统手段无法分析的数据。[①] 数据分析方法是大数据在政治学研究中充分应用的重点。从总体上看,在政治学研究中常用的大数据分析技术主要有分类分析、聚类分析以及情感分析。

分类也被称为"有监督学习",它是机器学习的核心之一。分类算法主要解决"某个样本是否属于某个对象"的概率问题,比如某位公民的论坛言论有多大的概率是属于政治类话题的。分类的基本过程是先由人工对某些特征或者类别进行编码,之后计算机基于人工编码依据部分资料对分类算法进行训练和改进,最后计算机会自动对剩余的海量资料进行分类。分类是政治学研究中的核心问题,在大数据方法出现之前,制度类型分类、政治态度分类、政治观点分类、政治立场分类都早已成为政治学研究中的热点和重点问题。但是传统的分类研究往往是由经过长期学术训练的专家引导的,而大数据的出现可以依据海量的数据来发掘某种政治现象的隐含特征,普通人也可以介入研究过程,专家可以将精力放在问题的发现和方法的拓展方面。[②] 因此分类算法迅速成为政治学研究中大数据方法使用最为频繁的方法。从总体上看,学者们使用的分类训练算法纷繁复杂,主要有K-临近算法、决策树归纳、朴素贝叶斯等。[③] 从具体的研究看,有学者通过运用"有监督学习"法对全国性网络问政平台——人民网"地方领导留言板"中的文本数据进行分类,具体方式为"首先从21万网民发帖中抽取1000条发帖,然后对其进行中文分词,并根据分词

[①] E. Gade, J. Wilkerson, & A. Washington, The GOV Internet Archive: A Big Data Resource for Political Science.

[②] K. Benoit, D. Conway, B. E. Lauderdale, M. Laver, & S. Mikhaylov (2016), "Crowd-sourced Text Analysis: Reproducible and Agile Production of Political Data," *American Political Science Review*, 110 (2), 278–295.

[③] 彼得·哈林顿:《机器学习实战》,李锐等译,人民邮电出版社2013年版,第15—72页。

结果由 2 名研究生进行人工分类,最后让计算机自动分类其余帖",最后发现就业、农村农业、贪污腐败、城市建设和交通五大议题的文本量居于所有议题前列。① 前文提及的加里·金等学者对中国网络论坛被删除帖子的文本数据进行分类研究,他们首先对 87 个话题分别进行编码,并将其归入潜在群体性事件、对审查者批评、色情内容、政府政策和其他新闻五个范畴,最后发现中国允许社交媒体发展,容忍对政府、政策、领导人的批评,但是会限制可能引发群体性事件的言论。②

聚类也被称为"无监督学习"(unsupervised learning),它也是机器学习的一种重要方式,同时在很多文献中经常和上文所提及的"分类"算法相混淆。虽然聚类和分类最终的结果都是将数据归到某个对象或者类别中去,但是两者最大的区别在于分类是机器按照已经确定好的类别进行计算,而聚类则根据算法自动将类似的数据归到某一个簇(cluster)中。因此,有学者也将聚类称为"无监督分类"。聚类分析主要解决从数据中"发现"什么的问题,因而这种方法适用于更具有探索性的研究。贾斯汀·格里默(Justin Grimmer)通过抓取美国参议院发布的 24000 多份新闻稿件,利用"无人监督学习"法,由计算机自动识别单词并进行聚类分析,发现了重点议题关注的地域性聚集等现象。③聚类分析除了可以发现数据中未知的特征外,还可以对不同现象之间的关系进行关联分析,最有名的例子就是美国一家超市通过对顾客消费数据进行聚类分析发现,男性总会在周四的时候同时购买啤酒和尿布,而这在传统分析方法中是很难发现的。④ 具体到政治问题研究,有学者基于聚类分析中常用的 FP – growth 算法对高校群

---

① 孟天广、李锋:《网络空间的政治互动:公民诉求与政府回应性——基于全国性网络问政平台的大数据分析》,《清华大学学报》(哲学社会科学版) 2015 年第 3 期。

② G. King, J. Pan, & M. Roberts (2013), "How Censorship in China Allows Government Criticism but Silences Collective Expression," American Political Science Review, 107 (2), 326 – 343.

③ Justin Grimmer, "A Bayesian Hierarchical Topic Model for Political Texts: Measuring Expressed Agendas in Senate Press Releases," Political Analysis, 2010, 18 (1), 1 – 35.

④ Dan Power, "What Is the 'True Story' about Using Data Mining to Identify a Relationship between Sales of Beer and Diapers?" 2011 – 03 – 26, http://dssresources.com/faq/index.php?action = artikel&id = 41.

体性突发事件利用关联规则挖掘模型进行研究，发现多数高校群体性突发事件的发生与日期没有必然联系；相对于内部管理因素，外部因素导致的群体性突发事件的影响力远远超过内部因素的影响力。① 也有学者将这种技术用于恐怖团伙的发现。②

情感分析（Sentiment analysis），"简单而言，是对带有情感色彩的主观性文本进行分析、处理、归纳和推理的过程"③。其目的是将主观的情绪依据一定标准进行量化，从而为管理和决策提供依据。从本质上讲，情感分析与前文所述的分类分析或者聚类分析并没有什么不同，它们都是将文本中的对象归为某个类别。因此，从具体的技术上看，前文述及的各种"有监督学习""无监督学习"算法和技术等都是文本情感分析的重要方式。但是，情感判断的主观色彩非常强，且受到语境以及上下文关系的强烈影响，这无形中增加了情感分析的难度。比如，对于"快"这个词，如果形容升迁的话，它是褒义的；如果形容腐败的话，它是贬义的。如何准确判断词语、语句、段落甚至章节的情绪成为情感分析的难题。从政治学研究看，情感分析被广泛应用在选举预测领域。在最近两次的美国总统大选中，"评估推文中包含情感"的"推特指数"④ 成为候选人评估民意支持率的重要指标，甚至有学者建议分析社交网络"数据中对不同候选人的情感倾向性可以比传统的投票结果更好"⑤；也有学者通过分析脸书上候选人及其追随者的情绪，发现共和党候选人更愿意挑起争议的话题，而民主党候选人则更专注于政策讨论。⑥ 在国内，政治学领域情感分析也集中在论坛、微博、微信或者其他网络媒体的舆情研究方面。前文引用过的对于网络问政平台的内容进行情感分析发现，50%以上公民的诉求表达采取了正向情感方式，仅有10%左右的公民采取负向的情

---

① 姬浩、苏兵、吕美：《基于FP-growth算法的高校群体性突发事件关联规则分析》，《中国安全科学学报》2012年第12期。
② 吴绍忠：《基于聚类分析的反恐情报中潜在恐怖团伙发现技术》，《警察技术》2016年第6期。
③ 赵妍妍、秦兵、刘挺：《文本情感分析》，《软件学报》2010年第8期。
④ A New Barometer for the Election.
⑤ 杨阳等：《大数据时代的计算政治学研究》，《中文信息学报》2017年第3期。
⑥ An Analysis of Sentiments on Facebook during the 2016 U.S. Presidential Election.

感表达模式。① 有学者通过抓取并分析雅安地震时期微博中的文本数据发现，新闻媒体的报道对网民情绪有较大影响，媒体对于政府行为的正面报道，有助于使网民情感转向积极；当媒体报道特定组织挪用善款等负面新闻时，网民情感会转向负面。② 需要注意的是，由于技术方面的限制，大量政治学领域的文本情感分析并没有采用机器学习的方式，而是依靠情感分析词典资源进行比对。相对于发展比较成熟的英文评价词典，③ 中文词典的发展相对滞后，词汇的覆盖范围和情感的标记尚待完善。现在常用的中文词典有知网中文词库（Hownet）、中国台湾大学中文情感极性词典（NTUSD）以及大连理工大学的情感本体词汇。此外，中科院 NLPIR 汉语分词系统不仅包括中文分词、词性标注等功能，而且也可以实现情感分析功能。

四 数据可视化技术在政治学中的应用

数据可视化（visualization）是将数据分析结果通过图形或者图像等方式更生动、更明确地加以传达。常见的可视化方式包括学术文章中常见的条形图、折线图、饼图等。随着信息的爆炸，如何在纷繁复杂的数据中凝练出有效信息并使受众能够在短时间内洞察事实并产生新的理解，成为摆在大数据可视化面前的重要挑战。为了实现这个目标，学者们做了诸多的探讨和尝试。在这个过程中，很多学者都将可视化的目标凝练为一个字——"美"。"美丽的可视化可以反映出所描述数据的品质，显性地揭示源数据中内在和隐式的属性和关系。读者了解了这些属性和关系之后，可以因此而获取新的知识、洞察力和

---

① 孟天广、李锋：《网络空间的政治互动：公民诉求与政府回应性——基于全国性网络问政平台的大数据分析》，《清华大学学报》（哲学社会科学版）2015 年第 3 期。

② 刘雯、高峰、洪凌子：《基于情感分析的灾害网络舆情研究——以雅安地震为例》，《图书情报工作》2013 年第 20 期。

③ 常用的英文词典有 SentiWordNet，它将 WordNet 中的每一个单词都标记了正面、负面和中性三种感情色彩；GI（General Inquirer）评价词典，该词典收集了 1914 个褒义词和 2293 个贬义词，并对每个词语按照极性、强度、词性等打上不同的标签，便于情感分析任务中的灵活应用。

乐趣。"① 因此，数据可视化其实是计算科学、美学与特定专业学科的结合，以实现对数据最充分和直观的表达。

(1) 按县域分美国大选结果　　　　(2) 按各县实际人口调整后的结果

图 5　按县域分美国大选结果及其细节

资料来源：密歇根大学 Mark Newman 教授的研究，参见 http://www-personal.umich.edu/~mejn/election/2016/；英国广播公司选举数据库，参见 US election 2016: Trump Victory in Maps, http://www.bbc.com/news/election-us-2016-37889032.

以 2016 年美国大选结果的呈现为例，如果看图 5（1），对共和党候选人特朗普的支持占据美国地图的绝大部分空间，而对于民主党候选人希拉里的支持则零星地分布在东西海岸和南部的一些地区。图 5（2）则展示了按照实际投票人口比例经调整后的美国地图。从中可以发现，原先支持民主党的散点变化成片状，并占据美国地图的一半以上。从这两张图的对比中可以直观地发现，特朗普之所以会获胜，是因为获得了人数相对较少，但覆盖美国大部分国土的"乡村"选民的支持。这也印证了美国一位参议员对美国政治的判断，选举人团制度实际上保证了人口聚集的大城市和人口稀少的农村地区的平衡，使想获得胜利的候选人不仅要关注城市的集中票仓，也必须关注人口稀少的县域的选票。②

---

① J. Steele, & N. Iliinsky, *Beautiful Visualization: Looking at Data through the Eyes of Experts*, O'Reilly Media, Inc., 2010.

② Ron Paul, "Hands off the Electoral College," December 28, 2004, http://archive.lewrockwell.com/paul/paul226.html.

大数据方法在政治学研究中的应用与前景　　*273*

图6中词云图像：民族(34) 协调 和平(19) 夺取(9) 人民(139) 社会主义(144) 领导(48) 伟大(76) 建设(157) 制度(83) 利益(19) 担当(9) 政治(89) 理想(14) 改革(70) 核心(12) 人类(18) 保障(25) 安全(51) 等词

图6　十九大报告的词云分析

资料来源：通过 tagxedo 网站制作，网址为 www.tagxedo.com。

除了通过地理信息可视化的方式外，政治学者常用的另外一种方式是词云。"词云是在词频分析基础上的一种呈现，根据词语频次、权重以可视化的方式呈现出来……它以大小、颜色、形状等方式对词频进行可视化的处理。"[①] 通过词云可以较为快速和直观地展示文本中所蕴含的信息。从图6中可以直观地读出十九大报告出现数量最多的词是"人民""发展"和"党"；次一级的词汇是"建设""中国""社会主义""制度"等；"政治"出现的频率比"经济"多，"安全"和"生态"出现的频率也比较显眼。

此外，在政治学研究中使用比较频繁的还有对于社会网络分析的可视化。从概念上看，社会网络分析"主要分析不同社会单位（个人、群体或者社会）所构成的关系的结构及其属性"[②]。换言之，社

---

① 佟德志：《计算机辅助大数据政治话语分析》，《国家行政学院学报》2017年第1期。
② 林聚任：《社会网络分析：理论、方法与应用》，北京师范大学出版社2010年版，第41页。

会网络主要研究的是"关系",而这恰恰是传统的图标所难以有效表达的。随着社会网络分析模型的不断完善以及计算机技术的发展,"有关社会网络分析的计算机软件如雨后春笋般地涌现,而且都可以在网络上免费获得"。学术界使用比较多的软件包括 Ucinet、Gephi、NetDraw、Pajek、NetMiner、Structure 和 MultiNet 等,① 其中前两个软件使用较多,"Ucinet 更适于处理多重关系复杂问题的中大型数据,其综合性较强、运算功能强大、兼容性较强;Gephi 更适于处理用于观测性分析的动态大数据,其可视化功能强大、动态分析性较强"②。正是在计算机的辅助下,社会网络分析可视化的门槛变得不再高不可攀,而成为学者们从"关系"角度透析政治现象和政治结构的重要方式。

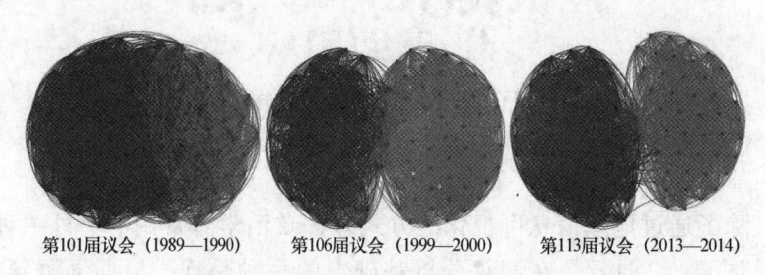

第101届议会（1989—1990）　第106届议会（1999—2000）　第113届议会（2013—2014）

图7　美国参议院议员个人关系及政党斗争两极化

J. C. Garand, "Income Inequality, Party Polarization, and Roll-call Voting in the US Senate," *The Journal of Politics*, 2010, 72 (4): 1109 – 1128.

例如,政党关系一直是政治学研究的热点问题。很多学者认为,美国的"政党组织涣散,高度分权"③。为了探讨这个话题,传统的研究主要根据某个党派有多少议员支持特定议案来判断政党对于议员的控制

---

① M. Huisman, and A. J. Duijn, 2005, "Software for Social Network Analysis," *Models and Methods in Social Network Analysis*, New York, N.Y.: Cambridge University Press, 2005, pp. 270 – 316.
② 邓君、马晓君、毕强:《社会网络分析工具 Ucinet 和 Gephi 的比较研究》,《情报理论与实践》2014 年第 8 期。
③ 迈克尔·罗斯金等:《政治科学》,林震等译,华夏出版社2006年版,第232页。

力。① 这种方法的缺陷在于没有具体到每一个议员的行为及其相互关系上。因此一些学者通过收集每个议员的投票数据以及每个议案发起人的数据，通过社会网络可视化的方式呈现议员之间的关系。② 通过图 7 可以清晰地看出，美国两个政党的议员呈现出不断分离的趋势；议员更愿意根据政党的意志投票；不同党派之间议员的合作变得越来越少。

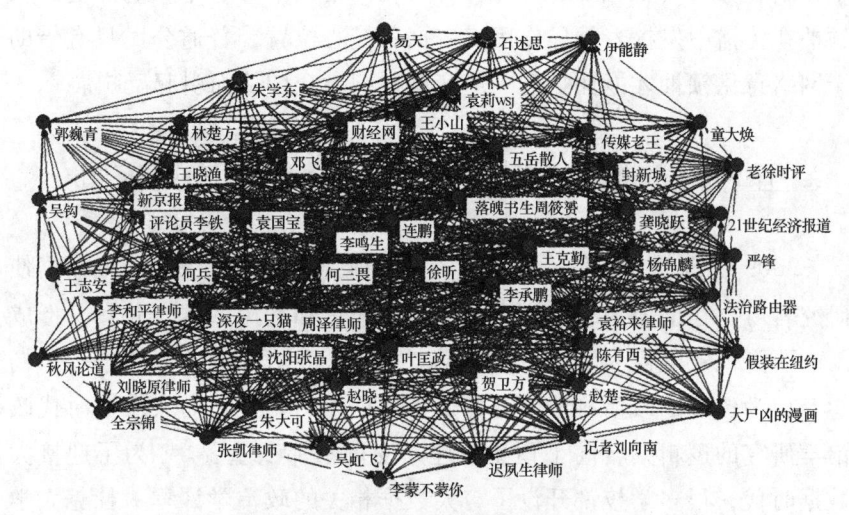

图 8　夏俊峰事件过程中微博意见领袖的互动关系

资料来源：郭凤林、邵梓捷、严洁：《网络舆情事件中的意见领袖网络结构及其政治参与意涵》，《东北大学学报》（社会科学版）2015 年第 2 期。

政治学研究中社会网络分析的另一个重点是对于社交媒体信息的可视化。正如前文所引述的文献，很多国外的研究都属于对于推特或者脸书等社交网络数据的分析，而这类数据本身就是一种"关系"型数据，它存在于不同网络账号之间的转发、评论、点赞等互动关系之中。有学者指出，意见领袖（leaders or pioneers）是社交网络分析

---

① P. Hurley, & R. Wilson, "Partisan Voting Patterns in the U. S. Senate, 1877 – 1986," *Legislative Studies Quarterly*, 1989, 14 (2), 225 – 250.

② B. Fish, Y. Huang, & L. Reyzin, "Recovering Social Networks by Observing Votes," In Proceedings of the 2016 International Conference on Autonomous Agents & Multiagent Systems, International Foundation for Autonomous Agents and Multiagent Systems, 2016 (5): 376 – 384.

的节点,他(她)们往往起着引导和塑造舆论的关键作用。[1] 因此很多学者依托社会网络分析工具,对伊朗绿色革命、日本大地震、"阿拉伯之春"、美国总统选举等事件中的舆论网络进行了分析。从国内看,很多学者对微博或者微信的舆论领袖行为做了深入的社会网络分析。有的学者基于 Pajek 软件对夏俊峰案件中网络意见领袖结构进行了刻画和分析(如图 8),并认为:"在网络政治参与中,仍然是意见领袖在传播中发挥着领导作用,占据着核心位置,普通公民只有借助于网络意见领袖才能让自己的声音传播到大众中从而引起反响。"[2]

五 大数据方法在政治学研究中的应用前景

2009 年推动大数据风潮的《科学》杂志专刊论述说,[3] 大数据使研究者可以在前所未有的深度和广度上采集和利用数据,并具有形成新的研究范式的巨大潜力。也有学者对未来政治学的新范式进行了畅想,认为传统的政治科学研究的逻辑是理论的验证,而大数据时代政治学研究的逻辑则转向了预测,理论变得不那么重要。[4] 为了迎接大数据时代,很多学校都开设了与大数据相关的政治学课程:杜克大学政治学系开设"计算政治经济学课程",主要教授面向政治问题的"计算模型"[5](computational modeling);马萨诸塞大学安姆斯特分校设立计算社会科学研究所,并将计算政治学作为重要的研究方向,尝试使用计算收集数据、用计算机语言来描述和分析政治现象[6];英国

---

[1] J. Al‐Sharawneh, S. Sinnappan, M. A. Williams (2013), "Credibility-Based Twitter Social Network Analysis," In Y. Ishikawa, J. Li, W. Wang, R. Zhang, W. Zhang (eds.), Web Technologies and Applications, APWeb 2013. Lecture Notes in *Computer Science*, Vol 7808, Springer, Berlin, Heidelberg.

[2] 郭凤林、邵梓捷、严洁:《网络舆情事件中的意见领袖网络结构及其政治参与意涵》,《东北大学学报》(社会科学版) 2015 年第 2 期。

[3] D. Lazer, M. V. Alstyne, "Computational Social Science," *Science*, 2009, 323 (1): 721–723.

[4] Bringing Big Data to Political Science.

[5] 计算模型主要是应用计算机模拟和研究复杂系统中的行为,它是计算机科学、数学、物理学等的交叉学科。

[6] http://www.cssi.umass.edu/index.html.

华威大学设立政治、大数据和定量方法硕士（MA in Politics, Big Data and Quantitative Methods），并强调该专业并非传统的数据分析，而是综合学习各种与大数据和公共政策相关的方法，包括定量文本分析、网络数据收集、空间统计学、推理网络分析、机器学习、基于代理的模拟和纵向数据分析等。[①] 可以预见，大数据方法的高速发展无疑会给当前的政治学学术研究带来新的工具、开拓新的研究领域和注入新的发展活力，它必然会在未来的政治学研究中发挥重要的作用。

然而，与光明前景相伴的是巨大的挑战，概括起来主要有以下几个方面：其一，过高的技术门槛会限制大数据方法在政治学中的推广。与大数据相关的研究方法并不是传统的一种或者一类方法，而是围绕大数据所形成的方法的"产业链"，其应用不仅需要高度复杂的分工与协作，而且需要研究者具备计算机科学、数学、统计学等复杂的专业知识，这对现有的政治学人才培养模式提出巨大的挑战。此外，大数据方法很多并非沉淀多年的成熟技术，而是处于不断更新和迭代时期的前沿技术，这无疑又增加了其使用和推广的难度。其二，薄弱的理论构建会阻碍大数据方法在政治学研究中的融入。虽然很多学者已经开始使用大数据方法进行政治问题研究，但是对于相关方法在本体论、认识论或者元理论层次的探讨还处于起步阶段。比如，大数据方法的基础是假设政治世界是客观的存在，还是假设政治现象是主观的建构？其目的是要发现独立于人类之外的政治规律，还是通过解构因果关系的方式建立新型的政治观念？它虽然尝试动态地研究政治问题，但它是否承认存在相对稳定的政治结构？只有对类似理论问题有了清晰的回答，大数据方法才能成为真正融入政治学，成为引领政治学发展的新动力。其三，浅狭的研究领域会限制大数据方法在政治学研究中的扎根。虽然大数据方法的倡导者强调我们处于一个一切都可以数据化的时代，一些问题可以用大数据方法进行研究，但是仅从政治学领域的相关文献看，大数据方法的使用似乎都集中在网络论坛、社交媒体或者网络公开的政治文本等数据的分析上面。从现阶段

[①] MA in Politics, Big Data and Quantitative Methods, https://www2.warwick.ac.uk/fac/soc/pais/study/studymasters/bigdata/.

看，与便利的商业活动数据收集与分析相比，关于个体、组织和国家的政治行为数据很多是不公开或者是难以收集的，这就使大数据方法在政治学研究领域的适用范围受到极大限制。更为严重的挑战是，大数据方法似乎只适用于对政治主体行为进行分析，对于政治制度，或者更深层次的阶级、利益、权利等政治学的核心议题，抑或平等、公正、正义等政治价值，大数据方法是很难介入的。正如有学者批评行为主义那样，大数据方法在政治学中的应用很可能发展成为"无脑子的经验主义"[1]，而无法在政治学研究的更广泛领域和更深层次发挥作用。

---

[1] 大卫·马什：《政治科学的理论与方法》，景跃进等译，中国人民大学出版社2006年版，第50页。

中国政治思想史研究的新成就[*]

张师伟

伴随着中华民族伟大复兴的时代节奏，中国政治思想史研究作为弘扬优秀传统文化的一个重要领域，受到了学术界的较高关注，而从哲学的高度反刍中国传统的国家治理，总结和反思中国传统的国家治理思想，竟成了2016年度中国政治思想史研究领域的热议话题。中国政治思想史研究作为一个知识领域，具有无可置疑的交叉学科和跨学科研究的特点，而学术界对中国政治特别是国家治理传统的哲学反刍，却又毫无悬念地贯穿了2016年聚焦中国政治思想史研究的政治学、历史学及哲学诸学科。从各学科领域权威刊物发表的相关研究成果情况看，哲学研究领域的权威刊物《哲学研究》，2016年发表关于中国政治哲学的文章数量最多，达25篇；历史学研究领域的权威刊物《历史研究》，2016年发表关于中国政治观念的文章数量居第二，为4篇；政治学研究领域的权威刊物《政治学研究》2016年度发表中国政治思想研究的成果最少，数量为0。这既在一定程度上解释了中国政治思想史研究领域为什么会出现政治哲学成果在影响上比较突出的现象，也在一定程度上表明了中国政治思想史研究领域的发展态势和趋势更接近于中国哲学，而非政治学理论。

---

[*] 本文为2015年国家社会科学基金项目"中国传统的国家治理思想及其现代化研究"（项目号：15BZZ013）的前期成果。

一 范式与方法：中国政治思想史的体例与写法

中国政治思想史研究如何编纂通史，并不仅仅是一个纯粹的技术问题，而是一个论述方式和研究方法等的选择问题。实际上，自从中国政治思想史作为一个学科登上历史舞台，就不仅面临着如何编纂通史著作的范式与方法选择问题，而且不同政治立场及价值取向的通史性著作也往往在编纂的体例和写法上迥然不同。中国政治思想史通史著作在民国时期的代表性作品固不必论，就仅以改革开放以来的代表性著作而言，在编纂的体例和写法上也差异很大，如徐大同等主编的《中国古代政治思想史》、刘泽华主编的《中国政治思想史》（三卷本）、曹德本主编的《中国政治思想史》及马工程版《中国政治思想史》等，虽然政治立场甚是接近，但分析的具体方法仍然有较为明显的不同。中国在改革开放的过程中不可避免地受到了西方政治价值与分析方法的影响，特别是自中国大陆现代新儒家兴起以来，政治立场的多样化及分析方法的多元化，就日益明显地表现在政治学研究的诸多著述中，中国政治思想史的著述也在体例和写法上出现了范式多样化的要求。[①] 这在2016年的中国政治思想史研究领域，有较为明显的体现，不少研究成果就中国政治思想史研究与著述的范式与方法进行了阐述，展开了理论上的争鸣，在一定程度上反映了学术界在哲理上对中国政治思想史研究的整体性反思和深刻的理论检讨。这种反思和检讨是中国政治思想史研究走向深入发展的必要举措。

（一）中国政治思想史编纂的范式争论

学术界对中国政治思想史编纂范式的争论，从根本上讲是一个涉及如何理解、阐释中国政治思想史的内涵及逻辑的重大问题。2014

[①] 张师伟：《中国政治思想史研究新成就（2014—2015）》，杨海蛟主编，杨弘执行主编：《中国政治学与中国政治发展》（2015年），东北师范大学出版社2017年版，第318—350页；张师伟：《中国政治思想通史的贯通性理解与整体性呈现》，《南京师范大学学报》（社会科学版）2016年第5期。

年，刘泽华总主编的《中国政治思想通史》九卷本由中国人民大学出版社出版，这几乎是被学术界称为"刘泽华学派"[①]的研究团队30多年来学术研究成果的集大成。因为刘泽华在中国政治思想史领域的长期耕耘及研究中国政治思想史坚持思想与社会互动的基本原则，还因为刘泽华研究成果在解释中国历史方面的特定影响力，《中国政治思想通史》的出版在学术界引发了较高的关注，并在学界引起了关于中国政治思想史编纂范式方面的争论。有学者在相关评论中高度评价了刘泽华关于"王权主义"的研究成果，在中国历史理解和解释方面的重要理论意义，把《中国政治思想通史》的出版作为"王权主义学派"的标志性成果，并认为它对于中国历史研究在理论解释上的"再出发"具有重要价值。[②] 有的学者则通过高度评价《中国政治思想通史》的学术意义，积极评价以刘泽华为主要代表和理论标志的"王权主义"学派在研究视角及分析方法方面的重要意义及理论贡献。[③]

张师伟在《中国政治思想通史的贯通性理解和整体性呈现》一文中，对编纂中国政治思想通史的理论意义进行了积极肯定，不仅认为"每个版本的通史性中国政治思想史著作都是一种特定理论视角的角度、诠释和分析性整理，都内在地体现了一种理论性学理诉求，也都包含着特定的逻辑化了的知识体系"；而且还在评价《中国政治思想通史》编纂优缺点的同时，就中国政治思想通史的编纂提出了独到见解，认为"中国政治思想通史编纂的核心在于一个'通'字"，"一是要以尽可能完整的政治知识，追求中国政治思想通史编撰的理论上的'通'……二是要关注不同历史阶段的时代思潮在概念、问题、思维方式及具体观点等方面的联通性……三是……从时代的整体性来理解不同流派思想之间的根本共性。"[④] 季乃礼在《政治制度、政治

[①] 李振宏：《中国政治思想史研究中的王权主义学派》，《文史哲》2013年第4期。
[②] 王学典：《新启蒙仍是当下中国思想界的一支劲旅》，《天津社会科学》2015年第2期。
[③] 李振宏：《在矛盾中陈述历史：王权主义学派方法论思想研究》，《河南师范大学学报》（哲学社会科学版）2017年第5期。
[④] 张师伟：《中国政治思想通史的贯通性理解和整体性呈现》，《南京师范大学学报》（社会科学版）2016年第6期。

思想与政治制度思想——一种理论构建的努力》一文中，提出了要将政治制度思想史纳入政治思想史研究的范围，批评了"中国政治思想史和中国政治制度史的研究形同陌路"，他强调"政治制度和政治思想应该不是对立的两极"，应该关注"政治思想和政治制度的互动"，开展政治制度思想的研究，并认为这为政治思想研究提供了新视角。[①] 魏朝利《概念与中国政治思想史研究——兼论"三纲"概念》一文认为，"长期以来，中国政治思想史研究中缺乏对于概念的关注，概念研究始终没有成为中国政治思想史研究的主线"，因为核心概念缺乏权威精当定义，重要命题与判断缺乏共识，许多无意义的不必要争论由此而来。他强调指出概念研究有助于提升中国政治思想史研究的水平。[②]

中国政治思想史编纂的范式问题，除了在理论贯通及研究对象扩展等方面的讨论外，还涉及了概念体系与分析逻辑的选择问题。中国大陆现代新儒家在这个问题上对中国政治思想史编纂的主流范式提出质疑，并就此提出了其民族文化本位的主张，呼吁一种中国古典的政治思想史理论范式。姚中秋在《重建中国政治思想史范式》一文中认为，当下的中国政治思想史研究在历史主义的控制下，这样的研究或"生产着没有多少'意义'的学术"，或"贩卖种种粗鄙的意识形态""在政治学和社会科学体系中之地位相当卑微"，强调中国政治思想史"要在政治学体系内、在整个人文及社会科学领域以及在一般知识民众中获得尊重，就必须果断地告别历史主义，追寻意义"[③]。姚中秋认为，当下中国政治思想史研究的主流范式是启蒙主义的意识形态，儒家五经被忽略，这导致其知识图景的高度残缺，而在离开经学的背景下对各时代思想家的解释也只能是浮浅的，并且无法进入中国政治思想的丰富世界中，中国政治思想史的学术生命力由此丧失。他主张建立一种反历史主义的中国政治思想史研究范式，推崇蒋庆的

---

① 季乃礼：《政治制度、政治思想与政治制度思想——一种理论构建的努力》，《武汉大学学报》（哲学社会科学版）2016年第4期。
② 魏朝利：《概念与中国政治思想史研究——兼论"三纲"概念》，《山西师范大学学报》（社会科学版）2016年第3期。
③ 姚中秋：《重建中国政治思想史范式》，《学术月刊》2013年第7期。

政治人学及赵汀阳的天下主义，标榜要追寻人间常道，突出古今之间具有相当程度的连续性，强调政治思想的核心议题及古人思考的范式"并不会因为时间推移，而丧失正当性与效力"。这是推崇五经与经学的中国政治思想史研究范式，提倡以五经和经学作为"政治思想史研究的核心"，"不理解五经，就无法理解历代政治思想"①。这在一定程度上表现了当代中国以现代新儒家为主要代表的文化保守主义者的中国政治思想史研究范式。

（二）中国政治思想史研究的方法论纷争

中国政治思想史作为一门交叉学科，具有人文与社会科学的双重属性，这就为不同学科背景的研究者在研究方法选择上留下了充分的余地，而来自政治学、历史学、哲学等不同学科的研究者，也在研究方法选择上表现出非常明显的学科路径依赖。不少研究者都依照研究著作的方法论选择及内容体系清晰地划分中国政治思想史研究存在政治学及历史学的学科范式，而此处所谓学科范式也主要是指研究方法意义上的。有的研究者则明显地在研究方法上偏向于哲学，一方面是试图还原或揭示中国政治思想史研究的意识形态属性，另一方面则试图建构一种意识形态意义上的政治思想核心概念体系，突出古今之人间常道，确立五经及经学在内容体系里的核心地位。② 这其实是在中国政治思想史研究上提倡传统经学的方法。与此同时，中国政治思想史作为政治学二级学科政治学理论的重要组成部分，在研究方法上毫无疑问也遭遇了政治学研究方法的社会科学化转向，特别是中国的政治学理论在研究方法上日益受西方政治科学强势影响之下，中国政治思想史研究如何面对社会科学研究方法的强势影响，如何吸纳其中的合理成分，如何保持中国政治思想史研究在方法论上必不可少的独特性等，就成了中国政治思想史在研究方法选择上不得不深入思考和认真解决的问题。③ 一方面，中国政治思想史研究涉及价值领域，从而

---

① 姚中秋：《重建中国政治思想史范式》，《学术月刊》2013 年第 7 期。
② 同上。
③ 葛荃：《立场、方法与禁忌：中国政治思想与文化研究断想》，《政治思想史》2016 年第 3 期。

不能一味屈从于社会科学研究方法；另一方面，中国政治思想史研究也确实必须分析政治思想事实，从而必须加强社会科学研究方法在其中的应用。社会科学知识及研究方法有助于中国政治思想史研究的精细展开和科学推进。

中国政治思想史研究虽然难以避免意识形态立场，但它终归还是一门现代社会科学的学科，研究问题，分析事实，总结规律，仍然是中国政治思想史研究必须面对的任务。作为一个30多年来始终在中国政治思想史研究领域耕耘并有重要成就的代表人士，刘泽华研究中国政治思想史的方法在2016年度仍然广受关注。张师伟在《一个批判的解读：刘泽华王权主义的中国政治思想史研究述论》一文中，对刘泽华中国政治思想史研究方法进行了评论，并对以政治思想事实为基础进行分析的研究方法做了高度评价。他认为，"刘泽华先生从整理和分析客观存在的思想事实出发……较为客观地呈现了作为历史事实的中国传统政治思想的本来面目"，坚持研究分析的史料要完整，依托完整的史料"母本"，历史地解释特定社会环境中的概念，避免对史料断章取义，或直接从史料中推导或演绎出现代政治概念。[1] 中国政治思想史研究不能脱离史料，有一分史料说一分话，中国政治思想史研究的对象具有理论的逻辑完整性，要有政治思想现场意识，突出政治思想家的原始政治理论问题，要注意准确解读历史上的政治概念，完整地理解历史上的政治理论，合理地评价历史上的政治思想家及政治理论等。岳强《中国政治思想史的研究内容、路径与方法》一文认为，"中国政治思想史在研究内容、路径和方法上具有鲜明的'政治学'特色"，他主张"中国政治思想史的研究应该……注意研究方法的""专题研究与综合分析相结合、历史主义与阶级分析相结合、逻辑与实证相结合、社会科学与自然科学研究方法相结合等"[2]。中国政治思想史研究自晚清民国兴起以来，就与中国面向世界、面向现代化的政治价值追求密切联系在一起，在某种意义上就是要促进中

---

[1] 张师伟：《一个批判的解读：刘泽华王权主义的中国政治思想史研究述论》，《哈尔滨工业大学学报》（社会科学版）2016年第5期。

[2] 岳强：《中国政治思想史的研究内容、路径与方法》，《黑龙江社会科学》2013年第1期。

国传统政治知识体系的现代转换。就其内容而言，这种转换既是知识体系层面的，也是政治方法层面的，还有政治价值层面的，而中国政治思想史研究总是具有清晰而强烈的经世情怀，在知识体系层面上的诉求倒不怎么强烈。① 中国政治思想史研究实际上都具有较为强烈的政治意识形态特征，不论研究者如何评价自己及异己的相关研究。

中国政治思想史学科虽然需要借助于社会科学的概念与分析方法，而且可以在合适的条件下应用定量与定性的研究方法，取得较为深入、细致、具体的研究成果，但却应该承认中国政治思想史研究并不是一门纯粹的社会科学，因而在研究方法上还是与政治科学有一定差异的。葛荃在《立场、方法与禁忌：中国政治思想与文化研究断想》中强调，因为"中国政治思想史研究的基本立场是站在当下反观传统，研究者的视界需要贯通古今"，所以它"在方法论上，不能一味依赖定量研究和质性研究，而是需要沿用思辨性定性研究"。在强调使用思辨性定性研究的同时，葛荃也提醒思辨性定性研究方法的使用，"还要防范两种弊病：一是历史感的缺失，二是主观投射过度"②。张师伟在《中国政治思想史的学科定位及学术使命———一种基于知识论视角的分析》一文中强调："从知识论的视角看，中国政治思想史认识的对象无疑属于政治学科，其认识结果也只能汇入政治学的知识溪流，镶嵌于政治知识的逻辑大厦上。"政治学研究方法的使用在中国政治思想史研究中具有基础性，否则就不能有效"分析中国传统政治的概念及命题体系，梳理传统政治思维的形成过程，整体性地呈现民族政治思维的基本结构，揭示蕴藏其中的稳定的民族共性"③。姚中秋在《重建中国政治思想史范式》一文中以范式分析为媒介，反思和批判了中国政治思想史研究的启蒙主义立场及历史主义分析方法，试图以儒家五经为核心，重建中国政治思想史研究的传统

---

① 张师伟：《中国政治思想史的学科定位及学术使命———一种基于知识论视角的分析》，《天津社会科学》2013 年第 1 期。

② 葛荃：《立场、方法与禁忌：中国政治思想与文化研究断想》，《政治思想史》2016 年第 3 期。

③ 张师伟：《中国政治思想史的学科定位及学术使命———一种基于知识论视角的分析》，《天津社会科学》2013 年第 1 期。

经学分析方法。①

（三）中国政治思想史研究的使命分歧

中国政治思想史研究要达到什么目的？能承担什么使命？其研究成果究竟是一种意识形态，还是一门社会科学意义上的知识体系？如何理解中国政治思想史研究的科学性？怎么看待中国政治思想史研究成果的人文性？如此等等的问题，摆在了每一个中国政治思想史研究者的面前，不仅比较成熟的中国政治思想史研究者及研究成果都必须面对而绝不能回避上述诸问题，而且上述诸问题的不同回答也集中、深刻地反映了对中国政治传统的根本性认识，体现了学界基于不同立场、不同方法及不同价值取向的对中国政治传统的哲学反刍。有的学者将中国政治思想史研究优先作为政治科学体系的一部分，强调中国政治思想史研究要运用政治科学相关知识与方法，并以丰富和发展当代政治科学的知识体系为主要学术使命。② 有学者认为，中国政治思想史研究的科学性尚需继续强化，将政治制度的分析方法引入政治思想研究，研究政治制度思想，拓展政治思想史研究的范围，增强政治思想知识与政治制度知识在学理上的贯通性。③ 有学者强调中国政治思想史研究具有一定的人文性，因而在认识的过程中不可避免地要运用思辨的定性研究方法，因为中国政治思想史研究的人文、价值及历史等的使命，要求研究者必须顾及研究对象不可复制的特殊性。④ 有学者则认为，当代主流的中国政治思想史研究具有历史主义的启蒙使命，而他们则试图赋予中国政治思想史研究以儒家经学的使命。⑤

中国政治思想史研究中的政治学理论学科视角，比较钟情于将中国政治思想史学科作为政治学理论学科的一个重要组成部分，因而比

---

① 姚中秋：《重建中国政治思想史范式》，《学术月刊》2013年第7期。
② 张师伟：《中国政治思想史的学科定位及学术使命——一种基于知识论视角的分析》，《天津社会科学》2013年第1期。
③ 季乃礼：《政治制度、政治思想与政治制度思想——一种理论构建的努力》，《武汉大学学报》（哲学社会科学版）2016年第4期。
④ 葛荃：《立场、方法与禁忌：中国政治思想与文化研究断想》，《政治思想史》2016年第3期。
⑤ 姚中秋：《重建中国政治思想史范式》，《学术月刊》2013年第7期。

较强调当代中国政治学知识体系扩展及理论发展的学术使命。张师伟《中国政治思想史的学科定位及学术使命———一种基于知识论视角的分析》一文强调:"从知识论的视角看,中国政治思想史认识的对象无疑属于政治学科,其认识结果也只能汇入政治学的知识溪流,镶嵌于政治知识的逻辑大厦上。""作为知识论视角的中国政治思想史研究,其重点就是分析历代政治思想家的问题、观念及其推理逻辑……积极推动人类政治理论与思维在知识论层面上的继续完善,发展政治知识。"从这个视角来看,中国政治思想史研究的使命主要是学术使命,具体来说,就是钻研历史上的政治问题,分析历史上的政治概念,梳理历史上的政治理论,经过理论上的分析、概括、归纳、总结,捕捉有益的理论养分,助力现代政治知识的顺利成长。① 季乃礼在《政治制度、政治思想与政治制度思想———一种理论构建的努力》一文中,一方面希望将政治思想研究的范围扩大到政治制度,开展政治制度思想研究,这是希望充分发挥政治思想研究方法的科学认识价值;另一方面也希望在将研究范围扩展到政治制度的同时,也将政治制度的研究方法引入政治思想研究领域,丰富政治思想研究的方法,发展政治思想的知识体系。② 有的学者则试图在中国政治思想史研究中汲取科学性合理因素,"应该用马克思主义进行分析和筛选,吸收其有益的成分,为建设有中国特色的社会主义服务"③。有的学者认为,中国政治思想史研究的使命是纯粹认识性的,有利于准确地认识中国历史,有利于深入地认识国情。④

二 概念与命题:中国政治思想史的观念解读与剖析

中国政治思想史的主流阐述方式是列传式,即按照时代发展的先

---

① 张师伟:《中国政治思想史的学科定位及学术使命———一种基于知识论视角的分析》,《天津社会科学》2013年第1期。
② 季乃礼:《政治制度、政治思想与政治制度思想———一种理论构建的努力》,《武汉大学学报》(哲学社会科学版)2016年第4期。
③ 徐大同:《孔子仁政、德治、礼范的治国之道》,《政治思想史》2013年第1期。
④ 刘泽华:《中国政治思想史》(第1卷),人民出版社2008年版,第1—2页。

后顺序将主要政治思想家排列出来,分别论述他们各自的时代背景、生平履历、主要著作及观点等,并对政治思想家及其观点进行历史或阶级的评价,而评价的内容不外乎是给政治思想家及其政治思想安上一个妥当的阶级名分。但在列传式研究占据主流的氛围中,一些学者的著作在以学派或思想家为基本论述线索的同时,也注重对概念与命题等含义的解析,虽然在理论认识上仍然坚持阶级的分析方法,但对政治思想家及其思想的评价却并未套用阶级术语,不满足于给政治思想家或政治思想贴上一个恰当的阶级标签。[1] 概念与命题的含义分析自梁启超《先秦政治思想史》就有所涉及,对一些重要的核心概念及重要命题,贴近原始典籍,进行了基于史料的语义分析,但中国政治思想史学科自改革开放伊始逐步恢复以来,伴随着政治学学科的恢复及其理论的发展,在叙述和分析的范式上,仍然坚持了列传式的编纂体例与概念、命题等的阶级定性及历史定位评价。在概念与命题的语义分析方面,刘泽华的中国政治思想史研究,以原始史料为基础所进行的还原性分析,在方法论上颇有一定的代表性,并在实践中产生了重要的影响力。其理论成果就是一套被名之为"王权主义"的理论体系,以刘泽华为主要代表和标志的学术团队也被名之为"王权主义学派"[2]。近年来,在西方政治思想研究——剑桥学派的影响下,观念史的研究方法也被自觉地运用于中国政治思想研究领域。在一定程度上,这是对刘泽华历史主义概念与命题分析传统的继承、肯定和继承发扬,而不是对西方政治思想观念史研究方法的模仿。当然,观念史研究方法的历史主义立场与分析方法,也确实与以刘泽华为代表的"王权主义学派"魂魄与共、宗旨相同,并因此而促进了概念与命题分析在中国政治思想史研究中的广泛展开。

---

[1] 张师伟:《一个批判的解读:刘泽华王权主义的中国政治思想史研究述论》,《哈尔滨工业大学学报》(社会科学版) 2016 年第 5 期。

[2] 李振宏:《中国政治思想史研究中的王权主义学派》,《文史哲》2013 年第 4 期;李振宏:《在矛盾中陈述历史:王权主义学派方法论思想研究》,《河南师范大学学报》(哲学社会科学版) 2017 年第 5 期。

(一) 概念与命题含义的历史还原

中国政治思想史研究的基本分析对象就是历代政治思想家的概念与命题,但如何分析概念与命题却是一个比较难于解决的方法问题。作为历史学取向的中国政治思想史研究,比较倾向于对概念与命题进行历史还原性的语义分析,即强调中国政治思想史研究必须搞清楚历史上各个时代政治概念与政治命题的含义真相,否则中国政治思想史研究就无异于空中楼阁。刘泽华是改革开放以来较早开始倡议中国政治思想史研究要进行概念与命题分析的学者。在《中国政治思想史研究对象与方法》一文中,刘泽华就提出中国政治思想史研究要进行"政治思想的重要概念、范畴"等的研究。[①] 他在《中国的王权主义——传统社会与思想特点考察》中进一步提出要注重对中国政治思想史上的纲领性概念进行分析,并提出了纲领性概念帝王化的观点。[②] 刘泽华认为,中国政治思想史研究的概念与命题含义分析,不能仅仅满足于概念的语义解析,而必须坚持思想与社会互动的原则。思想存在于社会中,并影响着社会,存在于思想的社会,因而在研究思想的时候,就不宜撇开思想所作用的具体社会而进行纯粹抽象的认识,否则就会失真;思想存在于社会中,就不能不接受社会的影响,思想的内涵从根本上讲来源于社会,脱离具体社会而试图准确认识思想,其结果只能是抓住一个概念的空壳。刘泽华提出的"思想的社会""社会的思想""思想社会化""社会思想化",很好地解释了思想与社会互动在中国政治思想史研究的含义解析中所具有的重要地位。[③] 2016 年,刘泽华的《简说法家的以人为本》一文就法家的"以人为本"命题进行了含义解释,依托丰富的第一手思想史料,坚持了思想、制度与社会的整体性认识,实事求是地陈述了法家以人为本命题的原始含义,点出了法家以人为本命题的核心是"用民"。[④] 它与今天所谓的"以

[①] 刘泽华:《中国政治思想史集》(第 1 卷),人民出版社 2008 年版,第 6—7 页。

[②] 刘泽华:《中国的王权主义——传统社会与思想特点考察》,上海人民出版社 2000 年版,第 265—266 页。

[③] 刘泽华:《开展思想与社会互动和整体研究》,《历史教学》2011 年第 8 期。

[④] 刘泽华:《简说法家的以人为本》,《中华读书报》2016 年 5 月 4 日。

人为本"的价值判断并不相同,今天的"以人为本"确认了人是目的的价值定位,而法家之"以人为本"则是确认了人是工具的价值定位,两者之间很难进行直接的理论对接与继承移植等。

中国政治思想史研究一贯比较重视起源阶段的关键概念分析,梁启超《先秦政治思想史》就依托《尚书》对天、帝、德等概念进行了语义分析,中国早期国家时期的关键概念分析在中国政治思想史研究中具有重要地位,一则可以明确中国政治思想史的准确概念起点;二则可以明了中国政治思想发展史在早期国家时期的发展线索;三是有利于说明中国政治思想史核心概念的悠久历史渊源。近年来,中国政治思想史研究在早期国家阶段的核心概念分析上有所推进,对西周代商过程中核心政治观念承接与变化中的一致性做出了有力的论证。王震中在《商周之变与从帝向天帝同一性转变的缘由》一文中指出,"就卜辞本身而言,卜辞中的'帝'并不作'天'讲","在商代,商族人未将'天'作为他们的至上神来崇拜",只有"到了周代,周人在继承商朝对帝崇拜的同时,又加进把天作为至上神的观念,并使'帝'与'天'在至上神的意义上具有同一性",于是"天帝成为真正的至上神",而"西周统治者,特别是周公,把对天的崇敬纳入礼制法度之中",他们"通过天命与德治、天命与民意相结合,在对原有上帝和天命论修正的同时,实现了天道观的升华",结果,"这种升华了的天道观,成为此后中国古代思想观念中基因性的因素之一"①。王瑞英在《从神灵崇拜到"以德配天":西周天命观的嬗变及其影响》一文中就西周天命观的渊源、演变及影响进行了专题探讨,她认为,"天命这一名称是由周人提出来的,但它演变于商代的神灵信仰",即西周天命观"不仅仅以'天'来替代商代人崇拜的'帝'或'上帝'的概念",并且还"发展了新的内容,其突出特色就是'天命'被赋予了道德内涵",强调"以德配天","西周统治者将'德'观念……引入天命观,并衍生为私德和德政两个层面","对西周统治者起到极大的示范和警诫作用",并"作为文化的源头……对

---

① 王震中:《商周之变与从帝向天帝同一性转变的缘由》,《历史研究》2017年第5期。

后世社会在政治、哲学、文化方面产生深远的影响"①。学者们对中国早期重要政治概念的观念史分析，既有利于在事实上梳理清楚早期重要政治观念的发展史，也有利于梳理出中国政治思想史早期发展中重要政治概念之间的关系。

中国传统的重要政治命题一直广受关注，并具有比较流行的含义解释及评价等。在经历了多年启蒙主义话语的广为流行之后，伴随着中国大陆现代新儒家的兴起，学术界许多纲领性的核心概念和重要命题都在含义解释上受到了挑战。大陆现代新儒家的含义解释凸显了一种非历史主义视角的经学视角，试图将中国传统政治思想中的纲领性概念和重要命题看成是具有历史超越性的普遍存在。② 这就在理论上引发了历史主义视角含义分析者的理论反驳，进一步阐述了解释传统政治思想体系中重要命题的方法及由此而来的可靠的结论。在近年来的论辩中，大陆现代新儒学或旗帜鲜明地提出了反对历史主义视角的研究方法，③ 或试图从历史主义视角被否定掉的旧思想、旧政治、旧伦理之中，重新捡回并高度评价"三纲五常"超越历史时代的普遍价值。④ 这就在结果上大大挑战了历史主义视角的启蒙主义立场，从而引发了若干学者在相关问题上就如何看待"三纲五常"发表了基于历史主义视角和启蒙主义立场的反驳言论，重新强调历史主义方法的合理性。林存光在《如何认识和理解三纲五常的历史含义》一文中，提出"三纲五常"的解释还是要注重历史含义的呈现。林存光追溯了"三纲五常"思想的源泉，强调了"三纲五常"在传统中国的具体政治价值，就是赋予君君臣臣父父子子的秩序以"绝对政治正确的神圣性和毋庸置疑的至上合理性"，"这些观念对帝制中国时代的中国文化和文明理念产生了难以估量的广泛而深远的历史影响"⑤。魏朝利在《概念与中国政治思想史研究——兼论"三纲"概念》中

---

① 王瑞英：《从神灵崇拜到"以德配天"：西周天命观的嬗变及其影响》，《江西社会科学》2017年第11期。
② 姚中秋：《重建中国政治思想史范式》，《学术月刊》2013年第7期。
③ 同上。
④ 方朝晖：《为"三纲"正名》，华东师范大学出版社2014年版，第149页。
⑤ 林存光：《如何认识和理解三纲五常的历史含义》，《政治思想史》2016年第1期。

认为:"概念是社会环境变化发展的产物,概念一旦生成,便被赋予特定的内涵与外延,成为历史中稳定的客观存在和历史学的研究对象。""比如,'三纲'概念一旦被定义,它的内涵保持了近两千年的持续稳定,至今'君为臣纲、父为子纲、夫为妻纲'仍被视为三纲概念的核心内容。"[①] 学术界如何认识和评价"三纲五常",在今天并不仅仅是各种认识方法不同所导致的认识结果不同,而是包含着比较丰富的政治价值判断,"三纲五常"是否具有超越历史的普遍价值?是否可以被剥离出它所生成和作用的历史环境而获得抽象存在?这些问题对不同价值立场的人而言无疑会得出截然不同的结论。实际上,上述两种关于"三纲五常"的看法不过是主张历史具体地认识"三纲五常"和哲理抽象地认识"三纲五常"的不同,但在认识的时候应该强调观念史的方法,突出历史情境的不可忽略性。

(二) 概念与命题含义的语义分析

概念与命题作为思想体系构成的基本要素,无疑也是中国政治思想史研究的重要分析对象,而概念与命题的含义解析固然有历史还原的路径,但历史还原路径却不能没有一定的语义分析。实际上,语义分析乃是中国政治思想研究的一种基本分析方法,而历史还原路径虽然不能不进行必要的语义分析,但它更注重揭示概念与命题的特定社会内容,既突出概念与命题所概括和归纳的客观社会内容,也在解释方式上突出了概念与命题作为社会内容之含义容器的作用。现代数学研究中的语义分析,起源于西方现代分析哲学,并在观念史研究中得到了广泛的应用。语义分析根据对概念与命题的所指及其所表达的含义相对称的原理,既强调要明确概念与命题的所指,也强调要明确概念与命题的含义,更强调概念与命题必须具有逻辑上的确实性,不仅概念与命题的含义必须清楚明晰,而且概念与命题的所指必须客观存在。这种语义分析的方法主要应用于分析哲学领域,而中国政治思想史研究主张应用这种方法,也主要是应用于中国政治哲学的领域,其

---

① 魏朝利:《概念与中国政治思想史研究——兼论"三纲"概念》,《山西师范大学学报》(社会科学版) 2016 年第 3 期。

重要益处在于可以在概念与命题的含义解析上做到清楚、明白、准确，以免除因为概念与命题的含义人言人殊所造成的不必要的分歧与理解混乱。中国思想史研究虽然有章句解释的注疏传统，但实际上缺少这种语言分析的观念史研究传统。中国传统的概念往往含义模糊多样，同一个词在同一个作者的著作里也不尽相同。比如孔子的"仁"，"'仁'字在《论语》中出现百次以上，其含义宽泛而多变，每次讲解并不完全一致"[1]。张师伟在《中国传统政治哲学的逻辑演绎》一书中，提出对中国传统政治哲学中的共同概念进行语义分析的主张，强调中国政治思想史上的"共同概念集中体现和概括了政治的普遍性，为政治生活提供着价值论、本体论、方法论等的必要支持"，准确地解读共同概念乃是完整、准确理解中国政治哲学的基本前提。[2]

中国政治思想史研究中的语义分析，并非如同分析哲学那样，试图确定概念与命题等在逻辑上的真与假，而是与观念史的研究紧紧结合在一起，在某种程度上，语义分析是作为观念史研究方法进一步完善的必要手段而存在于政治思想史研究当中的。张师伟在《中国传统政治哲学的逻辑演绎》中指出，"观念史研究方法在中国政治思想研究中实际上已经有了某种开端"，"虽然刘泽华先生没有明确提出观念史研究方法，但其研究的范式以观念为分析单位，注重结合观念环境向观念提出的原始问题，尽量展现观念的原始涵义，却很符合观念史研究方法的基本精神"[3]。观念史研究范式强调从研究对象的生存环境、知识背景及疑问等出发，突出政治思想"事实的原始涵义，采取回归现场的研究方法，还原思想家的社会环境、话题及所提疑问，系统地叙说思想家的思想，还原思想家的思想逻辑"，关注"较为普遍的纲领性概念"，概念的名词外壳虽然长期不变，"但名词的内涵却随时代与学派而存在重大不同，历史地解释观念的涵义变迁是理解社会变迁的一个重要路径"[4]。戴木茅在《"御"与中国古代的治国之

---

[1] 李泽厚：《中国思想史论》（上），安徽文艺出版社1999年版，第20页。
[2] 张师伟：《中国传统政治哲学的逻辑演绎》，天津人民出版社2016年版，第27—32页。
[3] 同上书，第13页。
[4] 同上书，第13—14页。

道》一文中，对"御"字进行了观念史研究意义上的语义分析，她认为，"御"的概念在名词未变的情况之下，其含义却发生了由"驾车"到"君主专称"的巨大变化。这个变化体现在两个层面：一是"御的动词式演进，经历'御马→御民→御臣'的转化"；二是"御的名词式演进，经历'御者→御礼→御制'的转变"，"秦汉之际，皇权建立，御最终转化为君主专称，儒家的御礼和法家的御臣术共同缔造了强大的君权"①。词汇在词面未发生改变的情况下，它的用法却在具体的使用过程中发生了巨大变化，戴木茅分析的"御"字含义变化在中国传统的御用词汇中具有一定的代表性。分析历史语境与问题情境中观念的具体含义，分析历史过程中观念含义的历史性时代变化，在中国政治思想史研究中具有重要的地位。

概念与命题作为中国政治思想史研究的主要对象，其中有不少兼具哲学属性，而这些具有明显哲学属性的概念与命题虽然常常在中国哲学史研究中得到较好的语义分析，但其分析结果却明显地具有政治哲学方面的价值，从而使得中国哲学史研究当中的一些关键概念与重要命题的语义分析，也往往同时隶属于中国政治哲学研究，并因此成为中国政治思想史研究的一个重要组成部分。但是这种哲学视角下的语义分析往往并不遵循观念史的分析方法，通常不考虑概念与命题的历史情境与上下文语境，而主要是通过分析思想文本，从概念到概念、由命题到命题地进行含义比对和逻辑推演，由此确定概念与命题的含义。刘泽华曾对这种从概念到概念的分析方法进行了批评，强调概念解释要与社会相结合，开展思想与社会的互动研究。② 东方塑在《荀子论"争"——从政治哲学的视角看》一文中认为，"争"是荀子政治哲学思考的前提和基础，而在荀子学说里也不是一个"特别引人注目"的概念，但又是理解荀子政治哲学"逻辑起点和制度设计"的关键所在。"从政治哲学的角度上看，荀子论'争'，反思性地着眼于'欲多而物寡'此一根源性的矛盾，由此注目于人类社会'群而无分则争'、'势位齐'则争的特殊情况，并以'明分使群'此一

---

① 戴木茅：《"御"与中国古代的治国之道》，《哲学研究》2016年第4期。
② 刘泽华：《开展思想与社会互动和整体研究》，《历史教学》2011年第8期。

礼义的作用以为'止争、去乱、免穷'之法尺，所论融全周到，理气条贯，在先秦儒学乃至后世儒学中皆占有特出的地位和意义。"① 东方塑在这里结合荀子政治哲学的完整内容，比较准确地解读了"争"的意义，并给"争"划分了不同类型，评价了"争"在荀子政治哲学中的地位。

(三) 现代概念视域下的中国传统政治思想

中国政治思想史研究工作，在一定的意义上，就是进行跨越时代的对话与交流，因为对话和交流的双方并不共用一套概念与命题系统，所以彼此之间的对话与交流总免不了要在研究者和研究对象之间进行概念和命题之间的语义转换与逻辑沟通。在彼此的对话与交流中，虽然研究对象总会向研究者展示一些后者不能理解的东西，但毕竟失去了理解研究者的条件，而研究者却不得不以己度人，自觉或不自觉地用现代的概念与命题等理解和解释研究对象。这就自然而然地将传统的政治思想内容放在了现代概念与命题的容器内，现代概念与命题的容器对于作为研究对象的政治思想内容而言，有些是比较恰当的，能够恰如其分地完整表达作为研究对象的政治思想内容，而有些则是不甚合适的，生硬地将作为研究对象的灵活丰富的政治思想内容，挤装在了研究者所固守的概念与命题容器里，既扭曲了研究对象，又遮蔽了研究者的视线。研究者以己度人，虽然是势所难免，但还是要以真实、完整、准确地呈现研究对象为首要目的，虽然研究者百分之百地真实、完整、准确地呈现对象是一定达不到的，但还是要避免过度"主观投射"的以己度人，②而应尽力地舍己从人，力求最大限度地实现对研究内容的客观呈现。以刘泽华为主要代表的研究团队，在中国政治思想史研究中比较好地处理了研究对象呈现中的概念与命题使用问题，一方面尽量少地使用现代政治概念与命题呈现传统政治思想内容，而尽可能多地使用传统政治概念与命题来呈现其内

---

① 东方塑：《荀子论"争"——从政治哲学的视角看》，《中国哲学史》2016年第2期。

② 葛荃：《立场、方法与禁忌：中国政治思想与文化研究断想》，《政治思想史》2016年第3期。

容;另一方面尽量少使用现代政治概念与命题的价值尺度来衡量和评价传统政治思想,而尽可能地只进行事实性的描述,描述性地呈现历代政治思想家的概念与命题等,并尽可能地只进行基于历史事实的事实性评价。[1]

当然,中国传统政治思想的内容非常丰富,以至于不使用一定数量的现代政治概念与命题,就不仅不能充分地呈现传统政治思想内容,而且不能很好地向现代人转述传统政治思想内容,更不能有效地进行批判性继承以古为今用。在这种情况下,研究者只有使用一定数量的现代概念与命题,才能完整、准确地呈现传统政治思想的内容,虽然如此,但这并不表明古人就已经在特定内容上有了比较成熟的现代政治理论。比如正义论是一种成熟的现代政治理论,中国传统时代当然既没有如同现代正义论这样成熟的理论,也没有成为现代正义论萌芽的东西,但并不一定就没有一些与现代正义论有关的重要思想内容。这些重要思想内容虽然比较散乱,但并非没有价值,如果研究者以现代正义论的概念与命题为容器,来收纳和呈现这些思想内容,也是一件很有理论价值的工作。朱璐在《朱熹正义思想探析》一文中,使用了现代正义论的有关概念与命题,发掘和分析了朱熹关于正义的若干思想。他肯定朱熹"对正义问题亦有所思考",并重点在朱熹关于"义"论述中检索正义思想,认为朱熹"推崇德性正义""主张行天理之公义""推行政治正义",朱熹"正义思想,带有鲜明的理学特质"[2]。王云萍在《儒家社会正义观的思考》一文中,也使用了现代正义论的概念与命题,分析了儒家思想中关于社会正义的部分,她认为:"儒家的经典文本的确表达了对人民的生活条件及物质资源分配的深度关切,但儒家并未像当代西方政治哲学家一样试图建构一个社会正义的体系。"虽然如此,儒家关于社会正义的思想内容仍然有益于现代人,即"离开社群感和关怀感的纯粹现代社会正义原则,无论是平等还是充裕,其关于理想社会的设计,只不过说到了故事的一

---

[1] 张师伟:《一个批判的解读:刘泽华王权主义的中国政治思想史研究述论》,《哈尔滨工业大学学报》(社会科学版) 2016年第5期。
[2] 朱璐:《朱熹正义思想探析》,《哲学研究》2016年第4期。

半而已"①。这实际上概括出了儒家正义观的思想特点。

现代政治概念与命题在中国政治思想史研究中的使用,虽然不可避免,但也要限于情非得已,否则就会出现"主观投射"过度的问题,发生中国政治思想史研究当中以人从我的弊端。现代政治概念和命题的使用,造成过度主观投射现象的基本原因,往往是研究者个体对民族历史的过于多情。多情的民族主义者不仅将自己的魂魄封闭在民族的历史中,而且还试图在古老民族的政治历史中找到他在当代安身立命的政治哲学依据,故步自封于民族文化的经典中,自我隔离于人类文明进步的潮流之外,抱着"非我族类其心必异"的偏执态度,试图从古老民族的文化资源中搜寻出固有的概念、范畴、判断名,并由此在理论上演绎出一个排除了西方影响的完整、独立、独特的中国现代政治。多情的民族主义者虽然自以为中国古老的文化资源中具有充足的现代政治文化资源,并足以由此建构一个中国的现代政治,但他们却不能在中国政治思想研究中回避现代政治概念与命题的使用。实际上,他们不仅不能回避,反而还在大量使用现代政治概念与命题。因为他们比其他人更急于证明中国传统政治思想具有现代价值,所以他们在研究中国政治思想史的时候,就不仅急于以现代来测量传统,甚至还急于宣布他们在传统中发现的现代。比如一些研究者急于在中国传统政治思想中寻找公民精神,并不惜以传统儒家之君子为公民,② 努力在中国古典的儒家思想中寻找现代宪制;③ 一些研究者努力抬高儒家经学的地位,将其视为中国文明特殊性的普遍性的集中载体,不仅认为经学是中国政治的核心价值所在,而且认为经学在现代政治里也还有一些普遍适用性的"常道",强调"中国文化以儒家文化为主流或主干,儒家文化的'常道'实也就是中国文化的'常道'";④ 有的研究者以现代意识来理解"三纲五常",倡导"三纲五常"具有现代普遍价值,认为"三纲五常"是指从大局出发、尽自

---

① 王云萍:《儒家社会正义观的思考》,《哲学研究》2016 年第 11 期。
② 姚中秋:《君子是中国的公民建构进路》,《天府新论》2015 年第 6 期。
③ 姚中秋:《中华文明与当代宪制诸论平议》,《中国法律评论》2016 年第 2 期。
④ 李存山:《儒家文化的"常道"与"新命"》,《孔子研究》2016 年第 1 期。

己位分所要求的责任。① 事实上，研究者绝不能处在概念真空中，他们的研究也不可避免地用现代概念，特别是在他们不得不进行概念的理解和解释的时候，现代概念总是被或明或暗地使用着，试图在古代的思想资源中发现和发掘现代概念的做法，实际上根本不太可能接近历史的事实。

三 中国传统的国家治理与行政管理思想的勾勒

与西方政治思想史在主题上较为关注政体不同，中国政治思想史在主题上较为突出国家治理问题。中国传统政治思想不仅包含了极为丰富的政治统治和国家治理思想，而且它所关注的焦点问题也常常在主题上离不开统治和治理，既有许多关于政治理想国的设计，也有不少关于统治方略的谋划，还有不少关于具体的治理问题的探讨。伴随着理论界对中国国家治理体系和治理能力现代化的探讨，历史上中国传统的国家治理思想也受到了学者们的充分关注。

中国通过全面深化改革以实现国家治理体系和治理能力现代化的实践，不仅刺激了研究当代中国的国家治理体系与治理能力如何现代化的问题，而且促进了对中国传统国家治理体系与治理能力的研究，其中关于中国传统国家治理思想与行政管理思想的研究也包含在内。全国社科规划办发布的国家社会科学基金立项资料表明，中国传统国家治理思想已经在学术界受到了较大关注。但就学术研究成果的现状来看，中国传统国家治理思想的研究仍然比较薄弱，从中国知网按照篇名搜索"中国传统国家治理"，截止到2016年12月仅能搜到14篇论文。国内学术界关于中国传统或古代行政管理思想的研究则更加薄弱，有关的专著几乎没有，即使是教科书性质的研究成果也非常少，可见的教材性成果只有天津人民出版社2016年出版的葛荃主编的《中国古代行政管理思想史》。从中国知网按照篇名搜索"中国行政管理思想"，截止到2016年12月，仅能搜到17篇论文。当然，这只能从大的盘面上反映这个主题的研究比较冷清。鉴于儒家、法家及道

---

① 方朝晖：《为"三纲"正名》，华东师范大学出版社2014年版，第149页。

家在传统国家治理思想中的地位及其当代学人对他们的关注,学术界关于中国传统国家治理思想及行政管理思想的研究,在主题上较多地聚焦于某家某派,有些学者关注和研究儒家的治理与治道思想,[1] 有些学者关注法家的国家治理思想,有些则关注道家的国家治理思想。[2]

有些研究成果对中国传统的国家治理思想进行了总体性的扫描,概括性地介绍了中国传统国家治理思想的核心内容、主要特征等,并从理论上对作为整体的中国传统国家治理思想进行了历史评论与理论评价。凌琦《中国古代"民为邦本"的国家治理思想及其现实意义》认为:"中国古代'民为邦本'的国家治理思想,发源于夏商周,形成于春秋战国,秦汉以后,为历代政治家思想家继承和发展。"中国古代"民为邦本"的国家治理思想,主要围绕"政权、统治及君民关系"展开探讨,首先强调"以民为本",突出"为民顺民",崇尚"贵民敬民";其次强调国家治理要"保民养民""安民恤民""爱民利民","民为邦本"的国家治理思想在今天仍然具有"很强的现实意义"[3]。杨军在《中国传统的国家治理思想及其现代意义研究》一文中对中国先秦流传下来的国家治理思想的现代意义做了肯定,并指出"儒、道、墨、法、杂家以及王阳明的治国理念是中国古代治国思想中流传下来的精华",并认为当今社会的和平安定与"中国传统的国家治理思想分不开"[4]。季乃礼《传统国家治理思想研究的逻辑困境与出路》一文认为,"当前学术界关于中国传统国家治理思想的研究多局限于概念的分析",并且在研究中国传统国家治理思想的现代启示时,只限于"寻找古今概念的简单对接",而缺少对"古代和当代治理思想存在条件的观照",提出了中国传统国家治理思想研究"必须扩展研究"维度,开展"政治制度与思想的互动"的探讨,引

---

[1] 姚中秋:《给法治以恰当位置——儒家之法治观》,《原道》2016年第1期。
[2] 张师伟:《黄老道家无为而治思想及其治理智慧》,《南京师范大学学报》(哲学社会科学版)2015年第3期。
[3] 凌琦:《中国古代"民为邦本"的国家治理思想及其现实意义》,《贵州社会科学》2016年第6期。
[4] 杨军:《中国传统的国家治理思想及其现代意义研究》,《领导科学》2016年第20期。

入政治科学的"定量分析"等。① 这个观点在一定程度上代表了将中国政治思想史研究更加社会科学化的方向，在进一步深化中国政治思想史研究中具有较大的合理性。

中国行政管理思想的研究虽然整体上比较冷清，但在国家治理体系与治理能力现代化理论热点的带动下，也收获了一定的研究成果。有些成果如葛荃主编的《中国古代行政管理思想史》就具有很明显的标志性意义，他在书中提出的"懂得中国才懂得管理"的观点，②也十分形象生动地讲出了中国传统行政管理思想研究的理论与实践的重要性。学者们较多关注了儒家的治道与国家治理思想。这一方面是中国大陆现代新儒家从国家治理思想的角度，发掘、整理和总结了传统儒家的思想，阐述儒家的治道思想。如孔聪的《儒家治道思想要义及当代启示》一文就是如此，他强调儒家思想中的"仁政、德治、经世、忧患等学说体现出儒家深刻的治道意识"，并认为儒家治道意识"对当前推进国家治理体系和治理能力现代化具有重要启示"，主张"使儒家思想发挥应有的时代价值"③。另一方面是有些学者受中国大陆现代新儒家的启发或刺激，较多地关注和阐述儒家思想中的治理主题，评论儒家与治理相关的治道思想，评价传统儒家治道思想在实践中的得失。王锋《儒家伦理治道逻辑的权治观照》一文就在理论上分析和突出了儒家治道逻辑的伦理特征，认为儒家伦理取向的"治理逻辑建立在'以德配天'的基础上"，"它以天人相通为起点，以天谴论为中介，以天人感应为沟通"，"赋予君主专制权力以神圣性"，它"要求统治者行仁政德治"，但"在实际的治理过程中……德治又不可避免地蜕化为人治"④。有些学者则比较关注先秦法家的治国理政思想，钱锦宇《先秦法家治国理政观的当代价值及其创造性转化——研究的意义、现状与框架》一文，就讨论了先秦法家国家治理思想，认

---

① 季乃礼：《传统国家治理思想研究的逻辑困境与出路》，《中共宁波市委党校学报》2016年第5期。
② 葛荃：《中国古代行政管理思想史》，天津人民出版社2016年版。
③ 孔聪：《儒家治道思想要义及当代启示》，《人民法治》2016年第11期。
④ 王锋：《儒家伦理治道逻辑的权治观照》，《东南大学学报》（哲学社会科学版）2016年第5期。

为先秦法家的治国理政观"在实践上有助于建构中国国家治理现代性和治国理政的中国模式"①。中国传统的行政管理思想或行政学思想十分丰富,然而在相关的学术研究中并未受到应有的重视,相关的研究成果不仅数量相当少,而且代表性研究成果的学术水平也相当有限,但发掘和研究中国的行政传统资源在新时代国家治理体系与治理能力现代化的实现过程中,却具有重要的理论意义和实践价值。

---

① 钱锦宇:《先秦法家治国理政观的当代价值及其创造性转化——研究的意义、现状与框架》,《山东科技大学学报》(社会科学版) 2016 年第 5 期。

西方政治思想研究的新动态

李 浩 佟德志

国内西方政治思想研究在宏观上坚持以马克思主义的观点和方法为指导，将研究西方政治思想服务于中国现代化和中华民族伟大复兴的事业作为基本原则和根本方向。在具体研究当中，如何使西方话语和思想转化成为中国特色社会主义新思想新文化新理念的战略体系的一部分，是当代致力于研究西学的每位学者的共同愿望。2016年度国内西方政治思想研究除了对传统政治思想人物、流派进行"纵深化"研究之外，还有将注意力集中到一些新的主题上的趋势。同时，在西方政治思想的译介方面也有了一定的进步。

一 关于政治思想人物的研究

国内西方政治思想的研究在起步阶段注重于全面了解西方经典政治思想家生活的时代背景，重点研究各个政治思想家政治思想的核心内容。随着研究的不断深入，当前学界已经从介绍和评述某个政治思想家的政治思想转向对经典政治思想家进行更加细致的原典阐释和比较研究。近年来，学界对西方早期政治思想家如柏拉图、亚里士多德等人的研究趋向于哲学、伦理学、教育学等研究视角，对中世纪神学政治思想家的研究则偏重其法学、伦理学等思想。就政治思想的视角而言，文艺复兴与启蒙运动时期的思想家仍然是研究的重点所在，其中霍布斯、马基雅维利、卢梭等人的政治思想依然是研究热点。

(一) 对霍布斯的研究

霍布斯的契约论受到学者的极大关注。"西方契约论大体有两个传统：一是从霍布斯到洛克再到哥梯尔发展形成的自利契约论。这一理论认为，道德判断的依据是基于谈判各方立足自身利益经谈判所制定的契约或达成的共识，自利理性是唯一的理性原则。二是从卢梭到康德再到罗尔斯、斯坎伦发展形成的非自利契约论。这一理论认为，道德原则是由平等自由的个体基于某种共同的意志或理想达成的共识所决定，自利理性并非唯一的理性原则。"① "霍布斯式的契约论的一个重要问题是，如果与遵守契约相比，不遵守能够带来更大收益，追求自身利益增长的愚昧之徒还会遵守这种契约吗？霍布斯认为，愚昧之徒遵守契约是理性的，理由是遵守契约的长期收益会压倒破坏契约的短期收益。这种理由与他对理性人的心理利己主义的预设相冲突。如果能对霍布斯的理性概念进行合理限制，并且假设愚昧之徒违反契约的行为能够被察觉，那么就有理由相信他遵守契约是理性的；即使愚昧之徒违反契约的行为不被察觉，基于对可能受到的惩罚的考虑，他也仍然有理由遵守契约。"② "从整个论证来看，霍布斯显然认为一个稳定的社会合作秩序的建立不是依靠信奉一套来自宗教神学或形而上学目的论的道德观念，而是依靠那些拥有不同'合理选择'的人通过理性层层辨析和推理所达成的'理性共识'。霍布斯是以一种非宗教神学的方式来寻求对政治和社会问题的解决之道，从个体人基于私利的'合理选择'论证了人们走向'理性共识'并建立合作的可能和条件。"③

"内战不仅是伴随霍布斯政治理论写作的真实外部背景，也是从理论内部推动其规范性建国道路演进的关键力量之一。在这个意义上

---

① 陶勤：《论西方契约论的两个传统：自利与非自利》，《南京师范大学学报》（社会科学版）2016 年第 2 期。
② 晋运锋：《愚昧之徒遵守契约是理性的吗——从霍布斯的契约论谈起》，《社会科学研究》2016 年第 4 期。
③ 孟锐峰：《从"合理选择"走向"理性共识"：霍布斯契约论证中的内在逻辑》，《云南大学学报》（社会科学版）2016 年第 6 期。

'自然状态'这一理论框架不能完全覆盖对内战的解释；霍布斯'自然国家'的秩序特征和契约结构能够更为恰切地解释内战爆发的原因，包括英国内战面临的具体历史和现实情况。"① "对于《自然社会》关注的现代社会的规范性秩序问题，自然状态、自然法与建国契约是三个主要环节。自然状态学说通过自爱与社会性建立的自然社会性是理解现代社会道德关系的出发点。在考虑现代社会丰富和充实这一道德关系的努力之前，应当先理解人是如何成为一个孤独的陌生人的。从这一自爱的社会性出发，《自然社会》将霍布斯笔下的自然状态理解为道德空间乃至法权状态，但并不同意这一空间是具有内在道德尺度或客观道德科学基础的规范性秩序。作为现代国家规范性基础的道德尺度是与政治社会同步奠立的。"②

此外，王军伟研究了霍布斯的公民政治教育思想，指出"与普通意义上的教育不同，公民政治教育不以传授知识为目的，政治教育的目的是和平的维持。要想维持和平，就必须管控公民们的意见，而政治教育就是管控意见的手段。政治教育也不同于政治哲学，政治哲学是'教'意义上的一门学科；而政治教育则是'劝'意义上的一种活动。政治教育的实施必须以大学改革为前提，而大学改革并非只是改变大学的授课内容，因为它并不能改变任何人的意见。霍布斯由于害怕人们重新沦落到人人为战的自然状态，才提出这种特殊的政治教育。"③

（二）对马基雅维利的研究

随着马基雅维利全集中译本的出版，学界对马基雅维利的研究更趋全面和深刻，尤其是马基雅维利有关德性、命运、共和政制等核心思想仍然受到学者的重视，早期研究当中所形成的有关马基雅维利对

---

① 郭小雨：《告别内战——以"内战"为线索论霍布斯从自然国家到契约国家的规范性重构》，《云南大学学报》（社会科学版）2016年第6期；刘克奇：《霍布斯的社会契约论及其延展》，《学术界》2016年第3期。

② 李猛：《未完成的"自然社会"：现代社会的人性基础与规范构成》，《社会》2016年第6期。

③ 王军伟：《霍布斯公民政治教育思想研究》，《全球教育展望》2016年第11期。

于政治和道德进行截然区分的判断受到了挑战。"马基雅维利关于日常道德规范的'邪恶'主张,导致读者很难认为其学说有任何道德之处。实际上,命运的变幻莫测使得马基雅维利体认到世界的偶然性与复杂性,从而将行动者置于具体的道德情境中;同时,他强调审慎行事的人必须清楚意识到自己被命运置放其中的情势,而要对自己所处情势做出正确的判断,并据以正确行动。从形式上看,马基雅维利学说里的命运—审慎德性结构表明他的学说仍然是具有古典意义的道德叙述:强调个体的独特性,日常生活中自然欲望的重要性,生活情境的变动性,以及个体在回应各种独特的实践情境中以审慎统摄其它各种德性的要求。这要求我们重新审视在政治与道德两分框架下解释马基雅维利的传统进路。"①"马基雅维利关于命运之多重隐喻的新理解呈现出一个新的政治世界。在他看来,命运对人类事务有强势的统治力量,却没有能够完全摧毁人类的自由意志。在将命运的偶然性领域纳入政治世界的同时,马基雅维利强调以德性应对偶然事件。这种内在的命运概念之下的政治世界变动不居,并不需要人们看到善的理念或永恒,却也为人类展现自己重建秩序的能力与自主性提供了机会的世界。马基雅维利由此出发,揭示了命运作为人类对手的政治意义。"②

围绕共和政体,有学者追溯了亚里士多德对理想政体的论述,并沿着这一主线探究了共和政体理论形成的历史脉络。梁海生通过对《政治学》进行文本解读,分析认为亚里士多德的理想政体是贵族民主制。"亚里士多德的《政治学》是现在诸多社会学科的奠基之作,该书中有大量有关政体的论述,甚至被认为是一部政体学专著。但是亚里士多德理想政体到底是什么?这是一个存在争议的话题。通常认为,混合政体或者共和政体是亚里士多德的最优政体,但是由哪些因素的混合才是最优政体呢?这些问题仍有进一步探索的空间。通过对《政治学》主要文本的分析和对相关论点的比照,他认为亚里士多德

---

① 陈华文:《命运、审慎与马基雅维利的道德叙述》,《学海》2016 年第 3 期;陈华文:《命运与审慎:马基雅维利政治哲学研究》,商务印书馆 2016 年版。
② 陈华文:《命运与政治秩序——论马基雅维利的命运观及其政治意义》,《政治思想史》2016 年第 1 期。

的理想政体是贵族民主制,并且这个政体形态是一个完整的体系。"①这一判断是否准确还值得商榷。对共和政体理论形成的历史脉络,佟德志认为:"从古代希腊的《荷马史诗》、柏拉图、亚里士多德到古代罗马的波利比乌斯、西塞罗,混合政体不断发展,并经过中世纪的阿奎那等人,发展为共和政体理论。近代西方的共和政体,经过意大利的马基雅维利、法国的布丹和孟德斯鸠、美国的联邦党人等的发展,建立起共和政体理论。从混合到共和,是西方政体复合论发展的历史,其中包含了要素复合、权力分享、权力制衡、政体发展等内在逻辑。"②陶焘追溯了罗马共和政制的遗产,"对于共和主义传统,如果仅仅从约束政治权力以保护政治自由的角度理解,反而会忽视它对于政制构成问题的其它维度。就罗马共和国的混合政制模式而言,我们可以发现三种主要关注,即政治的观念、公民的界定以及诉诸传统的原则。政治意味着一种获得最优的生活方式的手段甚至最优生活本身,公民则主要是一种身份和权利,两者共同奠定了混合政制模式的基础。另一方面,罗马共和国通过混合本身实现了不同政制原则和价值的包容。在罗马混合政制中,一切决定性的政治变迁都是重构,也就是改革旧制度和恢复本源的建城之举"③。而张广生从阐释马基雅维利的"新政治科学"的内涵入手指出:"马基雅维利以回顾古典罗马时代政教风尚的形式,展开自己对基督教欧洲神学—政治困境的反思,他开创了一种全新的政治科学,这种政治科学以'必然性'的名义把马基雅维利发现的'共和政体科学'和'新君主技艺'整合为一体。借此,马基雅维利不仅颠覆了基督教政教,而且背叛了古典文明,成为联邦党人式的'新罗马国家'理论的首倡者。"④

(三) 对卢梭的研究

对公民教育、公意、美德等问题的关注和思考绕不过对卢梭的研

---

① 梁海森:《亚里士多德理想政体探析》,《理论月刊》2016 年第 11 期。
② 佟德志:《从混合到共和——西方政体复合论发展的历史与逻辑》,《国外理论动态》2016 年第 9 期。
③ 陶焘:《试论罗马共和的混合政制遗产》,《天府新论》2016 年第 5 期。
④ 张广生:《新君主与新共和:马基雅维利的"新政治科学"》,《政治思想史》2016 年第 1 期。

究。卢梭奠定其公民教育的道德基础是"同情","当情感超越本能成为一种政治美德,它就足以成为现代政治的道德基础;当作为政治美德的情感进一步规则化,它足以成为现代政治的制度规范"①。"公民教育是卢梭政治思想的核心,是其美德共和国的微观基础。卢梭心目中的公民具有强烈的爱国情怀,积极地参与公共事务,将公意作为自我行事的最高准则。卢梭的公民教育包括两个部分——家庭教育和公共教育,它们共同承担着将'人'转变为'公民'的任务。在古今之争的背景下,卢梭提出了现代社会公民教育的解决方案:在理想的城邦中,通过公共教育对全体公民实施公民教育;在腐化的现代民族国家中,公共教育不可再行,只能诉诸改良版的家庭来对个体实施公民教育。"② 张尧均认为:"卢梭以一种理论的彻底性探讨了人民的形成。人民通过契约而产生。契约既是一种历史事实,更是一种原则要求。而为了保障这种契约的原则性,卢梭特别强调了参与立约者的条件平等。正是这一要求,使得卢梭笔下的'人民'不再是一种自然的或自发的既定事实,而是一个被塑造、被建构的共同体。但这种建构性也暗示了这一人民共同体的内在脆弱,即这是一个始终有待于被维持、被完善的共同体,卢梭对立法者和公民宗教的阐述正表明了这一点。"③ 马勇考察了卢梭公民社会契约论思想在其处理政治体之间关系中的重要作用。"政治体之间的关系是政治哲人必须要考虑的问题。卢梭在提出民主共和国的政制方案后,在《论战争状态》一文中,讨论了政治体之间的关系问题。卢梭在第一部分驳斥了霍布斯的自然状态论,因为霍布斯的理智设计方案恰恰为主权者的绝对权力奠定了基础,导致绝对主权者以国家理由为借口滥用武力。卢梭修正了霍布斯的自然状态论,将法律和武力的正确运用奠定在公意之上。在第二部分中,卢梭描述了国家间关系的基本处境,并着重论述了国家间的战争状态是什么。卢梭接着论述了他所构建的民主共和国如何能在这种处境中生存下去。但是,卢梭的公民社会契约论为永久和平

---

① 黄璇:《情感与现代政治:卢梭政治哲学研究》,商务印书馆2016年版。
② 谈火生:《公民教育:卢梭美德共和国的微观基础》,《学术月刊》2016年第5期。
③ 张尧均:《塑造人民——对卢梭"社会契约"的一种解释》,《政治思想史》2016年第4期。

提供了理论可能，康德的永久和平设想就是其逻辑结果。"①

段德敏等着重分析和探讨卢梭政治思想中的代表制问题，"从卢梭文本中对代表制的态度转变历程出发，进而重点解释《社会契约论》和《论波兰政体》两个文本在这一问题上的'矛盾'，并认为这一'矛盾'在实质层面并不存在。卢梭对代表制的否定与他关于主权意志的不可分割性有关，主权意志被代表即意味着不自由，这一观点在许多当代民主理论家那里都有所体现，同时也招致很多批评"②。林壮青从"公意"（the general will）中"意志"（will）和"共同"（general）的内在关联视角，把政治哲学史上卢梭的公意研究分为五种类型：狄德罗—卡西尔类型，公意是理性的普遍意志；公意的法律式解释；公意是每个人对公共利益的自私追求；公意就是公共利益；公意与政治实践的关系。③

此外，卢梭的宗教思想也受到学者的关注，段世磊等认为："在宗教思想史上，卢梭的宗教理论是一套十分具有革命性质的理论。他的宗教观点中潜藏着对于任何形式的既成宗教的威胁。但是，卢梭宗教理论的革命性不仅仅停留在宗教思想层面，他提出的'公民宗教'的概念，还具备政治思想上的革命性。自然宗教关注地上的事物，人类宗教关注天上的事物，公民宗教则又重新把天上的事物拉回到地上，试图调和强调天上社会的人类宗教与强调地上法律义务实践的国家之间的矛盾。"④

（四）对孟德斯鸠的研究

马剑银重读孟德斯鸠《论法的精神》并对"法"及其"精神"做了再阐释。他认为："孟德斯鸠《论法的精神》是西方社会—政治—法律思想史中的一部经典，其中'法'及其'精神'的观念非

---

① 马勇：《卢梭论战争状态》，《思想战线》2016 年第 5 期。
② 段德敏、党成孝：《卢梭政治思想中的代表制问题探析》，《云南大学学报》（社会科学版）2016 年第 2 期。
③ 林壮青：《卢梭公意研究的五个类型》，《东南学术》2016 年第 1 期。
④ 段世磊、庞君芳：《卢梭宗教理论视野下的国家理想》，《学术探索》2016 年第 2 期。

常独特。《论法的精神》产生于启蒙运动背景之下，但孟德斯鸠与其他启蒙运动思想家或古典自然法学派代表人物相比与众不同。孟氏的法观念非常广泛，其中最核心的观念在于'法精神'，也就是一个特定的民族所处的环境，他称之为'一般精神'。孟德斯鸠认为，任何国家和民族，建立政体、制定法律都要与其'一般精神'相符合。英格兰宪制是孟氏眼中政体、法与其精神之间关系处理最恰到好处的典范，因此，他试图从中发现法兰西民族的一般精神，并找到与此一般精神相符合的政体与法律。这种观念至今依然影响着我们对于自身民族未来的态度。"①

高全喜通过对孟德斯鸠和休谟"文明政体论"，为当今中国学界有关宪制转型与政治文明的各种论说，提供一个政治宪法学意义上的理论借鉴。"孟德斯鸠提出了有关共和政体、君主政体与专制政体三种政体的性质及其动力原则的观点，区分了文明政体与野蛮政体，在他看来，专制政体就是野蛮的政体，专制等同于绝对专制，因此等同于野蛮。休谟则把孟德斯鸠的理论向前推进了一步，他通过把法治作为衡量专制程度的客观标准，为政体类型的划分开辟了一个新路径，提出了一个两阶的实质性政体理论：一阶是野蛮政体与文明政体的划分，它以是否存在绝对专制为衡量标准，关键在于法治之有无；在二阶层面的文明政体中，政体的优劣则在于法治之多少，以此来衡量相对专制的程度。休谟的政体论属于政治宪法学的范畴，法治政府和宪法体制的构建与演进在其政体论中举足轻重。他将现代政府的权威和正当性建立在从强权向文明政体的转型之路上，这种历史规范主义的政治文明观对当下中国的政治文明建设最具启发意义。"②

（五）对托克维尔的研究

与民主相比，托克维尔对自由的论述往往受到忽视，事实上，"自由是19世纪法国政治思想家托克维尔政治哲学中最为核心的概念

---

① 马剑银：《孟德斯鸠语境中的"法"及其"精神"——重读〈论法的精神〉》，《清华法学》2016年第6期。

② 高全喜：《政治宪法学视野下的"文明政体论"——从孟德斯鸠到休谟的政体论申说》，《学术界》2016年第10期。

之一。托克维尔的自由概念既包含了古代自由、积极自由的成分，又包含了现代自由、消极自由的成分。在两种自由之间寻求某种平衡，构成了托克维尔自由观的核心内容。托克维尔的自由概念不仅彰显了托克维尔政治思想的复杂性、丰富性，也为重新思考关于自由的经典二分以及自由主义的自由观提供了重要的理论资源"[1]。李宏图从托克维尔对民风民情的论述中考察了托克维尔的自由观，"民风民情是托克维尔思想的核心概念，也是支撑现代自由体制的重要基础。从民风民情与现代自由体制之间的关系角度来考察托克维尔的思想，可以发现，正是在对历史的反思之中，托克维尔提出了一个富有内涵的时代命题：怎样认识在社会转型变革时代中的人民状态和民风民情，从而避免革命的不断发生，真正建立起现代社会？这一思想不仅是托克维尔一生所着力思考的问题，也是他提供给我们独特的分析方式"[2]。刘九勇等分析了托克维尔的"德性自由主义"，指出托克维尔不同于传统自由主义的利益取向，另辟蹊径地从人的德性与灵魂的伟大，而非物质好处，来考察民主的利弊、自由的意义及民主社会的前途。德性伟大是托克维尔政治思想的最高价值追求，而精神平庸则是其社会关切中最终极的敌人。自由在其根本意义上是德性高尚本身，在衍生意义上又是一切伟大德性的基础。自由与德性的建立依赖政治参与和宗教信仰。[3]

在自由和权威的关系问题上，"人们经常将权威与自由对立，认为权威是对自由的削弱。我们对权威的这种印象与近代西方自由主义思想家从所谓'自然状态'出发解释人的自由有很大关系，权威往往被理解为一种'必要的恶'。但在托克维尔那里，我们却看到一种完全不一样的自由与权威间的关系。在他看来，以贵族制为主要内容的传统权威统治的消失并不意味着自由的保存或确立，革命却很有可

---

[1] 陈伟：《托克维尔的自由概念》，《学术月刊》2016年第4期。
[2] 李宏图：《思考"人民性"——托克维尔论民风民情》，《史学月刊》2016年第1期。
[3] 刘九勇、江荣海：《德性视角下民主社会中的平庸与伟大——评托克维尔的"德性自由主义"》，《理论探索》2016年第4期。

能带来新的专制"①。

另外，胡锦山研究了托克维尔对于美国种族与种族关系的认识。"托克维尔通过实地考察美国土著居民和黑人的困境，指出作为支配群体或多数人群体的白人不仅在法律上有权界定自身，而且还能通过自身历史和文化界定社会价值观，建构种族差异，美国的种族社会是社会建构的产物，同时也是一个不断被社会建构的过程。白人特权和种族主义根深蒂固存在于美国的法制和民情中。托克维尔还分析了基于白肤色的财产权和白人特权对白人产生的负面效应，他认为，白人从作为统治民族中获得的心理利益蒙蔽了白人，使他们看不到这一体制对他们征收了实质上和精神上的重税，他也由此预见到种族关系在美国难以得到改善。"②

二 关于西方政治思想流派的研究

自由主义、共和主义等思想流派是西方政治思想研究的基本内容，近年来女权问题和民族问题对现代生活和政治产生了较大的影响，女权主义和民族主义等思想流派与传统自由主义相融合，使当代西方政治思想的流派划分更加复杂。

（一）对自由主义的研究

自然权利学说是自由主义的核心内容，自由主义从价值观念到制度设计都围绕着对自然权利的探究和维护。龚群发现"在洛克的政治哲学中，自然权利说占有一个重要的地位。他的自然权利说内蕴于他的自然法理论之中。洛克的自然法理论有着很深的自然法传统的因素，而与霍布斯的相关理论既有继承又有重大区别。他的自然权利说既有对传统思想的继承，也有自己的创新，尤其是表现在他对财产权的论述中。在政治权威的合法性论题上，洛克将保护人的不可剥夺、

---

① 段德敏：《托克维尔论自由与权威》，《学术月刊》2016年第10期。
② 胡锦山：《论托克维尔对美国种族问题的认识》，《厦门大学学报》（哲学社会科学版）2016年第3期。

不可转让的自然权利论贯穿到底,合乎逻辑地回答了政治权威存在的功能问题"①。

冯克利通过对《独立宣言》进行文本解读,认为"自然权利是现代最重要的政治哲学概念之一,《独立宣言》则是采用这一概念最著名的一篇近代文献。但它的主体内容,即对英国国王的十七条指控,多被后人所忽视。事实上,《独立宣言》包含两种话语,一为自然法学说的权利观,一为继受自英国普通法的权利传统。前者作为政治哲学概念一向缺少明确含义,后者则将传统习俗视为权利之重要来源,它不以宣示权利为重,而以权利救济见长。仅用自然权利学说解释《独立宣言》有可能使它失去意义。将《独立宣言》与法国《人权宣言》做一比较,对此可有更好的理解。"②林国荣从另一角度阐释了《独立宣言》重要性,认为"内战是美国历史上最严重的危机,也是美国宪法迄今遭受的最严峻考验。林肯通过诉诸《独立宣言》和美利坚民主原则解决了这一危机,让美国获得了'自由的新生'。在与道格拉斯和卡尔霍恩的宪法辩论中,林肯尖锐地提出了宪法的形式性和实质性问题,对人民主权和民主的形式及实质等问题进行了透彻的分析,批判了道格拉斯和卡尔霍恩对民主的错误理解,并借此重建了美国宪法的精神"③。此外,马万利从美国批准宪法运动中反联邦派的主张方面研究了《权利法案》的产生及其内含的政治理念,"宪法批准运动是美国宪政史上的重要时刻。在美国批准宪法运动中,各邦的反联邦派化名'森提内尔'、'联邦农夫'、'布鲁图斯'、'宾邦少数派'等发表文章,阐述自己对新宪法的反对立场和修正意见,与联邦派展开针锋相对的斗争。与制宪会议时期重点维护州的权利不同,在批准宪法运动中,人权成为反联邦派的突出主张。反联邦派把对新宪法中缺少人权保障的条款作为其主要批评对象;他们坚持合众国自殖民地以来的共和主义传统;他们对'联邦'有自己的独特理解,在一定程度上也是联邦主义者;他们关心新宪法如何保障州的权

---

① 龚群:《洛克的自然权利说》,《道德与文明》2016年第6期。
② 冯克利:《传统与权利——〈独立宣言〉再解读》,《学术月刊》2016年第2期。
③ 林国荣:《亚伯拉罕·林肯与民主》,《政治思想史》2016年第4期。

利,如何保障人民的权利,由此要求对联邦政府实行宪政限制。反联邦派虽然未能最终阻止新宪法通过,但他们提出的人权主张催生了《权利法案》;他们阐述的共和主义、联邦主义、宪政主义等建国理念,与联邦派的政治观念一道,构成美国政治传统的重要源头。"①

当前学界对自由主义的研究逐渐超越对其基本理念的阐述而偏重于对自由主义、社群主义等思想流派的比较研究,除了对自由、平等、民主等基本思想"元素"存在不同主张之外,正义问题成为各个思想流派展开论争的核心。自罗尔斯、诺齐克、桑德尔等著名的当代政治哲学家系统地阐述各自的见解以来,阿马蒂亚·森、沃尔泽、柯亨等思想家的观点进一步受到国内学者的重视。

在比较研究方面,有学者认为:"'正当优先于善'是罗尔斯'正义大厦'最为重要的伦理学地基,某种程度上决定着作为公平的正义的理论效度。从思想渊源来看,罗尔斯'正当优先于善'理论既是对康德道德建构主义的继承,又是对古典功利主义的超越;从基本内涵来看,包括正当与善的概念分析、对比分析和优先分析三个方面;从理论批判来看,最具典型意义的是,以约瑟夫·拉兹为代表的自由主义对中立论优先于至善论的批判,以迈克尔·桑德尔为代表的社群主义对正当优先于善的批判。"②"罗尔斯在其正义理论中将正义作为社会制度的首要美德。然而,共同体主义者(也被称为社群主义者)桑德尔并不认为正义必然优先于仁爱等其他美德。桑德尔针对正义的优先性进行了三方面的批评:第一,罗尔斯所描述的经验性的正义环境不具有普遍性;第二,罗尔斯将原初状态的人们审定为相互冷淡的,忽略了人们之间可能存在的相互关爱的倾向;第三,罗尔斯反对以仁爱作为社会制度首要美德的重要理由——个人在认识论上的局限——是站不住脚的。"③葛四友也认为:"义务论式分配正义有这样

---

① 马万利:《异议、化名与权利:美国批准宪法运动中的反联邦派》,《武汉大学学报》(人文科学版)2016年第1期。
② 刘志丹:《罗尔斯"正当优先于善"理论:阐释与批判》,《晋阳学刊》2016年第6期。
③ 李石:《正义与仁爱:罗尔斯和桑德尔的分歧》,《云南大学学报》(社会科学版)2016年第4期。

的预设：A，个人是实体；B，国家或集体则不是。社群主义对 B 命题提出质疑且得到诸多讨论。帕菲特对 A 命题提出质疑，表明没有原生实体为个人同一性提供根据，认为个人同一性可以还原为心理连续性，不具有分配正义理论赋予的那种重要性。现在一般均接受，个人同一性无法以形而上学意义上的实体作为根基，由此个人同一性与国家同一性有着同样的构成。因此，我们有必要重新考察个人分立性与分配正义之间的关系。"[1]张晓萌认为："左翼自由主义者罗尔斯试图调和传统自由主义理论中自由与平等之间的张力，这种试图调和平等与自由的理论认为在自由的框架内社会应当实现向所有人开放的平等，扭转了西方哲学史中长期自由与平等二元对立的局面。尽管罗尔斯的理论引发了自由主义世界对平等问题的重视，但是分析的马克思主义者科恩认为罗尔斯的平等是向自由妥协的理论，实现的仅仅是形式上的平等。科恩提出制度规则与行为逻辑之间的关系，将个体正义与社会正义相关联，最终认为社会主义较之资本主义的优越性体现于更加平等之上，社会主义的实质平等作为一种积极的价值观念值得人们期待。"[2]

此外，有学者进一步研究了阿马蒂亚·森、柯亨、沃尔泽等人的正义理论。"阿马蒂亚·森的正义论在方法论上，以社会现实主义的方法批判先验制度主义；在对正义的形式界定上，以开放的中立性取代封闭的中立性；在正义的观念上，以可行能力为信息基础讨论自由和平等问题。森的正义论独具特色，表现在三个方面：其一，以看得见的方式实现正义的现实主义研究方法；其二，既容纳理性多元化也容纳正义缘于多样性的多元主义的正义观；其三，对全球正义的关切。但是森的正义论也存在一定的局限性，表现为：中立的旁观者的反思机制难以保证正义的中立性和客观性；理论的调和性削弱了理论的论证力；强烈的改良主义倾向使其正义论对现实的关照十分有限。"[3]"柯亨在建构社会主义平等理论的过程中，对平等自由主义者

---

[1] 葛四友：《论分配正义与个人同一性》，《政治思想史》2016 年第 2 期。
[2] 张晓萌：《平等的边界：G. A. 科恩与罗尔斯关于平等的论战》，《山东社会科学》2016 年第 5 期。
[3] 张三萍、金阳：《阿马蒂亚·森论探析》，《浙江社会科学》2016 年第 2 期。

罗纳德·德沃金和约翰·罗尔斯的平等理论进行了批判，分别揭露了其理论中深藏的不平等。在反驳德沃金的资源平等的过程中，柯亨回答了阿马蒂亚·森关于'什么是平等'的问题，认为社会主义平等追求的是'优势获取平等'；在考察罗尔斯对差别原则的适用的过程中，柯亨发现，达成'优势获取平等'的方式与有才能者的选择、日常生活中的道德风尚息息相关。柯亨对平等自由主义者所提出的批判，及因之而提出的创造性理论见解，对于探索社会主义的平等问题具有重大的学术和思想价值。"①"沃尔泽的分配正义理论是以善品为导向而不是以人为导向的，他专注于特定的善品对它所要分配的人的意义，而罗尔斯的论证核心则恰恰在于强调人的观念。罗尔斯的正义理论所要求的普遍主义观念包括了某种对人们已经作出的选择的漠视，以及对所要分配的社会善品的独特的自我理解的漠视，甚至呈现出不民主的倾向。沃尔泽关于社会善品的特殊主义论断决定了罗尔斯正义原则的普遍主义方法论既是无用的又是多余的。沃尔泽的分配正义理论的实质是在自由主义、社群主义甚至民主社会主义之间寻求一种多元价值的均衡。"②

对正义理论的研究也扩展到了一些普遍的政治哲学问题上，并在此基础之上，将个人正义、社会正义、国家正义延伸至对全球正义的关注。如姚洋对"帕累托改进"进行了思考，"帕累托改进是一种可操作的分配正义原则，它在不损害其他价值的前提下增进一项或多项价值。它放弃对全局性的抽象理论的构建，着眼于对社会的局部改良，目标是渐进地增进人类价值体系中的每种价值。为此，帕累托改进在抽象的分配正义理论和现实之间架起了一座桥梁。"③丁雪枫从伦理学理论形态变迁的角度对西方正义理论的发展做了回顾："西方近代正义论伦理学形态在诠释'单一物与普遍物统一'的伦理精神的过程中，主要历经了从德性正义论到功利正义论再到公平正义论的价值变迁。以善良意志与道德法则为基本内核的德性正义论所追求的

---

① 王晶：《论柯亨对平等自由主义者的批判》，《山东社会科学》2016年第11期。
② 刁小行：《多远价值的均衡：沃尔泽的分配正义理论》，《国外理论动态》2016年第1期。
③ 姚洋：《作为一种分配正义原则的帕累托改进》，《学术月刊》2016年第10期。

'目的王国'由于仅仅具有朴素的伦理精神气质,所以必然被以幸福与功利原理为核心要素的功利正义论的'原子式地进行探讨'的理性主义伦理观和伦理方式所扬弃,以公平与正义原则为标志的公平正义论尽管难以祛除'集合并列'的理性胎记,但在伦理形态的内容和形式上都进行了否定之否定,实现了德性正义论与功利正义论的整合与超越,成为当代最为重要的正义论伦理学理论形态。"[1] 杨通进讨论了社群主义全球正义的困境:"戴维·米勒所建构的现实主义的全球正义理念虽然为民族自决和对民族同胞的偏爱情感提供了空间,但其理论仍然面临许多难题:作为其全球正义关怀之终极单元的人的概念(即需要帮助的受动者和具有选择能力的行动者)缺乏足够的规范内涵,也不具有'自由而平等的世界公民'概念所具有的那种普遍性,难以成为全球正义理念的人学基础;综合个人道德与制度伦理双重视角的全球正义进路误解了全球正义的约束对象,把基于自然人格的自然义务与基于法理人格的人为义务混为一谈;强调国内领域与国际领域之截然二分的情境主义的二元论正义观忽视了国内正义与全球正义之间的本质联系,低估了人类道德进步的潜能。米勒的这种社群主义的全球正义理论因钝化了正义理念的平等主义精神而丧失了对现实的批判和引导功能,彰显出社群主义的'全球正义困境'。"[2]

(二) 对共和主义的研究

对共和主义的研究逐渐集中到共和主义的某些核心要素如公共性、共同善、公民教育等上。"'公共性'是共和传统所确立并一贯秉持的治国宗旨。在古典共和时期,基于这一宗旨的国家治理有两条主要进路。一条进路是:为确保'天下为公',怎样通过教化和培养,引领公民对维护和促进公共利益做出优先选择?可称为'德治'。另一条进路是:为免于'天下为私',如何借助混合与均衡,防范公权蜕变成操控在个别人或个别集团手中的私器?可称为'法

---

[1] 丁雪枫:《西方正义理论伦理学理论形态的变迁》,《学海》2016年第2期。
[2] 杨通进:《社群主义的全球正义困境——以戴维·米勒为中心的讨论》,《马克思主义与现实》2016年第3期。

治'。考虑到当今条件下的良好国家治理依然要环绕'公共性'的价值中轴，设法达成'德治'与'法治'的动态平衡，因此，对古典共和治国纲领做类型学分析，就不是单纯的知识考古，而应被视为一项有现代启示意义的研究工作。"① 李丹等研究了共和主义传统中"共同善"思想的发展变化，认为"共和传统的灵魂是基于一种公共利益优先于个人利益的'共同善'思想。'共同善'观念经历了三个关键性的时期：西塞罗时代的城邦共和国时期、马基雅维利的平民共和国时期、孟德斯鸠的商业共和国时期。从西塞罗到孟德斯鸠，'共同善'思想的理论基础日益深厚，'共同善'的实现机制愈发完善，'共同善'的包容性也越来越强"②。"西方古典共和传统中的公民教育，从教育目标上讲是一种旨在培养良善公民的德性教育。从实施途径来讲，包括公共教育和家庭教育两种模式。在当今社会，古典共和传统的公民教育对于反思西方现代所谓'民主教育'之弊端有一定启示。"③

古典共和主义向现代共和主义的转化问题依然是共和主义研究中的重要问题，启蒙运动时期的共和主义思想家在共和主义由古典走向现代的过渡性作用值得深入研究，例如"约翰·弥尔顿是英国内战时期十分重要的共和主义思想家。他反对暴君，为处死国王声辩；主张在英国建立共和制；还提议设立永不休会的最高议事会作为主权的代表者，辅以地方自治，以建设和平、安全、繁荣的自由共和国。弥尔顿抛弃了古典的混合政体理想，却并未附和'公民人文主义'的德行话语；他持有坚定的共和理想，但考虑实际问题时，亦重视后果的权衡；他的自由观有别于新罗马作家的政治自由概念。弥尔顿的共和主义，兼顾'智慧'与'同意'，融古典与现代于一体，属于一种修正了的共和方案。"④ 此外，20世纪某些重要的思想家的阐发不仅促

---

① 张凤阳：《公共性的理念与现实——以古典共和治国纲领为中心的政治文化分析》，《武汉大学学报》（哲学社会科学版）2016年第2期。
② 李丹、龚廷泰：《从西塞罗到孟德斯鸠：共和主义传统中"共同善"思想的流变》，《武汉理工大学学报》（社会科学版）2016年第6期。
③ 陈文娟：《古典共和传统中的公民教育及其启示》，《教育研究》2016年第8期。
④ 陈伟：《弥尔顿与近代英国共和主义》，《云南大学学报》（社会科学版）2016年第3期。

进了当代共和主义的复兴，而且形成了一种新的共和思想脉络，"阿伦特是推动当代共和主义复兴的先驱，她对共和主义不仅进行了哲学上的辩护，而且从历史上寻找佐证。阿伦特否定了沉思生活，也否定了劳动与工作，强调唯有行动才体现了自由，作为复数的人一起致力于政治体的创建与维护，在政治参与的自由中展现人的本质，同时也造就公共领域"①。

（三）对女权主义的研究

在当代政治哲学中，女权主义独树一帜。"虽然女权主义可以按其思想渊源被分为马克思主义的、心理分析的、激进主义的、社会主义的、存在主义的、后现代主义的、生态学的等等，但其中影响最大的是自由主义的女权主义。之所以称这种女权主义是自由主义的，因为它把自由、平等和正义奉为最重要的政治价值。它也是女权主义的，因为它基于女性的立场揭示了妇女在现实社会中所遭受的不平等、歧视和压迫，并且提出了妇女解放的要求。但是，由于这种女权主义是在自由主义的框架下思考和行事，所以它更容易招致其他派别的批评，特别是来自激进主义的女权主义与社会主义的女权主义的批评。"②

李丙清等人重点研究了当代西方女权主义的主要代表人物南茜·弗雷泽的思想。"弗雷泽总结和回顾第二波女权主义性别正义理论发展的三个阶段：社会主义构想、为承认而斗争的正义构想和元不公正批判。在此基础上，她剖析并直面当代西方女权主义的理论困境，构建了自己独特的一元三维性别正义理论，以实现全球化时代的性别正义和整体正义。弗雷泽的性别正义理论立足于当代西方发达国家的现实，从经济、文化价值和政治代表权三个向度展开了对资本主义的批判，并对当代的正义理论、解放理论和女权主义理论有所突破和发展。从总体上看，弗雷泽的性别正义理论重申了女权主义理论的解放

---

① 陈江进：《政治参与与公共领域——阿伦特共和主义思想探析》，《云南大学学报》（社会科学版）2016 年第 5 期；白刚、张同功：《阿伦特和当代西方政治哲学：反叛与回归》，《江西社会科学》2016 年第 8 期。

② 姚大志：《自由主义的女权主义探析》，《社会科学辑刊》2016 年第 5 期。

目标、发展了当代女权主义性别正义理论并对新自由主义持批判的立场。"①

王赳对英国早期反女权问题做了研究，指出"英国维多利亚晚期和爱德华时期的反女权主义（Anti-Feminism）主要表现形式就是反对妇女的议会选举权（Anti-Suffragism）"，作者聚焦于当时反对妇女选举权论者的思想观点，"如赫伯特·斯宾塞代表的反妇女选举权的男女生理差异论是男性和女性两分领域的理论基础，认为男女的差别是自然的属性。奥姆罗斯·莱特为代表的反妇女选举权的心理差异理论的精神分析说是反对者最常用的论据，容易被直觉和歇斯底里所控制的女性心理不适合赋予选举权。此外还有认为两性的生理、心理差异决定了两性社会角色差异的反妇女选举权的社会文化论。这些思想观念都在这一时期产生了巨大的社会影响力"②。

（四）对民族主义的研究

多民族国家的政治整合是当代多民族发展中国家所面临的一个十分重要的问题。政治整合就其本质而言，就是实现国家的统一和民族的团结。当代学者在如何实现这一目标问题上进行了不同的探讨，主要存在两大方面：制度路径和国家性路径。前者涉及威权主义政治整合和民主政治整合路径；后者主要涉及国家的合法性、治理能力和重叠共识的形成与引力作用。多民族国家的政治整合不仅需要制度建构，而且要有国家建设。也就是多民族国家在制度建构的同时，要从国家性，也即国家能力和内涵性关系建构上夯实制度存在的基础，从而保证国家的政治整合具有长期性和稳定性。多民族发展中加强国家建设，并不是否定民主建设。国家建设只有和民主建设结合起来，多民族国家的国家性才能获得更为坚实的基础。③

---

① 李丙清、付文忠：《弗雷泽的女权主义性别正义理论建构逻辑探析》，《兰州学刊》2016 年第 2 期。

② 王赳：《英国反女权主义探析——以英国维多利亚晚期和爱德华时期的反妇女选举权为例》，《浙江学刊》2016 年第 2 期。

③ 常士䦕：《国家性建设与多民族发展中国家政治整合——路径设计的反思》，《思想战线》2016 年第 1 期。

王志立阐述了民族主义与国家民族建构的基本关系，"民族主义作为近代泛起的一种意识形态或社会实践运动，具有依附性、柔韧性、易变性等特征，决定了其对国家民族建构承担着民众动员、民族整合、权益维护和催生国族等正向功能。在民族国家盛行的时代背景下，民族主义依然是国家民族建构尚需倚重的重要资源，善扬其利而尽阻其弊是国家民族建构应有的理性路径选择"[①]。

此外，众多学者考察了民族主义与自由主义之间的关系。如张胜利认为"自由主义进入中国之后就具有了以民族主义为底色的嵌入性，严复思想体系中自由主义嵌入民族主义带来了二者的双重复杂关系，既有相互融通增进的关系，又有内部价值理念的冲突。民族主义为自由主义在中国的登场提供动力的同时，也决定了对西方自由主义的筛选、改造，自由主义对民族主义的种族民族主义、文化民族主义与政治民族主义的三个层面进行了染色与软化。这样，严复就突破了自由主义教条的桎梏，将自由主义诸神与民族主义诸神冲突的解决方式放在中国实境中进行抉择。"[②] 张继亮认为："从表面上看，自由主义与民族主义无论从理论上还是从实践上都存在尖锐的冲突，但实际上它们之间的冲突并不像人们想象的那样尖锐，而且二者在某种程度上还存在相互一致或彼此支持的方面，即自由主义的两项基本主张——个性与平等需要民族主义的核心要素（民族认同或民族文化）的支持，同时，民族主义的另外一个核心要素（民族自决，甚至是民族独立）与自由主义对个性和平等的强调相一致。正是由于两者之间存在这些一致性，所以许多学者将自由主义与民族主义结合起来，并将二者相结合的产物称为自由民族主义。当然，这种结合并非没有问题，不少学者对这一结合存有疑问。"[③]

高景柱对民族主义与全球正义理论之间的争议做了评论，他认为："全球正义理论是当代政治哲学和道德哲学中的重要理论之一。全球正义理论的很多内容，尤其是该理论所秉承的世界主义理念，引

[①] 王志立：《民族主义与国家民族建构》，《马克思主义与现实》2016年第5期。
[②] 张胜利：《自由主义嵌入民族主义的双重关系——严复民族自由主义思想研究》，《哲学研究》2016年第12期。
[③] 张继亮：《自由民族主义：证成与反驳》，《国外理论动态》2016年第11期。

起了不少民族主义者的异议。民族主义者主要从三个方面批判了全球正义理论,即全球正义理论削弱了民族自决、民族责任和民族认同。事实上,民族主义对全球正义理论的批判在不少方面是值得商榷的,全球正义理论能够容纳民族主义的批判,为民族主义提供了一种约束边界。然而,这并不意味着民族主义缺乏内在价值,同时,民族主义者所强调的特殊义务仍然有着重要的作用。"[1] 李武装通过研究伯林的民族主义思想,认为"民族主义虽然属于现代性的产物,但却成为现代性的一个大问题。民族主义不是源于部落时代的民族情绪,而是一种上升为自觉教义的情感、社会力量和意识形态等的综合物。相对于国家民族主义,如果把文化民族主义置于现代思想乃至整个西方思想的历史结构中去理解,那么,肇始于德国浪漫主义的文化民族主义,一方面是反启蒙、反现代性的;另一方面,却以反现代性的方式丰富发展了现代性精神,开启了现代性的新的世界观意义"。并指出:"尽管伯林对民族主义的思考专注于逻辑而忽略历史从而使其陷入相对主义泥潭,但他对民族主义所勾勒的理论困境及其阐释理路,对当代中国知识界的'文化复兴''文化主体性重建'和国家层面'实现中华民族伟大复兴'等实践来讲,却有着极为重要的启示与警示作用。"[2]

在研究内容方面,群体性权利受到更多关注。例如夏瑛探究了差异政治、少数群体权利与多元文化主义之间的关系,她指出:"如何建构一套解决文化多元与群体差异问题的政治理论,以及如何通过一定的制度安排来实践这套理论是多元文化主义旨在完成的两项基本任务。为完成这两项任务,多元文化主义内部产生了多个完全不同甚至针锋相对的论证思路。差异解决机制关注应通过怎样的论证逻辑来建构少数群体权利理论。在这一维度,出现了自由主义、社群主义以及女性主义等理论分析路径。"[3] 对此,有学者已经注意到"20 世纪 70

---

[1] 高景柱:《评民族主义与全球正义之争》,《民族研究》2016 年第 3 期。
[2] 李武装:《现代性与民族主义关系论略——以伯林的民族主义思想为中心》,《内蒙古社会科学》(汉文版)2016 年第 3 期。
[3] 夏瑛:《差异政治、少数群体权利与多元文化主义》,《马克思主义与现实》2016 年第 1 期。

年代以来，随着罗尔斯《正义论》的问世，围绕以新自由主义与社群主义关于权利或正义是否优先于善之争，一致贯穿于20世纪80年代至90年代英美政治哲学与法哲学，并影响至今。新自由主义者主张权利优先于善即公益，而社群主义者则对此进行了批判。然而，实质上，他们的观点并非决然对立，在观点上是一种互补关系，从而形成了自由主义'社群主义化'与社群主义'自由主义化'之格局。"[1]黄建军等进一步分析了社群主义的代表人物麦金太尔的伦理观所存在的问题，"麦金太尔以历史叙述的方法批判与审视了现代西方伦理学，提出重返古典美德伦理传统的新保守主义德性观。其德性观的意义在于：批判现代社会道德危机，探索出一条重建道德之路；反思当代西方分配正义理论，注重德性对正义的价值；凸显道德与实践的关联性，强调实践中内在利益和外在利益的依存性。其不足表现为：过于注重批判，忽视了理论建构；强调德性回归传统，陷入理想主义境地；德性理论不彻底，陷入绝对主义与相对主义的逻辑悖论"[2]。

三 关于政治思想主题的研究

（一）对民主理论的研究

近几年来西方发达国家以及部分发展中国家的治理失灵或治理失败引发了学界对西方民主制度的深度反思。对传统民主制度的深刻批判主要集中于以下几个方面：

其一是民主制的竞争性选举扩大了不同党派之间的分歧，导致民主政治的不稳定。如岳成浩所言："现代民主应该具有双重面相，即'论辩'与'共识'。'论辩'主要基于自由主义理论描述和刻画的'参与'和'反对'，表现为竞争者可以在公共议题、公共政策、政府当局等层面展开争论；'共识'指的是政治参与者（特别是政党）在竞争中必须坚决地持守对民族国家、民主体制和选举程序的认同，

---

[1] 范进学：《权利是否优先于善——论新自由主义与社群主义理论之争》，《政法论丛》2016年第3期。

[2] 黄建军、刘耀东：《麦金太尔新保守主义德性观之检视——兼论其对中国当前道德建设的启示》，《哲学研究》2016年第6期。

它是支撑'论辩'有效运作的前置性规则。现代民主政治既需'论辩'的显性'争吵',更应有'共识'的隐性'和声'。"①

其二是限定式民主造成民主含义的混乱。"自由主义民主理论是当代资本主义民主理论的主流。20世纪70年代以来,自由主义民主实践的危机引发新左派对自由主义民主理论的强烈批判,也促使自由主义民主理论家们反思资本主义民主理论与实践的弊端,在这一背景下,20世纪80年代李普哈特提出了共识民主理论。共识民主在坚持自由主义民主基本观念和价值立场的前提下重构了民主的法则,是自由主义民主在20世纪80年代以来取得的最新进展,但其继承了自由主义民主的民主观,因而难以从根本上改变自由主义民主合法性衰微的趋势。"② 李良栋认为:"民主内涵与外延的关系是研究民主问题的逻辑起点,但却常常被研究者搞得比较混乱。他在考察和归纳古典民主理论和现代民主思想的基础上,阐述了民主的内涵主要有:核心是主权在民,前提是自由平等,通行'多数原则',实行权力制约,崇尚制度化、法治化等价值追求。在此基础之上,进一步指出,民主的具体形式和不同类型是民主的外延,是由不同国家的历史、文化和经济社会发展状况所决定的。民主的内涵,需要通过民主的外延来实现,但民主的外延不能等同于民主的内涵,或者至少不能涵盖民主内涵的全部。20世纪上半叶以来,西方和国内的一些学者提出的一些'加限定词'的民主概念,导致了民主问题研究上的理论混乱。民主的本质就是人民当家做主,离开这一点,任何意义上的加'限定词'的民主都偏离了民主的本义。"③ 与此观点相近,唐士其也认为:"现代西方民主制是一种被嵌入自由主义基本政治框架中的民主,因而受到自由主义价值规范的诸多约束和限制。但与此同时,公民政治权利的平等及作为这种平等制度体现的民主制,又为自由主义政治体系提供了正当性基础。两者之间这样一种复杂的关系,使自由主义在其自身的话语体系中无法证明民主受到的各种规制,从而在相当程度上掩

---

① 岳成浩:《论民主政治的显性"争吵"与隐性"和声"》,《学海》2016年第6期。
② 李鹏:《当代自由主义民主理论的新进展:共识民主理论的兴起及其局限性》,《理论月刊》2016年第8期。
③ 李良栋:《论民主的内涵与外延》,《政治学研究》2016年第6期。

盖了西方民主和一般意义上的民主的真相。"① 与上述论证路径不同，刘小枫认为："民主政制的正当性论证，是现代政治哲学的基础论题，其中的一些理论难题迄今没有世所公认的答案。自然状态论是现代民主政制理论的基石，然而，政治哲学中的自然状态论并非17世纪的西方理论家的发明，古希腊的政治理论中最为成形的自然状态论见于柏拉图的著名对话《普罗塔戈拉》中的普罗米修斯神话。智术师普罗塔戈拉史称西方第一位政治学家，他通过编造普罗米修斯神话提出了一种政治的自然起源说。但与17世纪的哲人通过自然状态论来论证民主政制不同，普罗塔戈拉的自然状态论却是要论证君主制的正当性。可见，自然状态论也可以证明民主政制的正当性难以成立。"②

其三是民主制度内在的冲突。民主制度的核心原则包括"多数原则"，对此，有学者研究指出："有限多数原则是民主的实现规则，它的提出是为了弥补简单多数原则的缺陷，既实现多数的统治，也保护少数的权利。然而，有限多数原则既不能达到正确决策、维护公民利益和选举优秀领导人，又不能产生真正的'多数'，导致无法实现多数的有效统治；对少数的保护也因为多数和少数未必能实现转换、无法切实实现少数权利保护和不能给予少数否决权而失效。"③ 佟德志对这一问题进行了更为深入的关注，他指出："经托克维尔、熊彼特、亨廷顿等人的不断发展，程序民主模式逐渐成为当代西方占主流地位的民主模式。然而，程序民主不仅存在着多数主义悖论，容易造成多数暴政，而且在程序一致性等各个方面还存在着数理逻辑的内在悖论。更为重要的是，民主程序的过程与结果之间存在着不确定性，从而在权利使用、权利保障、自由、平等、公共政策、国际政治等多方面存在困境，在很多时候无法实现民主程序的本意。"④ 此外，段德敏还指出："许多当代西方民主理论家认为，'代理人'虽然不具

---

① 唐士其：《被嵌入的民主》，《国际政治研究》2016年第1期。
② 刘小枫：《普罗米修斯与民主政制的难题——柏拉图〈普罗塔戈拉〉中的神话解析》，《学术月刊》2016年第5期。
③ 李烨、梅立润：《有限多数原则：民主核心实现规则的证成与反驳》，《甘肃理论学刊》2016年第5期。
④ 佟德志：《当代西方程序民主的困境与悖论》，《国际政治研究》2016年第2期。

有制度化的权力，但也因此更不易受到公开的监督和质疑，同时他们所拥有的非制度化的自由裁量权却往往对社会有着极其巨大的影响。另一方面，政治代表制也并不是政治参与的反面，它所确保的是一种与直接民主完全不同的政治参与。这一研究上的发展应当足以引起我们的重视，我们甚至可以称之为民主理论的一种'代表制转向'。"①

基于对民主及民主制度的反思，近年来有不少学者将视线转移到协商民主上来，不仅从理论上探讨协商民主对传统代议制民主的超越，而且对我国基层社会治理中的协商民主进行了跟踪研究。例如，马德普等人研究认为："协商民主是在批评自由主义代议民主中发展起来的，因而它是对代议民主的超越。这种超越主要体现在四个方面：第一，它从强调个体理性与偏好聚合转到强调公共理性与偏好转换上；第二，它从关注选举与统治权合法性转到关注讨论与政策合法性上；第三，它从重视授权和约束权力转到重视参与和行使权力上；第四，它从注重单一的形式性平等转到注重复合的包容性平等上。这种转变表明，代议民主是一种弱意义的民主，协商民主则是一种强意义的民主。"② 郇雷也指出："随着票决民主制弊端不断显现，协商民主开始重新思考民主的本质问题，强调简单依赖选举与票决并不能实现真正的民主，从而提出了以协商提升民主质量的思路。他从偏好理解、多元社会的利益原则协调、协商之于民主本质的意义以及实质平等的促进四个方面，阐释了协商民主改造票决民主的努力。并提出，当下迫切需要从协商民主对票决民主的批判中，廓清对于票决民主的迷思，深化对于民主实践形式的多样性认识。"③

在对协商民主的研究中也存在一些问题需要注意。"协商民主在成为理论界显学的同时，也遭遇了严重的概念泛化问题。概念是构成科学理论知识体系的基本单位，影响理论的科学建构过程。要构建中

---

① 段德敏：《民主理论的代表制转向？——对西方代表制理论研究的梳理》，《国外理论动态》2016 年第 4 期。

② 马德普、黄徐强：《论协商民主对代议民主的超越》，《政治学研究》2016 年第 1 期。

③ 郇雷：《协商民主对票决民主的改造和完善》，《上海师范大学学报》（哲学社会科学版）2016 年第 5 期。

国特色的科学的协商民主理论体系，就应当首先确定协商的内核、外延、适用范畴及领域，遏制其日渐泛化的不良趋势。将比较法和最低限度界定法相结合的方法，是解决被泛化概念的边界切割的有效途径。在对协商民主的内核和底线特征作出界定之后，以这些特征要素为参数，对协商民主和其他类似或相关概念，如'谈判'、'司法合议'、'参与民主'等等进行差异性比较，可以在一定程度上明确协商民主到底是什么以及不是什么的问题。"[1]

（二）对文艺复兴的研究

近年来，文艺复兴受到西方政治思想研究者的重视。不仅因为文艺复兴时期产生了大量对近现代影响深远的政治思想家，而且，作为一种时代现象的文艺复兴所具有的艺术魅力在于兼具神秘色彩与人文气息。尤其在人文主义方面，"文艺复兴时期，意大利人文主义者的自由观被当代共和主义思想史家一并纳入共和主义政治文化传统的宏大体系中。然而，十四五世纪人文主义者对自由的理解没有局限在共和主义的框架内，'德性'这个充满伦理色彩的概念才是布鲁尼、帕特里齐、斯卡拉等人文主义者权衡自由的准绳，他们以'德性'为中心展开的政治思考可称为'德性政治'。在德性政治的统摄下，自由说到底是对德性的嘉奖，在政体争辩的背后，上层统治集团是否具备德性才是关键所在。德性政治一方面决定了自上而下等级秩序的合理性，另一方面决定了由内而外扩张征服的合法性。我们一则需要肯定人文主义者崇德、重德、立德之说不失为改善社会风气的一种策略；再则必须警惕在德性名义下的精英主义与帝国主义。"[2] 葛兆光分析了文艺复兴对东亚近代学术和思想的影响，"作为一个历史事件，'文艺复兴'在明治时代的日本有广泛传播，并对晚清民初的中国产生较大影响。对'文艺复兴'历史意义的理解差异，曾引起近代中国两种不同变革的思路；对'文艺复兴'以及欧洲近代历史的认识，

---

[1] 史春玉：《协商民主的边界》，《国外理论动态》2016年第4期。
[2] 郭琳：《论意大利文艺复兴时期人文主义者的自由观——以德性政治为视角》，《世界历史》2016年第3期。

曾经成为东亚历史书写的标准模式；明治日本与晚清中国各自的民族主义或国家主义思潮的兴起，也曾刺激东亚历史学家为超越西方近代，重新发现东亚自己历史上的'文艺复兴'。"①

在人物研究方面，吴功青对但丁的思想进行了探析，指出"在《帝制论》中，但丁构建了一个囊括一切人口、土地和民族的普世帝国，并将其权威直接诉诸上帝，赋予帝国和教会同等的地位。但丁的这一主张，进一步发展了中世纪晚期的'二元论'思想，具有重要的历史意义。不过，由于中世纪基督教神学和但丁自身思想的限制，这一'二元论'主张不可避免地陷入诸多理论困境。首先，但丁虽然批判了教皇和教会，但他仍然高度认可它们的职权。其次，在但丁的基督教思想体系中，'永生的幸福'最终高于'尘世的幸福'，精神权力具有相比于世俗权力的优先性。以上两点，为教会对帝国的干扰留下了巨大的空间。最后，但丁虽然把帝国的权威完全诉诸上帝，但上帝的意志又不可知，帝国的命运变得扑朔迷离。世俗政治即便独立于教会，但它无从建立自身的确定性。只有在现代政治哲学的革命浪潮中，世俗政治的自主性和确定性才能一步步实现。"②李筠对莫尔的《乌托邦》进行了再阐释："莫尔是伟大的社会主义先驱，也是伟大的人文主义者。他并非纯粹的理想主义文人，而是积极入世参与政治的政治家。他遵循'从道不从君'的原则，坚持基督教世界的统一，反对路德和亨利八世的宗教改革。《乌托邦》是一部'严肃的喜剧'，它的社会政治批判真正的标准是'圣经人民论'，充分地展现出莫尔对西塞罗共和论的深入探索，也暴露出文艺复兴时代共和理论的深层次困境。莫尔深谙实力政治，《乌托邦》中的社会政治批判和建构充满了现实感和力量感，绝非局外文人的文字游戏或无知抱怨。"③

---

① 葛兆光：《一个历史事件的旅行——"文艺复兴"在东亚近代思想和学术中的影响》，《学术月刊》2016年第3期。
② 吴功青：《帝国、教会与上帝——但丁的"二元论"及其理论困境》，《学海》2016年第5期。
③ 李筠：《人民、共和与权力——托马斯·莫尔政治思想新论》，《浙江学刊》2016年第5期。

周施廷将文艺复兴时期的四篇《君主论》做了对比分析:"但丁、彼特拉克、伊拉斯谟、马基雅维里的四篇《君主论》,彰显出人文主义政治思想的发展。它们的共同点在于强调政府责任和民众利益;而它们的不同,则是随着统治者与民众关系的变化而给出不同理念。但丁、彼特拉克生活在共和国时代,他们宣扬美德和好的制度,期望通过建立人间天国来增进民众福祉;伊拉斯谟、马基雅维里生活在统治者与民众结盟关系已经破裂的时代,尽管伊拉斯谟仍在重复道德说教,但马基雅维里已经采用激烈的语言批判统治者,并且为他们划出了不能触犯的政治底线。这种情况说明:从但丁至马基雅维里的政治学是连续发展的,却又是根据时局的变化而改变,进而逐渐走向近代的。"①

(三) 对西方话语的解析

2016年习近平同志在哲学社会科学工作座谈会上强调,我国哲学社会科学领域需要进一步提高学科体系、学术体系、话语体系建设水平,未来构建中国特色社会主义的话语体系是哲学社会科学工作者的重要方向。对此,通过对西方政治话语体系形成的历史和逻辑进行解析,将有助于我国话语体系构建从中借鉴经验,进行创新。围绕"民主""权利""人民"等现代政治的核心话语,许多学者进行了初步研究。

对西方政治话语体系的分析也取得一些重要的成果。佟德志围绕"权力""权利"两个核心概念,研究发现"随着现代化的展开,现代西方政治话语形成了权力与权利两个基本维度。就权利话语来看,经由古代罗马到现代的发展,逐渐由自然法转变为自然权利,形成了以个人权利为内容的权利框架;就权力话语来看,古代希腊的道德权力也逐渐实现了道德与权力的分离,形成了以国家权力为核心的权力框架。现代西方政治话语体系的形成既是对古代政治话语体系的扬

---

① 周施廷:《重新认识文艺复兴时期的四篇〈君主论〉》,《云南民族大学学报》(哲学社会科学版)2016年第2期。

弃，也是西方政治话语现代化的结果。"①

"非西方民主"是西方民主话语的产物，概念的模糊性与实践的分歧性是其无法克服的弊端。对西方民主的批判与超越不能陷入"非西方民主"的理论陷阱，而应以民主实现形式的多样化为立足点。只有认清西方民主话语的意识形态限制，构建以多民主精神、多民主变量类型以及多民主实现模式的理论架构，才能真正超越西方民主话语中的"非西方民主"困境。在民主治理全球化的时代背景下，民主实现形式的多样化是民主全球化的唯一途径，扬弃了以"民主—专制"为基础的西方民主话语，证明差异性的制度表现形式是民主政治健康发展的根本保障。②

综上，国内西方政治思想研究在继承传统研究领域和研究特点的基础之上，在研究范围和研究方法上均有所突破和创新。此外，对国外政治思想的著作和论文的翻译事业也获得极大的发展。最后需要指出的是，学者在对西方政治思想进行精细化解读的趋势中应当避免脱离社会建设的实际和普通民众的现实生活，需要通过在政治哲学和政治科学两种研究内容和方法之间建立科学的互补关系，使政治哲学的研究成果能够指导政治科学并转化为推进政治文明和政治发展的实际政策，只有如此，才能防止政治哲学的研究成为"阳春白雪""空中楼阁"。

---

① 佟德志：《现代西方政治话语体系的形成及其内在逻辑》，《国家行政学院学报》2016年第4期。

② 亓光、王兴永：《试论民主实现形式的多样化——以西方民主话语中的"非西方民主"批判为起点》，《理论学刊》2016年第4期。

中国行政学研究的新飞跃

许开轶　曹帅

2016年是全面深化行政体制改革的关键之年，党的十八大明确的各项改革措施至此已经基本落实到位，从而为迎接2017年十九大的召开做好了准备。2016年行政学的研究也体现了这样的特点，既有对一些基本问题的深入思考，也有对年度热点问题的关注和回应，还有对十八大以来行政体制改革全面系统的总结以及对未来改革发展趋势的展望。概括起来，学者主要围绕五大主题展开相关研究：一是国家治理理论与创新，主要包括国家治理现代化研究和治理理论的创新等；二是政府职能转变，主要包括新型政商关系、行政审批制度改革、权力清单制度改革、政府购买公共服务等；三是反腐败与廉政建设，主要包括"为官不为"现象、腐败的新形式和新动向、腐败的定义与测量、腐败的成因和治理路径等；四是社会治理创新，主要包括公共安全与危机管理、精准扶贫与贫困治理、绿色发展与环境治理、乡村治理与建设等；五是政府治理创新，主要包括大数据时代的政府改革与治理、地方政府治理与创新等。本文主要针对这些热点和重点议题做一简要综述，以供学界参考和指正。

一　关于国家治理理论与创新的研究

自党的十八届三中全会提出"全面深化改革的总目标是完善和发展中国特色社会主义制度，推进国家治理体系和治理能力现代化"的新论后,国家治理现代化研究就成为国内学界关注的焦点,引发了讨论的热潮,取得了丰硕的研究成果,2016年这一议题依然是学界研究的热点。而"治理"一词也成为年度热词,关于治理理论的研究创新取得了不少成果。

(一) 对国家治理现代化的研究

学者从不同维度和视角对国家治理现代化进行解读和研究。马雪松探讨了国家治理现代化的责任政治逻辑,根据政治体系本身所蕴含的权力运行机制、权利保障机制、利益协调机制,从治理条件、治理结构、治理过程、治理内核四个方面阐释责任政治的内在机理,并通过考察责任政治的要素构成和程序环节,从权责结构、职责界定、究责机制等方面探讨责任政治的实现途径。① 杨雪冬从双向开放的视角探析了实现国家治理现代化的路径,认为中国要推进国家治理体系和能力现代化,必须坚持开放,重视国内治理改革与全球治理发展之间的关系,要重视研究中国价值理念如何能够对于全球治理价值的形成做出贡献,重视研究国内治理与全球治理之间的互动关系,重视研究新型大国关系在全球治理有效实现过程中所产生的影响,重视研究具体领域、具体问题上全球治理的形成和实现。② 马华等以"就职宣誓"的政治仪式为切入点,从政治学角度对就职宣誓进行解读,并提炼出其在实现国家治理体系与治理能力现代化进程中的实用价值,系统构建了具有我国特色的就职宣誓制度及其配套体系。③ 杨震以现代性为分析视角,探讨了国家治理现代化进程中的制度认同,认为在现代性融合的背景下,制度认同不单是公民个体的国家意识和国家观念或国家制度本身的建设问题,更在于社会全体成员在与国家的双向互动中能否实现合作共治,因此,应采取积极有效的改革措施,完善制

---

① 马雪松:《论国家治理现代化的责任政治逻辑》,《社会科学战线》2016年第7期。
② 杨雪冬:《双向开放与国家治理现代化——推进国内治理与全球治理的深层互动》,《人民论坛·学术前沿》2016年第3期。
③ 马华、王晓宾:《就职宣誓:国家治理现代化的构建》,《政治学研究》2016年第6期。

度认同的构成要件，从而实现国家治理现代化。[1] 陈浩天从民生政治的视角分析了国家治理体系建构的合法性向度与发展理路，认为民生政治是行政善治与国家治理合法性的价值诉求，善治回应是以民生政治为基础的国家治理程式。落实国家治理现代化与现代政党的理性执政是国家治理体系合法性的题中应有之义。在国家治理体系中的民生政治发展理路，主要呈现为民主与民生的互动对公民理性的吸纳与塑造、在政治话语与法治论域中民生权利的调适与转换、民生建设与民权保障的价值寻绎与审视、民生改善与政治认同的治理导向和运行逻辑。[2] 孟天广等人从群众路线的视角研究国家治理现代化的路径选择，认为群众路线是建构政府与群众互动机制的本土化制度资源，发挥着政治代表、利益聚合、政治参与和政治沟通的功能，调节着政治系统的输入、输出、反馈之间的关系。实现国家治理现代化必须有效落实群众路线，制度化干群联系途径，强化年轻干部、非党委机构干部和领导干部联系群众的长效激励机制，培育"百姓官"的干群关系观和职业伦理观。[3] 唐皇凤认为，目前我国国家治理体系的现代性依然不够，提出了国家治理现代化的战略路径，认为通过制度建设、体制调适和机制创新以培育现代政治力量，构建"国家—市场—社会"功能互补、和谐共荣、互惠共生和"制度—体制—机制"相互衔接、相互支持、互动协调的发展格局，是我国国家治理现代化的战略路径。[4]

（二）对治理理论与创新的研究

治理是近年来公共行政学研究的核心话题，"治理"仍然是2016年的年度热词，学者围绕合作治理、民主治理、整体治理、心灵治理等治理概念提出了一系列有益的观点。张康之讨论了合作行动的条

---

[1] 杨震：《论国家治理现代化进程中的制度认同——以现代性为分析视角》，《社会主义研究》2016年第6期。
[2] 陈浩天：《民生政治：国家治理体系建构的合法性向度与发展理路》，《行政论坛》2016年第6期。
[3] 孟天广、田栋：《群众路线与国家治理现代化——理论分析与经验发现》，《政治学研究》2016年第3期。
[4] 唐皇凤：《有效推进我国国家治理现代化的战略路径》，《苏州大学学报》2016年第2期。

件，指出在面对频发的危机事件和在风险社会中开展行动时，共同行动中的随机性行为选择和灵活性的反应机制都要求人的共同行动必须是合作行动，并认为合作行动中的人是有道德的人，反映在人际关系上就是信任。正是信任，构成了合作的前提。高度复杂性和高度不确定性条件下的合作行动是服务和从属于人的共生共在的，每一个行动者的每一项行动都必须指向人的共生共在，也只有以人的共生共在为目标的行动才是真正的合作行动。[1] 柳亦博认为，合作治理的路径是在中观的具体操作层面，应通过形塑一种蜂巢状的网络去终结权力集中所引发的"肮脏的手"问题，用灵活弹性的自组织治理决策机制去跨越法律刚性所带来的治理时滞问题，用"我在性"思维去弥合官僚管控所导致的行政傲慢问题，而对于宏观建构层面而言，合作治理的路径并不是简单地对传统路径进行折中或杂糅，而是以"他在性"思维和具象化的行政道德为载体、以开放性为特征、秉持行动主义的新形态社会治理供给模式。治理在"他在性"维度上的补全，将与"刚性""弹性""我在性"一同构成合作治理的多元化路径。[2] 陆聂海研究了公共管理的范式转换，认为从官僚制行政到民主治理是公共管理范式的转换和革命。民主治理兴起的直接动力源于改革和救助官僚制这朵"恶之花"的需要，在更深层次上，民主治理是议会制民主的超越和代议制民主的补充，涉及民主政治和公共行政的调适和相容性问题。[3] 杨雪冬认为，面对全球治理危机和困境，应该提高治理的有效性，树立整体治理观，一是要从改革国内治理结构、提高国家治理能力开始；二是重视国内治理与国际治理、全球治理之间的互动关系；三是注重将共同利益与共同价值有机结合起来；四是发挥国家的预防和引领功能。[4] 刘太刚研究了心灵治理，认为心灵治理是通过非物质手段和非强制手段影响人的思维过程的公共管理路径，它

---

[1] 张康之：《论合作行动的条件：历史背景与人的追求》，《行政论坛》2016年第1期。

[2] 柳亦博：《论合作治理的路径建构》，《行政论坛》2016年第1期。

[3] 陆聂海：《从官僚制行政到民主治理：公共管理范式转换的再思考》，《行政论坛》2016年第2期。

[4] 杨雪冬：《风险社会、治理有效性与整体治理观》，《行政论坛》2016年第3期。

通过培养人的社会性需求和影响人对需求的价值认知而使其自愿降低或抑制个人的特定需求,以此来解决公共问题。心灵治理路径具有物质治理路径所不具备的比较优势,有助于降低公共管理对物质资源的依赖和消耗。心灵治理的基本范式主要有四种,即意识形态范式、伦理范式、宗教范式和科学理性范式。[①]

二 关于政府职能转变的研究

自党的十四大明确建立社会主义市场经济以来,转变政府职能就成为行政体制改革的重点,十八大以来则进一步成为核心问题。在新的市场环境下,切实转变政府职能,合理确定政府与市场、政府与社会的关系,解决政府行为的越位、缺位和错位问题,仍然是全面深化行政体制改革的根本命题。2016年学者围绕政府职能转变问题继续展开深入讨论,主要议题包括新型政商关系、行政审批制度改革、权力清单制度改革、政府购买社会服务等。

(一) 对新型政商关系的研究

发展社会主义市场经济,政商关系是始终绕不开的重要话题。2016年3月4日,习近平同志看望出席全国政协十二届四次会议民建、工商联界委员并参加联组讨论。习近平就构建新型政商关系做了阐述,他指出,新型政商关系,概括而言就是"亲""清"两个字,自此,以"亲、清"为核心的新型政商关系成为学界研究的焦点。学者围绕新型政商关系的基本内涵、价值基础、构建路径等问题做了初步探析。毛寿龙认为,在互联网时代,政商关系不能简单地看成是政府官员和企业家之间的私人关系。"清"就是使政商关系能够让大家看清,"亲"就是让政商关系能够有较多的合作。所谓"清"和"亲",就意味着政商双方在互联网公共空间里能够很好地合作,同

---

① 刘太刚:《心灵治理:公共管理学的新边疆——基于需求溢出理论和传统中国心灵治理范式的分析》,《中国行政管理》2016年第10期。

时这种合作是可监督、可公开的,而不是私下的、隐秘的交往关系。①储建国认为,清晰界定新型政商关系,一是需要政府和企业在实现国家治理目标的过程中建立一种亲密合作的关系,不仅仅是经济发展,还有社会公平、环境保护等方面,都需要二者之间的相互配合与支持;二是需要将过去模糊的政商行为清晰化,通过法律等正式规则予以规范,让官员和商人进一步明确哪些事情可以做,哪些事情不可以做;三是在建立新型政商关系的过程中,要重视改革开放30多年来所形成的经验和教训;四是要形成政商关系的政治监督机制。② 唐亚林探析了重塑新型政商关系的根本动力、互动机制和交往规则,认为重塑健康的"亲""清"新型政商关系,一方面需要以新型合作伙伴关系理念为指导,重拾作为新型政企关系互动机制的"大联系战略",构建"大联系战略"的系统化运行机制;另一方面需要构建基于可信的政治承诺的共识性信念体系,并以此为基础,建立以共同参与、共同协商、共同监督、共同发展的"大信任"为导向的新型政商交往规则。③ 刘以沛认为,建构良性互动、规范合理的政商关系,需要借助制度化和法治化改革的力量,做好制度改革的"加法"与"减法",拓宽民营企业家制度化参与渠道,搭建新型政商关系的法治框架。④

(二)对行政审批制度改革的研究

作为深化行政体制改革的突破口,行政审批制度改革是转变政府职能、简政放权的首要措施,也是理顺政府与市场关系、释放改革红利的关键之举。为深化行政审批制度改革,规范行政审批行为,改进行政审批工作,2016年国务院先后出台了众多文件。学界也针对行政审批制度改革的实践从不同视角、不同层面展开相关研究。宋林霖

---

① 毛寿龙:《中国政商关系的理论逻辑与未来趋势》,《人民论坛》2016年第28期。
② 储建国:《政商关系:清晰界定才能更好构建》,《中国党政干部论坛》2016年第6期。
③ 唐亚林:《重塑新型政商关系的互动机制与交往规则》,《中国党政干部论坛》2016年第6期。
④ 刘以沛:《构建良性互动的合理政商关系》,《中州学刊》2016年第9期。

基于行政组织与环境互动的理论框架对"行政审批局"模式进行研究。[1] 林雪霏从顶层逻辑与属地逻辑博弈的视角研究了行政审批制度改革中的"双轨制",提出面临的困境及机遇。[2] 马怀德通过总结党的十八大以来行政审批制度改革的成效和特点,认为下一步行政审批制度改革要运用法治思维和法治方式深化改革,完善改革程序。[3] 艾琳等以天津、银川行政审批局改革为例,研究了行政审批制度改革中的"亚历山大绳结"现象,并提出了破解之道。[4] 刘琼莲等以天津市行政审批制度改革为例,认为"两个统筹"即统筹审批与事中事后监管之间的关系、统筹制度与服务、当前建设与远景规划之间的关系是中国行政审批制度改革的目标,并探讨了行政审批制度改革实现"两个统筹"的聚焦点、困境与路径。[5] 刘晓洋以制度约束和技术优化为切入点指出了政府治理现代化进程中审批制度改革的路径,强调审批制度改革要在现代市场经济体制环境下,以政府与市场、社会间的权力关系动态平衡为切入点,利用制度力量来约束审批范围、审批过程和审批信息。同时,行政审批制度改革必须在互联网2.0新常态下,利用技术力量来优化审批途径、审批流程、审批信息和审批监察,从而构建"互联网+审批"的服务体系,落实审批服务供给侧结构性改革。[6]

(三) 对权力清单制度的研究

推行政府部门权力和责任清单制度是党的十八届三中、四中全会

---

[1] 宋林霖:《"行政审批局"模式:基于行政组织与环境互动的理论分析框架》,《中国行政管理》2016年第6期。

[2] 林雪霏:《顶层逻辑与属地逻辑的博弈——行政审批制度改革"双轨制"的困境与契机》,《社会主义研究》2016年第6期。

[3] 马怀德:《行政审批制度改革的成效、问题与建议》,《国家行政学院学报》2016年第3期。

[4] 艾琳、王刚:《行政审批制度改革中的"亚历山大绳结"现象与破解研究——以天津、银川行政审批局改革为例》,《中国行政管理》2016年第2期。

[5] 刘琼莲、刘志敏:《中国行政审批制度改革的生长点与聚焦点——以天津市行政审批制度改革为例》,《新视野》2016年第6期。

[6] 刘晓洋:《制度约束、技术优化与行政审批制度改革》,《中国行政管理》2016年第6期。

部署的重要改革任务,是国家治理体系和治理能力现代化建设的重要举措,对于深化行政体制改革,建设法治政府、创新政府、廉洁政府和服务型政府具有重要意义。2016年权力清单制度改革研究既有宏观上的理论创新,也有学者聚焦地方改革的实践研究。张力等探讨了权力清单制度运行的现实考量和完善路径,认为我国权力清单制度面临三大现实考量,主要表现为"依清单行政"的地方性实践造成了对"依法行政"的内涵式剥蚀;权力清单的地方差异与配权乱象使其难以发挥"给权力编织笼子"的制度功能;清单编制机构的不协调及其相应责任制度的缺失,使得制度效用大为降低。为此,必须坚定依法行政理念,正确厘定权力清单的法律职能,规范清单内容,合理设计清单编制流程;调适与权力清单设置相关的法制体系,建立权力清单动态管理机制,搭建阳光政务平台,完善清单监督与责任机制,让依法行政成为各级政府的工作常态。[①] 赵勇以浦东新区为例透视了地方政府权力清单制度,在此基础上,从形成合理的分类依据、推进权力清单和责任清单的衔接配套等方面提出了地方政府进一步推进权力清单制度的路径选择。[②] 郑俊田等指出,权力清单制度在实施过程中,普遍存在着过度以任务为导向、过度以简权为目的、梳理口径及权限划分不一致、责任主体及职责边界不清晰、动态调整与约束机制不完善等问题。同时明确了今后发展的方向,强调应从加强顶层设计、扩大公众参与、科学精简职权、厘清职责边界、规范动态调整等方面推动该制度体系的发展完善。[③] 薛瑞汉研究了市县推进权力清单制度的做法,认为市县政府推行权力清单制度应提高市县政府对权力清单的认识,加强组织领导和监督,重视顶层设计,推进权力清单的规范化、全面化,建立法律法规与兜底条款相配套的权力清单制度确定依据,完善市县政府推行权力清单制度的保障机制,引入地方人

---

① 张力、任晓春:《论我国权力清单制度的运行逻辑与现实考量》,《东南学术》2016年第5期。
② 赵勇:《地方政府权力清单制度的构建——以浦东新区为例的分析》,《上海行政学院学报》2016年第11期。
③ 郑俊田、郜媛莹:《地方政府权力清单制度体系建设的实践与完善》,《中国行政管理》2016年第2期。

大审议机制，保证权力清单制度的稳定性和权威性，建立权力清单动态调整机制，实现权力清单的动态管理，权力清单的建立必须与责任清单结合起来，同步推进。①

（四）对政府购买社会服务的探讨

政府购买社会服务是新时期实现国家治理现代化、加快政府职能转变、促进社会组织发展的必然趋势，我国当前的政府购买社会服务主要着眼于削减或转移职能，实现政府向社会领域分权。政府向社会组织购买服务是2016年政府改革的重点，也是学界研究的热点。学者围绕政府购买社会服务的模式与制度选择、购买社会服务存在的问题与未来的发展路径等主题进行了深入探讨，其中有不少学者特别注重案例解读和实证研究。管兵等以上海、广州、香港为例，研究了三种不同的政府购买服务模式。以项目制为特点的上海社区公益购买服务计划以具体的项目作为购买服务的标的，由社会组织竞标承接特定的服务项目，该模式可以促进社会组织的发展，提供专业的有针对性的服务。以单位制为特点的广州社区公共服务是以在各个街道设立家庭综合服务中心为基本做法，这一模式努力提供基础性的公共服务，对社会组织设有较高门槛。以混合制为特征的香港模式针对不同人群设立了提供基础性服务的中心，也针对特定需要设立了项目，提供了较全面的专业服务，较好地促进了社会组织的发展。②侯志伟引入亚当·斯密的分工与市场范围理论和涂尔干的"社会分工论"解释模型，构建起"竞争性—分工—市场范围"的分析框架，对某市的政府购买公共服务做案例分析，认为行政事务逐级分包制在政府购买实践中衍生了两项制度：一是基层政府作为购买主体的制度安排；二是基层政府培育社会力量的制度安排。③宁靓等通过构建公共服务外包风险因素评价指标体系，利用模糊综合评判法，对政府实施公共服务外

---

① 薛瑞汉：《市县政府推行权力清单制度问题研究》，《中州学刊》2016年第1期。
② 管兵、夏瑛：《政府购买服务的制度选择及治理效果：项目制、单位制、混合制》，《管理世界》2016年第6期。
③ 侯志伟：《政府购买公共服务的竞争性分析框架及制度机制——基于s市经验的案例研究》，《中国行政管理》2016年第7期。

包的风险进行定量化评价，探讨政府购买公共服务的风险。[1] 韩巍认为，政府购买公共服务的现实挑战主要包括公共服务"供给权"配置中竞争性购买原则与有限竞争的现实之间的张力、作为激励机制的周期性购买原则与长期购买的现实之间的张力、服务绩效控制方面结果导向的原则与过程管理的现实之间的张力，并提出未来的政府购买公共服务需要转向以合作治理理论为指引，提升制度的开放性。[2] 胡艳蕾等指出公共文化服务的非合同制治理模式的风险，并认为需要着力实现政府购买公共文化服务非合同制治理模式的本土化与创新发展。[3] 倪咸林针对政府购买社会组织服务监管中所存在的问题，提出了完善我国政府购买社会组织服务事中事后监管、从碎片化走向整体性的建议。[4]

三 关于反腐败与廉政建设的研究

十八大以来，中央强力反腐，反腐败斗争已形成压倒性态势，反腐倡廉取得实质性进展。中国反腐倡廉建设的发展，需要高水平的学理研究来引导和深化，2016年这方面的研究主要聚焦在"为官不为"现象、腐败的新形式和新动向、腐败的定义与测量、腐败的成因和治理路径等方面。

（一）对"为官不为"现象的透析

随着党内高压反腐和作风建设的纵深推进，中国官员的纪律性和廉洁度明显提升，但与此同时，不少干部出现"宁愿少出错，不愿多干活""干得多，错得多"的想法，暗生了"为官不为"这一新的官

---

[1] 宁靓、赵立波：《基于模糊综合评价法的公共服务外包风险因素研究》，《行政论坛》2016年第4期。
[2] 韩巍：《开放性视野下的政府购买公共服务：现实挑战和理论反思》，《学习与实践》2016年第6期。
[3] 胡艳蕾、陈通：《我国政府购买公共文化服务的"非合同制"治理》，《中国行政管理》2016年第1期。
[4] 倪咸林：《政府购买社会组织服务监管：从碎片化走向整体性》，《理论与改革》2016年第5期。

场现象，主要表现为怕政、懒政、怠政，"为官不为"是腐败的一种新的表现形式，引起社会的广泛关注。2016 年政治学者主要围绕"为官不为"的成因、治理对策等进行了相关研究。

针对"为官不为"现象的成因，吴江认为，"为官不为"是权力的异化现象。① 刘重春用美国学者霍姆斯特龙的等报酬原理解释"为官不为"，认为"为官不为"主要是因为在新政治环境下，明确激励行为报酬体系发生了变化、政府机构职位设置不合理、考核监督主体的多元化。② 金太军等认为"为官不为"现象的产生有内外双层原因，内源性原因包括官员价值观旁落与"权力瘦身"后的不适、激励失效与绩效不彰以及官员理念行动与改革现实脱节等，外源性原因则要归因于政治生态的既有习性和问责的非常态化。③ 段鑫星基于行政人格的视角，提出深蕴于"为官不为"背后的行政人格是指引行政行为的道德力量，"为官不为"在很大程度上是行政人格异化的结果。④ 陈静认为，"为官不为"的生成逻辑源于干部权力观错位、干事本领不够强、激励机制不充分、容错机制不完善、问责追责不严格。⑤ 万小燕主要从人心人性与为官理性、生命价值取向与为官选择、人生的境界格局与为官态度三个方面对"为官不为"的心理因素进行了分析。⑥

如何有效治理"为官不为"现象，张志杰认为，一是完善制度法规，让为官者"必为"；二是强化宗旨意识，让为官者"愿为"；三是提高执政能力，让为官者"能为"⑦。北京市委组织部课题组基于

---

① 吴江：《为官不为与绩效管理法制化》，《中国行政管理》2016 年第 1 期。
② 刘重春：《"为官不为"成因及其治理：基于等报酬原理》，《中国行政管理》2016 年第 1 期。
③ 金太军、张健荣：《"为官不为"现象剖析及其规制》，《学习与探索》2016 年第 3 期。
④ 段鑫星：《"为官不为"的成因及治理：基于行政人格的视角》，《湖湘论坛》2016 年第 4 期。
⑤ 陈静：《新形势下"为官不为"的生成逻辑及治理机制》，《理论探讨》2016 年第 5 期。
⑥ 万小燕：《领导干部"为官不为"心理因素分析》，《中国行政管理》2016 年第 1 期。
⑦ 张志杰：《"为官不为"现象的治理对策》，《人民论坛》2016 年第 25 期。

北京市3个市级单位6个区县的调研发现，解决"为官不为"问题，需要加快行政体制改革和政府职能转变，从体制机制上压缩产生"为官不为"问题的空间；加强思想政治教育，引导领导干部坚定理想信念、自觉奋发有为；深化干部人事制度改革，树立鼓励干事创业的鲜明用人导向；加强能力素质培训，提升干部履职尽责专业化水平；坚持从严管理监督，让干部不敢懈怠、不得不为。① 李无文通过对浙江瑞安市干部人事制度的实践考察，探索构建防范"为官不正、为官不为、为官乱为"现象的制度体系，认为应主要采取三点措施：一是确立标准，量化排名，推动干部评价精准化；二是民主推荐，强化竞争，结合委任，增强领导班子凝聚力；三是党委领导，统筹全局，保障制度执行权威性。② 董飞认为，在社会基础方面，应注重培养公共精神，在制度环境方面，要堵塞公务员权责界定的制度漏洞，在治理结构上，要强化人事行政管理机制，在资源配置上，要进一步完善监督机制。③

（二）对腐败的新形式与新动向的探析

2016年学者对腐败的新形式、新动向等展开了研究，认为主要有非典型腐败、"微腐败"、信访腐败、村干部腐败、隐性腐败等。杨宏力基于生发的场域视角，研究了非典型腐败，认为非典型腐败的动力机制可解构为其生发运行的人性基础、内生力量、心理基础、社会条件、政治条件、经济条件和制度条件，并提出非典型腐败宜采用制度治理。④ 杜治洲研究了"微腐败"，分析了微腐败对基层政治生态破坏的表现以及微腐败的治理路径。⑤ 王郅强等研究了信访腐败，分析了信访腐败的表现、影响，并围绕权力、制度与环境三个维度，

---

① 北京市委组织部课题组：《领导干部"为官不为"的表现、原因和对策》，《中国延安干部学院学报》2016年第5期。
② 李无文：《以制度创新激发基层组织活力——浙江省瑞安市治理"为官不正、为官不为、为官乱为"的实践探索》，《中国党政干部论坛》2016年第11期。
③ 董飞：《刍论"为官不为"的发生机理与治理之策》，《理论导刊》2016年第8期。
④ 杨宏力：《非典型腐败及其制度治理》，《社会科学研究》2016年第4期。
⑤ 杜治洲：《改善基层政治生态必须治理"微腐败"》，《中国党政干部论坛》2016年第11期。

揭示信访腐败形成的内在机理。[1] 杨群红对村干部腐败进行了相关研究，认为新形势下村干部腐败的类型主要有侵吞国家利益、侵占集体利益、侵害村民利益、霸选、贿选干扰民主选举等，村干部腐败的主要特征有案件面大量广、扶贫和民生领域案件高发、窝案串案突出、"苍蝇式"腐败与"虎蝇型"腐败并存、犯罪手段更加隐蔽和多样化等。[2] 徐家良对隐性腐败进行了研究，认为隐性腐败是腐败的一种形式，是党政国家机关工作人员和相关组织工作人员借助公共权力和职务、利用隐蔽的非法方式获取各种物质利益和非物质利益的犯罪行为，并分析了隐性腐败的表现形式和根治措施。[3]

（三）对腐败的定义与测量的界定和探讨

腐败的定义与测量是腐败研究的基础和关键所在。对于腐败的定义和测量，学者主要运用了实证分析的方法进行相关研究，取得了一系列成果。过勇等对腐败进行定量分析，研究腐败测量，提出从腐败状况、反腐败绩效、腐败风险三个维度测量腐败的框架，并构建了腐败状况评估指标体系、反腐败绩效评估指标体系、腐败风险评估指标体系、腐败测量指标体系，为腐败测量提供新的理论和实践工具。[4] 余致力等以台北与高雄两市共2140份问卷调查为依据，探讨了如何测量与解释民众对贪腐的感知，并讨论了腐败的定义。[5] 肖汉宇等讨论了如何测量腐败容忍度以及检验哪些因素影响市民对腐败的容忍度，认为可以从三个方面测量市民的腐败容忍度：整体的腐败容忍度（被访者自我测定的腐败容忍度），具体情境下的腐败容忍度（被访者在问卷设计的11种特定情况下表现出来的腐败容忍度），以及被访

---

[1] 王郅强、刘子炀：《权力、制度与环境：信访腐败形成的内在机理》，《学海》2016年第5期。

[2] 杨群红：《新形势下村官腐败的类型、特征及治理对策》，《中州学刊》2016年第12期。

[3] 徐家良：《隐性腐败的表现形式及根治措施》，《人民论坛》2016年第21期。

[4] 过勇、宋伟：《腐败测量：基于腐败、反腐败与风险的视角》，《公共行政评论》2016年第3期。

[5] 余致力、庄文忠：《测量与解释民众的贪腐认知：台北市与高雄市的实证分析》，《公共行政评论》2016年第3期。

者是否愿意举报贪污腐败（通过行为意愿体现的容忍度）。① 江卓等总结了国内外腐败测量的方法，认为腐败的测量可以分为主观测量和客观测量，主观的腐败测量经历了感知腐败指数测量到行贿腐败的直接测量，再到随机化回答、条目计数测量腐败的调查实验测量三个发展阶段。客观腐败的测量为了规避主观测量的误差而产生，目前有依靠司法部门发布的腐败案件数据、通过媒体采集的腐败案例数据、通过价格或总额比较的腐败测量、个案追踪调查数据四种思路，调查实验、大数据挖掘在腐败测量中将是新兴的工具。②

（四）对腐败的成因与治理路径的解析

腐败的成因和如何治理一直是学者们研究的重点，2016 年这方面的研究成果也比较多。许欢等从科层制行政管理制度切入，引入政治心理学"圈内化"和"类型化"理论分析科层制对官员个性特质和心理状态所形成的影响，提出了腐败行为的心理发生机制，并探索通过改进科层制，优化政治生态、管理心态、文化形态和绩效模型，以完善的制度约束公共权力行使中的错误心理冲动，以积极的疏导增强官员在腐败诱惑面前的心理抵御能力，消除科层制的负面影响，开辟廉政建设外力和内力双效联动的新路径。③ 杜晓燕通过采用演化博弈分析法，提出惩罚机制可以起到促进反腐败组织协调高效运作的作用，有助于打破腐败交易双方的长期合作关系，从而为最终阻断腐败循环提供可能性。④ 张建等关注腐败行为的政府内监管，认为政府内监管的缺失导致腐败行为的发生，并提出要明确政府内监管的主体及职责，完善监管的事由、强化监管的措施。⑤ 任政从日常生活批判的

---

① 肖汉宇、公婷：《腐败容忍度与"社会反腐"：基于香港的实证分析》，《公共行政评论》2006 年第 3 期。
② 江卓、季程远：《怎样测量腐败：国内外腐败测量方法述评》，《新视野》2016 年第 3 期。
③ 许欢、高小平：《"圈内化""类型化"：科层制弊端与腐败心理发生机制及对策》，《行政论坛》2016 年第 1 期。
④ 杜晓燕：《惩罚机制对阻断腐败循环的演化博弈分析》，《北京社会科学》2016 年第 9 期。
⑤ 张建、张孜仪：《腐败行为的政府内监管研究》，《中国行政管理》2016 年第 11 期。

视角对这个问题展开研究，认为异化的日常生活形式不仅恶化了政治生态，而且成为腐败滋生的重要领域与根源，促成了腐败的复杂化、隐蔽化、生活化与弥漫化，并提出腐败的治理也需要从日常生活批判与变革的视域推进政治生态的重构，以更为本质与深层的维度彻底摧毁腐败生长的内在机制。[1] 孙关宏从政治生态平衡的视角分析腐败治理，认为从长远目的和最终归属上，必须关注对个人权利的保护和对国家权力的制约，力求达到二者的均衡，只有在这个基础上，反腐败才能真正塑造良好的政治生态，才能实现整个政治生态的平衡与和谐。[2]

四 关于社会治理创新的研究

社会治理创新是新时代提出的新要求，也是为了更好地满足人民群众日益增长的美好生活的需求。2016年学者聚焦公共安全与危机管理、绿色发展与环境治理、精准扶贫与贫困治理、乡村治理与建设等问题展开深入研究，产生了一系列研究成果。

（一）对公共安全与危机管理的研究

维护公共安全，合理防范和有效应对公共危机，是维护社会稳定、实现社会有效治理的前提，2016年学者在这个问题上也做了大量研究。杨冬梅分析了在"互联网+"背景下的城市风险，包括契机、挑战及治理路径。[3] 高恩新从防御性、脆弱性、韧性三种理论视角研究了城市安全管理体系。[4] 李伟权等研究了叠加型风险，引入深圳"12·20"特别重大滑坡事件作为典型案例，运用灾害成因理论

---

[1] 任政：《日常生活批判视域中的政治生态重构——论十八大以来腐败治理的深层走向》，《社会主义研究》2016年第2期。

[2] 孙关宏：《政治生态视角下的反腐败：兼论个人与国家之间的关系》，《中共浙江省委党校学报》2016年第4期。

[3] 杨冬梅：《"互联网+"时代公众参与城市风险治理探析》，《行政论坛》2016年第6期。

[4] 高恩新：《防御性、脆弱性、韧性：城市安全管理的三重变奏》，《中国行政管理》2016年第11期。

进行分析，研究了叠加型风险下我国政府应急预警联动机制缺失的问题，并提出改进思路。① 王薇分析了跨域突发事件，提出跨域突发事件的府际合作治理路径，即需要消除权力结构的碎片化，建立区域间利益补偿与利益分享机制，搭建应急联动信息共享和行动整合平台。② 胡象明用敏感性工程社会稳定风险事件来描述重大工程社会冲突群体性事件，并通过对典型案例的剖析，概括了我国敏感性工程社会稳定风险事件的过程模型及其参与者的行动逻辑。③ 尹建国对网络公共安全背景下网络信息内容分级进行了相关研究，并基于横向和纵向的比较，认为网络信息内容分析是一项系统工程，一方面要从法治高度确立应遵循的指导原则，另一方面还要构建一套完整的涵盖分级范围、分级层级、分级主体、分级程序等具体事务的"一揽子"工作机制。④ 陶鹏分析了中国灾害管理体制的变迁，采用社会网络分析方法，勾勒中央与典型省份灾害管理体制网络形态。⑤ 郝雅立等以"危机叠加：透视天津限行乌龙夜"为例，将风险管理观念与理论注入公共政策过程中，提出明确时间区间、场景、风险指标和基准点四个风险管理要素，增加完全确定型情境的政策规划"白系统"，以规避公共政策风险、减少政策的社会风险震荡。⑥ 翟军亮等针对我国公共安全多重转型的现状，研究了公共安全合作能力建设，提出公共安全服务从垄断供给走向合作供给的路径，并且强调要以个体能力建设为基础、以组织能力建设为中枢、以环境能力建设为保障来强化三者之间

---

① 李伟权、聂喻薇：《叠加型风险下整合型应急预警联动机制缺失问题研究》，《中国行政管理》2016年第9期。
② 王薇：《跨域突发事件府际合作应急联动机制研究》，《中国行政管理》2016年第12期。
③ 胡象明：《敏感性工程社会稳定风险事件——过程模型和参与者行动逻辑》，《国家行政学院学报》2016年第2期。
④ 尹建国：《网络信息内容分级机制研究》，《中国行政管理》2016年第10期。
⑤ 陶鹏：《从结构变革到功能再造：政府灾害管理体制变迁的网络分析》，《中国行政管理》2016年第1期。
⑥ 郝雅立、温志强：《公共政策过程中的风险管理——以"危机叠加：透视天津限行乌龙夜"为例》，《中国行政管理》2016年第3期。

的协同效应。① 张海波以总体国家安全观为视角，提出了应急管理与安全治理的可行性路径，认为中国下一代应急管理体系既要与安全治理体系进行整合，也要保持相对独立性，以安全治理体系建设为契机，在组织结构和管理过程中发展第三代应急管理体系。②

（二）对精准扶贫与贫困治理的研究

农村贫困人口如期脱贫、贫困县全部摘帽、解决区域性整体贫困问题，是全面建成小康社会的底线任务。2016 年学者从不同的视角解读了精准扶贫并针对贫困治理提出了一系列政策建议。王军等以"互联网+"为切入点，为精准扶贫提供新的治理方式，认为可以运用"互联网+金融""互联网+企业""互联网+创业""互联网+旅游""互联网+医疗""互联网+管理"等新思维，使精准扶贫获得加倍的乘数效应。③ 林俐以供给侧结构性改革为背景，分析了精准扶贫的可行性路径，强调在扶贫资源的集聚、利用方面引入市场主体和市场机制来激发市场活力；要把扶贫管理重点放在"投入侧"上，构建政府、社会、贫困人口都积极参与的多元化扶贫机制，建立和完善扶贫主体之间的协同机制、扶贫资源整合机制及精准扶贫考核机制等。④ 许源源等提出要从构建多层次复合型精准脱贫体系、充分激发贫困农民参与的积极性、赋予基层组织更大的资源支配权等方面来完善精准脱贫的实施机制。⑤ 李博等从精细社会理论视角探究精准扶贫的制度建构，提出精准扶贫的制度建构应该进一步强化制度的精细化建设，提高制度运行的规范化与协同化能力，确保制度设计的理性化

---

① 翟军亮、吴春梅：《论公共安全合作能力建设：缘起、结构和路径》，《行政论坛》2016 年第 1 期。

② 张海波：《中国总体国家安全观下的安全治理与应急管理》，《中国行政管理》2016 年第 4 期。

③ 王军、吴海燕：《"互联网+"背景下精准扶贫新方式研究》，《改革与战略》2016 年第 12 期。

④ 林俐：《供给侧结构性改革背景下精准扶贫机制创新研究》，《经济体制改革》2016 年第 5 期。

⑤ 许源源、彭馨瑶：《基于系统思维的精准脱贫实施机制：一个分析框架》，《行政论坛》2016 年第 3 期。

和专业化,从而使扶贫开发的制度供给侧改革向精细化和精准化转型。① 虞崇胜等以政治哲学的视角探寻精准扶贫的理论预设、理论逻辑并进行相关梳理。② 谢宝剑等关注省际边缘区域的贫困治理,认为省际边缘区域往往存在着极大的劣势与困境,解决这些困境应引入整体性治理分析框架,涵盖治理的目标导向、主体结构、制度体系、跨界协作和信息平台建设等内容。③ 杨未认为,精准扶贫不只是一种新的理念,还是一种具体的行动,它是用新的发展理论来终结西方"元叙事",建立"中国叙事"发展观的伟大实践,精准扶贫意味着具有中国特色、世界意义的扶贫开发理论体系的形成。④ 杨文静把绿色发展理念引入精准扶贫的研究中,探寻精准扶贫的路径,认为要以绿色发展为导向,做好精准扶贫顶层设计,大力发展绿色经济,加强精准扶贫内生力量,牢牢守住生态底线,打造精准扶贫生态屏障,合理引导生态资源整合,拓展精准扶贫合作平台,全面推进生态移民工程,提高精准扶贫生态效力。⑤ 闫坤将性别因素引入当前我国精准扶贫的理论和实践中,通过选取四川省绵阳市特困县为案例,对我国连片特困地区妇女贫困的原因和特征进行分析判断,并提出未来妇女扶贫工作的重点和相关建议。⑥

(三) 对绿色发展与环境治理的探讨

在当前我国生态环境问题日益严峻的形势下,环境治理成为社会各界共同关注的议题,行政学界对此也展开了深入研究。2016 年学者着重探讨了环境治理的困境、环境治理的策略等问题。王名等从多元共治视角探析了我国环境治理体制重构问题,强调除了需要加强顶

---

① 李博、左停:《精细社会视角下中国农村精准扶贫的制度选择》,《中国延安干部学院学报》2016 年第 3 期。
② 虞崇胜、余扬:《提升可行能力:精准扶贫的政治哲学基础分析》,《行政论坛》2016 年第 1 期。
③ 谢宝剑、刘少楷:《省际边缘区域贫困的整体性治理途径》,《行政论坛》2016 年第 3 期。
④ 杨未:《生态位视角下的精准扶贫解析》,《贵州社会科学》2016 年第 8 期。
⑤ 杨文静:《绿色发展框架下精准扶贫新思考》,《青海社会科学》2016 年第 3 期。
⑥ 闫坤、于树一:《论引入性别因素的精准扶贫——以绵阳市特困县为例》,《华中师范大学学报》(人文社会科学版) 2016 年第 6 期。

层设计之外，还要求地方政府和社会力量等多元主体积极参与治理。[1] 曾盛红等提出，增长导向的财政分配体系、压力驱动的政策执行体系、统合取向的社会参与体系对重塑环境治理机制起着重大作用。[2] 娄树旺基于公共行政运行的决策、执行、监督要素构建地方政府责任运行体系模型，研究地方政府履行环境治理责任的制约因素，并提出地方政府有效履行环境治理责任的对策建议。一是完善环境治理领域的政府行政立法责任，提高环境治理决策能力；二是强化政府环境治理的执法权威；三是加强政府环境治理立法及执法的监督；四是建立环境治理公众全民参与机制；五是完善环境治理的生态利益补偿机制和政府环境治理绩效测评体系。[3] 王红梅等以北京 $PM_{2.5}$ 治理为例，从效益、效率和可接受性三个维度，选取八项指标，运用层次分析法对不同环境政策工具进行评价和检验，认为经济激励型环境政策工具效果最佳，因此要加快完善以经济激励型政策为主的政策工具结构，进一步细化经济激励型政策工具以实现不同利益主体的"激励相容"，积极拓展公众参与型政策工具以提高社会资本影响力，同时要加强多种治理政策工具的组合与创新。[4] 赵新峰等基于开放系统理论的视角，探讨在京津冀大气污染治理的过程中，如何通过完善信息沟通机制来推进多元主体的协同治理进程，认为政府间信息沟通机制的完善有赖于健全的信息沟通制度规范体系、网络型的信息沟通体制、完善的责任机制和有效的激励机制；而政府与公众之间信息沟通机制的顺畅，则取决于信息沟通主体沟通能力的提升、畅通的多中心信息传播渠道、完善的规则体系和监管体系等。[5] 赵晨等运用数据分析方法，以

---

[1] 王名、邢宇宙：《多元共治视角下我国环境治理体制重构探析》，《思想战线》2016年第4期。

[2] 曾盛红、樊佩佩：《发展型政府条件下环境治理机制的构建及其局限》，《学海》2016年第6期。

[3] 娄树旺：《环境治理：政府责任履行与制约因素》，《中国行政管理》2016年第3期。

[4] 王红梅、王振杰：《环境治理政策工具比较和选择以北京 $PM_{2.5}$ 治理为例》，《中国行政管理》2016年第8期。

[5] 赵新峰、王小超：《京津冀区域大气污染治理中的信息沟通机制研究——开放系统理论的视角》，《行政论坛》2016年第5期。

保定市为例，从经济发展、社会支撑、自然环境、低碳能耗、低碳排放和低碳技术六个方面对保定市的低碳发展状况进行评价，并针对评价结果提出政策建议，即优化产业结构，发展新兴产业；调整能源消费结构，降低对煤炭的依存度；加大扶持力度，促进低碳技术全面升级；提高森林覆盖率，增强城市的碳汇能力；宣传低碳理念，倡导绿色生活。① 严燕等从环境冲突视角入手，为地方政府应对"环境冲突"提供现实策略，认为可以通过打破中心—边缘结构、改变泛政治化的行政取向以及重建多元协作的治理格局来实现对环境冲突的有效治理。②

（四）对乡村治理与建设的研究

基层治理体系和治理能力是国家治理体系和治理能力的重要组成部分，没有乡村治理的善政，就没有社会治理和国家治理能力的现代化。2016年，学者从不同的视角对乡村治理的主体、存在的问题、乡村治理模式与路径等问题进行了深入研究。徐勇提出了解决乡村治理困境的基本思路：一是乡村治理要以城镇为中心，将乡村治理纳入整个国家统筹发展的治理体系之中，给乡村治理更为重要和突出的位置，通过以城镇为载体的先进治理元素带动乡村治理；二是乡村治理以社区为单元；三是乡村治理要增强服务能力；四是要激发乡村自治活力；五是要创造性利用传统，强化家庭作为社会治理基本单元的正向功能，发挥现代乡贤在基层社会治理中的积极作用。③ 应小丽等以个体私营经济发展为背景，在对浙江省10个村庄进行考察的基础上，发现乡村治理面临着能人老化、异化及能力失衡，人才缺乏，经营过度与治理短缺等治理风险，并主张在完善乡村治理体系和提升乡村治理能力的进程中，需要发挥个体私营经济的优势，将之作为乡村治理变革之机遇，以提升基层组织服务功能与实现能力为重要突破口，探

---

① 赵晨、高中华：《城市低碳发展评价指标体系的构建与应用——以保定市为例》，《行政论坛》2016年第1期。
② 严燕、刘祖云：《地方政府应对"环境冲突"的现实策略及其路径选择》，《行政论坛》2016年第1期。
③ 徐勇：《城乡一体化进程中的乡村治理创新》，《中国农村经济》2016年第10期。

寻多元主体的合作共治方式，推动个体理性与乡土精神的创造性融合，探索能人主导与村民有效参与的平衡机制。① 巢小丽通过对宁海"百村调查"数据的分析和政策文本梳理，研究乡村治理现代化问题，认为"宁海36条"对乡村治理的显著性影响得益于"治理主体多元化、权力运行透明化、村庄治理法治化、公共服务便民化、经济建设市场化"五要素的突破和变革，在此基础上，构建了中国情境下乡村治理现代化的逻辑。②

五　关于政府治理创新的研究

政府治理创新是深化行政体制改革的具体要求，是实现国家治理能力现代化和治理体系现代化的基本内容，是近年来学界研究的热点。2016年，学者们继续对这一问题展开深入探讨，着重从大数据时代的政府改革与治理、地方政府治理与创新两个方面展开研究。

（一）对大数据时代的政府改革与治理的研究

互联网与大数据为政府治理与创新带来了新的机遇，同时也带来巨大的挑战，急需学界给予理论上的分析与引导。2016年围绕大数据时代的政府治理变革、大数据时代政府治理的机遇和对策、大数据与社会治理等议题，学者各抒己见，提出了很多好的建议。耿亚东认为，大数据因其传播速度快、容量大、价值大等特点而加剧了这个时代的不确定性，打破了政府控制导向的行为模式，同时也给政府治理带来机遇，隐藏在大数据背后的数据价值与数据红利可以对"不确定性"进行前瞻性预测，促进政府思维方式的变革以及社会网络结构的生成，大数据的出现将以各种形式解构传统的政府官僚制组织模式，推动着合作治理时代的到来。③ 王万华探讨了大数据下政府管理机制

---

① 应小丽、路康：《个体私营经济发展背景下的乡村治理风险与预防——基于浙江省10个村庄的考察》，《中国行政管理》2016年第5期。
② 巢小丽：《乡村治理现代化的建构逻辑："宁海36条"政策绩效分析》，《中国行政管理》2016年第8期。
③ 耿亚东：《大数据对传统政府治理模式的影响》，《青海社会科学》2016年第6期。

向公共治理机制转型的问题，认为大数据时代政府不仅要提供便捷的公共服务，让公众有效参与公共事务治理，而且要完善行政程序立法，使得政府的角色定位从实体利益的分配者转变为新旧利益博弈的正当程序制度供给者，行政权力运行系统也要突破碎片化的部门执法格局，消除不同部门之间的隐性壁垒，加强行政权力运行系统的整合与协力，还要开放海量政府信息给社会使用，实现政府管理向公共治理转型。[①] 冉飞认为，大数据给我国政府治理带来重要机遇，同时也带来了多方面的挑战，可能会增加信息犯罪，加剧道德危机，加剧社会分化。政府需要采取三方面的有效措施来应对大数据所带来的挑战：一是在大数据领域实现"法治"，二是营造良好的大数据运营环境，三是充分发挥国家的宏观调控作用。[②] 陈潭认为，大数据是推动时代发展和社会进步的重要战略引擎，是推进国家治理体系和治理能力现代化的重要战略资源，也是提升社会治理能力和水平的重要创新工具，大数据驱动社会治理创新不但节约社会治理的时间、资源和人力成本，而且建构社会治理的新思路和新模式，实现从封闭式管理走向开放式治理、从静态化管理走向流动性治理、从精细化管理走向精准化治理、从网格化管理走向网络化治理、从单向度管理走向协同化治理的路径转向。[③] 陶希东认为，大数据时代社会治理从经验型走向精准型、从封闭走向开放、从碎片化走向整体性、从政府主导型走向政社合作型，需要采取大数据人才战略、数据能力提升战略、数据共享战略和大数据安全战略等。[④]

（二）对地方政府治理与创新的研究

推进地方政府治理创新，是推进国家治理体系和治理能力现代化的基础性工程。2016 年，学者聚焦地方政府治理与创新，从地方政

---

① 王万华：《大数据时代与行政权力运行机制转型》，《国家行政学院学报》2016 年第 2 期。
② 冉飞：《大数据时代政府治理的机遇、挑战与对策》，《人民论坛》2016 年第 17 期。
③ 陈潭：《大数据驱动社会治理的创新转向》，《行政论坛》2016 年第 6 期。
④ 陶希东：《大数据时代中国社会治理创新的路径与战略选择》，《南京社会科学》2016 年第 6 期。

府治理与创新的评价标准、困境、逻辑、路径选择等不同维度展开研究。卓越等以厦门市集美区行政服务中心创新实践为例,从政府创新的要素视角与过程视角,构建以评估维度、评估要素、创新生成检验标准和具体表现方式作为基本框架的政府创新生成评价标准,认为中心创新平台的建设是在外部客观因素与内部主观因素相互嵌入下生成,制度、环境和组织等客观因素为中心带来创新机遇,创新主体与内容等主观因素驱动创新的实现,主观与客观、内部与外部有效耦合、同向运行,推动了政府创新的生成。[1] 张紧跟认为,地方政府危机治理转型的趋向是从反应式治理到参与式治理,既需要地方政府具有与公众共享治理过程的意愿,也需要公众具有参与治理过程的意愿,并形成恰当的机制。[2] 于鹏等对地方政府协作治理模式进行类型学分析,认为地方政府协作治理能力的提升需要引入公共战略管理的思维。依据环境(动荡环境和常规环境)和协作取向(内部协作和外部协作)两个维度,地方政府需要应对重大自然及社会类危机事件、基础设施供给、重大经济及政治事件、跨行政区治理四种类型的战略问题。[3] 贾海薇等基于对广东省自1978年以来地方治理体制变革的研究分析,发现地方政府治理体制变革面临巨大困境,主要表现为治理机器职责同构、治理机构组织复杂、组织寄生利益纷争、改革步序非一致性、改革路径的敏感性、人治痕迹干扰较大等。[4] 胡宁生等从自我推进机制的角度研究政府治理创新,认为其面临潜在利益冲突、原有路径惯性和现实制度环境作用下所产生的"偏利性""前摄性"和"盲从性"等方面的挑战,只有通过重构价值认同、重申制度活力、重塑策略匹配,地方政府自我推进的治理创新机制才能得到

---

[1] 卓越、黄六招:《政府创新生成的评价标准构建与验证——以厦门市集美区行政服务中心创新实践为例》,《行政论坛》2016年第6期。
[2] 张紧跟:《从反应式治理到参与式治理:地方政府危机治理转型的趋向》,《中国人民大学学报》2016年第5期。
[3] 于鹏、李宇环:《地方政府协作治理模式:基于战略问题的类型学分析》,《行政论坛》2016年第4期。
[4] 贾海薇、周志忍:《地方政府治理变革的困境与行政体制创新的路径——基于广东省的分析》,《广东社会科学》2016年第2期。

全面构建、持续推进和效能提升。① 张述存从规范中央与地方关系的视角研究政府治理现代化的路径，认为一方面要通过转变职能、改革财税体制、理顺条块关系、加快制定中央与地方关系法等举措加强顶层设计，优化地方政府治理现代化的制度构架；另一方面，需要通过机构改革、地方政府间协调机制创新、公众参与机制革新等措施激发地方政府治理现代化的内生活力。②

---

① 胡宁生、戴祥玉：《地方政府治理创新自我推进机制：动力、挑战与重塑》，《中国行政管理》2016年第2期。
② 张述存：《依法规范中央与地方关系推动地方政府治理现代化》，《中国行政管理》2016年第5期。

中外政治制度研究的新进展

崔珊珊 任 恒 马雪松

  政治制度在本质上是人类交往的产物和实践性成果，通过为政治领域确立基本性的秩序状态，在政治权力的结构与安排中运用积极和消极的因素，实现约束和引导人类行为的目的。中外政治制度研究作为政治学的分支学科和专门领域，涉及中外国家政权本质、国家结构形式、政府组织形态以及构成国家制度的相关体制和一般机制，同时在新制度主义政治学、比较政治学、制度经济学、历史社会学等跨学科理论体系和分析方法的推动下，对当代不同国家的政治发展特别是国家治理问题进行深入探索，从而体现了高度的现实关怀和学理反思的属性。中共十八大以来，从当代中国政治制度建设基本经验的内在机理来看，可以发现完善政治制度并不是简单照搬照抄其他国家政治发展的既有模式，也不是囿于任何理论的浅层内容，只有将实践作为完善和发展政治制度的源泉和依据，从当代的现实国情出发总结中国政治体制发展与变迁的突出成就，探索中国政治体制发展的内在逻辑，才能推动中国政治体制的不断完善、发展与创新。因此，全面梳理2016年中外政治制度研究的新进展，可以从制度理论及其应用、民主制度及其实践、国家治理现代化、廉政建设与腐败治理四个角度集中展开分析。

一 制度理论及其应用

当代制度研究经历了较为曲折的发展历程。在19、20世纪之交，制度研究出现了一个高潮，产生了一批有影响的经济学家、政治学家与社会学家。[①] 但随着行为主义的崛起，各学科的制度研究日益边缘化。20世纪70年代末，制度再次成为社会科学研究的焦点，最新形态的制度理论——新制度主义焕发生机。制度理论尤其是新制度主义在中国的政治学研究中同样得到高度关注，本节将从理论研究、经验研究两个方面考察2016年我国制度研究的进展。

（一）制度理论的阐释与创新

从理论层面看，我国政治学的制度研究主要集中于新制度主义。综观2016年的理论成果，一方面，新制度主义各流派的理论阐释不断深化，并出现了一定的理论创新；另一方面，制度变迁成为制度理论的重要议题，并引发了各流派的学术论争与观点交锋。接下来首先考察制度理论的阐释与创新。

1. 历史制度主义的新进展。新制度主义政治学的产生与发展得益于学科融合，理性选择制度主义、历史制度主义、社会学制度主义、建构制度主义等派别无不受到多元知识领域的影响。不过，作为植根于政治学"本土"的研究路径，历史制度主义尤其受到我国政治学者的偏爱，无论引介的数量还是研究的系统性、深入性均高于其他流派。"历史制度主义"是个内涵丰富的范畴，就身份界定而言，它关注制度同政治后果的因果联系，主张制度是历史的产物，将结构主义与历史分析予以结合；就主要观点而言，它在相对广泛的意义上界定制度与行为的相互关系，重视权力的非对称性，强调路径依赖与意外后果，将制度分析同其他因素整合起来。[②] 随着研究议程的推进

[①] 理查德·斯科特：《制度与组织——思想观念与物质利益》，姚伟、王黎芳译，中国人民大学出版社2010年版，第3页。

[②] Peter A. Hall, Rosemary C. R. Taylor, "Political Science and the Three New Institutionalisms," *Political Studies*, 1996 (4).

以及不同流派的彼此借鉴,历史制度主义内部的多样性与复杂性也日益凸显。

段宇波的系列研究展现了历史制度主义的发展脉络与最新成果:其一,历史制度主义的研究领域与发展历程。他认为,历史制度主义的研究涉及国家间公共政策的制度比较研究、国际问题与欧盟研究、发达国家的经济政策与福利制度研究、政治过程与社会变革研究等领域。从历史的角度看,历史制度主义经历了"两波""四次回归",第一波为国家回归、行动者回归,第二波为资本主义回归、理念回归。其中,能动性、理念等因素的出场扩展了制度变迁的研究空间,但并未动摇结构主义的主导地位。[1] 其二,更为开放的路径依赖分析模型。他认为,标准的路径依赖解释虽然论证了历史的重要性,却具有高度的决定论色彩,只能导向断裂均衡的制度变迁模式;开放的路径依赖模型则提供了分析制度稳定与制度变迁的有力工具。具体而言,艾宾浩斯区分了路径依赖的两种模型:制度扩散模型与结构替代模型,前者如同"踩踏的小径",重视早期的机会事件,适于解释制度持续与断裂均衡;后者拒绝完全的偶然性,强调集体行动者在路径节点上的精心选择,路径稳定、路径终止、路径分离、路径转换构成了多种替代性路径。施瓦茨、莫霍尼等学者也关注了作为制度变迁模式的路径依赖,强调回报递减是其核心机制。[2] 其三,关键节点理论的最新进展。关键节点是路径依赖的起点,在制度发展过程中至关重要,但高度的权变性制约了理论化进程。近年来,关键节点理论有了较大发展,约翰·霍根将之分为"生成分裂"与重大的、迅速的、全覆盖的变迁过程两部分;丹·斯莱特等人认为"关键性前因"与关键节点期间的某种因素相结合而产生差异性结果;戴维·索菲分析了关键节点的容许性条件与生成性条件;乔万尼·卡波恰等人对关键节点的关键程度进行了量化分析。在此基础上,段宇波构建了关键节点的条件与原因、过程机制与运行逻辑、重要后果与持续影响的分析

---

[1] 段宇波:《制度变迁的历史与逻辑——历史制度主义的视角》,博士学位论文,山西大学,2016年。

[2] 段宇波、侯芮:《作为制度变迁模式的路径依赖研究》,《经济问题》2016年第2期。

框架。①

2. 构建一般性制度理论的尝试。在制度研究的早期阶段，学科之间的壁垒相对牢固，政治学以政治制度为研究对象，经济学、社会学也有各自关注的制度类型。然而，随着学科的自我发展与学科间的对话融合，不同领域的制度不再专属于某一学科，经济学者注意到政府的重要性，社会学者将企业、官僚制度纳入研究范畴，跨学科的研究成果不断涌现。考虑到"制度"概念的决定性属性，不同类型的制度无疑拥有一定的相似性，其产生、发展的过程也必然具有逻辑的共通性。因而，一些制度研究者试图构建一般性的概念框架，为不同学科、不同领域的制度研究搭建沟通桥梁。

类似的尝试并不鲜见。政治学者杰克·奈特构建了社会制度形成与变迁的协议理论，他使用的"制度"概念涵盖社会、政治、经济事务中的各种制度。② 作为理性选择制度主义的代表人物之一，埃莉诺·奥斯特罗姆在尊重制度多样性的基础上构建了更为一般的制度理论，李文钊对其进行了详尽阐述。就制度与个人的关系而言，奥斯特罗姆修正了传统的理性选择理论，将心智模型作为制度影响行为的关键环节。亦即制度影响行为情景，心智模型通过对情景的认知而进行选择与决策。就制度的概念而言，她与合作者认为可以根据构成要素区分制度的不同形态：属性，即制度适用的对象；限定词，即制度允许、必需、禁止的行为；目标，即制度要求的行为或结果状态；条件，即上述行为或结果发生的条件；否则，即违反制度的惩罚措施。规范包含前四种要素，规则包含所有要素。此外，规则可划分为边界规则、位置规则、选择规则、信息规则、聚合规则、报酬规则、范围规则七个类型。就制度层次而言，奥斯特罗姆区分了操作情景、集体选择情景、立宪选择情景、元立宪情景，每一情景下的选择都受上一层次规则的影响，制度变迁必须在上一层次的选择情景中予以分析。就制度演化而言，她探讨了制度演化与生物演化的异同：二者均遵循变异—选择—遗传的机制，但制度演化既包括遗忘、社会文化上位效

---

① 段宇波、赵怡：《制度变迁中的关键节点研究》，《国外理论动态》2016 年第 7 期。
② 杰克·奈特：《制度与社会冲突》，周伟林译，上海人民出版社 2009 年版。

应等无意识过程，也包括学习、模仿、外部干预、竞争压力等有意识过程。鉴于制度可能会向低绩效演化，她提出了有利于高绩效制度演化的若干条件。就制度设计而言，奥斯特罗姆承认完全制度设计的不可能性，认为制度设计是一个实验与试错过程，需要不断调适才能找到合适的制度。具体到公共池塘资源治理，她放弃寻找成功案例背后的共同规则，转而提出自主治理的八项"设计原则"，并经受住了实践检验。[1]

3. 现实制度主义：创新与反思。新制度主义从来不是一个封闭的理论体系。盖伊·彼得斯在面对复杂多样甚至彼此冲突的流派时，曾发出"一种还是多种制度主义"的疑问。在他看来，不同的制度研究路径存在着一个核心：制度是政治生活的核心组成部分，比其他用以解释政治决策的事情都重要。[2] 在此前提下，新制度主义的边界实则具有开放性，为女性制度主义、实践制度主义等各种新兴流派提供了创新空间。

国际关系学者李巍构建了"现实制度主义"的理论框架。事实上，国际关系领域的制度分析早已成为新制度主义的组成部分。虽然国际社会往往被视作无政府状态，但某些政策领域确实存在机制与制度。罗伯特·基欧汉认为，国际制度可以在部分全球化世界的治理中发挥重要作用。[3] 盖伊·彼得斯提出"国际制度主义"的概念，认为它有助于推动国际政治的思维方式从权力、冲突向价值、和谐的转向。[4] 国际关系领域的理性选择制度主义者还探讨了国际制度作为信号与承诺装置、权力再分配手段或社会动员工具对国内政治所发挥的影响。[5] 李巍创立的"现实制度主义"则为国际关系的制度研究提供

---

[1] 李文钊：《制度多样性的政治经济学——埃莉诺·奥斯特罗姆的制度理论研究》，《学术界》2016年第10期。

[2] 盖伊·彼得斯：《政治科学中的制度理论："新制度主义"》，王向民、段红伟译，上海人民出版社2011年版，第162页。

[3] Robert Keohane, "Governance in a Partially Globalized World," *American Political Science Review*, 2001 (1).

[4] 盖伊·彼得斯：《政治科学中的制度理论："新制度主义"》，王向民、段红伟译，上海人民出版社2011年版，第151页。

[5] 详见田野《国际制度对国内政治的影响机制——来自理性选择制度主义的解释》，《世界经济与政治》2011年第1期。

了新的理论资源。他认为,当前的国际体系正从安全问题主导的丛林世界走向发展问题主导的规则世界,现实制度主义关注以争夺规则制定权为核心的国际制度竞争,着力探讨其产生的原因、基础与后果。其一,国际制度的双重属性是主导国与成员国参与国际制度建设的重要原因。国际制度既可以提供公共物品,又可能成为主导国的私利工具,公私属性的平衡有助于保持制度的生命力,过度执行公共职能或过度私有化将加速制度的衰朽。其二,主导国的权力地位、国际制度的公共服务能力、国际制度的合法性构成了国际制度竞争的政治基础,决定着特定国际制度的兴衰成败。随着国际权力格局的转换,新兴崛起国正在打破传统守成国对国际制度体系的垄断地位。不过,能否提供优质而充足的公共物品,能否增进权利公平性与成员参与性也是国际制度竞争及其结果的重要影响因素。其三,国际制度竞争可能导向制度相容或制度互斥,二者对全球治理与国际秩序的影响截然不同。制度相容的表现为,主导国互为对方制度体系的成员,成员国具有较大的重合性,双方的规则不存在根本性冲突。建立在制度相容基础上的竞争有助于改善全球治理,构建以规则网络、伙伴关系为特征的国际秩序。制度互斥则表现为主导国、成员国规则的互斥性,以制度互斥为基础的竞争将加剧全球治理的碎片化,强化国际秩序的丛林性质。[①]

不难发现,李巍的"现实制度主义"具有强烈的折中色彩,是对现实主义、自由主义两大范式的调和。它不否认权力的作用,承认权力与利益分配的不平衡,但也强调国际制度对国际体系的变革意义。总体来看,现实制度主义以国际制度的双重属性为主线,回答了大国为何开展国际制度竞争、不同制度为何在竞争中兴盛或衰败、竞争导向何种国际秩序等问题,形成了相对严谨的解释框架。然而,现实制度主义在现实主义、制度主义之间的理论定位并非作者所设想的那样明确。一方面,现实制度主义确实凸显了国际制度的功能与价值,认为国际制度能够提供行为规则与监督机制,对成员国施加一定的制约。但另一方面,权力时常凌驾于制度之上,主导国对公共利益、自

---

① 李巍:《国际秩序转型与现实制度主义理论的生成》,《外交评论》2016年第1期。

我利益的权衡是支配国际制度竞争的基本逻辑，国际制度发挥何种作用、塑造何种国际秩序从根本上讲取决于大国的意志与能力。主导性权力的优先性同制度主义的核心假设存在一定的张力，当前的现实制度主义未能处理好制度与行为体的相互关系。作者关于中美自贸区竞争的研究清晰地揭示了两国竞争的动力、基础与国际贸易秩序的可能走向，但国际制度更多地充当了大国的工具。①

（二）制度变迁研究的深化

制度变迁一度是新制度主义政治学的短板，后者被认为长于解释制度存续，短于解释制度变迁。近年来的研究成果正在打破长期以来的刻板印象，制度变迁已然成为新制度主义政治学的前沿课题，不同流派基于各自的研究视角发展制度变迁的解释模型与理论观点。2016年，制度变迁在我国制度理论研究中同样占有一席之地，产生了一批引介性或原创性的理论成果。

1. 话语制度主义：制度变迁的动力机制。不同于新制度主义的三大主流派别，话语制度主义自产生伊始就将制度变迁纳入核心议程，致力于从内生的角度挖掘制度变迁的动力机制。维维恩·施密特认为，理性选择制度主义、历史制度主义、社会学制度主义分别将制度视作激励结构、历史路径或文化框架，对制度的理解过于静态；三者正在经历的观念与话语转向使其突破了外生变迁的解释逻辑，但理性选择制度主义的观念不过是利益的同义词，历史制度主义难以消除决定论色彩，社会学制度主义的观念则是文化决定的静态结构，无法解释观念如何促成变迁。她认为，话语制度主义对制度、观念、话语的独特认知能够更好地解释制度变迁的原因与方式。首先，制度不仅是约束性的外在结构，也是内在于感知性能动者的建构物。换言之，行动者并非完全被动地接受制度的约束，他们时刻批判性地审视制度，对遵守制度或变革制度做出自身的判断。其次，观念、话语为制度变迁提供了有力的分析工具。作为制度主义的分支，话语制度主义的观念并未脱离制度语境，但它们拥有使行动者挣脱约束性力量的潜

---

① 李巍：《现实制度主义与中美自贸区竞争》，《当代亚太》2016 年第 3 期。

力。根据该流派的制度观，制度本质上由观念构成并塑造，观念的变革经由话语性互动带来制度的变革。与专注于观念维度的研究者不同，施密特极其重视话语过程，认为话语是观念从个体思维转化为集体行动的关键环节。无论在协调性政策领域，还是在交往性政治领域，话语揭示了"谁在什么地点基于何种原因向谁说了什么"，从而展现了制度变迁的动态进程。[①]

总体而言，话语制度主义强调沟通、协商、说服的作用，推崇行动者的对话能力与反思能力。人类社会不乏符合上述特征的制度变迁，但观念与话语并非在所有的制度变迁中都发挥决定性的作用。施密特承认，"行动者通常不经深思熟虑或充分磋商便开始行动"，亦即话语制度主义的适用范围是有限的。在其未来发展中，勘定理论边界、协调其他因素与观念话语的关系变得尤为重要。归根结底，在广阔而复杂的制度现象面前，对观念、话语的重视不能以漠视其他因素为代价。

2. 历史制度主义：制度变迁的多样性。长期以来，路径依赖、断续均衡主导了历史制度主义的制度变迁理论，成为后者饱受诟病的原因所在。然而，新近的研究表明，历史制度主义同样可以解释内生的、渐进的、演化的制度变迁。维维恩·郎兹划分了制度变迁的四种类型：结构的、渐进的变迁，结构的、断裂的变迁，能动的、渐进的变迁，能动的、断裂的变迁[②]，历史制度主义者对上述类型均有所关注。该流派对制度变迁的解释力正在与日俱增。

斯蒂芬·贝尔不认同建构制度主义的批判，强调以行为体为中心的历史制度主义能更好地诠释制度变迁过程。他认为，建构制度主义夸大了其他流派对制度变迁的解释缺陷，其自身则面临着制度主义色彩淡化、高度唯意志论等风险。他进而指出，历史制度主义并非铁板一块，以行为体为中心的研究路径提供了制度变迁的微观基础。其一，行为体可解释与建构关于制度环境的经验。建构制度主义的理念

---

① 维维恩·施密特：《认真对待观念与话语：话语制度主义如何解释变迁》，马雪松译，《天津社会科学》2016年第1期。

② Vivien Lowndes, Mark Roberts, *Why Institutions Matter: The New Institutionalism in Political Science*, Basing Stoke: Pal Grave Macmillan, 2013, p. 117.

与话语得到了承认，但其受到制度与环境的塑造。其二，在某些制度环境下，行为体拥有有限的裁量权。例如，规则的模糊性、规则的漏洞为多样化的执行行为提供了空间，埋下了制度变迁的种子。其三，制度同时驱动与限制行为体。例如，制度在分配权力的同时可能引发权力斗争，后者成为制度变迁的动力来源。可见，以行为体为中心的历史制度主义是在环境、制度、能动的互动中处理变迁问题，"制度或结构的环境通过对行为体施加成本或利益的影响、塑造行为体的理解和偏好、赋予其有限裁量权以及提供资源和机会等方式来发挥重要的作用"[1]。

段宇波从发展历程、逻辑框架、分析模式、动力理论等方面考察了历史制度主义的制度变迁研究。一个重要观点是，不同流派、不同学者在不同的意义上使用"制度变迁"概念：狭义的制度变迁仅指制度的质变，不包括制度生成、制度持续、制度终结等过程；第二种概念将制度演化作为制度变迁的一种形式，以区别于静态的制度状态；广义的制度变迁则涵盖制度生成、维系、终结的整个过程，即制度始终处于变迁状态，这符合历史制度主义的变迁观念。综观该流派的制度变迁研究，段宇波总结了四种互有交叉的变迁模式：路径依赖、关键节点、断续均衡、渐进转型。通过考察这四者的解释机制与最新进展，他认为，历史制度主义从不同的角度抛弃了线性变迁的简单假设以及片面化的解释逻辑，愈益关注制度、环境、行动者的相互关系，尤其是制度对结构能动的双向调节，致力于整合制度、利益与理念，重视制度变迁过程中的时间与空间。就制度变迁的动力而言，历史制度主义主张多样性的动力来源，既有环境变化提供的动力、行动者提供的动力、理念变迁提供的动力，又有制度、理念、利益机制相互作用构成的动力体系，且不同的变迁模式形成了不同的动力组合机制。[2]

3. 制度变迁的综合性解释。在新制度主义各流派构建自身制度

---

[1] 斯蒂芬·贝尔：《制度变迁的诠释路径：建构制度主义 V.S. 历史制度主义》，滕白莹、孙晨光译，《国外理论动态》2016年第7期。
[2] 段宇波：《制度变迁的历史与逻辑——历史制度主义的视角》，博士学位论文，山西大学，2016年。

变迁理论的同时，一些学者试图整合不同流派甚至不同学科的理论资源来发展制度变迁的综合性解释。马雪松、张贤明回顾了制度变迁的研究历史，并搭建了考察政治制度变迁方式的整体框架。他们认为，旧制度主义较少将制度变迁纳入分析视野，新制度主义政治学则在借鉴新制度经济学、社会学制度学派等社会科学研究成果的基础上推动了制度变迁的理论化。他们进而指出，政治制度变迁方式是政治制度在特定条件、不同动力机制的作用下产生的变迁路径，根据动力来源可分为外生变迁、内生变迁，根据权力运行及激励机制可分为强制变迁、诱致变迁，根据持续时间及剧烈程度可分为激进变迁、渐进变迁，根据变迁路径的合意性可分为合意变迁、意外变迁。他们对每种变迁方式的内在逻辑均进行了规范分析，并从内部性与外部性、强制性与诱致性、全局性与渐进性、合意目标与不确定因素四组关系出发分析了我国政治制度变迁的价值理念、目标指向与现实途径。[①]

唐世平试图构建制度变迁的广义理论，以同时解释制度的稳定与变化、渐变与突变、制度的共性与多样性以及好制度与坏制度的存在。首先，他将社会科学的制度变迁研究划分为两大学派：和谐学派、冲突学派。在他看来，前者无法解释坏制度的存在，并因低估权力的作用而无法内源性地解释制度变迁；后者则因低估观念的作用而无法解释人类社会的总体进步。其次，他将社会进化法式应用于制度变迁，尝试综合两大学派。具体而言，制度本质上是观念的化身或被规制化了的观念，社会进化法式则以变异—选择—遗传机制为核心。由此，制度变迁的过程可分为五个阶段：其一，产生关于特定制度安排的新观念；其二，政治动员；其三，争夺规则制定权；其四，制定规则；其五，合法化、稳定化以及复制。其中，第一阶段对应变异，第二、三阶段对应选择（减少变异），后两个阶段对应遗传。唐世平认为，观念竞争、权力斗争居于制度变迁的核心。再次，他从稳定与变化、渐变与剧变的角度考察了制度变迁的动力学，着重指出新观念的出现、权力格局的调整、制度体系的不兼容、外部环境的冲击是制

[①] 马雪松、张贤明：《政治制度变迁方式的规范分析与现实思考》，《政治学研究》2016年第2期。

度变迁的直接诱因。最后，他从经验、理论两个层面评估了制度变迁的广义理论，尤其通过揭示既有制度参与制度变迁的五个阶段而提供了路径依赖的另一种解读。①

（三）制度主义的理论应用

2016年，不少学者运用制度主义的分析路径或研究视角考察国内外的现实问题。其中，同教育学、管理学、社会学等学科相比，政治学对理性选择制度主义、社会学制度主义的应用性研究较为有限，历史制度主义仍然是我国政治学界最为常见的理论视角。此外，新制度主义的其他流派以及一般意义上的制度主义也被用于分析政治世界的各种经验问题。

金江峰在制度主义视域下考察了项目制对乡村关系的影响及其成因。他首先揭示了项目制背景下支配与反支配的乡村关系。一方面，项目制使乡镇政府与村庄再度建立联系，前者通过刚性任务捆绑项目资源、硬项目捆绑软项目等方式释放行政压力与项目压力，对村庄实施支配。另一方面，项目激励也刺激了村庄的自利性，村庄通过躲项目、争项目等策略实施反支配。金江峰随后对上述关系进行了制度主义的解释。具体来说，税费改革打破了乡（镇）村—农户的关系格局，基层治理的项目化运作构建起乡镇—村庄（基层组织、农户）的关系模式。就乡村关系的演变而言，金江峰关注的核心问题是，基层组织为何在项目实践中倾向于村庄而非乡镇政府。他承认基层组织的利益导向发挥了一定的作用：忽视村民利益的项目只会增加执行成本，降低收益与合法性，加之熟人社会的监督与制约，村干部不得不维护村庄公利。然而，更根本的原因在于，项目制导致了权、责、利在县、乡、村的非均衡分布。在权力层面，县级政府掌握项目的决策权，乡镇政府只有监督权，村庄享有执行权。弱化的乡镇政权难以施加强力支配，村庄则利用体制外身份、非程序化治理实现自治权对行政权的围困与倒逼。在责任层面，县级政府通过行政委托权将责任转移给乡镇政府，村庄采用弱者的武器抵制乡镇政府传递责任的努力，

---

① 唐世平：《制度变迁的广义理论》，沈文松译，北京大学出版社2016年版。

项目责任的双向汇聚导致基层行政权的妥协。在利益层面，迫于财政负担，乡镇政府通常远离有自由裁量权、非考核硬指标的项目，村庄则竭力从县级政府争取这些项目，乡村利益愈加分裂。由此，项目制因改变了权力—利益结构而重塑了乡村关系。①

高骏通过对福山等新制度主义者的文献研究，论证了拉美、东亚发展差异的制度根源。众所周知，当代东亚国家的经济发展比拉美国家更迅速、更成功。究其原因，经济政策的好坏无法解释二者长期的经济表现，经济政策及其实施效果在根本上受制于政治制度。福山的理论关注现代国家行政制度、法治与问责制，高骏认为，拉美与东亚的法治发展差异不大，行政制度、问责制是理解二者经济政策差异的关键。东亚国家较早建立了专业化、即事化的官僚系统，保证了经济政策的相对独立性与可持续性；拉美国家的现代官僚制与国家自主性较为薄弱，经济政策受到各方势力的严重束缚。不仅如此，拉美国家的问责制相对于官僚制而言过于强大，被威权势力、激进势力主导的实质性问责阻碍了以民主制为代表的程序性问责，公共利益的回应方式不可持续，合理的发展政策遭受阻碍。高骏着重分析了东亚、拉美形成上述制度差异的历史原因：儒家文明的官僚体制遗产、近代政治动荡对旧有精英阶级的毁灭塑造了东亚相对自主的现代官僚制度；殖民统治下的家产制、根深蒂固的精英利益集团则不利于拉美行政制度的去人格化与问责制度的良性发展。不过，有效的官僚制度在推动经济发展的同时限制了东亚国家的民主化，后者有必要完善民主问责制与法治；拉美国家则应平衡问责制与行政机构的自主性。②

国内基于历史制度主义的经验研究不胜枚举，涉及国外政治以及中国的政治体制改革、府际关系、制度反腐、基层治理创新、农村公共品供给等问题与领域，杨建海对智利、波兰养老金改革的比较研究具有一定的代表性。首先，他分别考察了两国采取特定改革模式的原因。智利的私有化改革是一种激进的结构式改革，其成功

---

① 金江峰：《项目制背景下的乡村关系——制度主义的视角》，《天府新论》2016年第4期。

② 高骏：《新制度主义框架下的拉美发展困境——论福山对于拉美和东亚当代发展差异的比较》，《拉丁美洲研究》2016年第3期。

的原因在于：传统的养老金制度过于分割，难以形成强大的利益集团，加之缺乏统一的工会组织，改革的反对力量较为薄弱；军政府取消了议会、政党等政治组织，消除了体制内的阻力；新自由主义意识形态的传播，等等。波兰的多支柱改革是典型的折中式改革，采取该模式的原因包括退休工人组成的利益集团反对激进的私有化改革；民主政治的建立使得政治家迎合选民；原有的现收现付制产生了巨大的转制成本，强化了新制度对旧制度的依赖；国际组织的推动。其次，他试图从历史制度主义的角度解析路径选择的主导因素，认为经济改革模式、既有制度、国家自主性等内生性因素影响了两国的制度变革路径。[1] 不可否认的是，该研究在很大程度上揭示了智利、波兰养老金改革的影响因素，具有一定的启发意义，但未能发挥比较历史分析的方法论优势，未能构建涵括既有制度、国家与社会行动者的统一分析框架。

薛松、柏兴伟在演进制度主义的视阈下考察了德国社会民主党的变迁模式。他们首先对德累斯顿学派的演进制度主义予以概述，认为其融合了系统论、模因理论、历史制度主义，并提供了制度演进的若干模式。模因[2]、模因与功能承载结构、小环境[3]是该流派分析制度演进的核心概念。他们随后以演进模式为分析框架对德国社民党进行个案研究，从制度模因系统的内部选择、小环境的外部选择两方面探讨政党变迁的过程与原因。他们认为，政党领袖更替引入了新的模因结构，产生了代际更替中的制度变迁；作为重要的小环境，国家政权的变更、其他工人阶级政党的竞争引发了制度危机所导致的制度变迁；以开发新资源、政党分裂为主要内容的制度学习实现了危机中的制度再稳定；指导思想的更新、主导差异的凸显或连续的结构、功能变迁推动了新制度的产生。总体来看，社民党为了适应政治体制、社

---

[1] 杨建海：《转型国家养老金改革的历史制度主义分析——以智利、波兰为例》，《兰州学刊》2016年第7期。
[2] 作者指出，模因是指导思想、行为模式、组织结构、功能机制等一切构成制度并可被认知、传递的信息。模因类似于基因，但含有人的主观参与因素。
[3] 作者指出，小环境是在制度所处的环境中，与制度的资源获取、功能实现密切相关的要素。

会基础的变革而不断自我调整，呈现出复杂多样的制度变迁模式。①不难看出，演进制度主义关于模因的复制与传递、模因承载结构与功能承载结构的兼容性、制度与小环境的互动等分析兼及微观、中观与宏观层面，较为生动地展现了制度变迁的现实。不过，抛却专门的术语，演进制度主义能否成为一个独立的流派，可否实现与历史制度主义的整合仍是一个值得商榷的问题。

（四）反思与展望

近年来，制度研究得到越来越多国内学者的关注，制度思维方式愈益渗入政治学者的头脑当中。仅就过去一年的研究成果而言，高质量的理论研究有所发展，新制度主义各流派及其制度变迁研究得到了深入的描述与解读；制度理论的应用性研究也不断跟进，学者们尤其重视用新制度主义理论分析中国的现实问题。但我国制度研究的问题同样显而易见：一方面，基础性的理论研究数量有限，实证研究发展迅猛。新制度主义同经验现实的结合无疑具有重要意义，但当前的很多研究缺乏扎实的理论根基，对新制度主义的理解过于粗浅甚至断章取义，在分析具体问题时"沦为套词语、套口号乃至削足适履的游戏"②。另一方面，我国对新制度主义各流派的研究并不平衡，历史制度主义仍是主导的理论范式，其他流派的研究进展相对缓慢。历史制度主义固然为政治现象提供了独特的分析视角，但过于同质化的思维方式不利于学科发展，况且某些实证研究未能展现出历史制度主义的优势，实际的分析过程更符合理性选择制度主义的解释逻辑。

未来的制度研究有必要在理论研究与实证研究、新制度主义的不同流派之间保持平衡，既要增进理论的消化吸收、捕捉最新的理论动态，又要强化问题意识并在此基础上开展新制度主义的经验研究；既要保持历史制度主义的研究动力，又要开发理性选择制度主义等其他流派的研究潜力。更重要的是，面对不同学科的制度分析路径以及名

---

① 薛松、柏兴伟：《演进制度主义下的德国社会民主党变迁》，《德国研究》2016年第2期。

② 李国强、徐湘林：《新制度主义与中国政治学研究》，《四川大学学报》（哲学社会科学版）2008年第2期。

目繁多的新制度主义类型，中国政治学者也可以在学科、流派的沟通对话与借鉴整合中发挥积极的作用。

二 民主制度及其实践

民主是当代政治学的核心议题，围绕民主的学术成果不计其数并呈指数式增长。本文从制度的角度考察2016年我国政治学界的民主研究，西方民主制度、中国民主政治构成了主要的研究对象。不过，民主观的差异往往影响学者对民主制度的界定、认知与评价，因而有必要简单梳理学者的民主观念。

（一）民主内涵的界定

民主即"多数人的统治""人民的权力"。字面意义的清晰并未消除民主观的混乱，事实上，民主是一个争议性概念，人们赋予其不同的含义并在不同的意义上使用；加之理念与现实的紧张关系，民主成为当今最复杂的概念之一。2016年，我国政治学者从不同的逻辑进路挖掘民主的内在属性。

其一，从"人民统治"的规范性含义出发，探究不同的民主理念。刘瑜区分了民主的实体性理解与程序性理解：前者认为存在一个边界清晰、拥有道德优势的人民实体，可通过选举发现"人民"并将其意志作为公共决策的基础；后者则质疑上述实体的存在，主张民主的本质在于塑造开放、持续、包容的制度性对话，所有民众都有平等的机会参与对话。两种民主观念对政治动员、选举地位、权力结构、政治自由、宪政规则的理解不尽相同，从而形成了赢者通吃式民主、多元制衡式民主。[1] 西方的民主测量秉持了程序主义的民主观，如熊彼特的"竞争性选举"、罗伯特·达尔的"竞争—参与"、肯尼斯·博林的"政治自由与人民主权"。赵卫涛等人认为，上述指标体系改造并异化了"民主"概念，带有浓厚的精英主义色彩与"自由

---

[1] 刘瑜：《两种民主模式与第三波民主化的稳固》，《开放时代》2016年第3期。

民主"一元论的烙印。① 林尚立区分了个人本位的民主、人民本位的民主。他认为，民主制度既可以从人的个体性存在出发，也可以从人的集合性存在出发，但无论出发点为何，民主必须实现"个人为自己做主""人民为自己做主"的统一，平衡个人的自由发展与人民的整体利益之间的关系。② 李良栋反对任何加"限定词"的民主，认为民主就是人民当家做主，他赋予民主的内涵为"核心是主权在民，前提是自由平等，通行多数原则，实行权力制约，崇尚制度化、法治化等价值追求"③。

其二，民主的模式及其超越同样为理解民主提供了重要路径。关于民主模式的研究承认民主概念的争议性、民主理念的多样性，并在此基础上考察不同类型的民主实践。赫尔德提供了民主模式的经典研究，他区分了古典民主、共和主义民主、自由主义民主、直接民主等民主的古典模式以及精英主义民主、多元主义民主、参与型民主等现当代模式。④ 作为一种思维方式，民主的模式已渗入多数研究者的头脑当中，除上述划分外，资本主义民主与社会主义民主、西方民主与非西方民主、选举民主与协商民主等主流话语无不体现了将民主模式化的努力。马克·沃伦肯定了民主模式研究的成果与优势，但认为其回避了民主的实质问题。他确立了民主研究的两个维度：民主系统需要实现的功能、目标维度，实现目标的手段、机制、方法维度。在他看来，民主系统应有三个功能：利益相关群体都能被赋权，通过沟通形成集体意志，具有进行集体决策的能力。⑤ 如此一来，问题导向的民主理论突破了西方民主的界限，有望对更多的民主国家具有解释力。

其三，基于民主与法治、资本主义、自由主义的关系，揭示民主

---

① 赵卫涛、张树华：《西方民主测量的理论局限与政治反思》，《政治学研究》2016年第4期。
② 林尚立：《论以人民为本位的民主及其在中国的实践》，《政治学研究》2016年第3期。
③ 李良栋：《论民主的内涵与外延》，《政治学研究》2016年第6期。
④ 戴维·赫尔德：《民主的模式》，燕继荣等，中央编译出版社2008年版。
⑤ 刘玲斐、张长东：《协商民主理论及其局限——对话马克·沃伦教授》，《国外理论动态》2016年第1期。

概念的内涵。葛洪义考察了民主与法治的关系，他认为，法律的根本属性是说理，法治是政治民主的底线与高度。具体而言，民主的底线是人们有权基于自身利益在公共事务中发表意见，决策既要少数服从多数，又要保证少数人充分发表意见；民主的高度取决于国家权力是否真正受制于人民，权力运行体制是否稳定有效并受到人民的尊重，人民参与公共决策的活跃度等。法治则为之提供了依据与保障。① 刘圣中考察了民主与资本主义的关系，他认为西方的现代民主是民主与市场的矛盾结合体：一方面，二者相伴相生，民主为市场提供保障，市场为民主提供物质基础；另一方面，市场的固有缺陷为民主带来挑战与压力，西方民主极可能沦为被市场绑架的民主。② 该研究的启示在于，对资本主义民主的评价应区分其民主成分、市场成分抑或其他。唐士其考察了民主与自由主义的关系，他认为西方民主是被嵌入自由主义基本政治框架中的民主，其中的民主要素包括普遍平等的公民权利尤其是政治权利、选举制、多数决定的投票机制、公民的直接参与。总体上，自由主义以其特有的方式缓和了纯粹民主制的潜在冲击力与破坏力，为民主提供了正当性基础；但二者也存在矛盾与张力，民主试图绑架前者，索取更多事实上的平等。③ 该研究明确了自由主义民主中的民主成分以及民主与自由主义的复杂关系，为人们理解民主的内涵清除了特定障碍。

需要指出的是，并非所有学者都致力于勘定民主的边界。相当多的研究成果在较为宽泛的意义上使用民主概念，大体可分为三个层次：第一，在宏观的政治形态层面，民主等同于民主政治，法治、政府治理成为其构成要素；第二，在政体层面，同极权政体、威权政体相区别；第三，在具体操作层面，如协商民主中的"民主"往往被视作机制与方式。在接下来考察中外民主制度的过程中，需要对概念内涵的争议性、概念使用的层次性有所意识。

---

① 葛洪义：《法治：政治民主的底线与高度》，《吉林大学社会科学学报》2016 年第 4 期。
② 刘圣中：《现代民主的和平悖论及不平等》，《国外理论动态》2016 年第 10 期。
③ 唐士其：《被嵌入的民主》，《国际政治研究》2016 年第 1 期。

（二）对西方民主困境与反思的研究

作为民主的典型实践形式，西方民主在民主研究中居于核心位置，国内学者一般将之定位为资本主义民主、代议制民主、自由民主、程序民主等。近年来，民主衰退研究兴起，并引发了激烈的争论。[1] 姑且不论"民主衰退"是否为伪命题，西方民主遭遇的实践困境却是有目共睹的。老牌的民主国家出现治理危机，新兴的民主国家出现民主停滞、民主质量下降甚至民主崩溃，西方民主的有效性、合法性正面临极其严峻的挑战。2016年，我国学者聚焦美国大选、"民主之春"、英国脱欧公投、民主输入国的政治动荡等事件，对西方民主的困境进行了剖析与反思。

1. 对西方民主危机的分析。以英美为代表的西方民主日益同金钱政治、体制僵化、政府低效、社会不公等字眼联系在一起。客观而论，有些问题植根于西方民主的本质性缺陷，是与生俱来的弊病；有些问题并非"民主"一己之力可以解决，是所有政府的治理任务。但不可否认的是，西方民主政府未能很好地应对各种先天的或后天的问题。我国学者从不同角度揭示了西方民主危机的表现与成因。

其一，资本对政治领域的渗透。马克思最早揭露了西方民主的资本逻辑，认为资本主义民主只打破了人的从属关系，并未使人摆脱物的从属关系，在根本上依存于私有财产与交换关系。当前，越来越多的人认为，西方民主正在沦为金钱政治，只为少数经济精英服务。学者通过分析选举与金钱的结盟、利益集团对议会立法与行政决策的干预来论证西方民主的资本属性。具体而言，金钱控制民主程序的渠道为："设立私人基金和机构、圆桌会议、动员媒体、制度性的广告宣传、贿赂政客和其他政府官员、为竞选运动提供大笔资助、雇用专业说客向获选官员施加压力等等。"[2] 在资本与民主的关系中，政治献金尤其具有争议性，优思明·达乌德关于竞选资金的研究有助于理解

---

[1] 参见倪春纳《西方民主衰退之争评析》，《江苏社会科学》2016年第5期；陈尧《民主衰落研究的兴起》，《江海学刊》2016年第2期。

[2] 佟德志：《"民主之春"与资本对民主的控制》，《红旗文稿》2016年第12期。

民主政治中金钱问题的复杂性。他指出，政治活动中私人资金的捐赠应否受限构成了竞选资金监管的争论焦点。一般而言，平等主义派以富人垄断政治话语为由支持资金监管；自由主义派以宪法保护的言论自由为名反对资金监管，也有人提出筹资难度的加大不利于挑战者而有利于现任官员等反对理由。综观竞选资金的研究文献，美国法院、学界的讨论主要围绕腐败、政治平等与代表、选举例外论展开。例如，立法上对选民意愿的回应在何种情况下转变为腐败，如何区分合法的、不合法的政治影响力，竞选言论是否适用于第一修正案等，这些问题的回答将影响竞选资金监管的合法性与发展趋势。[1]

其二，民主的形式化与公民参与的有限性。张利华区分了民主的实施载体与民主的精神实质，认为西方国家将选举制、全民公投等工具夸大为民主的标志，混淆了形式民主与实质民主的区别。[2] 佟德志发现，当代西方民主愈益表现为程序民主，后者存在多数主义的悖论、数理逻辑的悖论、程序与结果之间的不确定性，并导致党派立法、"互投赞成票"、独裁者获选等现象的出现。[3] 马德普等人认为，一人一票的普选权只是一种形式平等，既掩盖了选举结果的事实不平等，又无法解决偏好强度的差异问题以及偏好的合理性问题。[4] 陈炳辉则从国家治理的角度提出，代议制民主在一定程度上体现了精英治国与民主政治的结合，但随着国家治理复杂性的增强，西方民主却日益走向精英政治、官僚政治，选举出来的精英"尽管为了选票必须向选民负责，顾忌选民的意愿，但还会以国家治理复杂性为理由，通过资本主义制度体系安排拒斥普通公民广泛而真实的政治参与需求"[5]。可见，在批评者看来，西方国家过度迷信民主的形式，在实践中将民主简化为选举，将公民排斥在政策过程之外，极大地削弱了公民的政治影响力。

---

[1] 优思明·达乌德：《竞选资金与美国民主》，赵开开、朱玉雨译，《国外理论动态》2016年第4期。
[2] 张利华：《从英国脱欧公投看西方民主困境》，《人民论坛》2016年第8期。
[3] 佟德志：《当代西方程序民主的困境与悖论》，《国际政治研究》2016年第2期。
[4] 马德普、黄徐强：《论协商民主对代议民主的超越》，《政治学研究》2016年第1期。
[5] 陈炳辉：《国家治理复杂性视野下的协商民主》，《中国社会科学》2016年第5期。

其三，民主与平等的分离。在诸多价值中，平等与民主最具亲缘性，但西方民主伴随着一系列不平等现象，引发了广泛的批判与反思。关于不平等的根源，学者大多归因于资本与市场因素。张飞岸认为，西方的自由民主过于强调市场与民主之间的统一性，忽视了二者之间的对立性，不仅导致国内财富分配的严重不平等，还诱发了第三波民主转型国家多数人与少数人之间的战争。[①] 刘圣中指出，现代民主的秘密是资本的所有权，市场化的民主始终围绕资源的占有而展开斗争，由此导致民主国家之间的和平与民主国家成为主要战争策源地之间的悖论，并造就了三种不平等关系：战胜方市场体系下国家之间的不平等、战争动员体系下公民的政治与生存权利被剥夺、财富所有者支配下代议制过程的不平等。[②] 汪仕凯考察了20世纪70年代以来美国政治的演变，认为政治平等与经济不平等的冲突性共存是理解美国民主衰落的关键。具体而言，美国民主一度建立了政治平等与经济不平等之间的相互制约关系，但在富裕阶层的影响下推动了经济不平等的扩大，并反过来造成了政治平等的实质性下降。其中，社会阶层政治影响力的分化、政党政治与公共政策的共同转向、公民政治冷漠的固化成为经济不平等、政治不平等相互强化的三重中介机制，不平等成为美国民主政治的实质内容。[③]

其四，民粹主义的抬头。英国脱欧、特朗普胜选等现象被很多人视为民粹主义的表征，后者显示了欧美政治的极化趋势。段德敏区分了论争式民主与敌对式民主，前者呈现出对立但不敌对的竞争状态，后者则视对手为敌人，民粹主义即为一例。它主张人民是一个不可分割的整体，必须区分"真正的人民""虚假的人民"。当前，民粹主义正在裹挟欧美的民主政治，特朗普分裂社会、制造恐惧、将自身装扮为美国人民代表的竞选策略具有明显的民粹特征，背后则反映了社

---

① 张飞岸：《走出民主危机：从自由民主向社会民主的回归》，《探索》2016年第6期。
② 刘圣中：《现代民主的和平悖论及不平等》，《国外理论动态》2016年第10期。
③ 汪仕凯：《不平等的民主：20世纪70年代以来美国政治的演变》，《世界经济与政治》2016年第5期。

会的严重分裂，并赋予美国民主更加浓厚的精英色彩。① 刘瑜区分了多元式民主与一元式民主，二者的区别在于对民意的认识是多元的还是一元的。在政治实践中，自由式民主尊重民意的多样性，追求精英主义与平民主义的平衡；民粹政治信奉至高无上的"人民意志"，追求平民主义对精英主义的压倒性胜利，因而民粹民主极易滑向民粹专制。她考察了美国政治中的民粹主义，认为其在历史上处于支流位置，但当代美国的左翼、右翼民粹主义都在崛起。究其原因，左翼民粹主义源于不断上涨的权利预期同精英民主的矛盾，右翼民粹主义主要是对左翼壮大的反弹。一方面，左翼的实际历史地位在提高；另一方面，族群结构、代际观念的变化有利于左翼未来的地位提升。再加上文化精英的价值偏见、经济地位的相对变化、恐怖袭击的威胁，右翼民粹主义由此兴起。②

此外，其他学者从不同角度揭露了西方民主的困境。聂智琪注意到，西方诸国的占领运动显示了代议制民主的代表性危机，学者们对危机的根源莫衷一是：左翼认为，新自由主义的经济逻辑侵蚀了政治领域；福山认为，扩展民主参与的改革加剧了危机；西蒙·托米认为，日趋多样化、个体化的社会分裂为若干少数，动摇了代议制民主的根基。聂智琪则指出，他们未能反思传统的、基于同一性的代表观。事实上，代表的危机不是因为代表体制的失灵或代表个人的背叛，而是民主的必然后果，植根于人民、代表之间的差异。③ 吴冠军发现，现代民主面临双重困局：个体投票的无足轻重催生了政治冷漠，不选择即为危险的选择状态，而强制性的投票会增加不负责任的票数；数字决定论不断区分多数人与少数人，结构性地制造社会隔阂。④ 张乾友认为，随着多元社会的形成尤其是利益结构、认知结构的变化，民主解决利益冲突、认识冲突的能力受到巨大挑战，从而遭

---

① 段德敏：《英美极化政治中的民主与民粹》，《探索与争鸣》2016年第10期。
② 刘瑜：《民粹与民主：论美国政治中的民粹主义》，《探索与争鸣》2016年第10期。
③ 聂智琪：《代表性危机与民主的未来》，《读书》2016年第8期。
④ 吴冠军：《从英国脱欧公投看现代民主的双重结构性困局》，《当代世界与社会主义》2016年第6期。

遇合法性危机。① 雷少华指出，美国民主的困境表现为本国的治理问题与输出民主的失败，根源于麦迪逊式共和体制尤其是权力制衡与现代公共治理之间的矛盾。② 可见，不同学者将西方民主的危机归因于民主本身、西方民主制度、民主环境等不同因素。

2. 对西方民主未来的思考。学者们不仅考察了西方民主的危机与困境，也对西方国家的应对与未来进行了一定的思索，具体对策包括改善民主质量，实行参与式民主、协商民主，甚至以社会民主取代自由民主等。总体来看，完善自由民主的建议在不同程度上转化为政治实践，挑战既有模式的对策则停留在理论层面。

提升现有民主体系的质量是应对民主危机的主流方向。西方国家已意识到，自由民主必须进行必要的自我修正，例如适当节制资本的力量，发挥政府在分配资源、促进社会公平方面的积极作用，增强公共责任在民主中的地位等。参与式民主是弥补代议制民主缺陷的重要路径，它主张普通公民对公共事务的参与，但无法解决与之相伴的低效率、高成本问题。作为参与式民主的实现形式，电子民主在基层实践中化为现实，美国、欧洲国家建立了多元的电子民主实验项目，并取得了一定的成效。③

协商民主相对于代议制民主的优势得到了普遍认可，但部分学者认为二者是竞争关系，其他学者将之视为代议制民主的补充。在实践中，参与式预算、公民会议、公民陪审团等不同形式的协商民主在既有的民主框架下发挥作用。马德普等人在西方协商民主理论的基础上提出了协商民主超越代议民主的四个方面：从个体理性、偏好聚合到公共理性、偏好转换，从选举与统治合法性到讨论与政策合法性，从授予和约束权力到参与和行使权力，从单一的形式性平等到复合的包容性平等。④ 史春玉认为，协商民主理论家无不关注协商的民主性、

---

① 张乾友：《民主的合法性危机》，《江苏行政学院学报》2016 年第 4 期。
② 雷少华：《民主、民主化与美国民主的困境》，《国际政治研究》2016 年第 2 期。
③ 李亚妤、杜骏飞：《重估电子民主：概念、分歧与研究进路》，《中国地质大学学报》（社会科学版）2016 年第 4 期。
④ 马德普、黄徐强：《论协商民主对代议民主的超越》，《政治学研究》2016 年第 1 期。

观点表达的公正性与包容性，但他们的区别在于话语商讨的条件与情景。据此，协商民主分为两种范式：对话范式、演说范式，前者要求每位与会者充分、理性地表达观点，但存在规模限制；后者不要求每位与会者都发言，允许激情表达等多种话语方式，只要求保证正反观点的相互表达和质辩。① 马克·沃伦则强调，协商民主只是一个沟通协商机制，而非决策机制，后者仍需通过投票来实现。"协商民主要解决的问题是在投票前进行充分协商，从而使理由得到清楚的阐释，进而审慎地得出意见。先协商，再投票，这才是合适的机制。"②

以社会民主取代自由民主是较为激进的对策思路。张飞岸认为，市场与民主的矛盾是自由民主治理失败的根本原因，社会民主有望缓解二者的冲突。它将民主视作经济权利、政治权利、社会权利的统一，兼顾治理、参与—回应、再分配三个要素，既坚持个人权利的重要性，又主张国家相对于资本的自主性及其在再分配领域的重要角色。他推崇丹麦的社会民主制度，在其他国家的民主转型问题上并未给出具体策略，但强调更新民主概念的重要性，即在概念上实现从自由民主向社会民主的回归。③

（三）对民主实现形式多样性的研究

西方民主垄断政治话语的格局正在经受挑战，越来越多的人意识到，西方民主体现了对民主的特定理解，同时是具体历史情境的产物，并非民主的唯一实现形式。可以说，"民主既不是西方的也不是非西方的，而是在不同国家通过各自的民主实践形成的可以相互印证、包容、影响与沟通的多种价值指向的混合"④。2016 年，我国学者跳出西方中心论，正视不同国家民主道路与形式的特殊性。

1. 关于非西方国家民主道路的探讨。除中国民主外，国内学界

---

① 史春玉：《协商民主的边界》，《国外理论动态》2016 年第 4 期。
② 刘玲斐、张长东：《协商民主理论及其局限——对话马克·沃伦教授》，《国外理论动态》2016 年第 1 期。
③ 张飞岸：《走出民主危机：从自由民主向社会民主的回归》，《探索》2016 年第 6 期。
④ 亓光、王兴永：《试论民主实现形式的多样化——以西方民主话语中的"非西方民主"批判为起点》，《理论学刊》2016 年第 4 期。

对非西方国家民主实现路径的研究较为有限。其中，一些学者考察了新加坡、俄罗斯等国可能的或各具特色的民主，一些学者考察了第三波民主化国家的民主转型道路。①

孙景峰等人探讨了"新加坡式民主"的内涵、历史与特色。他们认为，新加坡在人民行动党的领导下发展出了一条符合自身国情的民主道路，宪政体制、政党政治、选举、法治是主要的民主元素。经过历代领导人的探索，该国在西方代议制民主的框架内融入了儒家精神的内核，包括社会共同价值观的维系、"君子"执政的"好政府"、政治经济社会发展的循序互动、为人民服务的群众民主。②

俞可平考察了关于俄罗斯民主的争论。虽然学者们对俄罗斯政治做出不同的界定：自由民主、威权主义、俄式民主（即"主权民主"），但其共识是宪政民主的体制框架基本建立，政治上高度集权，俄罗斯民主仍处于转型之中，具有不确定性。关于新型政治体制的现实基础，他们从苏联政治的弊端、专制主义的历史传统、经济社会转型的需要、地缘政治格局的变迁、领导人的个性等多个角度进行挖掘，总体上对该国的"民主化"进程予以肯定。③

刘瑜对南非、委内瑞拉的民主巩固进行了比较研究。众所周知，在第三波民主化进程中，有些国家实现了民主巩固，有些走向了民主衰退。刘瑜从精英行为的角度解释了差异性结果的原因：在民主转型的关键时刻，一定观念下的精英行为深刻地影响了新兴民主的前途。如前所述，政治精英对民主存在程序性或实体性的理解，两种民主观导向了不同的政治行为方式，并造就了多元制衡式民主、赢者通吃式民主，后者往往会带来民主的倒退或崩溃。以查韦斯治下的委内瑞拉、曼德拉治下的南非为例，两国的经济水平、社会结构、正式制度选择、国际环境、社会文化存在相似性，其差别在于南非民主稳固的条件更为恶劣。然而，查韦斯秉持实体性民主观，其统治方式体现了赢者通吃式民主的所有特点，终由民主滑入了威权；曼德拉及其竞争

---

① 相关国家并未脱离西式民主的模式，但其民主转型的方式与道路不同于西方。
② 孙景峰、刘佳宝：《"新加坡式民主"新论》，《吉林大学社会科学学报》2016 年第 5 期。
③ 俞可平：《俄罗斯民主：中国学者的视角》，《国际政治研究》2016 年第 2 期。

者则尊重多元，强调制衡，使南非避免了民主崩溃与大规模的暴力冲突，阶段性地实现了民主稳固。①

陈波从文武关系的角度考察了印度尼西亚的民主转型。文武关系的两代范式分别将武装力量的文官控制、民主控制视作威权政体民主转型的关键。陈波认为，文武关系的变革在很大程度上决定了印度尼西亚民主化的成败。具体而言，经济危机瓦解了苏哈托的威权统治，新的政权当局与高级军官合作开启民主转型。通过对后苏哈托时代前四位总统军队改革的考察，可以看出，文官集团之间、文官与军队之间的斗争与妥协是影响改革成效的主要因素。当前，文官政府对军队的掌控、军队的非政治化均有所进展，但尚未实现文官的有效控制甚至民主控制。②

2. 关于中国民主政治发展的研究。中国民主丰富了民主的实现形式，在国内学者的民主研究中占据较大比重。相关成果大体分为两部分：一般意义上的中国民主和社会主义协商民主。

尊重民主的中国语境、构建民主的中国话语成为研究者的核心关切。学者们赋予我国民主不同的称谓与内涵，如中国式民主、中国特色社会主义民主、人民民主、以人民为本位的民主等，并探讨了中国民主的发展与完善问题。许耀桐认为，中国式民主是党的领导、人民当家做主、依法治国有机统一的民主模式，具有强烈的内生性，是在付出沉重历史教训的基础上发展起来的。中国式民主具有自身的鲜明特色以及保持社会稳定、治理效率更高、人民权利实在、执政团队卓越的优势，体现了世界民主模式的多样性。③ 胡伟考察了我国的社会主义民主并突出了政党的角色。在他看来，我国民主批判继承了西方民主的代议制、选举制、法治，但本质上是区别于西方精英民主的人民民主，并把无产阶级民主转化为无产阶级政党领导下的社会主义民主，从而缓和了民主与参与的张力。为保证社会主义民主不被扭曲，

---

① 刘瑜：《两种民主模式与第三波民主化的稳固》，《开放时代》2016 年第 3 期。
② 陈波：《文武关系与民主转型——印度尼西亚个案研究（1998—2014）》，《东南亚研究》2016 年第 4 期。
③ 许耀桐：《中国式民主的兴起和发展》，《新视野》2016 年第 2 期。

必须加强党内民主、党内监督，以党内民主带动人民民主。① 梁建新在承认理论的视角下考察了中国特色社会主义民主的内涵与发展。他指出，民主政治是一种"承认政治"，是对人民主体地位、主体权利的承认。人类社会由专制社会的单向度承认转变为交往主体的双向度承认，但资本主义民主只实现了有产者与无产者之间不平等的相互承认，未能脱离"身份政治"的范畴；我国的社会主义民主则追求平等的承认。② 林尚立将中国式民主概括为人民本位的民主。我国曾经历了将"人民"绝对化的"大民主"实践并留下了惨痛的历史教训，当代人民民主致力于人民本位与个人本位的平衡，即从人民本位、人民主权出发，兼顾个人权利与个人自主，并落实为比较完整的价值体系、组织体系与制度体系。③ 汪卫华认为，西方民主制度与话语实现了本体意义上的"表里相济"，中国在反思西方民主的同时，也应构建民主话语体系与民主政治实践的表里关系。为适应本体意义上的人民民主，中国可探索政道意义上、以公民参与和群众路线为内核的"参与民主"④。

此外，一些学者分析了中国民主的其他面向，中国人的民主观尤其具有代表性，为理解中国特色民主提供了一定的启发。何俊志通过问卷调查发现，地方官员对民主的理解存在差异，偏向直接民主、为民做主的观念明显高于以选举为核心的代议民主观；多数人认为，在发展中国民主政治的过程中，协商民主与选举民主同等重要。他推断指出，"中国式民主"不仅是部分学者的观点，而且在地方官员与民众当中存在广泛基础。⑤ 关于知识分子民主观念的研究注意到中国学者的分化，但低估了学术共同体的管理体制与社会特性；对普通民众

---

① 胡伟：《社会主义民主：渊源、属性与方向》，《中共中央党校学报》2016 年第 6 期。
② 梁建新：《"承认"视域下中国特色社会主义民主政治的生长路径》，《理论探索》2016 年第 6 期。
③ 林尚立：《论以人民为本位的民主及其在中国的实践》，《政治学研究》2016 年第 3 期。
④ 汪卫华：《表里相济的民主》，《国际政治研究》2016 年第 2 期。
⑤ 何俊志：《何种民主？谁更重要——基于地方官员问卷调查结果的分析》，《经济社会体制比较》2016 年第 5 期。

的问卷调查发现了中国人民主观念的特殊性与多样性,特别是社会经济绩效对程序民主的挑战。[1]

协商民主是中国民主研究的热点议题。党和国家高度重视协商民主,视其为中国社会主义民主政治的特有形式和独特优势。2015年《关于加强社会主义协商民主建设的意见》指出,"协商民主是在中国共产党领导下,人民内部各方面围绕改革发展稳定重大问题和涉及群众切身利益的实际问题,在决策之前和决策实施之中开展广泛协商,努力形成共识的重要民主形式",并总结出政党、政府、政协、人大、人民团体、基层、社会组织七个协商渠道。学界的主流研究并未脱离上述界定,在此意义上,"中国的协商民主将协商视为民主本身""西方的协商民主将协商视为达成民主的一种形式或手段"[2]。唐庆鹏从话语特色、话语渊源、话语价值、话语应用的角度分析了2016年之前我国协商民主研究的核心议题,系统梳理了中西协商民主比较、中国协商民主的理论基础与实践背景、重要性与必要性、制度与实践问题。[3] 2016年,协商民主研究继续推进,具体表现如下:

一方面,学者对中国协商民主的生成逻辑、政治定位、内在结构、实现路径的理解日益深化。就生成逻辑而言,唐鸣等人认为,我国传统政治资源限制了民主的发展,却使协商成为可能;后选举治理时代使协商成为民主发展的策略选择;在社会转型背景下,协商民主能够整合政治参与;多元参与常态下的吸纳与激活为之提供了生长空间;体制压力下政治精英的自利推动了协商民主的发展与创新。[4] 就政治定位而言,马一德在宪法框架内构建了"执政党—政协—人大—人民"的国家治理体系,协商民主在其间发挥了核心的串联作用,政策过程是"政治协商—立法协商—社会协商"的循环过程。政治协

---

[1] 黄晨:《近年美国学界中国民主研究评析——文献、脉络与方法》,《国外社会科学》2016年第1期。

[2] 萧鸣政、郭晟豪:《当前社会主义协商民主实践及其完善建议》,《北京大学学报》(哲学社会科学版)2016年第3期。

[3] 唐庆鹏:《民主的中国话语:社会主义协商民主研究核心议题评析》,《社会主义研究》2016年第6期。

[4] 唐鸣、魏来:《协商民主的生长逻辑——中国经验的整体性视角和理论研究的整合性表述》,《江苏社会科学》2016年第5期。

商、社会协商则分别以党领导的多党合作和政治协商、群众路线为实现方式,经由人大制度连接起来。①就内在结构而言,张宇等人从对话主体、活动场域、适用领域三个方面考察了社会主义协商民主的构成要素。其中,执政党、民主党派、社会团体、公民为对话主体,人大、政协、听证会、大众传媒等空间是主要的活动场域,民生问题为重要的适用领域。②陈怀平等人从权力主体、实践主体、价值主体三个维度考察了中国协商民主的内在结构,三者的人民性对协商民主的实践提出了一定的要求。③就实现路径而言,推进协商民主的制度化与法治化、培育协商文化是学界的共识。于涛发现潜在的失序、无序问题,提出构建完善的规范体系,包括加强理论研究、健全法律规范与程序规范、进行公民教育和民主训练。④为发挥协商民主对公共政策的促进作用,齐卫平建议加强议程设置中的民主协商,兼顾各种诉求表达的合理性与合法性,增强协商过程的公开性与协商意见的透明化,树立协商理念。⑤韩升主张在政治民主与社会民主的互动中发展协商民主,推进决策机构的正式协商与公共领域的非正式协商,并强调宽容的重要性。⑥

另一方面,基层协商民主得到了高度关注。协商民主有不同的层次,但较高层次的协商民主研究成果相对有限。董树彬考察了人民政协的协商模式,认为它在中国协商民主中处于核心地位,发挥着引领作用。⑦曾明等人通过分析某省政协提案,发现它同共产党的执政理

---

① 马一德:《宪法框架下的协商民主及其法治化路径》,《中国社会科学》2016年第9期。
② 张宇、刘伟忠:《论社会主义协商民主的基本内涵及其构成要素》,《理论与改革》2016年第2期。
③ 陈怀平、赵芮、何宇潇:《人民主体:中国特色协商民主的三维主体逻辑》,《中州学刊》2016年第12期。
④ 于涛:《协商民主制度化发展中的秩序性问题》,《国外理论动态》2016年第10期。
⑤ 齐卫平:《协商民主影响公共政策的若干思考》,《学海》2016年第3期。
⑥ 韩升:《理解民主:对和谐共同体生活的政治哲学阐释》,《华中科技大学学报》(社会科学版)2016年第1期。
⑦ 董树彬:《人民政协协商民主的模式示范与制度引领》,《当代世界与社会主义》2016年第2期。

念、中心任务具有一致性，关注弱势群体与公共利益，进而认为社会主义协商民主具有共识性的价值追求。① 其他学者纷纷聚焦基层协商民主，其主要观点如下：在性质与内容方面，戴玉琴发现农村协商民主同党的群众路线具有耦合性，使自上而下的群众路线与自下而上的农民参与相结合；② 赵秀玲区分了乡镇、村级、镇村联动、多级联动等农村协商民主的不同层级；③ 朱凤霞等人将地方政府治理中的协商民主分为决策型、管理型、监督型等类别。④ 在意义作用方面，章荣君探讨了协商民主对村民自治的价值，认为选举民主、村务监督解决了权力获得、权力监督的问题，协商民主则解决了权力行使的问题，弥补了民主决策与民主管理的真空；龚骏等人考察了协商民主对基层治理的意义，即推动治理主体由一元转向多元、治理方式由单一转向多样、治理过程由单向度管理转为多方互动，实现政府行政管理与社会自治的有效衔接；⑤ 在问题与对策方面，张等文等人认为，基层协商民主面临制度供给不足、协商模式难以推广、协商结果执行不力等困境，建议增加制度供给，推广成熟模式；⑥ 顾盼等人建议培育公共理性，坚持调整存量、培育增量两手抓，发挥基层党组织的主导作用，坚持多元主体协同配合，优化制度供给，完善实践技术等。⑦

也有学者考察了协商民主的其他相关问题。聂伟通过地方官员的问卷调查发现，党委干部对协商民主的认知差别不大，协商民主熟悉

---

① 曾明、谢婷：《中国式协商民主的共识性取向——基于2006—2014年A省民主党派政协提案的分析》，《新视野》2016年第5期。
② 戴玉琴：《农村协商民主：乡村场域中群众路线实现的政治路径》，《江苏社会科学》2016年第2期。
③ 赵秀玲：《协商民主与中国农村治理现代化》，《清华大学学报》（哲学社会科学版）2016年第1期。
④ 朱凤霞、陈昌文：《地方政府治理中的协商民主：治理逻辑与现实可能》，《科学社会主义》2016年第6期。
⑤ 章荣君：《实现村民自治中选举民主与协商民主协同治理的探究》，《湖北社会科学》2016年第10期；龚骏、罗家为：《治理创新视角下的基层协商民主》，《天津行政学院学报》2016年第6期。
⑥ 张等文、杨才溢：《中国基层协商民主实践及其可持续性研究》，《东北师范大学学报》（哲学社会科学版）2016年第2期。
⑦ 顾盼、韩志明：《基层协商民主的比较优势及其发展路径》，《行政论坛》2016年第6期。

度、平等机制、真诚互动认知对协商实践及其满意度有着显著促进作用，而关于协商民主重要性、协商民主内涵的认知对协商实践及其满意度的影响微弱。① 申建林等人对参与式预算这一协商民主形式进行了探析，总结出公众建议与人大代表决策对接、二者共同决策两种参与形式，但强调中国参与式预算属于政府主导的咨询性协商，尚未发展成为成熟的协商民主。② 李建梳理了协商民主推进国家治理现代化的研究成果，发现十八大以来协商民主研究实现了理论转向：从协商民主理论本身转向国家治理现代化背景下的协商民主。③

（四）简要评析

2016年，我国学者对中外民主制度的研究呈现出若干鲜明特征：其一，从更为客观的角度看待中西民主政治。学者们基于多元的学术立场剖析西方民主的困境与成因，对待自由民主、程序民主的态度也存在较大差异。其二，规范研究仍为主流，实证研究有所增加。在规范研究中，重复性成果仍占一定比重，但也出现了一批高质量的理论成果；述评类文章大量涌现，为及时总结研究进展、推进未来研究提供助益；案例研究、比较研究数量有限，但为理解民主政治的复杂性提供了有力工具。在实证研究中，民主观念的差异性成为学者关注的焦点，但定量方法的应用主要局限于描述统计。其三，民主研究的中国立场越发突出，打破西方民主话语体系、推动民主研究议程的转向成为一种学术自觉。但我国民主研究的议题范围仍滞后于西方，具有中国特色的概念工具也缺乏足够的话语传播与国际竞争力。如果中国式民主成立的话，基于中国经验调整西方理论抑或发展新型民主理论就成了中国与世界的重大问题。

---

① 聂伟：《党委干部协商民主认知对协商实践及效果评价的影响》，《经济社会体制比较》2016年第5期。
② 申建林、谭诗赞：《参与式预算的中国实践、协商模式及其转型——基于协商民主的视角》，《湖北社会科学》2016年第3期。
③ 李建：《十八大以来国内关于协商民主推进国家治理现代化问题研究述评》，《社会主义研究》2016年第1期。

三 国家治理现代化：一项不断推进的系统研究

中共十八届三中全会审时度势，明确提出"全面深化改革的总目标是完善和发展中国特色社会主义制度，推进国家治理体系和治理能力现代化"。可以说，上述命题是对中国特色社会主义现代化建设与发展规律的重大探索，对于增强国家软实力，推进我国各项体制改革，发展社会主义民主法治，具有极其重大的时代价值和战略意义。在此背景下，关于如何界定国家治理的内涵，探寻国家治理现代化的发展路径，推进有中国特色的国家治理实践，已然成为近年来学界关注的热门话题。不过作为一个复合概念，国家治理及其现代化的内涵要义极其丰富，于是亟须梳理与总结有关国家治理研究的总体状况与发展趋势，以期为后续研究提供理论资源。综观2016年，学界对于国家治理现代化的研究，依然大都围绕"什么是国家治理现代化、如何推进国家治理现代化"的基本问题展开，此外还涉及推进国家治理现代化所面临的困难与可资借鉴的经验，所以本文拟从国家治理现代化的内涵阐释、现实挑战、经验借鉴和推进措施四个维度展开综述。

（一）国家治理及其现代化的内涵阐释

关于概念内涵的阐释是研究某一主题应然的逻辑起点，亦是后续研究的重要前提条件。当前，国内学界对于国家治理及相关概念进行了深入的探讨与论述，主要涵盖国家治理与国家治理现代化两大方面。

1. 关于国家治理的内涵概述。20世纪90年代初期以来，治理（governance）一词及治理理论在西方国家逐渐兴起，并最终成为拥有一套独特思想体系的理论流派。而作为治理理论中重要类型的国家治理，是对国家统治与国家管理的扬弃，是多元化利益相关者对公共事务的协作管理方式，其反映的是现代国家理念及公共行政模式的自主性过程，要求充分发挥政府治理、市场管理和社会自治的综合效能。通过文献梳理，学界主要针对国家治理的主体、价值、体系及其能力等内容予以阐释。

首先，关于国家治理主体的界定。综合相关文献，已有研究成果关于国家治理主体的探讨可分为三类。一是国家治理的国家（政府）主导论。譬如，有学者认为，国家是国家治理的根本主体，国家治理的运行及其现代化的最终实现必须依托国家本身，国家治理就是一项以国家为核心的政治实践活动。① 有学者认为，政府在建立国家治理体系中起着主导作用，这是由前者在国家治理中所处的地位决定的。② 二是国家治理的政党主导论。有学者基于中国共产党作为国家领导力量的角色，认为党的领导理应构成国家治理的核心。③ 有学者认为，国家治理的政治统治性决定了无产阶级政党须对国家治理进行全面领导。④ 有学者进一步分析认为，中国国家治理体系的各主体之间已然形成了"一核多元"协商共治的关系格局，其中"一核"是指中国共产党的领导，"多元"是指参与国家治理的其他主体，包括协商参议机关、民意代表机关、政府行政系统、公务员、司法机关、市场和企业等各类力量元素。⑤ 三是国家治理的多元合作论。"治理"是一个内涵不断演化的概念，当代学界已将其基本理解为多元主体合作管理公共事务，其主体主要包括政党、政府、市场、社会团体和公民个体等。基于此，有学者从理论层面分析认为，国家治理概念反映的是国家与社会的互动与合作关系，而非传统意义上的国家中心论或社会中心论。⑥ 有学者进一步分析认为，国家治理是对国家管理的扬弃，是多元化利益相关者对公共事务的合作管理。⑦ 国家治理更为强调主

---

① 刘方亮、杨海蛟：《论实现国家治理现代化的路径》，《理论探讨》2016 年第 5 期；刘方亮、师泽生：《试论实现国家治理体系和治理能力现代化的条件》，《学习与探索》2016 年第 2 期；王芳：《比较视角下的国家治理模式及其理论构建》，《人民论坛·学术前沿》2016 年第 20 期。

② 潘亨清：《现代国家治理体系中的几个核心要素》，《中国行政管理》2016 年第 5 期。

③ 许耀桐：《党的领导是国家治理的核心》，《人民论坛》2016 年第 18 期。

④ 张艳娥：《从嵌入吸纳走向协商治理：中国国家治理模式的一种演进逻辑》，《理论月刊》2016 年第 5 期。

⑤ 赵中原、杨柳：《国家治理现代化的中国特色》，《政治学研究》2016 年第 5 期。

⑥ 李汉卿：《国家治理现代化：中国共产党执政的逻辑转变与战略选择》，《理论月刊》2016 年第 1 期。

⑦ 李祥、杨凤春：《国家治理的价值内蕴及其实践路径研究》，《社会主义研究》2016 年第 3 期。

客体之间的一致性,尤其是多元主体、多种机制合作共治的重要性,它将增进公共利益、维护公共秩序置于同等的关键地位。有学者更是认为不能将国家治理狭隘地理解为国家层面的管理方式或国家政权的组织形式,认为国家治理具有广泛性,但凡一国范围内的管理范式、组织形式都属于国家治理的范畴,① 从而将国家治理的主体拓展到包括社会组织、公民个人在内的广阔范围。

其次,关于国家治理价值的阐述。国家治理的价值旨趣决定其自身的前进方向,因此学界在分析国家治理的内涵时,不可避免地需要阐述其价值因素。已有研究主要从国家治理的实质、使命和价值取向等角度展开论述。有学者认为,国家治理的实质就是协调和解决社会冲突与矛盾,推动社会良性有序发展,推动民主政治的发展。② 有学者认为,国家治理的核心任务是保全国家公共权力的内在善性,杜绝政治腐败,并进一步指出国家治理的最重要伦理价值目标是维护分配正义。③ 有学者认为,国家治理的价值取向具有公共性、历史性和实践性的特点,并强调主客体的相通性和多种机制、多元力量合作共治的重要性;增进公共利益同维护公共秩序处于同等重要地位;合理决策内嵌于国家治理实践当中。④ 有学者从改革开放以来社会价值观的转变境况方面总结认为,国家治理具有协同治理、民主治理、法律治理和道德治理的内在价值诉求。⑤

再次,关于国家治理体系的探讨。关于国家治理体系的内涵界定,习近平指出:"国家治理体系就是在党领导下管理国家的制度体系,包括经济、政治、文化、社会、生态文明和党的建设等各领域体制机制、法律法规安排,是一整套紧密相连、相互协调的国家制

---

① 珩林:《关于国家治理中的制度设计与制度安排》,《东岳论丛》2016 年第 9 期。
② 郭苏建:《中国国家治理现代化视角下的社会治理模式转型》,《学海》2016 年第 4 期。
③ 向玉乔:《国家治理的伦理意蕴》,《中国社会科学》2016 年第 5 期;向玉乔:《国家治理的道德记忆基础》,《光明日报》2016 年 6 月 22 日。
④ 李祥、杨凤春:《国家治理的价值内蕴及其实践路径研究》,《社会主义研究》2016 年第 3 期。
⑤ 廖小平、孙欢:《价值观变迁对国家治理现代化的诉求》,《伦理学研究》2016 年第 3 期。

度。"① 该论述表明，国家治理体系不仅包括政治领域，而且还涵盖经济、社会、文化、生态文明和党的建设等各个领域，是一整套中国特色社会主义的体制、制度的总和。在此基础上，学界展开了进一步的探讨。有学者认为，中国的国家治理体系主要涵盖经济、政治、法治、文化、社会、生态、国防军队和党的建设治理八大领域。② 有学者认为，国家治理体系是在坚持党的领导下，各治理主体通过协商合作，履行公共责任，提供公共服务，内含着管理国家事务、社会公共事务的体制机制、权责配置、制度安排等要素的一整套体系。③ 综上可知，学界普遍承认国家治理体系就是国家的各项制度体系的总和，是规范社会权力运行和维护公共秩序的一系列程序和制度。

最后，关于国家治理能力的分析。习近平指出："国家治理能力就是运用国家制度管理社会各方面事务的能力，包括改革发展稳定、内政外交国防、治党治国治军等各个方面。"④ 同样地，学界展开了进一步的深入探讨。有学者认为，所谓国家治理能力，就是国家治理主体治国理政的能力，具体蕴含国家治理主体治国理政的学识、经验与智慧，拓展来讲就是国家治理主体准确把握国内外发展大局，确定国家治理目标，涉及国家治理战略，选择国家治理路径，有效调动多方面力量推动国家治理实践，实现国家治理目标的综合性能力。⑤ 有学者认为，社会秩序建构能力也是国家治理能力的核心要素之一，这种能力可以缓和社会冲突，把冲突维持在秩序的范围之内。⑥ 有学者从搭建国家治理核心能力的外围框架出发，认为它是核心价值的认同度、公共决策的效度、行政执行的力度、经济发展的可持续度、多元制度的溶度和社会保障的幅度等六个关键因素的能力体系。⑦ 总之，

---

① 《习近平谈治国理政》，外文出版社 2014 年版。
② 许耀桐：《中国国家治理的特色、要义和体系》，《人民论坛》2016 年第 13 期。
③ 孙健：《治理新理念与我国国家治理现代化》，《西北师范大学学报》（社会科学版）2016 年第 7 期。
④ 《习近平谈治国理政》，外文出版社 2014 年版。
⑤ 杨兴林：《关于国家治理研究的三个重要追问》，《新视野》2016 年第 6 期。
⑥ 丁忠毅：《国家治理能力建设的社会政策之维：依据、路径及提升》，《四川大学学报》（哲学社会科学版）2016 年第 6 期。
⑦ 兰旭凌：《国家治理能力现代化关键因素模型解析研究》，《山东社会科学》2016 年第 6 期。

国家治理能力包含了与国家利益以及公民权益紧密相连的公共事务的治理过程，不仅包含政治、经济、文化、社会等领域的治理能力，而且包括公共产品的供给、社会资源的调配、公共政策的制定、国家安全的维持等过程的治理能力。

此外，关于国家治理体系与能力的关系，一般认为国家治理体系与国家治理能力构成国家治理的"骨骼"与"血肉"，二者是一个有机整体。有学者认为，国家治理体系和治理能力是一个国家的制度及制度执行能力的集中体现。[1] 有学者认为此二者构成"一体两面"的复合体系，即有了好的国家治理体系才能提高治理能力，只有提高国家治理能力，才能充分发挥国家治理体系的效能。[2]

总之，从学者对国家治理的内涵阐述来看，共同点在于都强调国家治理乃是多维度、高度复杂的综合过程，以政党或政府为主导的治理主体发挥了关键作用，并朝着多元合作共治的方向发展。而且关于我国国家治理，学界普遍认为，这一概念与西方学者论述的"治理"概念有所区别，后者较为强调社会自治或社会组织与政府共治下的多元主体和多中心治理，而前者多指以党的领导为核心的治理。不过，当前学术界对于"国家治理"的内涵阐释仍然缺乏一致性，相关研究仍然基于不同的知识背景和特定角度展开，并由此产生了对国家治理现代化的不同见解。

2. 关于国家治理现代化内涵的概述。如何理解与把握国家治理现代化的内涵是关系全面深化改革能否顺利推进的前提和关键问题。学界对此的研究，主要从以下几个方面展开。

首先，关于国家治理现代化的内涵要义。有学者认为，国家治理现代化是中国政治现代化的同义表述，是在扬弃西方治理理论的基础上对马克思主义理论的又一创新，包括政治民主化、民主制度化和法治化三个方面。[3] 有学者认为，国家治理体系和治理能力现代化是一

---

[1] 姜淑兰、张丽红：《怎样理解推进国家治理体系和治理能力现代化问题》，《思想理论教育导刊》2016年第5期。

[2] 佟德志：《中国国家治理的复合体系和合力效应》，《政治学研究》2016年第5期。

[3] 刘冰、布成良：《政治现代化的中国道路与国家治理的理念选择》，《当代世界社会主义问题》2016年第4期。

国最为核心的软实力。[1] 有学者认为，推进国家治理体系和治理能力现代化是坚持和发展中国特色社会主义的必然要求，具体而言，乃是中国特色社会主义体制转型的内在要求，是全面深化改革的根本要求，也是彰显国家政治软实力的时代要求。[2] 有学者从国家治理手段的伦理选择视角出发，认为国家治理体系现代化的内涵就是从以德治为主、法治为辅的国家治理模式转向德治和法治相结合的国家治理模式。[3] 有学者认为，所谓国家治理能力现代化，是在一定政治理念和创新思维指导下，由国家战略构建、发展视野延展、顶层制度设计转向行政执行、管理增值、社会良治的过程。[4]

其次，关于国家治理现代化的价值内蕴。国家治理现代化不仅表现为一系列完善的治国理政的技术革新，还体现为顺应时代发展需要的国家治理价值取向的重大调整。有学者认为，国家治理现代化应以民主化、法治化、高效化、公开透明和公平公正为价值导向。[5] 有学者认为，国家治理现代化的核心价值追求是社会公正，需要通过社会主义市场经济以及社会发展的引导去实现社会公正的目标，并努力营建公正的社会秩序。[6] 有学者认为，法治国家是国家治理体系和治理能力现代化的根本所在。[7] 有学者提出国家治理体系现代化的五个标准，即公共权力运行的制度化和规范化、民主化、法治、效率、协调。[8] 有学者认为，制度化、规范化与程序化是国家治理体系现代化核心价值目标的衡量标准，它与中国特色社会主义的价值目标具有一

---

[1] 珩林：《关于国家治理中的制度设计与制度安排》，《东岳论丛》2016年第9期。
[2] 姜淑兰、张丽红：《怎样理解推进国家治理体系和治理能力现代化问题》，《思想理论教育导刊》2016年第5期。
[3] 向玉乔：《国家治理的伦理意蕴》，《中国社会科学》2016年第5期。
[4] 兰旭凌：《国家治理能力现代化关键因素模型解析研究》，《山东社会科学》2016年第6期。
[5] 陈震聘、师泽生：《推进国家治理体系与治理能力现代化需要思考的几个问题》，《社会科学战线》2016年第5期。
[6] 巩丽娟：《追寻公正的国家治理现代化》，《理论探索》2016年第1期。
[7] 高全喜：《转型时期国家治理体系和治理能力的现代化建设》，《学海》2016年第5期。
[8] 俞可平：《论国家治理现代化》，社会科学文献出版社2014年版。

致性，其核心就是实现党的领导、人民当家作主和依法治国的有机统一。①

再次，国家治理现代化的战略使命。有学者认为，国家治理现代化的目标应该是建立一个政治文明的国家，并表现在拥有合理化的政治制度结构，包括畅通的民意表达和沟通渠道、对民众负责的政府和公正的司法体系方面。②有学者认为，中国共产党承担的国家治理使命就是使得国家治理的各项制度趋向常态化、定型化、现代化，具体包括实现小康、发展转型、制度定型、国家定位、政党定规、文化定根六个方面。③有学者认为，国家治理现代化重点在于构建一个有能力的政府和培育社会主义核心价值观，即构筑一个与当前经济基础相适应的上层建筑，建立三位一体的现代国家治理模式和中国特色社会主义信仰理念体系。④有学者认为，国家治理现代化的重点是加快建设职能科学、权责法定、执法严明、公开公正、廉洁高效、守法诚信的法治政府。⑤有学者认为，从当前我国行政体制的运行现状而言，国家治理体系现代化的改革重点依然是传统上占绝对权威地位的公共部门。⑥

最后，关于国家治理现代化的衡量标准。有学者认为，以人为本的社会本位观为国家治理现代化的建构提供了根本依据，包括为国家治理体系现代化提供价值向度和为国家治理能力现代化提供检验标准。⑦不过，有学者不满于西方国家治理指标在价值偏好、指标测定

---

① 袁红：《国家治理体系现代化的价值目标及其衡量标准》，《理论与改革》2016年第3期。

② 高全喜：《转型时期国家治理体系和治理能力的现代化建设》，《学海》2016年第5期。

③ 宋道雷：《国家治理的三个维度：格局、方略与使命》，《毛泽东邓小平理论研究》2016年第3期。

④ 景维民、倪沙：《中国国家治理的本质要求及其内在逻辑——国家治理的政治经济学分析》，《经济学动态》第8期。

⑤ 刘冰、布成良：《政治现代化的中国道路与国家治理的理念选择》，《当代世界社会主义问题》2016年第4期。

⑥ 孙健：《治理新理念与我国国家治理现代化》，《西北师范大学学报》（社会科学版）2016年第7期。

⑦ 邓俊丽、阎树群：《以人为本视角下国家治理现代化的逻辑建构》，《理论与现代化》2016年第2期。

和方法操作上的明显缺陷，根据国家治理理论的系统性与国家治理的特性，研制出新的国家治理指标体系，包括设计科学的操作步骤，对国家治理的基础性、价值性和持续性等一级指标进行逐级评估，从而对增强中国国际制度性话语权具有一定的意义。① 综合观之，学界基本达成了法治化、制度化是国家治理现代化根本标准的共识。

此外，关于国家治理现代化中的"现代化"如何定性归类的问题。所谓"现代化"，作为人类发展的趋势和潮流，有学者认为，它就是建立在工业化基础上的社会整体进步过程，是工业文明基础上的人类文明进步过程。② 也有学者认为，现代化是一个体系化的变迁过程，它既包括器物层面的也包括制度、观念层面的变迁，涉及经济、政治、社会、文化等几个子系统的整体性变迁。③ 近年有论者将国家治理现代化称为"第五个现代化"④。不过可以看到，大部分学者还是从国家治理现代化本身的内涵维度进行论述的，并没有将其与四个现代化相提并论。有学者进一步分析认为，不能把国家治理现代化简单等同于工业、农业、国防、科学技术现代化，因为国家治理现代化不仅仅是生产力发展和技术进步意义上的现代化，而是同国情特点和时代特征所决定的政治模式及其发展路径息息相关的。⑤

当前学术界有关国家治理及其现代化的研究取向，已不仅仅局限于对西方治理理论的引介和评论，而是转向阐述"中国化"的治理理论。有学者认为，国家治理现代化是中国特色社会主义制度内生的产物，与西方的治理学术思潮之间有本质的差别，且进一步认为国家治理现代化的提出，标志着治理的中国话语的诞生，并认为它不是在西方治理理论

---

① 高奇琦、游腾飞：《国家治理的指数化评估及其新指标体系的构建》，《探索》2016年第6期。
② 俞可平：《加强标准化建设以推进国家治理现代化》，《社会科学报》2016年6月2日。
③ 王红艳：《社会组织腐败治理机制变迁与发展》，《政治学研究》2016年第2期。
④ 参见赵登华《努力实现"第五个现代化"》，《经济日报》2013年12月2日第1版；李景鹏《关于推进国家治理体系和治理能力现代化——"四个现代化"之后的第五个"现代化"》，《天津社会科学》2014年第2期；许耀桐《法治、德治、共治、自治——"第五个现代化"独特内涵与历史轨迹》，《人民论坛》2014年第10期；莫纪宏《国家治理体系和治理能力现代化与法治化》，《法学杂志》2014年第4期。
⑤ 马雪松：《论国家治理现代化的责任政治逻辑》，《社会科学战线》2016年第7期。

的中国化路径上,而是基于中国特色社会主义制度的自身完善和发展,是关于公共事务治理的体制机制的中国话语表达。①

(二) 国家治理现代化面临的现实挑战

正如德国社会学者乌尔里希·贝克提出的风险社会理论认为的那样,当前人类社会发展拥有较多的不确定性,尤其是当进入繁杂社会和风险社会后,全球发展的未来格局更趋向错综复杂。而国家治理现代化即是传统型国家统治转向现代型国家治理的持续性转型,与西方发达国家相比,我国国家治理现代化在历史条件、制度基础、社会心理和文化传统等多个方面的显著差异,使之必然面临着不同的困境与挑战。学界从不同维度、方面剖析了我国国家治理现代化的现实挑战。

1. 价值观变迁与社会转型带来的挑战。我国改革已然进入深水区和攻坚期,如何进一步推进政治及社会体制的诸项改革,使其能够面对复杂、繁难的社会问题的挑战,是我国国家治理现代化过程中所面临的和亟须破解的重大任务。有学者认为,伴随着经济体制和政治体制的深刻变革而来的价值观变迁,包括从一元价值观向多元价值观转变、从整体价值观向个体价值观转变以及从精神价值观向物质价值观转变,使得我国出现严重的贫富差距、人文精神失落、高发的官员腐败、价值与道德危机。② 有学者认为,公共领域理性沟通困难和社会共识淡薄且缺乏理性沟通是国家治理现代化过程中所面临的最直接的现实问题,其根源于多元价值之间的分歧。③

我国在现代化的进程中,市场化、新型工业化、城镇化、信息化和全球化共时性地作用于国家经济转轨与社会转型之上,现代化所引发的治理难题被挤压在一个相对有限的时空中,各种利益关系和社会

---

① 池忠军、亓光:《中国特色的治理话语:国家治理现代化》,《探索》2016 年第 3 期。

② 廖小平、孙欢:《价值观变迁对国家治理现代化的诉求》,《伦理学研究》2016 年第 3 期。

③ 顾爱华、吴子靖:《论国家治理现代化的战略选择》,《中国行政管理》2016 年第 2 期。

矛盾错综复杂地交织在一起。经济社会转型诱发的大量社会秩序危机和治理风险,直接威胁着政治安全和社会稳定,对转型期的我国国家治理现代化提出了严峻挑战。于是有学者认为,与西方分阶段进行民主化和治理现代化不同,中国两个阶段的民主和治理现代化是叠加同时进行的,这种"时空差错"使得像中国这样的发展中国家陷入了"悖论式"的两难境地,即民主制度合法性要求限制国家权力,使国家权力来自于公民的同意或授予,而民主制的有效性要求国家在民主化过程中能够维持其应有的权威和能力以推进社会建设。[1]

2. 复杂的多元社会与技术革新带来的风险。当今人类社会越来越复杂化,信息传播日益方便,其中社会规范、观念正发生着悄然转变。在这种状态下,利益的冲突与妥协、价值的交融与碰撞、思维方式的冲突与交锋,给国家治理现代化的纵深推进带来了一定的风险。有学者认为,多元的规范可能成为国家治理的挑战、阻碍和冲突的来源,具体表现在两个方面:多元规范间互动的意外后果和法律作为孤立的存在,前者包括存在于国家正式规范内部冲突所导致的不确定性、社会性规范与国家正式规范互动所引发的意外后果、社会性规范之间冲突所导致的治理难题;后者包括社会性规范的松弛所导致的日常生活失序和法律在社会问题领域的治理效能削弱。[2] 有学者认为,社会要素的多样性、社会过程的复杂性和社会运行的不确定性决定了国家干预的对象——社会充满着模糊性特征,从而构成了国家治理的障碍,提高了国家治理的成本,增加了国家治理的不可能性,限制了国家治理的效果。[3] 基于此,有学者认为,执政党全面加强领导,必须处理其与平衡多元主体协作共治之间的张力,同时也需要处理其与政府有效行政之间的关系,这是未来推进国家治理现代化必须妥善应对的现实困境。[4]

---

[1] 高全喜:《转型时期国家治理体系和治理能力的现代化建设》,《学海》2016年第5期。
[2] 王启梁:《国家治理中的多元规范:资源与挑战》,《环球法律评论》2016年第2期。
[3] 韩志明:《模糊的社会——国家治理的信息基础》,《学海》2016年第4期。
[4] 刘开君:《国家治理现代化进程中的价值指向与实践路径》,《求索》2016年第4期。

同时，互联网、无线传感器、各类移动终端的普及，推动了以海量数据收集和使用为核心的大数据技术的产生和革新。可以说，当今社会以数据网络、数据挖掘、云计算为代表的新一轮信息技术革命正深刻地改变着世界经济和社会发展的格局。不过需要警醒的是，大数据技术能够给我们带来诸多便捷和丰厚的经济回报，但它也使得国家治理体系和政府行政能力面临着诸多技术和管理的危机。有学者认为，作为一种新兴数据处理技术，大数据时代必将加剧互联网发展对国家治理体系和政府行政能力的挑战与威胁，包括政府将面临传统数据意识的束缚、对国家数据处理能力提出了更高要求、可能引发数据独裁和国家治理面临信息安全的挑战。[1] 无独有偶，有学者认为，大数据时代，作为一把双刃剑的大数据，在带来海量信息、拥有巨大潜在价值、推进国家治理效能提升的同时，也给人们的思维理念、国家治理结构和治理方式、传统道德、利益诉求乃至民主政治发展等带来困惑，是国家治理现代化必须直面的现实挑战。[2] 而且，有学者认为，虚拟网络空间正在对我国的社会稳定、政治安全和国家治理提出严峻挑战，其中网络社会中传统风险与非传统风险并存，包括互联网的交互性、虚拟特征、网络舆论的群体极化现象，很可能导致主流文化、核心价值处于习惯性地被质疑与被解构的境地。[3] 有学者认为，新媒体时代的来临，无疑为执政党推进国家治理现代化带来了新的挑战，包括领导干部新媒介素养整体不高、主流意识形态的主导地位遭到严重冲击、新媒体发展产生的"数字鸿沟"以及新媒体空间生态的失衡。[4]

3. 经济增速放缓与全球治理带来的危机。新形势下我国经济由高速增长转变为中高速增长，经济下行压力加大，产业结构优化升

---

[1] 楚德江、韩雪：《大数据时代的国家治理：挑战与变革》，《人文杂志》2016年第1期。

[2] 曾小锋、高旭、唐莲英：《大数据时代国家治理现代化：现实挑战与路径选择》，《南京政治学院学报》2016年第1期。

[3] 唐皇凤：《有效推进我国国家治理现代化的战略路径》，《苏州大学学报》（哲学社会科学版）2016年第2期。

[4] 孙秀民、苏海生：《新媒体时代执政党推进国家治理现代化面临的挑战及对策》，《理论探讨》2016年第2期。

级，容易引发新的矛盾和冲突，且呈现出复杂化和多样化，客观上给国家治理带来一定的危机。有学者认为，我国当前经济处于以增速换挡期、结构调整阵痛期和前期刺激政策消化期"三期叠加"为主要标志的新常态大背景下，面临着经济增长速度急剧下滑，各种社会矛盾不断突显的问题，这是中国国家治理走向现代化过程中所面临的主要问题。[①] 有学者认为，不平衡发展的全球治理国家体系，已然形成了多层次的复杂关系网络，由于国家开放程度、对全球治理的认知、政治制度与意识形态的巨大差异以及非政府组织发展水平的失衡，使得广大发展中国家明显处于不合理和不公平的不利境地。[②] 有学者从国家治理与全球治理的互动中看出，国家治理在一定程度上制约着国家对全球治理的参与程度，以及国家在全球治理规则制定中话语权的实现，因此主张通过制度化、法治化等手段，提升国家治理能力，为我国更为有效地参与全球治理，推动全球治理转型，更好地发挥负责任大国的影响力和增强话语权发挥关键性作用。[③] 有学者认为，公共领域的理性沟通困难与障碍是国家治理现代化面临的不可逾越的现实问题，它往往会造成社会共识意识淡薄和公共利益难以调和的局面。[④] 有学者认为，当前我国国家治理体系尚且面临着有效性不高与合法性不强的问题，加上国家治理能力建设滞后，使得国家治理现代化的进程举步维艰。[⑤]

（三）国家治理及国家治理现代化的经验借鉴

他山之石，可以攻玉。中国国家治理现代化的发展应该在尊重人类治理文明普遍规律的基础上，立足于中国特色社会主义基本国情，只有这样，才能实现科学发展。有学者认为，当代中国的国家治理现

---

① 景维民、倪沙：《中国国家治理的本质要求及其内在逻辑——国家治理的政治经济学分析》，《经济学动态》2016年第8期。
② 吴志成：《全球治理对国家治理的影响》，《中国社会科学》2016年第6期。
③ 刘雪莲、姚璐：《国家治理的全球治理意义》，《中国社会科学》2016年第6期。
④ 顾爱华、吴子靖：《论国家治理现代化的战略选择》，《中国行政管理》2016年第2期。
⑤ 唐皇凤：《有效推进我国国家治理现代化的战略路径》，《苏州大学学报》（哲学社会科学版）2016年第2期。

代化应当传承与超越中国传统的国家治理理念和体制，汲取苏联东欧国家的治理教训，全面考察西亚北非部分国家的治理态势，冷静分析西方发达国家的治理困局。① 而有学者从美国不断攀升的竞选经费、明里暗里的权钱交易的现状揭示其金钱政治的实质，后者导致国家治理能力受到腐蚀。② 有学者从国家治理结构的现代转型中，认为英美模式、法德模式和东亚模式在制度伦理观层面具有诸多共性，进而认为我国在改革背景和开放思维下，正确把握国家治理结构的现代转型方向，应汲取经验教训和规避风险隐患，由国家主导推进法治化建设，实现秩序的法治化而非程式化，扎根国情并孕育善的制度。③ 有学者从新加坡腐败治理的历程中，发现其并非单一地治理腐败，而是将整个腐败治理融入国家治理体系之中，并通过腐败治理来提升国家治理能力现代化。④ 有学者从德国采取立法和财政政策助力平衡地区差距、城镇化发展追求"小即是美"、以严法苛律治理环境、履行社会市场经济使得效率与公平相互促进、"善良教育"从娃娃抓起五点国家治理的经验和做法中，获得有利于我国国家治理的借鉴经验，譬如应为缩小地区发展差距支付"平衡成本"，工业化进程应避免"城市病"，多管齐下维持生态，发挥政府积极作用并处理好政府与市场的关系和加强少年儿童社会主义核心价值观的培养。⑤

有学者采取历史主义的分析视角，将中西方国家治理的思想流派置于同一视角进行比较，从而凝练出特定治理环境中一个国家选择治理模式的关键影响因素，即治理的环境因素、主体结构、治理对象、治理目标、治理策略、治理技术、治理效果七要素，认为世界上并不存在同一的国家治理模式，一个国家需要根据所处的治理环境选择或

---

① 陈震聃、师泽生：《推进国家治理体系与治理能力现代化需要思考的几个问题》，《社会科学战线》2016 年第 5 期。
② 伊莱扎·卡尼、雷达尔·韦斯特、袁征、林德山等：《金钱政治腐蚀国家治理能力》，《人民日报》2016 年 5 月 18 日第 22 版。
③ 郭锐：《制度伦理观建构与国家治理结构转型》，《理论探索》2016 年第 5 期。
④ 狄奥、王俊松：《将反腐融入国家治理体系——新加坡的基本经验及对我国的启示》，《江西社会科学》2016 年第 4 期。
⑤ 孙来斌：《德国国家治理的经验与启示》，《人民论坛》2016 年第 1 期。

创立有效的治理模式。① 中国古代的国家治理与中国当代的国家治理自然不可同日而语,然而,对于中国古代若干国家治理思想的精髓进行总结和借鉴,仍然具有很强的现实意义。有学者考察了古代"民惟邦本"的国家治理思想,认为其内含着"保民养民""安民恤民""爱民利民"的民本思想,从而不仅在古代政治思想中闪耀着智慧之光,而且能够成为我党执政为民、推进国家治理体系现代化的有益思想因子。②

(四)国家治理现代化的推进方略

作为全面深化改革的总目标,国家治理体系和治理能力现代化并非仅是一个理论问题,同时亦是一个实践问题,因此学界对国家治理现代化的研究最终都要落脚到如何有效推进国家治理体系和治理能力现代化的问题上。综合观之,2016年的研究主要围绕十八届三中全会以来党中央的重大战略部署,从理念革新、具体措施与经验借鉴等维度进行深入分析,积极探索推进我国国家治理现代化的有效路径。

1. 推进国家治理现代化的战略目标。推进国家治理现代化需要具有统领性的战略谋划和行动策略,包括明确国家治理现代化的战略规划、战略要求、战略保障和战略基点等内容。其中,有学者主张通过科学审慎的战略规划确定中长远发展目标,推动社会发展,提升综合竞争力,尤其是通过提升战略规划的水准、质量和境界来促进国家治理现代化。③ 至于国家治理现代化的长远发展目标,有学者认为,其根本目标包括制度体系现代化、法治化以及价值实现和责任落实等内容。④ 而有学者认为,国家治理体系现代化必须以实现社会主义民主和法治的政治制度为目标。⑤ 有学者认为,推进国家治理能力现代

---

① 王芳:《比较视角下的国家治理模式及其理论构建》,《人民论坛·学术前沿》2016年第20期。
② 凌琦:《中国古代"民惟邦本"的国家治理思想及其现实意义》,《贵州社会科学》2016年第6期。
③ 秦德君:《战略规划能力:国家治理现代化的重要支点》,《学习时报》2016年10月24日。
④ 刘开君:《国家治理现代化进程中的价值指向与实践路径》,《求索》2016年第4期。
⑤ 郭苏建:《中国国家治理现代化视角下的社会治理模式转型》,《学海》2016年第4期。

化重在提高制度执行力,具体表现为应在制度设计中坚持公正性,体现出制度理性,以制度的恰适性提升制度认同性,以制度创新和制度优化提升制度执行的有效性。① 有学者认为,国家治理现代化是国家最为核心的软实力,提高国家软实力便在于观念变革。② 有学者认为,要想实现国家治理现代化这一既定目标,需要转变传统公共事务治理理念,坚守符合时代要求的公共事务治理新理念,包括树立主体多元、法治规范、理解信任、公私合作、权责平衡、利益共享、参与互动、及时回应和持续创新九种公共事务治理的新理念。③ 有学者认为,推进国家治理现代化的必由之路是厘清民主与法治的关系,使二者在国家治理中达到均衡,并实践参与式民主,建立以法治和宪制为基础的民主治理。④ 有学者认为,经济社会的发展、国家的成长和人的全面发展是推进国家治理现代化的前提条件、重要保障和必然要求。⑤ 总体来看,多数学者认为国家治理的法治化与制度化是推进国家治理现代化的总目标。

2. 推进国家治理现代化的具体措施。总体来看,已有研究认为应该从不同维度并综合运用多种方式,全面、立体且有效地推进国家治理现代化。具体而言,包括加强党的执政能力、提升政府治理水平、多元主体协作共治等维度。一是加强党的执政能力建设方面的措施。有学者认为,党内法规体系建设是国家治理现代化的重要前提和保障,其突出的特点是体现了制度化和法治化的精神,并决定着我国国家治理现代化的进程和成效,所以必须推进党内法规体系法治的完善及其与党纪国法的衔接协同。⑥ 二是完善政府治理水平方面的措施。

---

① 秦国民、秦舒展:《推进国家治理能力现代化重在提高制度执行力》,《中国行政管理》2016 年第 9 期。

② 珩林:《关于国家治理中的制度设计与制度安排》,《东岳论丛》2016 年第 9 期。

③ 孙健:《治理新理念与我国国家治理现代化》,《西北师范大学学报》(社会科学版) 2016 年第 7 期。

④ 高全喜:《转型时期国家治理体系和治理能力的现代化建设》,《学海》2016 年第 5 期。

⑤ 刘方亮、师泽生:《试论实现国家治理体系和治理能力现代化的条件》,《学习与探索》2016 年第 2 期。

⑥ 程同顺:《党内法规体系建设与国家治理现代化》,《甘肃理论学刊》2016 年第 6 期。

有学者主张将政府职能转变纳入国家治理法治化轨道,通过建立和完善行政法律规范体系,合理规范权力运行,建立善治意义上的治理服务型法治政府,以推进国家治理现代化。[1] 有学者主张为提高国家治理能力,从理论和实践两个维度看,都应增强社会政策体系的包容性,构建发展型社会政策体系,以持续推动社会政策决策与实施体系现代化。[2] 有学者认为,可以通过机构改革推进国家治理现代化,而且未来的机构改革必须将其重点转向结构的改革。[3] 三是推进多元主体协作共治方面的措施。有学者认为,多元主体的有效协作配合,是推进国家治理现代化的有效路径。[4] 同样,也有学者认为,探寻公共部门与其他公共事务治理主体间的良性互动关系,达到治理主体之间的权责平衡,尽可能实现整个社会利益共享乃是国家治理现代化的关键所在。[5] 有学者进一步分析认为,从中国基本国情出发,认为中国政治现代化就是要实现"党委领导、政府负责、社会协调、公众参与"的国家治理机制。[6] 有学者认为,改革开放后,我国党政合一的"全能型"国家治理模式逐渐被"嵌入吸纳式"的治理模式所取代,有效应对了转型期国家治理的风险和挑战,同时也"发酵"和"激活"了国家治理体系本身所带有的协商因子,从而为走向更高层次的协商治理提供了条件和指出了演进方向,即向协商治理国家治理模式转型。[7]

此外,有学者认为,在国家治理现代化的进程中,亟须确立政治

---

[1] 张晓峰:《依法推进政府职能转变与国家治理现代化》,《上海行政学院学报》2016年第1期。

[2] 丁忠毅:《国家治理能力建设的社会政策之维:依据、路径及提升》,《四川大学学报》(哲学社会科学版) 2016 年第 6 期。

[3] 竺乾威:《国家治理现代化与机构改革》,《学术界》2016 年第 11 期。

[4] 包心鉴:《多元主体协同治理是推进国家治理现代化的有效路径》,《光明日报》2016 年 3 月 16 日第 14 版。

[5] 孙健:《治理新理念与我国国家治理现代化》,《西北师范大学学报》(社会科学版) 2016 年第 7 期。

[6] 刘冰、布成良:《政治现代化的中国道路与国家治理的理念选择》,《当代世界社会主义问题》2016 年第 4 期。

[7] 张艳娥:《从嵌入吸纳走向协商治理:中国国家治理模式的一种演进逻辑》,《理论月刊》2016 年第 5 期。

地理空间思维，加强政治地理场域的谋划，制定领土范围内各个地理区块的总体发展战略，尤其是要凸显边疆在国家整体发展中的支撑和促进作用。① 该学者还主张通过改进和创新边疆治理的方式，全面提升边疆治理的有效性，在国家治理中着力构建"核心—边缘"的双向互动模式，以适应国家治理现代化的现实需求。② 还有学者认为，在信息化时代需要用大数据技术为国家治理现代化提供基础数据和决策支撑。③ 有学者认为，在大数据时代需要培育大数据理念，营造有利于国家治理现代化发展的数据应用环境；强化技术研究，打造数据强国；构建公共数据平台，拓展大数据应用主题和应用领域；健全制度建设，构建有利于大数据时代国家治理的配套机制和政策环境；完善政府责任机制，解决数据公开和个人隐私保护的矛盾。④ 有学者认为，大数据时代的国家治理，必须从树立数据治理理念、创新治理方式、加强顶层设计、完善法律制度、夯实基础设施、注重人才培养等方面寻求路径。⑤ 当然，有学者从更为综合的角度，认为必须更新国家治理的价值理念，厘清国家治理的关键领域，重塑国家治理的纵横关系，创新国家治理的制度安排、优化国家治理的方式方法，以探寻国家治理现代化的路径。⑥

（五）反思与展望

十八大以来，以习近平同志为核心的党中央基于社会发展规律与经济转型的新形势，适时提出新的国家治理理念及其现代化的总目标。国内学界对国家治理体系和能力现代化的内涵与价值意义、原则与目标任务、挑战与推进路径进行了系统而深入的探讨，但在研究深度、研究视角、研究方法和中国特色国家治理的经验总结、话语体系

---

① 周平：《国家治理的政治地理空间维度》，《江苏行政学院学报》2016 年第 1 期。
② 周平：《国家治理视阈中的边疆治理》，《行政管理改革》2016 年第 4 期。
③ 唐任伍：《以大数据助力国家治理现代化》，《人民日报》2016 年 6 月 27 日。
④ 楚德江、韩雪：《大数据时代的国家治理：挑战与变革》，《人文杂志》2016 年第 1 期。
⑤ 曾小锋、高旭、唐莲英：《大数据时代国家治理现代化：现实挑战与路径选择》，《南京政治学院学报》2016 年第 1 期。
⑥ 黄新华：《推进国家治理现代化的路径探析》，《学习论坛》2016 年第 2 期。

建构方面仍较缺乏整体观照与系统研究。接下来学界应在构建与完善我国国家治理现代化的学术体系、话语体系的基础上，推动中国特色国家治理研究朝着理论研究的系统性、实践研究的纵深性以及方法运用的整体性方向发展。

1. 当前研究的薄弱环节。纵观2016年学界有关国家治理现代化的研究范畴，能够发现不同学者对国家治理的相关议题展开了不同视角、维度的探讨，从而将国家治理研究不断推向纵深，这些研究成果一方面阐释与解读了与国家治理相关的议题，另一方面在一定程度上为我国构建中国特色社会主义国家治理的实践提供了参考与指导。但是，国家治理仍然存在以下薄弱环节。

首先，研究的理论深度与系统性有待进一步加强。国家治理研究热潮主要是在2012年党的十八大以后[1]，在政策导向下许多学者开始从各个角度研究国家治理的现代化，但是国家治理现代化这个理念提出时间较短，学界尚未开展较为深入的研究，许多学者还停留在对国家治理现代化内涵、特征、作用、地位等方面的分析以及较为宏观的论述上，对支撑国家治理体系和治理能力的保障体制与运行机制的中微观研究还不多。同时，由于国家治理研究还处于初步阶段，不同学者从不同角度论述国家治理现代化，基本上处于"各自为政"的理论与实践研究状态，研究的碎片化现象比较普遍，国家治理研究的系统性还需进一步提升。

其次，研究视角有待拓宽。通过文献梳理发现，学界关于国家治理的研究主要集中在政治学、公共行政以及法学等学科领域，从其他学科视角研究的成果并不多见，尤其是综合多学科视角或跨学科视角的国家治理研究更为薄弱，学科间融合研究不足。国家治理涉及政治、经济、文化、社会等方方面面，尤其需要从经济、社会等多角度、多学科甚至是跨学科的切入来研究。

再次，研究方法较为单一。目前关于国家治理主要集中在规范性研究方面，关于实证性研究的成果还比较少。具体表现在许多研究还

---

[1] 参见冉连《国家治理研究的知识图谱——基于 CSSCI（2001—2015）的文献计量分析》，《吉首大学学报》（社会科学版）2016年第6期。

主要集中在宏观的理论叙述上,对于国家治理现代化重要支撑的地方政府、基层政府治理的实证研究还不多。同时,目前关于国家治理研究主要以定性研究为主,运用定量分析、计量分析、模型研究方法的成果不多,以致研究出现了宏观维度阐释较多、微观个案剖析偏少,"重规范、轻实证"以及"重定性、轻定量"的倾向,这使得国内关于规范与实证、定性与定量相结合的国家治理相关研究成果比较匮乏,从而不能很好地指导国家治理的实践。

最后,国家治理研究的中国经验、中国话语、中国理论还有待提炼与创新。目前国内学者对国外国家治理理论的阐释、经验的借鉴进行了相应的研究与总结,尤其是对美国、新加坡、俄罗斯等国的国家治理实践进行梳理和总结。但是,对我国古代国家治理的理念、经验精华进行总结与梳理的文献还不多。同时,对我国改革开放以来国家治理的经验、规律总结比较少,理论阐释还不够,许多研究基本上停留在低水平的重复描述与评论上,还没有通过借鉴、整合、吸收、消化、创新的路径来构建和完善中国特色国家治理的经验、话语与理论体系。

2. 深化研究努力方向。鉴于上述关于国家治理研究存在的不足之处,并结合2016年5月17日习近平总书记在哲学社会科学工作座谈会上的讲话要求,今后对国家治理及其现代化的研究至少应从以下若干方面予以探索与创新。

一是深刻领悟国家治理现代化的自身逻辑,进一步加强对国家治理的内在机理研究以及学科间的对话、沟通。当前,政治学理论界基本上认为,国家治理现代化包括国家治理体系和治理能力现代化两个部分,但对于各自所囊括的要素和层次仍缺乏共识。那么,此后既要从横向研究国家治理体系和治理能力内部机制体系及其相互关系,也要从纵向的宏观国家治理—中观政府治理—基层自主治理的逻辑框架出发,重点加强对地方政府尤其是基层自主治理的研究。而且,政府治理能力现代化是国家治理现代化的核心支撑与重要组成部分,应该成为今后研究的重点。同时,要从整体角度研究国家治理,要将国家治理体系和治理能力的研究结合起来,加强各学科之间以及相关研究学者之间的联系,从而避免国家治理研究"零散式""碎片化"现象。

二是国家治理研究要注重规范研究与实证研究、定性研究与定量研究相结合。当前我国国家治理的规范与定性研究已经趋于成熟，这就需要我们在定性与规范研究的基础上，结合实证与定量的研究将国家治理研究推向纵深。一方面要发挥规范与定性研究的优势，重点对国家治理的规律性、价值性、情境性进行探究，另一方面要运用实证与定量研究方法通过评价指标体系与模型的构建来科学评估国家治理现代化的质量、水平、绩效、效能，从而实现国家治理研究规范与实证、定性与定量的有机结合。当然，强化实证研究并不是弱化理论研究，而是需要吸纳社会学、经济学、法学等不同学科的优势，从多学科、多视角来阐释国家治理现代化的成果。以更为宽广、多元的跨学科视角对国家治理现代化的协同战略进行深入研究，将是今后国家治理现代化研究领域的拓展方向。

三是构建适合中国国情的政治学话语体系与学术体系，总结有中国特色的国家治理现代化的建设经验。我们认为，现代化不能完全等同于西化，国家治理现代化也并非只有欧美发达国家的发展路径，而且事实上后者也表现出特色各异的发展进程，并没有一致的经验可遵循。今后我国国家治理理论与实践的研究，需要以中国的实际为研究起点，在总结我国国家治理实践的基础上，遵循"继承性、原创性、主体性、时代性"的价值导向，在探寻国家治理理论与实践过程中，提炼并丰富中国特色的社会主义国家治理的相关理论与实践，从而在建构中国特色政治学的学科体系、学术体系、话语体系的过程中充分彰显国家治理研究的中国特色、中国风格、中国气派。

总之，国家治理现代化是由多个要素综合集成、协同运作的一个动态持续的系统工程，接下来仍要立足于国情，从制度和实践层面探索推进我国国家治理现代化的路径，将中国特色社会主义的制度优势转化为国家治理的效能优势，构建与现代国家的制度结构相匹配的国家治理体系与治理能力，从而使得中国特色社会主义制度更加成熟定型。

四　廉政建设与腐败治理：关乎党和国家兴衰成败的事业

党的十八大以来，以习近平同志为核心的党中央总揽全局，对党和国家廉政建设这一时代课题高度重视,并积极谋划腐败治理的一系列新理论、新思路、新举措。2016年6月,中共中央审议通过《中国共产党问责条例》,针对各级党组织和各级领导干部管党治党主体责任缺失、监督责任缺位、"四风"和腐败问题频发等问题,强调以问责倒逼责任落实,推动管党治党从宽松软走向严紧硬。同年10月,党的十八届六中全会聚焦全面从严治党的重大问题,认真研判全面从严治党面临的形势和任务,认为办好中国的事情,关键在党,关键在党要管党、从严治党,因而必须集中整饬党风,严厉惩治腐败,净化党内政治生态,并将其作为新时期反腐败斗争的根本方略。此外,此次全会还审议通过《关于新形势下党内政治生活的若干准则》和《中国共产党党内监督条例》两部党内法规,为全面从严治党提供了有力的制度保障。值此承前启后的关键时期,深入梳理、提炼与反思学界2016年取得的丰富研究成果,以期为我国廉政建设向纵深推进提供现实指引,是一项具有重要学术价值的工作,也是实现反腐倡廉建设新的奋斗目标的必然要求。综观2016年,学术界关于廉政建设与腐败治理主题的研究,集中围绕"腐败现象的衍生成因、廉政建设与腐败治理的推进路径"两个基本问题展开探索,其中还涉及腐败内涵的进一步探讨与古今中外反腐败斗争的经验总结。基于此,本文从腐败的内涵阐释、衍生成因、腐败治理的经验借鉴、路径选择、完善廉政建设责任体系五个方面展开综述。

(一) 对腐败的基本内涵及其发生新领域的探讨

一般而言,腐败作为人类社会中古老的、不易铲除的,并与公共权力相伴而生的政治现象,被宽泛地定义为"公职人员滥用公共权力牟取非法收益的行为"[1],或者被简单地定义为权钱交易。延续这一

---

[1] World Bank, *Helping Countries Combat Corruption: The Role of the World Bank*, Washington, DC: World Bank Group, 1997; Jorge Martinez-Vazquez, Javier Arzedel Granado, Jameon Boex, *Fighting Corruption in the Public Sector*, Washington: Emerald Group Publishing Limited, 2007.

经典概述，有学者认为，腐败是指掌权者滥用手中的权力来谋取私利。① 另外有学者对腐败做出了进一步的阐释，认为腐败直接表现为公共资源的非法转移或公款私用、公款滥用。② 综合观之，学界往往将腐败的主体限定于公共部门或公权力的行使者，腐败的认定标准是公权滥用与获取私利。不过，有学者通过梳理 2009—2013 年 SSCI 期刊文献对腐败概念的界定后，主张必须将腐败的定义置于具体社会环境下考察，譬如在我国，公共部门、私营部门和非营利部门之间的边界往往较为模糊，"公"与"私"的界限并不分明，那么在中国语境下界定腐败，应该包含经济犯罪、违反党纪、玩忽职守和违反社会道德等多种形式。③ 上述认识使得腐败已不仅是政府官员的特有行为，而是逐渐演变为公私部门间的共有或合谋现象。

再细致分析上述腐败的经典定义，不难发现其隐含着腐败行为是对某种合意的社会规范（包括法律）的违背，其中似乎忽略了腐败行为受到社会规范的影响，甚至参与腐败本身就是一种社会规范的情形。基于此，有些学者认为，对腐败的理解不能仅仅局限于个体决策层面，而应考虑腐败发生的社会基础。他们通过改进的贿赂博弈实验，揭示出社会规范对个体腐败决策的影响体现在框架效应和从众效应两个方面，具体表现为源于不腐败的命令性规范的影响而呈现的框架效应可以显著降低个人腐败倾向。与此同时，当社会上层流行不腐败时，不腐败这种积极的从众效应可以进一步强化框架效应的积极效果，抑制个人腐败的倾向。④ 从上述分析理路出发，有学者主张将腐败看作整个复杂的社会大系统的一部分，其本质是一定的阶级和社会制度的产物，并且是由腐败意识指导、实施腐败行为、造成腐败后果三个要件组成的结构完整的系统。⑤ 无独有偶，有学者同样主张应将

---

① 董世明：《十八大以来党关于反腐倡廉的理论创新》，《广州大学学报》（社会科学版）2016 年第 1 期。
② 牛富荣：《法治财政、法治政府与腐败治理》，《经济问题》2016 年第 7 期。
③ 肖汉宇、公婷：《腐败研究中的若干理论问题——基于 2009—2013 年 526 篇 SSCI 文献的综述》，《经济社会体制比较》2016 年第 2 期。
④ 张新超、范良聪、刘璐：《腐败何以持续：基于社会规范视角的实验研究》，《南方经济》2016 年第 5 期。
⑤ 王传利：《论系统性治理腐败方略的原则与内涵》，《政治学研究》2016 年第 3 期。

腐败问题当成一种复杂性、综合性的社会现象来看待，而不仅仅将其看成腐败分子个人的理想信念、党性修养和生活作风问题，认为腐败归根结底是腐败分子的一种异化的生存状态与生活方式，是腐败分子日常生活异化的问题。①

进一步分析对腐败的经典界定，发现其存在过多地将腐败责任归咎于直接当事人的倾向。所以，有学者强调应该将腐败行为看成是包含三个过错方，即受贿人、行贿人与领导在内的"复合过错"现象，而现实生活中对腐败的惩罚往往是单一追责，即主要对受贿公职人员追责，少有或轻微地对行贿人或组织领导追究责任。② 同时，针对经典界定中将腐败定性为滥用公权以获取私利，从而将腐败限定在公共权力的相关领域，有学者在阐述非典型腐败现象时，认为其本质是民主政体和市场体制不完善及相应制度规范缺失状态下权主为个人或集体利益实施的一种滥用公权、私权和共权，以侵占公共利益的行为。③ 该阐述表明，非典型腐败拥有泛权性特征，即不仅包括对公权的滥用，还包括对私权和共权滥用的情形。另外，当前学界有关腐败的理论大部分都立足于委托—代理的分析框架，认为全体公民（具体而言，即选民）和作为整体的政府或政府高层官员担任委托人，单个的政府官员则是代理人，于是学界一般认为反腐措施有效的关键在于委托人能够成为腐败控制的前提条件。不过，有学者对该前提假设表示怀疑，认为如果委托人自身同样参与腐败，不去监督和惩罚他人的腐败，委托代理机制就会失效。在此基础上，该学者将腐败当作一个社会困境问题，认为腐败的重要本质表现为群体协调的失败，即在整个群体保持清廉是最优决策的情况下，单个成员存在腐败的"搭便车"激励可能导致群体的悲剧结果。④

回顾近些年来我国腐败现象发生的具体情况，有学者总结出若干

---

① 任政：《日常生活批判视域中的政治生态重构》，《社会主义研究》2016年第2期。
② 陈国权、陈晓伟：《复合过错、单一追责与集约式反腐败》，《社会科学战线》2016年第7期。
③ 杨宏力：《非典型腐败及其制度治理》，《社会科学研究》2016年第4期。
④ 姜树广、陈叶烽：《腐败的困境：腐败本质的一项实验研究》，《经济研究》2016年第1期。

变化规律：从腐败主体看，由个体向群体、从显性向隐性、由年长到年轻、由高层向基层发展的倾向较为明显；从腐败手段看，腐败分子的反侦察能力加强，作案手段更加隐蔽、复杂；从腐败形式看，人事腐败，人情腐败、色情腐败和司法腐败等现象严重存在；从腐败领域看，腐败从过去的重点行业、关键部门、主要环节逐渐扩散到社会的各个行业、各个部门、各个环节。① 借助文献梳理可知，我国腐败现象已经扩散至以下领域：（1）司法领域的腐败，其中有学者将司法腐败简明地界定为司法官员滥用司法权力以谋取私人收益，而一国遏制司法腐败的强度及效果，直接反映了该国司法系统有序运行的可能及限度，是司法文明的重要风向标。②（2）信访领域的腐败，其中学者将信访腐败定义为在行政信访系统中，信访工作人员借助职务之便以非法手段获取个人或部门利益的行为和过程。③（3）社会组织领域的腐败，其中有学者重点关注包括社会团体、民办非企业单位、基金会在内的社会组织的腐败现象，并认为在新形势下社会组织发生腐败的可能性、发现社会组织腐败的可能性均将增加，从而导致社会腐败治理机制优化压力的进一步加大。④（4）税务领域的腐败，有学者认为，税收腐败是税务管理人员在征税或提供税收服务的过程中滥用公共权力获取私人利益。他还认为除了在税收执行过程中发生的腐败行为以外，税收领域还存在通过制定税收规则来保护特定纳税人利益的腐败，即政府俘获。⑤（5）高校学术腐败。（6）农村基层腐败。

（二）对腐败的衍生成因及其内在机理的分析

学界对腐败问题的研究由来已久，其中关于腐败的成因是重点剖

---

① 楚向红：《近几年我国腐败现象的主要特点及其防治对策》，《中州学刊》2016年第8期。
② 施鹏鹏：《我国司法腐败的现状与遏制——以20个省、自治区、直辖市的实证调研为分析样本》，《证据科学》2016年第1期。
③ 王郅强、刘子炀：《权力、制度与环境：信访腐败形成的内在机理》，《学海》2016年第5期。
④ 王红艳：《社会组织腐败治理机制变迁与发展》，《政治学研究》2016年第2期。
⑤ 谷成、斯旺都·西雷特、曲红宝：《税收腐败的动因与治理：基于征纳行为的理论考察》，《中国人民大学学报》2016年第6期。

析的内容。在既有研究中，专家学者从不同理论视角出发，搭建各自的分析框架以阐释腐败问题的衍生成因。概括而言，当前学界主要从以下视角出发加以分析。

其一是基于道德人性的视角，认为腐败现象的成因主要是由于一些不道德、觊觎私利的人获取了公众信任，握有权力之后的自利行为。有学者研究认为，公职人员腐败行为发生的直接内因在于公职人员腐败动机的形成，而影响公职人员腐败动机的因素包括内在不良需求与思想道德防线失守、腐败成本较低、腐败机会的客观存在、社会生态环境的不良影响等。[①] 同样，有学者通过对现有涉及不同行政级别的腐败官员忏悔文本进行分析，认为行政官员腐败的心理原因包括收入悬殊的失衡心理、面子人情的虚荣心理、不正之风的从众心理、不被监督的侥幸心理、居功自傲的特权心理、仕途升迁的绝望心理、穷怕的敛财心理。[②] 总之，从道德人性的视角论述腐败的成因，将其总结为面对外界利益诱惑而不能自持的结果，是由人性中幽暗的一面所导致的。

其二是从权力制约与监督的角度，认为"权力导致腐败，绝对的权力绝对导致腐败"[③]。该视角的特征是以制度或权力为着眼点揭示腐败的成因，认为政府官员行为缺乏强有力的约束是腐败频发的根源。有学者在分析当前我国村干部腐败的成因时，认为监督体系的不健全给村干部权力寻租留有空间，具体包括上级监督太远，乡镇党委和政府对村干部滥用职权很难及时发现；同级监督太软，村"两委"之间的相互监督形同虚设；下级监督太难，群众对村干部腐败行为无从监督、不敢监督等方面。[④] 另外，有学者在分析信访腐败问题时，也认为公共权力受到"官本位"、个人利益最大化等错误观念的渗透，在缺乏有效监督的条件下就极容易变得任性和不受约束，腐败需

[①] 李斌雄、江小燕：《公职人员"想腐败"之动机及其矫治策略》，《中南民族大学学报》（人文社会科学版）2016 年第 7 期。

[②] 孙卓华、李强楠：《行政心理视域下的官员腐败研究》，《行政论坛》2016 年第 2 期。

[③] 阿克顿：《自由与权力》，侯建、范亚峰译，译林出版社 2011 年版。

[④] 杨群红：《新形势下村官腐败的类型、特征及治理对策》，《中州学刊》2016 年第 12 期。

要权力，任性的权力（即不受监督的权力）是信访腐败产生的必要条件。①

其三是从政治经济学的角度，认为腐败是由于作为理性"经济人"的政府官员在追求自身利益最大化动机下的寻租行为。有学者在分析税务人员的税收征管行为时便受到公共选择理论研究方法的影响，他假设税务管理人员追求的是收入或其他收益为其带来的效用，并旨在实现预期收入的最大化，从而将导致税收腐败的要素归纳为两类：一类是对税务管理人员动机产生影响的激励要素；另一类则是为其腐败行为创造机会窗口的要素。②

其四是从现代化的角度，腐败被认为是现代化过程中制度供给不足的后果。有学者从社会经济发展的"发展主义"模式出发分析，认为处在社会转型时期的中国，其政府高度"嵌入"市场、政商关系互依的同时，市场运作的各个方面缺乏有效的制度约束和监管，这使得腐败的发生具有某种必然性。③有学者认为，当前中国经济体制转轨的不彻底性导致了政企关系的扭曲，是造成中国地方官员腐败频发的体制性根源之一，这为后者的腐败行为提供了"土壤"④。有学者在分析中国农村土地腐败时，认为随着新型城镇化、工业化和农业现代化进程的不断加快，越来越多的农村土地被用来进行商业开发、招商引资及农业现代化经营，受到利益的驱使，地方政府、村集体、农民及开发商等多方利益主体之间存在利益博弈，从而导致土地腐败问题。⑤

其五是从综合的政治学和经济学视角分析腐败的成因。该视角的特色在于从综合的视角予以阐释，并从微观与宏观、主观与客观等多

---

① 王郅强、刘子炀：《权力、制度与环境：信访腐败形成的内在机理》，《学海》2016年第5期。

② 谷成、斯旺都·西雷特、曲红宝：《税收腐败的动因与治理：基于征纳行为的理论考察》，《中国人民大学学报》2016年第6期。

③ 陈尧、段伟：《内幕信息交易型腐败：一种新的腐败动向》，《上海大学学报》（社会科学版）2016年第1期。

④ 邵传林：《体制转轨背景下的政企关系、腐败与治理》，《上海财经大学学报》2016年第1期。

⑤ 李增元、周平平：《现代化进程中的农村土地腐败及其逻辑机理》，《华中师范大学学报》（人文社会科学版）2016年第9期。

维度整合搭建腐败成因的分析视角。有学者认为，以村干部为行为主体的小微权力腐败的发生需要同时具备三个条件：物质条件、心理条件和制度条件，其中物质条件主要指权力资源，是腐败有可能变为现实的工具或载体；心理条件即贪欲，是腐败发生的根据和内因；制度条件即机会，是小微权力腐败的外因。① 有研究运用三元交互决定理论对行政"一把手"公共决策腐败的成因进行分析，认为领导干部首长负责制的悖序运行、政府决策制约机制先天漏洞的存在、公共决策中利益冲突有效规制的失位等因素，导致当前行政"一把手"公共决策中腐败问题频发。② 有学者在分析我国社会组织领域腐败发生的原因时，认为由于社会组织自身定位不准确，缺乏科学合理的内部治理结构，加上信息不透明、财务制度不健全，并带有浓厚的官民二重性特色，从而可能导致腐败的发生。③ 有学者围绕权力、制度与环境三个维度，揭示信访腐败形成的内在机理，并认为不受约束的权力、压力型体制与制度缺陷、"破窗效应"与崇权的政治文化环境三方面因素，是信访腐败产生的原因。④

此外，还有学者从社会文化因素的角度分析我国村干部的腐败动因，具体包括：一是务"虚"导致腐败的界限不明；二是以"家"治村的意识误区；三是"经济至上"模式的实用主义倾向。⑤ 更有学者认为，国内外反腐败研究基本上都在委托—代理理论框架下进行，不过该框架有一个重要的前提假设：委托人会积极履行监督代理人的职能，然而现实中经常出现委托人职能缺位或自身也是贪腐者的情况，由此分析了当今中国频发的窝案既是典型的集体腐败，又属于腐败循环现象，其根源在于反腐败组织无法打破腐败利益交易双方在长

---

① 陈建平、胡卫卫、郑逸芳：《农村基层小微权力腐败的发生机理及治理路径研究》，《河南社会科学》2016年第5期。
② 翟凯、何士青：《论行政"一把手"公共决策腐败的法律治理》，《湖北社会科学》2016年第5期。
③ 王勇：《试论社会组织与反腐败建设》，《行政法学研究》2016年第2期。
④ 王郅强、刘子炀：《权力、制度与环境：信访腐败形成的内在机理》，《学海》2016年第5期。
⑤ 赵秀玲：《村干部腐败的社会文化因素探析》，《东岳论丛》2016年第7期。

期博弈中所形成的稳定均衡态势。① 基于此，有学者考察了十八大以来我国落马高官贪腐案，发现其背后多存有一群或一串"共同利益"人，形成错综复杂或明或暗的腐败利益链，并分析认为除了生成腐败的一般性社会原因和制度原因之外，腐败利益链的成因还包括超越大家的小群利益、拉帮结派的不正之风、情大于法的家族观念三方面原因。② 有学者鉴于当前对于腐败心理"软性"机制研究偏少的现状，将政治心理学的"圈内化"和"类型化"楔入科层制行政管理制度，将官员分为"偏向利己型""偏向利他型"和"利己利他兼顾型"，分析了官员类型化视域下的圈内化特点。③

（三）国外廉政建设的经验总结与借鉴

我国当前腐败现象频发，廉政建设和反腐败形势依然严峻复杂，对古今中外廉政建设与腐败治理经验、教训加以甄别拣选和吸收汲取，无疑将对当代中国廉政建设有所裨益，也能为新形势下落实全面从严治党提供镜鉴。综合而言，腐败治理与廉政建设有三方面的经验可供借鉴：一是中国古代传统反腐经验；二是西方国家反腐经验；三是中国共产党自身的早期反腐经验。我们认为，应综合系统地总结中国传统和西方的反腐经验，但也必须破除对二者的盲目迷信，更需重视中共自身反腐倡廉建设的宝贵经验。

1. 关于中国古代历史上廉政建设经验的梳理。综观中国古代历史，在华夏文明悠久的文化传统中积淀了丰富的廉政建设资源，从中汲取当代廉政建设的养分实为明智之举。可以说，廉政之道是中华民族政治智慧的结晶，比如《秦简》"为吏之道篇"中强调管理应该执法公正，做到"清廉毋谤"等"五善"；再如儒家经典中有关"仁、义、廉、耻"的训诫，其中为政以德、以廉为本、关心民瘼、崇德尚

---

① 杜晓燕：《惩罚机制对阻断腐败循环的演化博弈分析》，《北京社会科学》2016年第9期。

② 何家弘、徐月笛：《腐败利益链的成因与阻断——十八大后落马高官贪腐案的实证分析》，《政法论坛》2016年第5期。

③ 许欢、高小平、李和中：《"圈内化""类型化"：科层制弊端与腐败心理发生机制及对策》，《行政论坛》2016年第1期。

能、崇尚节俭、清心养廉、遏制贪欲等廉政思想不胜枚举。在此基础上，有学者将中国古代廉政建设经验，归纳总结为崇俭尚廉、教化育廉、用人以廉、以法促廉以及监察倡廉五个方面，并认为执政者应该坚持崇俭尚廉与教化育廉相结合，大力弘扬廉政文化，为党风廉政建设提供良好氛围和思想基础；坚持选贤荐能与用人以廉相结合，大力加强廉政队伍建设，为党风廉政建设提供坚实的人才保证。[1] 有学者主张，当代中国建设廉洁政府应做到廉洁勤政、正直公正；要做到审慎理财、节俭用财；要做到建立公平公正的选人用人机制；要做到德法相济、共促廉政。[2]

2. 关于西方国家廉政建设做法的分析。由于腐败现象对人类社会普遍有着严重的腐蚀性，制约着社会的健康发展，世界各国均在反腐败斗争中积极探索新的办法，我们需要从国际反腐经验中汲取养分。有学者考察了国外政党展开廉政问责的四种模式，分别为党内"主导型"、党际"对立型"、司法"边界型"和社会"参与型"，从而得出国外政党问责的若干特性，并认为需要汲取他国先进做法，包括完善双重领导机制、规范操作机制、全面嵌入机制和多元协同机制。[3] 有学者则系统梳理了国外有关反腐主题的文献，认为公民社会的作用、腐败的"制度化"、与反腐败相应的配套改革、国际社会的角色四个方面的原因影响着反腐败的成效，并总结出反腐败机构需要独立和制度化运作、社会环境的支持对腐败治理至关重要以及教育对腐败有抑制作用三点国际反腐经验。[4] 有学者总结了世界主要国家在现代化进程中所形成的国家腐败治理的两种基本模式，分别是腐败消极治理模式（以16—18世纪的英国、罗马尼亚、保加利亚等为代表）和腐败积极治理模式（以新加坡、美国为代表），前者具有单一化的治理理念、高容忍度的治理立场、静态化的治理机制、被动化的治理

---

[1] 陈蔚：《廉政历史经验对当前党风廉政建设的启示》，《浙江学刊》2016年第5期。
[2] 舒绍福：《从古代廉洁清正资源中汲取廉政建设的养分》，《理论探索》2016年第3期。
[3] 胡洪彬：《国外政党的廉政问责：基本模式、现实局限和有益经验》，《理论探讨》2016年第6期。
[4] 肖汉宇、公婷：《腐败研究中的若干理论问题——基于2009—2013年526篇SSCI文献的综述》，《经济社会体制比较》2016年第2期。

反应等特征，后者具有复合化的治理理念、"零容忍度"的治理立场、动态化的治理机制、主动化的立法反映，该学者认为，中国属于典型的"应激型"现代化国家，腐败治理刑事政策的基点选择应从消极治理模式转向积极治理模式，加强腐败治理立法的预防能力建设。① 不过有学者不满于将西方腐败理论当作我国反腐的指导性方略的观点，认为由于布坎南、克鲁格曼等人的寻租腐败理论的理论前提是自私自利的经济人假设，并且缺乏对权力本质性的分析，将权力与腐败的复杂关系简单化等原因，使得学习和借鉴现代西方分析和治理腐败的理论，可能无法解释新中国腐败频度演进的轨迹。②

3. 关于中共早期政权建设中廉政建设经验的总结。总结中共早期政权建设中各阶段的廉政建设经验，是我们党自身宝贵的精神财富，对当代中国的腐败研究具有启发意义，对决策者的腐败治理和推进全面从严治党具有重要的参考价值。2016 年，有学者初步总结了邓小平主政西南时期关于党风廉政建设的思想，其中包括践行"两个务必"，克服居功自傲、贪图享乐思想；密切党群干群关系，反对官僚主义、命令主义作风；把预防和惩治腐败相结合，同贪污行为做坚决斗争等要点。③ 有学者总结我党在延安时期严厉惩处腐败的基本经验，主张应该传承延安时期制度反腐的基本做法，不断健全反腐倡廉的法律法规体系，弘扬民主监督精神，用发展民主来防止腐败，发扬领导干部以身作则的优良传统，健全改进作风长效机制等。④ 有学者对延安时期陈云关于加强党风廉政建设的思考进行总结，包括从党的事业发展的高度认识加强党风廉政建设的极端重要性；从党风廉政建设的核心要义角度提出密切党同人民群众的联系；从党风廉政建设的根本要求方面指出必须严明党的纪律；从加强党风廉政建设的方法角度要求运用好开展批评与自我批评的武器；从加强党风廉政建设的有

---

① 魏昌东：《腐败治理模式与中国反腐立法选择》，《社会科学战线》2016 年第 6 期。
② 王传利：《论系统性治理腐败方略的原则与内涵》，《政治学研究》2016 年第 3 期。
③ 吴光辉、唐棣宣：《邓小平主政西南时期关于党风廉政建设思想论述》，《重庆邮电大学学报》（社会科学版）2016 年第 4 期。
④ 张俊生：《延安时期党风廉政建设经验的当代价值》，《思想政治教育研究》2016 年第 12 期。

效途径角度强调扩大民主,强化监督等内容。① 有学者总结习近平主政浙江期间所提出的一系列富有创见的党风廉政建设思想,包括在主体建构上,强调"责任驱动"和"修身养性"的协同配合;在切入点上,强调"治吏"与"治权"的二元合一;在目标设定上,强调从"利于经济"到"惠及民生"的逐级递进;在路径取向上,强调"群众路线"和"普遍参与"的双向互通;在保障措施上,强调"法治浙江"与"制度规范"的高低搭配。②

(四) 推进腐败治理与廉政建设的路径选择

如何推进腐败治理与廉政建设由"不敢腐""不能腐"向"不想腐"转变,构建腐败治理的有效机制,是一项必须深入思考与实践的紧迫课题。2016 年,学界主要围绕腐败治理的整体方略、反腐败制度体系的构建、公共权力的制约与监督等路径探讨腐败治理问题。

其一,确定腐败治理与廉政建设的整体方略。这是从宏观维度着眼探讨腐败治理须遵循的根本方法与策略。十八大以来,国家积极调整腐败治理战略,坚持全面从严治党、从严治政的方针,不断推进党风廉政建设,这对于正确履行职责,促进科学发展与和谐社会建设,具有极其重要的意义。基于此,有学者认为,当代中国已呈现出建构系统性治理腐败方略的趋势,亟须实现治理腐败方略的再一次转换,该学者主张从权力与资本的双重视角设计反腐方略,特别是从严惩处体制外的行贿者,以此提高行贿犯罪成本。③ 有学者认为,中国应该采取先推进法治再提升民主的基本路径,而推进法治又应该以整肃吏政为先,并从改革官员选任制度,防范拉帮结派;推进官员财产公示,监控财富积累;公开行政决策过程,构建阳光政府等具体制度入手,提升我国法治和民主水平。④ 有学者认为,当前我国党风廉政建

---

① 田建伟:《延安时期陈云党风廉政建设思想论述》,《思想教育研究》2016 年第 12 期。
② 胡洪彬:《习近平主政浙江期间的党风廉政建设思想及其重大意义》,《求是》2016 年第 4 期。
③ 王传利:《论系统性治理腐败方略的原则与内涵》,《政治学研究》2016 年第 3 期。
④ 何家弘、徐月笛:《腐败利益链的成因与阻断——十八大后落马高官贪腐案的实证分析》,《政法论坛》2016 年第 5 期。

设和反腐败斗争虽然卓有成效，但仍须坚持标本兼治，并适时加大"治本"的力度，其中建立健全科学规范的干部选拔任用和管理制度是"治本"的核心，加强决策与权力运行监督是"治本"的关键，摆脱"运动式"管党治党的影响是"治本"的重要保障。① 有学者认为，在重新启动新一轮体制改革的背景下，有效治理官员腐败现象频发问题的关键在于变革当前不合理的政企关系，矫正当前过度扭曲的政企关系，最大限度地消除行政权力设租的空间和机会。②

其二，反腐败制度体系的构建。由于腐败主要源于国家法律和制度的滞后或不完善，建设清廉政治应该以健全国家法制和强化自我约束为旨归，并将依法治理作为腐败治理的治本战略。所以，有学者认为，我国当前正处于现代化转型以来腐败治理的重要转折点与战略机遇期，积极推进国家反腐败立法战略转型与体系化构建，实现反腐败立法由形式治理向实质治理功能的转化，是破解当下"中国式"腐败治理困局之关键。③ 基于此，该学者主张有必要制定一部反腐败法作为反腐败法律体系内的"基本法"，以实现反腐败立法的战略转型，其主要内容包括反腐败基本原则、反腐败专门机构、预防利益冲突、行政公开、公职人员财产申报、举报人保护等，其中核心价值表现为权力监督。④ 有学者认为，应该发挥财政分权对腐败的抑制效应，继续深化分税制财政体制改革，并发挥经济开放和民营经济在抑制腐败中的积极作用，打破地区封锁和行业垄断，实现法治财政到法治政府、责任政府的良性激励，以纠偏地方政府行为的扭曲。⑤ 有学者从法治反腐的角度，认为完善举报人保护制度是治理集体腐败的重要途径之一，应当建立有效的内部人举报制度，一方面对内部人举报进行适当的奖励或减轻其原有参与集体腐败的罪行，另一方面也要对内部

---

① 李景治：《党风廉政建设和反腐败斗争应加大"治本"的力度》，《理论与改革》2016 年第 2 期。
② 邵传林：《体制转轨背景下的政企关系、腐败与治理》，《上海财经大学学报》2016 年第 1 期。
③ 刘艳红：《中国反腐败立法的战略转型及其体系化构建》，《中国法学》2016 年第 4 期。
④ 刘艳红、冀洋：《"反腐败基本法"建构初论》，《行政法学研究》2016 年第 2 期。
⑤ 牛富荣：《法治财政、法治政府与腐败治理》，《经济问题》2016 年第 7 期。

举报人进行保护,以免举报人遭到打击报复。① 有学者认为,面对党风廉政建设和反腐败斗争严峻复杂的形势,亟须保持惩腐之"势",增强刮骨疗毒的政治定力,整治腐败之"源",扎牢反腐败的制度笼子,补足精神之"钙",构筑拒腐防变的廉政防线,最终形成"不敢腐、不能腐、不想腐"的有效机制。②

其三,构建公共权力的监督与制衡路径。加强对公共权力的监督和制约,是社会进步到一定阶段的必然产物,也是当代政治文明的主要标志之一。依循这一逻辑,有学者认为,反腐败斗争想要取得"压倒性胜利",则必须构建"决策科学、执行坚决、监督有力"的科学权力结构,并通过构建中国特色的反腐败学科体系,建设中国特色的反腐败职业能力标准,探索开展反腐败"特区"建设,最终增进人民群众对反腐败的"更多获得感"。③ 有学者认为,强化司法腐败治理、构建多维长效反腐机制,需要强化权力制衡,做到公、检、法三个机关的相互制约与监督,并增强司法透明度和推动公民参与,做到立案公开、审理公开、判决公开,以及深化司法管理改革,完善追责机制。④ 有学者认为,社会组织具有公权力属性,因而构成监督、制约国家公权力,防范腐败的重要社会力量,是政府协同力量的依靠,所以他主张要准确定位社会组织,发挥社会组织的独立、自治等特性,逐步拓展社会组织类型,培育部分以监督公权力为主要目的与价值取向的社会组织,并通过制定社会组织法,更好地发挥社会组织对公权力的监督功能。⑤ 有学者认为,腐败的治理模式除了纪检、司法等渠道外,还有政府内监管机制,因此应该明确腐败行为政府内监管的主体及其职责、完善监管的事由、深化监管的措施,以充分发挥监

---

① 宋伟、过勇:《集体腐败:特点、生成模式与治理路径》,《湘潭大学学报》(哲学社会科学版)2016年第5期。

② 刘峰、戴树源:《新时期反腐败机制构建研究》,《湖南大学学报》(社会科学版)2016年第5期。

③ 董瑛:《反腐败"压倒性胜利"应致力于"人民更有获得感"》,《甘肃社会科学》2016年第6期。

④ 施鹏鹏:《我国司法腐败的现状与遏制——以20个省、自治区、直辖市的实证调研为分析样本》,《证据科学》2016年第1期。

⑤ 王勇:《试论社会组织与反腐败建设》,《行政法学研究》2016年第2期。

管实效。① 总之，应建立健全横向到边、纵向到底的反腐主体责任体系，加快构建和建立决策科学、执行坚决、监督有力的权力运行、制约和监督体系，真正把权力关进制度的笼子里。

另外，有学者从集约式反腐败角度论述如何推进腐败治理，他认为要解决腐败现象的复合过错与单一追责的矛盾，应采取运用包括惩处受贿犯罪、打击行贿犯罪以及追究领导廉政责任等在内的组合手段遏制和惩罚腐败。② 而且，有学者通过腐败实验对比了不同社会身份的个体所做出的行为选择，认为破除官本位思想与"将权力关进制度的笼子"一样是反腐败不可或缺的重要组成部分。③ 有学者从实证分析的角度认为，纪委书记的异地交流的确能够提高流入地的反腐败力度，在具备公检法等相似工作经历的前提下，相比于本地晋升或调任的纪委书记，异地交流的纪委书记会使本地的反腐力度提高14%左右，所以他主张应进一步提高省级纪委书记异地任职和交流的比例，同时应该将交流的范围进一步扩散至地市级和县级的纪委书记。④ 有学者认为，深化反腐的国际合作，成为我国政府的必然选择，可以积极承办和参加国际反腐会议，参与制定和实施国际反腐法规，加强国家反腐败领域的交流和沟通，积极参与追逃追赃和反洗钱方面的国际合作。⑤ 同时针对我国现行法律体制下腐败外流资产追回措施的实施困境，有学者认为，我国应当制定合理的资产分享制度，以此弥补间接追回措施的不足，消除与他国关于合理费用和资产返还的分歧，确定可供资产分享的范围，从而保证腐败资产的有效追回。⑥

---

① 张建、张孜仪、黄扬嘉：《腐败行为的政府内监管研究》，《中国行政管理》2016年第11期。
② 陈国权、陈晓伟：《复合过错、单一追责与集约式反腐败》，《社会科学战线》2016年第7期。
③ 雷震、田森、凌晨、张安全、李任玉：《社会身份与腐败行为：一个实验研究》，《经济学》（季刊）2016年第3期。
④ 田彬彬、范子英：《纪委独立性对反腐败力度的影响——来自省纪委书记异地交流的证据》，《经济社会体制比较》2016年第5期。
⑤ 王传利：《论系统性治理腐败方略的原则与内涵》，《政治学研究》2016年第3期。
⑥ 陈结淼、程冉：《我国应建立海外追赃资产分享制度——以〈联合国反腐败公约〉为视角》，《安徽大学学报》（哲学社会科学版）2016年第1期。

(五) 完善党风廉政建设责任体系的系统探讨

党的十八届三中全会通过《中共中央关于全面深化改革若干重大问题的决定》，其中提出"落实党风廉政建设责任制，党委负主体责任、纪委负监督责任，制定实施切实可行的责任追究制度"。这一表述将中共中央于2010年10月颁布的《关于实行党风廉政建设责任制的规定》中"党委统一领导，党政齐抓共管"的"领导责任"更新为"党委负主体责任"，同时把"纪委组织协调"调整为"纪委负监督责任"，为落实党风廉政建设主体责任与监督责任（学界简称其为"两个责任"）的追究制度指明了方向。"两个责任"的提出，是以习近平总书记为核心的党中央对我国党风廉政建设做出的重要决策部署，是对加强预防和惩治腐败工作的全新布局，在丰富我国反腐倡廉制度建设具体内容和提升政府治理能力现代化水平的同时，也诠释了党风廉政建设和反腐败的决心与信心，在一定程度上夯实了党的执政之基并促进了社会主义和谐社会的构建。通过文献梳理可知，2016年，学界对落实廉政建设责任体系的讨论聚焦于对"两个责任"体系的阐释、建立责任体系时所面临的困境以及如何有效推进党风廉政建设责任制三个维度。

其一，聚焦于"两个责任"体系的阐释。一般而言，政治学中"责任"概念有两层含义，分别是分内应做之事及未做好分内之事所应受的惩戒，前者为积极意义的责任，后者为消极意义的责任。基于这一逻辑，有学者认为，党风廉政建设党委负主体责任、纪委负监督责任并严肃问责的制度设计，体现了控权、制权、追责和常态的法治逻辑，蕴含着权力制约、刚性责任、可预期等法治的基本要件。[①] 有学者在阐释纪委的党风廉政建设监督责任时，主张全面理解监督的含义、对象和内容，他认为监督最一般的解释便是"监视督促"，既是权利，也是义务；既是行为方式，也是制度规定，纪委监督的重点对象是各级领导机关和领导干部特别是主要领导干部，监督的主要内容

[①] 蒋建湘、蒋清华：《党风廉政建设"两个责任"制度的法治解读与完善建议》，《中南大学学报》（社会科学版）2016年第4期。

是遵守党章党规和国家宪法法律，维护党中央集中统一领导，坚持民主集中制，落实全面从严治党责任，落实中央八项规定精神，坚持党的干部标准，廉洁自律、秉公用权，完成党中央和上级党组织和政府部署的任务等情况。①

其二，分析党风廉政建设中所面临的困境。有学者认为，当前我国落实党委党风廉政建设主体责任，面临着部分党员领导干部主体意识与责任意识淡薄、党委主体责任与纪委责任混淆不清、主体能力不足与动力机制不完善等突出问题。② 而有学者直接将新时期国内党风廉政建设工作所面临的难题，总结为反腐制度需要进一步完善、思想教育不足、党风廉政建设缺乏长效机制、监督体系相对落后和海外追逃贪官经验不足五点。③ 有研究认为，基层落实党风廉政建设责任制意义重大，而当前基层存在的问题包括一些领导干部责任意识不强、考核不到位、监督乏力难以落实责任制、责任追究低层化，所以他主张增强领导干部责任意识、加强纪委监督效力、抓关键环节推动责任制落实，并严格实施责任追究。④

其三，探讨党风廉政建设责任体系的推进措施。加强党风廉政建设和实现风清气正的政治生态，要以全面从严治党和完善党风廉政建设责任制来契合政治社会形势变化的需要，以党风廉政建设党委主体责任和纪委监督责任来推进执政党自身建设及增进党在建设中国特色社会主义中的凝聚力和战斗力。有学者认为，需要在把握反腐倡廉建设的新形势基础上，厘清主体责任、强化主体动力、提升主体能力，着力构建体系完备、运行通畅的长效机制。⑤ 有学者认为，完善党风廉政建设责任制应当从责任分解、责任考核和责任追究三个方面推进，具体而言即将责任分解、监督检查、目标考核、责任追究有机结合起来，实现责

---

① 邵景均：《落实好党风廉政建设监督责任》，《中国行政管理》2016年第11期。
② 杨岚凯、石本惠：《落实党委党风廉政建设主体责任探讨》，《探索》2016年第2期。
③ 沈晓：《党风廉政建设难在何处》，《人民论坛》2016年第31期。
④ 任永生：《基层如何落实党风廉政建设责任制》，《人民论坛》2016年第26期。
⑤ 杨岚凯、石本惠：《落实党委党风廉政建设主体责任探讨》，《探索》2016年第2期。

任追究制度化、规范化和程序化。[①] 另外，有学者认为，在组织的廉政建设领域，领导需要对组织成员加强监督、防治腐败发生负政治责任，因此腐败治理也需要建立廉政领导责任制，强化问责的制度设计。[②] 有学者认为，依法治理是党风廉政建设现代化的战略选择，并可以从营造法治完备、运行有序的政治生态环境、构建以党委为元作用的公共权力系统反腐体制、打造全方位全过程的腐败预警预控信息数据系统、培育以民主法治为控权逻辑的廉政信任文化，来实现党风廉政建设"环境—体制—信息数据系统—文化"四位一体的战略选择，进而营造山清水秀的政治生态。[③] 有学者认为，以制度创新推进党风廉政建设主体责任的落实，要以提高党委的认识为思想基础，以厘清主体责任的责任清单为基本前提，以构建科学的主体责任考核评价与责任追究制度为中心任务，以完善主体责任的党内监督制度为关键环节。[④] 有学者试图通过对廉政问责制的程序运行做出顶层设计，建构起具体的制度运作模型，认为制度模型应包括事前明责和事后追责两个过程，其中主导性问责主体和参与性问责主体协同参与，以共同推进廉政问责实践的深入发展。[⑤] 有学者在分析我国国企廉政建设时，认为需要完善公司法人治理结构，提升国企纪检监察部门的权威性，强化国企纪检监察的运行机制，推进国企纪检监察队伍建设。[⑥]

（六）反思与展望

廉洁政治是党和政府公信力与执政合法性的基石，与此相对，腐败政治则是国家公共权力裂变的基因，它严重危害着社会公平，并导

[①] 李东明、徐子臣：《新形势下完善党风廉政建设责任制的战略思考》，《中共天津市委党校学报》2016年第4期。

[②] 陈国权、陈晓伟：《复合过错、单一追责与集约式反腐败》，《社会科学战线》2016年第7期。

[③] 张海洋、李永洪：《依法治理：党风廉政建设现代化的战略选择》，《广西社会科学》2016年第9期。

[④] 徐雅芬：《以制度创新推进党风廉政建设主体责任的落实》，《贵州社会科学》2016年第4期。

[⑤] 胡洪斌：《廉政问责制新政：从程序设计到模型建构》，《探索》2016年第1期。

[⑥] 白彦：《我国国有企业廉政建设若干问题思考》，《江苏行政学院学报》2016年第2期。

致民间仇官情绪的凝结和贫富分化的愈益凸显。依此而言，反腐倡廉建设是横亘在党和国家面前的重大任务，是永葆党的先进性、纯洁性的战略举措，是党心民心之所向。纵览2016年，学界在腐败治理和廉政建设方面的研究，有益于拓展研究视野和寻求腐败治理的研究方向，从而为决策提供指导，不过，结合当前国内研究的实际情况，我们认为仍有三个值得注意的问题。

其一，需要继续从理论规范和实证案例两个维度认识腐败的危害性与廉政建设的迫切性。经历了三十余年的经济持续高速发展，当前中国社会正处于剧烈的转型过渡期，腐败现象较为普遍，其中有些腐败行为甚至被合理化。针对当前社会中出现的"腐败是经济发展的润滑剂""腐败在一定程度上促进经济发展"的言论，我们认为，应该从历史与现实的双重维度深刻认识腐败问题的危害性，从不同角度讨论腐败与经济发展的复杂非线性关系，以澄清人们的认识误区，从而最终证明反腐既有客观必然性，又有其现实紧迫性。前已论述，腐败将严重危害社会公平，导致贫富分化，而且将侵蚀民心，扭曲社会对腐败的认知。如此看来，我国进一步加强廉政建设十分迫切，而本轮腐败治理和廉政建设的重要战略意义在于，"通过治标，为治本赢得时间""通过荡涤大面积的深度腐败局面，造就一种较好的政治生态，只有在一种比较好的政治生态下，才能确立有效的反腐败和预防腐败的制度"[①]。

其二，研究者需要拓宽腐败治理与廉政建设研究的视野、思路以及研究方法，以提升研究质量。毋庸讳言，当前我国廉政建设和腐败治理方面的研究大多沿袭了"策论式"的思路，其往往停留在问题描述阶段，缺乏科学的实证方法。正如有学者所指出的那样："与中国政府反腐败力度不相称的是，学界对于腐败的研究仍然滞后。学术研究的滞后反过来极大地限制了理论对实践应有的指导作用。"[②] 那么接下来我们更需要重点关注英文文献中腐败研究的成果，从一个更

---

① 郑永年：《反腐败与中国第二次政治革命》，《青年参考》2014年8月13日。
② 肖汉宇、公婷：《腐败研究中的若干理论问题——基于2009—2013年526篇SSCI文献的综述》，《经济社会体制比较》2016年第2期。

为广阔的角度、更多样化的理论层面看待腐败问题,运用科学方法探讨腐败诸变量之间的因果关系,并试图冲破理论研究与实践总结的隔阂,打破偏重于定量研究或定性研究的单一方法,着力将二者结合起来。此外,由于腐败治理、廉政建设与多个学科密切相关,其中包括政治学、公共行政学、经济学、社会学等学科知识,这也迫切要求我们改变以往单一学科的研究视角,综合运用多学科方法,对腐败进行更深入的研究。

其三,关于如何创建一套有效的反腐败机制的研究仍略显薄弱。当前中国的反腐需要跳出传统反腐的模式,探索更为长远与根本的腐败治理路径,从源头上创新体制机制用以预防腐败。譬如,当前高压反腐的政策压力在自上而下的层级传导过程中,在某些地方和部门呈现出效力衰减的趋势,那么如何破解反腐政策执行中的"涟漪效应"成为学界亟待解决的现实难题。而且我们仍需反思的是,为什么在中央高压反腐之际,有些党政干部依然敢于(或能于)不收手而继续贪腐,这是否表明当前我国的反腐力度虽大,亦富有成效,但预防、根治干部腐败的体制及机制尚未完全形成?由此,我国腐败治理和廉政建设的当务之急,在于尽快形成一套干部不能腐的严密制度安排。

另外,廉政建设与腐败治理既是政治问题,亦是社会问题,自上而下的制度反腐固然十分关键,而如何营造廉洁的社会风气以确保民众对反腐败的支持和参与,更是一个亟待解决的问题。我们认为,若想进一步推进我国廉政建设工作,仅仅依靠国家加大腐败治理力度是不够的,更需要社会公众的广泛参与,拓宽公众对腐败行为的举报渠道和途径,同时注重保障举报人的合法权益。

中国国际关系与国际政治研究的新态势

谢若初　吕耀东

2016年是"十三五"规划的开局之年，中国已经进入了全面建成小康社会的关键时期。在"四个全面"战略布局、五大发展理念的指引下，中国正朝着实现"两个一百年"奋斗目标及中华民族伟大复兴的中国梦砥砺前行。与此同时，2016年也是国际局势跌宕起伏的一年。以欧美国家频发的"黑天鹅"事件为代表，国际格局呈现出全球化与逆全球化趋势共存、传统安全问题与非传统安全问题交织、全球经济下行压力持续增大与贫富分化差距不断拉大并行的复杂局面，不稳定性及不确定性成为突出特征。中国的发展离不开世界，世界的繁荣稳定也离不开中国。国内建设进入关键时期，国际形势日趋复杂的新时代背景也对中国外交提出了新的要求，那就是既要适应中国国内发展需要，同时也要为促进世界共同发展做出贡献。对前者而言，一直以来，中国外交被赋予为建设小康社会营造良好国际环境和外部条件的历史使命，正如王毅在2015年国际形势与中国外交研讨会开幕式上所说的那样，2016年确保"十三五"规划顺利开局，是明年全党全国的中心任务，外交工作也将紧紧围绕和服务于这一任务，全力为国内建设服务。[①] 可以说，2016年中国外交出色地履行了

---

① 王毅：《2016年中国外交将全力为国内建设服务》，中华人民共和国外交部网站，http://www.fmprc.gov.cn/web/wjbzhd/t1323786.shtml。

这一历史使命。而对于后者则需要更为深厚的理论实践经验及更为宽广深邃的战略眼光。正是在这样的新时代、新要求下，以习近平外交思想为指南的中国特色大国外交理论初步确立并付诸实践，成为中国外交活动的新内核。这种集中国传统文化与时代发展特征于一身，充分体现马克思主义理论继承、创新与发展，彰显中国特色社会主义制度活力的外交理论以和平与发展的大背景及希望与挑战并存的现状为战略前提；将坚持和平发展道路当作战略基础；把构建新型国际关系作为战略选择；设定创建人类命运共同体这一战略目标；通过建设"一带一路"国际合作平台这一具体行动向世界提供"中国制造"的公共产品，为创造人类美好未来贡献中国力量。

对在外交领域给予国家智力支持，为相关战略出谋划策，提供理论、方法、对策等方面支持的国际关系与国际政治学科学者而言，上述新时代、新要求、新内核也成为其学科研究的动力、要求与目标。2016年，中国国际关系与国际政治学研究在学者们的共同努力下，继续在理论研究、历史研究、现状研究等领域取得新发展，在对国家对外政策决策及外交实践进行科学指导、指明国际社会历史发展进程及其规律、解析国际形势变化及各国战略调整、预测国际关系发展动向等方面取得了丰硕成果，成为中国特色大国外交理论形成及发展的重要组成部分。

一 中国智慧：国际关系与国际政治理论、方法研究的新成果

作为政治学的下属二级学科，国际政治及国际关系学科经过多年发展形成了自己的学科理论体系。科学的国际关系、国际政治理论对于相关实践活动具有不可或缺的指导作用，是避免相关实践活动因缺乏理论指导而陷入盲目、被动局面的保障。与此同时，国际关系、国际政治实践活动也是检验相关理论，促使理论发展的动力。正因为如此，长期以来，中国学界对于国际关系、国际政治学科的理论研究给予高度重视，不仅对西方相关理论进行了深入学习与研究，还结合中国国情对其进行改造与升华。值得一提的是，随着中国特色大国外交

活动的不断发展以及学界研究的持续深入,更加符合中国国情、结合中国文化、适合中国发展的中国特色国际关系理论逐步形成,为中国特色大国外交活动提供理论支持。

(一) 马克思主义国际关系理论研究的动态

马克思主义理论作为一种内涵全面的科学理论,蕴含着对国际关系与国际政治现象、本质及其规律问题的思考。在国际关系与国际政治领域具有独特而科学的认识视角,能够为解决相关问题提供具有现实指导意义的主张。蔡潇、周青鹏在《国际关系现实主义流派创始人爱德华·卡尔视阈中的马克思主义》一文中对国际关系现实主义流派创始人爱德华·卡尔的代表作《20 年危机(1919—1939)国际关系研究导论》进行了研读,认为该书在六个层面对马克思主义的否定是一种误读。这种误读的核心在于其认为"经济力量就是政治力量",并以此模糊经济基础与上层建筑的关系;基点在于其试图用"阶级利益和谐论"来取代马克思主义的阶级斗争论;根源在于其认为马克思主义的阶级斗争是对黑格尔观念冲突的简化;方法在于其将分离之后的研究愿望与研究过程用于拆解马克思主义;目标在于其希望通过在对法律这一上层建筑的论述中与马克思主义保持表面上的一致性,模糊其回归资本主义体系的真实意图;结论在于通过社会主义革命、国家权力对舆论宣传的作用、理想主义国际道德及国际仲裁个人财产权四个层面对俄国革命和苏联等相关制度进行否定。作者最后认为,将马克思主义与国际关系、国际政治、外交学等学科相结合,不仅符合马克思主义理论不断完善与发展的要求,也符合马克思主义不断中国化的需求。[①] 刘海霞的《马克思主义时代观与国际秩序的重构——再议马克思主义国际关系理论的发展路径》认为,马克思主义的时代观超越了传统国际关系的三大理论,为解释国际体系的变革以及国际秩序的构建与发展提供了启发,从更深刻更基础的生产方式及社会变革层面,揭示了国际秩序变革和发展的动力。生产秩序不合理所造成的

---

① 蔡潇、周青鹏:《国际关系现实主义流派创始人爱德华·卡尔视阈中的马克思主义》,《社会科学家》2016 年第 10 期。

分配不平等与全球需求不足、霸权国对国际组织的垄断所导致的国际秩序不公正、不合理的生产秩序及与之对应的国际秩序所带来的一系列国际安全问题都证明了造成国际秩序不合理的源头就是资本主义的内在矛盾。为此，马克思主义政治经济学视角下的国际秩序变化与转型分析，重视阶级分析法的国际关系理论研究，以及建立"中国学派"的马克思主义国际关系理论就成为可选路径。在批判过程中重建文化自觉，探索超越现存的西方中心观的国际关系理论与世界秩序是时代给予中国学者的机遇与挑战。①

（二）三大流派与女性主义国际关系理论研究的发展

国际关系理论中的三大流派长期在学科研究中占据主流地位，随着国际环境的不断变化与发展，三大流派理论也在质疑与争论中不断相互借鉴、自我完善。总体来说，三大流派相关理论无论对于中国外交实践活动的开展，还是对中国国际关系理论的创立都具有十分重要的指导与借鉴意义。对中国学界而言，有关三大流派的理论研究从未停止过。徐若琦撰文再次对摩根索的"现实主义六原则"进行探讨。可以说，摩根索的研究是从人性这一基本问题开始的，在政治领域中，人的道德与权力欲同样重要，所以由此产生的国家利益概念同样具有道德性。其道德性主要体现在现实情形下务实促进和平的深谋远虑，以及概念中所蕴含的以不否认普世道德原则，不将民族国家视为人类终极理想，强调以"谦恭""节制"两个德性为代表的丰富道德内涵。至于政治现实主义的道德内涵，作者将其归纳为提出"权力的道义问题"、认清权力与道义在建立国际政治理论过程中所形成的难题、将对权力与道义的分析建立在对国际形势的基本判断基础之上。作者认为，摩根索对于"现实主义六原则"的研究主要围绕权力与道义间的关系问题展开，所以可被视为在哲学层面对政治现实主义理论的一次反思。②《范式差异对于国内政治研究路径的影响分析——

---

① 刘海霞：《马克思主义时代观与国际秩序的重构——再议马克思主义国际关系理论的发展路径》，《欧洲研究》2016年第2期。

② 徐若琦：《权力与道义关系的逻辑：摩根索"现实主义六原则"新探》，《国际观察》2016年第2期。

比较现实主义和自由主义范式的角度》一文的作者王钊认为,"国际关系研究层次回落"现象的出现,证明国内政治研究开始成为人们解决冷战结束后国际关系学体系理论无法充分解释世界政治中一些新现象的尝试。这样一来,研究范式的差异会对国际关系学中的国内政治研究产生怎样的影响,就成为一个值得加以研究的问题。该文从国家与社会关系(研究起点)、理性制度主义与历史制度主义取向(国内制度研究)以及是否超越层次分析框架(层次分析框架)三个方面,对20世纪90年代以来现实主义和自由主义范式下出现的国内政治研究的差异性进行了考察。作者认为,在研究起点上,现实主义更注重国家,集中关注政治结构,而自由主义注重研究社会行为体,以社会偏好研究为主;在国内制度研究方面,现实主义研究在安全领域止于制度主义,在经济领域与历史制度主义相结合,自由主义则过渡到了新制度主义;对层次分析框架而言,现实主义一直处于这一框架之中,自由主义则逐步形成了统筹研究的国内国际"2×2"模式。[①] 张飚在《卡琳·菲尔克的语言游戏建构主义研究》一文中对西方国际关系理论在发生"语言学转向"后建构主义的新理论——卡琳·菲尔克创立的"语言游戏"建构主义理论进行了研究。作者首先解释了什么是"语言游戏"。所谓语言游戏,就是使用语言"在某种语境中赋予施动者、行动与客体意义"、由语言与互动相互构成、在使用公共语言的主体间进行、在游戏者行动中不断变换游戏,进而对规则在语言游戏中的作用进行了解释。在这种游戏中,规则产生于游戏者的互动;游戏因规则得到遵循而得以运行;规则的变化引发游戏的变化。接着,作者介绍了几种语言游戏的常见方式,如命名、类比、比喻、精神创伤、以弱取胜。结合北约东扩的具体案例,语言游戏的创建者菲尔克将其运用于分析现实问题。菲尔克认为,北约东扩的实质是一种新游戏,它转变了游戏规则,整个东扩过程改变了理性行动的内涵,且东扩各方都在尝试用不同的方式改变语言游戏。菲尔对于北约东扩的分析在对新现实主义与新自由主义相关理论解释提出质疑的

---

① 王钊:《范式差异对于国内政治研究路径的影响分析——比较现实主义和自由主义范式的角度》,《教学与研究》2016年第1期。

同时，也展示出语言游戏相关理论的生命力所在。在结论部分，作者主要指出了语言游戏建构主义的出彩与不足。语言游戏建构主义的出彩之处在于其非常重视语言在建构社会实事中的作用、对国际政治中的建构过程有很强的启发性，以及由于其强调游戏、规则与理性战略三者的动态变化，所以非常适合追踪短期而迅速的变化现实。当然，这一理论也存在以下不足。其一，有时会忽视口头"语言"或"话"的作用。其二，理论在很多方面尚需深化、细化。其三，容易忽视历史社会背景。[①]

女性主义自20世纪七八十年代起开始关注国际关系研究领域，并逐渐由对其他主流国际关系理论进行批判的学派发展为主张以性别作为国际关系理论基本构成要素的学派。这种与其他学科中女性主义观点有机结合的学派已经在国际关系学科中凭借其特殊的研究途径而占据了一席之地。李英桃在《不忘本来 面向未来：建构中国特色女性主义国际关系理论》一文中提出，建构中国特色女性主义国际关系理论首先需要立足于中国本土，对在国际格局演变过程中国妇女及中国妇女运动的地位、作用、认知变化予以反映。其次，在充分吸收外来理论，并将其进行比较、对照、批判、吸收、升华之后，总结中国实践经验，为解决世界性问题提供中国思路和中国办法，体现中国特色女性主义国际关系理论的原创性和时代性。结合学习习近平在哲学社会科学工作座谈会上的讲话精神，作者认为，中国妇女面临的形势不同于西方，这既为中国特色女性主义国际关系理论的独树一帜提供了良好机遇与可能，也对相关研究提出了兼顾中外这一更为艰巨的任务。目前，中国女性主义国际关系理论研究的创新性成果非常有限，国际影响力和国际交流水平有待提高，而造成这一结果的原因是多方面的，需要逐一加以解决。作者最后将女性主义国际关系研究定位为"具有重要现实意义的新兴学科和交叉学科"，认为这一难度与可能并存的学科定会展示出自己的独特魅力，为中国哲学社会科学的

---

① 张飚：《卡琳·菲尔克的语言游戏建构主义研究》，《国际政治研究》2016年第2期。

繁荣做出贡献。①

(三) 中国特色大国外交理论的初步确立

中国特色大国外交理论是以习近平同志为核心的中央领导集体将国际形势新时代特征与中国发展新要求相结合，在保持对外大政方针稳定、连续的基础上所提出的外交理论。随着这一外交理论体系的逐步完善以及在指导中国外交实践创新过程中不断积累经验，业已成为中国外交的新内核。针对这一源于中国，用于中国，高于中国的外交理论，学界进行了深入解读与分析。苏格在《习近平外交战略思想全面领航》一文中对习近平提出并领导实践的外交战略思想进行了全面分析。首先，作者认为习近平外交战略思想建立在毛泽东外交思想（为新中国外交奠定基石）、邓小平外交理论（为改革开放以来外交绘制蓝图）基础之上，起到了承前启后，引领中国特色大国外交的作用。其次，习近平外交战略思想成功地将中华民族伟大复兴中国梦这一民族梦想放眼世界，同时辩证地、唯物地结合了全球政治经济格局变化的特征，具有宽阔深邃的战略视野。再次，作者指出，习近平外交战略思想秉承了开拓创新的思想理念，提出了深化和平发展战略思想；倡导合作共赢；建立伙伴关系；践行义利合一的价值观；倡导共同、综合、合作、可持续的安全观；打造"人类命运共同体"等时新理念，为中国特色大国外交树立起重要旗帜。复次，习近平外交战略思想坚持点面结合的综合布局，通过推动构建新型大国关系、全力稳定和拓展周边睦邻友好关系、大力加强与发展中国家的友好合作、深入参与和引导多边合作进程等方式保持了中国外交的均衡性。最后，习近平外交战略思想体现了刚柔相济的外交风格，集坦荡恢宏、包容共济的中国气派，纵横捭阖、经略致远的中国智慧，刚柔相济、上善若水的中国风度。②

---

① 李英桃：《不忘本来 面向未来：建构中国特色女性主义国际关系理论》，《妇女研究论丛》2016年第4期。

② 苏格：《习近平外交战略思想全面领航》，《国际问题研究》2016年第5期。

(四) 契合时代背景的理论研究与创新尝试

面对动荡不定的国际形势以及其中所蕴含的复杂变化，传统国际关系理论已经在解释外交问题方面略显疲态。鉴于这一现状，中国学者开始尝试以传统国际关系理论为基础，通过对比、分析、升华与改造，使其能够紧跟新时代、适应新要求。李巍的《国际秩序转型与现实制度主义理论的生成》无疑就是其中之一。由李巍、张玉环提出的现实制度主义概念是一种基于折中主义和理性主义分析路径而诞生的一个新的理论框架。这一理论产生的契机在于2008年全球金融危机爆发所引发的国际体系阶段性变化。现实制度主义认为，"战争恐怖平衡"机制抑制了大国战争的出现，"复合相互依赖"创造了大国共同利益，而"科技创新制胜"则带来了国际竞争方式的重大变化。在这三种机制的共同作用下，国际社会正在逐渐进入一个以伙伴关系网络和国际制度竞争为核心特征的新世界。在这个世界上，以"安全困境"和对抗为目的的结盟和军备竞赛不再是大国政治的核心，在伙伴合作基础上形成的制度关系成为国际政治中的最主要关系形态，国际制度竞争则成为大国权力政治的最新表现形式。在这里，国际制度具有双重属性，即提供公共产品，吸引国家"结伴"参与国际制度建设的"公"属性与被主导国"私有化"为追求私利目标的重要工具，甚至帮助主导国建立制度霸权的"私"属性。在当今国际体系中，大国开展国际制度竞争这种新竞争形势的政治基础在于权力地位、提供的国际公共物品、合法性三方面。而这种竞争可能会带来制度相容、制度互斥两种截然相反的结果，这在很大程度上决定了国际秩序的未来走向。可以说，现实制度主义是理解国际体系新变化，分析大国竞争走向的一种新尝试。[1]

储昭根在《跨层次理论整合：从双层博弈到双层竞合》一文中指出，随着全球化的不断发展，以安全问题为代表的研究对象，在国际关系理论研究中已经无法用个人、国家（社会）、国际体系这种传统

---

[1] 李巍：《国际秩序转型与现实制度主义理论的生成》，《外交评论：外交学院学报》2016年第1期。

单一分析层次进行研究,跨层次理论整合的需求日益迫切。为此,以詹姆斯·罗西瑙、卡尔·多伊奇为代表的众多学者均进行了有益尝试,以外交政策分析作为跨层次理论结合点的相关研究虽盛行一时,但面对定量、定性等方面的诸多问题,收效甚微。在作者看来,罗伯特·帕特南提出的"双层博弈"模式及以该模式为基础,经海伦·米尔纳完善后的米尔纳模型虽然受到批评但仍不失为一种成功的跨理论整合方法。以此为基础,作者认为,谈判过程更像是一个双层竞合的过程,并举出该模式的三种互动方式或过程:体系层次竞合、国内(单元)层次竞合及跨层次竞合。作者进而提出了跨层次竞合的两个阶段,即体系层次竞合结果所形成的体系结构对单元的约束或鼓励阶段与单元(国家)对体系结构的认知阶段。作者最后将双层博弈上升为双层级、多元行为体、多变量之间的"立体式竞合"模式,使之成为解决国际关系理论研究跨层次理论整合难题的新思路、新方向。[①]《内外联动与自主性外交理论的探索》是李志永针对既有侧重国际体系因素的结构理论和侧重国内因素的外交政策理论已经无法对当今国际社会内政与外交内外联动这一常态进行有效解释所给出的探索性回答。作者认为,21 世纪国际政治的突出特征就是从内外分离到内外联动,受其影响,出现了从社会附属到社会自主、从单向互动到多维互联、从单一主体到多元主体、从内外区隔到内外趋同、从内外割裂到双向互动、从权力政治到权利政治、从内外转移到内外统筹的新特征。国际政治的新变化需要新论的支撑与解读,为此,就有理论开始针对不足寻找其出路。同样存在于国际政治领域的施动者——结构论战为实现二者的连接进而实现理论综合创造了可能。"结构—认知—行为"分析框架模式成为上述问题的可能路径。以此为基础,作者开始对自主性外交理论进行建构。这种理论以把施动者作为中心的外交政策理论为路径,将施动者的本体论地位赋予国家,这样一来,实现国家自主性就成了国家的最终目标。在"国际社会—国家—国内社会"的内外联动结构下,国家开始力求最大限度地实现其伸张

[①] 储昭根:《跨层次理论整合:从双层博弈到双层竞合》,《国际观察》2016 年第 5 期。

自主性的最终目标。国家仍是当今国际社会掌握政治权力最多最主要的行为体；国家是具有自我利益、自我目标的自组织实体（也是单一行为体）；伸张国家自主性是任何个体与组织实体外交决策的最高目标；21世纪的外交决策以国际社会—国家—国内社会为背景，在三个层面（国内、国际、跨国）与三个主体（国际社会、国家组织、国内社会）间进行；结构具有三个面向（权力、制度、观念），并与国家的互动存在着两种作用机制（因果、建构）。以五个前提假设为基础，作者提出了自主性外交的核心假设，即各国基于自主性的追求而与不同层面、不同属性、不同主体间的结构性因素的互联互动决定了各国外交行为。自主性外交理论完成了将施动者理论与结构理论相连接并进行理论综合的任务。在结论部分，作者认为，自主性外交理论作为基于国际社会广泛接受的概念范畴且结合中国外交的理论范畴，兼具一般性与中国特色，能够在促进中国特色外交理论发展与中国学派创建、为和平发展战略提供理论支撑、改进国内社会治理质量、提高统筹内外大局和塑造全球治理能力、和平实现中华民族伟大复兴梦、维护世界和平方面做出贡献。[1]

《全球治理理论与传统国际关系理论范式的比较分析》的作者徐步华以全球治理理论为研究对象，对现实主义、制度主义、建构主义和多元主义等国际关系理论的主要范式对这一研究对象概念所做的阐述和解读进行了梳理。认为全球治理理论在某种程度上是对现实主义理论的超越，它不否认国家，尤其是大国在全球治理中所处的重要地位及其所发挥的巨大作用，但对"国家中心主义"强调权力的政治逻辑提出了质疑，强调权威在治理过程中的重新分配问题。而重视施动者及相互依赖的制度主义虽然拓展了全球治理概念，揭示了国际政治的多层属性，但相较于全球治理理论，它缺乏对非国家行为体及国际制度重要作用的认知。至于建构主义，作者认为，它在提供新视野、新核心、新依据、新维度方面对全球治理理论贡献良多，但无法对社会变革和社会运动的影响进行实质性解释，也就是说，全球治理

---

[1] 李志永：《内外联动与自主性外交理论的探索》，《世界经济与政治》2016年第8期。

理论是集物质结构力量、观念认知力量两种解释视角于一体的理论。在对多元主义与全球治理理论的对比中，作者认为，多元主义强调非国家行为体及各种利益和行为体影响国家和国际体系的观点有助于全球治理的概念化。但在国际体系中权力的不对称分配及精英主义等关键问题上，多元主义并未能予以足够的重视。全球治理理论则对上述问题有着较为深刻的认识。作者最后总结认为，全球治理这种世界政治研究新视角与传统国际关系理论既存在联系又有着诸多区别。其联系在于传统国际关系理论都可以为全球治理提供一些侧面的帮助，其区别则是全球治理理论具有更强的包容性和动态性。①

（五）中国国际关系与国际政治学派生成、研究方法论领域的动向

学科建设是中国国际关系与国际政治研究发展的基础，这项长期而艰巨的任务直接关乎整个学界的研究水平、学术地位及核心竞争力。而方法论则是学界如何认识相关问题、处理相关问题的方法理论，是以国际关系与国际政治研究方法为对象进行的研究。工欲善其事必先利其器，学科建设与方法论研究是中国国际关系与国际政治研究无法回避而又不可或缺的重要组成部分。

卢凌宇在其《国际关系理论中国学派生成的路径选择》一文中，为国际关系理论中国学派的建构找到了两条路径：核心问题驱动路径与观念引导路径。作者在文献综述的基础上，首先对核心问题驱动路径展开分析。在作者看来，经验性问题由于不易受外交政策影响且具有重大的理论价值，故而相较于规范性问题更有助于国际关系理论中国学派的生成。而在"泛目的性"、问题阐释性和集体行动问题等方面，核心问题驱动路径则会受到一定的限制。其次作者认为，观念引导路径具有合理性，这表现在其不可回避性、强大稳定性及共同体集体行动成本最低三方面。然而，这一路径同样存在缺陷及短板，那就是在这一路径引导下的学派生成是散漫、渐进和无形的，也就是说，

---

① 徐步华：《全球治理理论与传统国际关系理论范式的比较分析》，《马克思主义与现实》2016年第4期。

学派的发展和成形很慢。不过作者同时指出,上述问题可以通过人为建构加以解决,具体来说,就是需要学术精神领袖的引领。① 陈岳、莫盛凯在《以深化地区国别研究 推动中国国际关系学科的发展》一文中指出,地区国别研究具有重要性,对国际研究而言,它既是重要组成部分,也是重要动力;对国家地位而言,它在某种程度上既是国家地位的重要标志,又是提升国家地位的"保险"。对中国而言,国际关系学科在过去30年里所取得的巨大成就,无法掩盖地区研究的相对滞后。具体来说,中国地区研究之所以存在欠发达与不平衡的问题,主要是因为高等教育中外语教学与国际问题研究人才培养严重脱节、专业研究机构与高等院校两支力量研究倾向明显背离、国家公派机构在资助派出人员的规划设计方向上的失衡三个方面。而加强地区研究不仅是"一带一路"倡议这一新时期国家对外战略的需要,也是中国国际研究学科发展的需要。所以,作者针对中国地区研究相对滞后的现状提出了如下建议:强化外语学习硬性要求,提供更多语种选择;扩大专业融合力度,允许个性化培养需求,加强与专业研究机构合作实现理论政策并重和适当调整公派留学项目结构。②

吴江、张小劲的《大数据国际政治研究的回顾与展望》一文,对大数据国际政治研究这一新研究方向的发展进行了回顾与展望。"大数据+"与国际政治研究结合之后开辟出一个前景广阔的研究领域,并且已经催生出一批具有高学术价值或实用价值的学术成果。就大数据国际政治研究的领域而言,其主要应用于暴力冲突研究、恐怖主义研究、国际政治传播学和数字外交跨学科研究等。而从分析层次视角看,大数据国际政治研究按实用性和理论性坐标可划分为预测和决策系统、微观理论和中层理论研究及宏观理论研究三个层次。当然,这种国际政治研究方法同样存在误区,其中最主要的误区在于研究议题范围的模糊性。与此同时,大数据国际政治研究方法也面临着诸多挑战,如依靠新闻资料进行文本挖掘对研究科学性的影响、以预测为目

---

① 卢凌宇:《国际关系理论中国学派生成的路径选择》,《欧洲研究》2016年第5期。
② 陈岳、莫盛凯:《以深化地区国别研究 推动中国国际关系学科的发展》,《教学与研究》2016年第7期。

的开发出的模型用于实际工作的可能性较低、模型本身存在缺陷等。在作者看来，大数据国际政治研究仍需要在增加数据种类和数据来源、联合运用多种研究方法、利用大数据及数据挖掘技术构建算法—数据客体、建立研究者间的新合作模式、加强大数据国际政治可视化展示等方面进行更多努力与尝试。[1] 董青岭也在《反思国际关系研究中的大数据应用》中对大数据这一研究方法进行了深入思考。该文首先就大数据介入国际关系研究的可能性问题进行分析，认为围绕这一问题的核心争议无外乎大数据科学革命说、大数据常规统计说、大数据应用风险说三种。随后，该文就国际关系研究中的数据跨境采集与跨境流动问题进行了探讨。大数据在国际关系领域具有数据挖掘与精准政治营销、即时数据监控与事态感知、多元数据混杂建模与关联分析三大明显趋势。由此衍生的有关数据的跨界流动及相关权益问题成为关于大数据研究方法的重要命题。该文指出，由于数据的诸多权利优先归属于产生它的特定人格主体，而人格主体又附着于特定国籍，再加上数据脱敏等方式并不能确保数据流动的安全性，所以，数据具有主权属性，并从属于主权管辖。该文还回答了大数据洞察是否优于小数据这一问题。在作者看来，大数据的"大"未必是真的"大"，且大数据偏重相似性比较，但这并不足以构成相关解释。该文最后认为，国际关系研究走向大数据时代并不意味着传统经验感知和逻辑分析方法的终结，而大数据研究方法也具有海量获取与高速处理的优势。[2]

从上述研究成果来看，中国的国际关系与国际政治理论研究总体上沿着学以致用、力求创新的思路稳步发展。学者不仅能够充分理解、掌握西方主要国际关系理论学派的相关理论，还能紧跟时代变化与学科前沿，结合中国传统文化与外交实践经验对其进行改造与升华。这无论对于促进整个国际关系与国际政治学科的理论发展，还是加强中国外交实践活动的科学性而言都是值得给予充分肯定的贡献。

---

[1] 吴江、张小劲：《大数据国际政治研究的回顾与展望》，《华中师范大学学报》（人文社会科学版）2016 年第 4 期。

[2] 董青岭：《反思国际关系研究中的大数据应用》，《探索与争鸣》2016 年第 7 期。

值得着重强调的是，激烈变化的国际形势导致国际关系与国际政治学科的研究对象出现了高复杂性、强联动性、大综合性的特征，单一理论、单一视阈甚至单一学科已经无法对其做出全面、正确、合理的解释。在这种现实的挑战下，西方国际关系与国际政治学界开始以整合为主导进行理论优化，这对于中国学界无疑也是一次机遇。就目前情况看，中国学界至少具有以下优势。第一，在马克思主义的科学指导下，与实践紧密结合的研究方法有利于科学理论的总结与归纳，中国特色大国外交理论的提出正得益于这种科学方法。第二，中国在马克思主义国际关系理论研究等领域具有天然优势，长期对马克思主义的理论探索与实际运用无疑为中国的马克思主义国际关系理论研究提供了宝贵经验与丰富案例。第三，就国际关系与国际政治研究而言，中国属于"后起之秀"，中国在国际关系与国际政治研究领域的后来者身份恰恰可以成为相关领域发生变革之时的优势。也就是说，更少受到旧理论框架体系束缚的中国可能更快、更好地结合新时代，应对新要求，在国际关系与国际政治研究领域发出中国最强音，为中国外交实践活动找到新的理论内核。

二 中国方案：对策性研究的新发展

对策性研究的主要目标在于结合中国国家战略新规划及国际战略新动向，为政府具体对外活动出谋划策，解决中国在国际关系与国际政治体系中"做什么"的问题。作为社会科学的重要分支，国际关系与国际政治领域的研究只有在为现实服务中才能提出真正的学科发展方向。结合国家现实需求展开对策性研究，不仅是中国外交面对当前国际形势对学界提出的基本要求，也是国际关系与国际政治学科前沿性、现实性的重要保障。

（一）多边框架下国际政治分析的不断深入

在多边框架下开展外交活动是中国外交总体布局"多边是重要舞台"的要求，更加注重多边、更加重视区域和全球范围的事务、更加重视综合和整体的考量已经成为中国特色大国外交的重要抓手。随着中国在各种多边框架中地位的稳步提升,学界在这一领域的研究也不断深入。

成晓河的《六方会谈再议:议程调整与机制建设》一文,重新审视了六方会谈这一具有代表性的多边对话机制。针对已经召开的六方会谈各次会议,作者着重分析了其成就与不足。六方会谈的主要成果由三大共识(有必要通过和平方式解决朝核问题,有必要解决朝鲜对安全的忧虑,六方会谈是实现朝鲜半岛无核化的多边对话机制)、一种模式(6+2+2对话模式)、一条原则(承诺对承诺、行动对行动的议事及行动规则)、一套班子(专职机构、配套人员、工作组)、三个文件(2005年"9·19"共同声明、2007年"2·13""10·3"共同文件)以及一个建立验证与监督机制的意向组成。六方会谈的问题在于,议题设置不够平衡、约束性机制缺失、各方矛盾重重。至于六方会谈的未来,基于对其重启的乐观看法,作者提出了相关建议,即调整六方会谈的议程设置,并行推进朝核问题以及朝鲜半岛和平机制问题的谈判;在六方会谈短期内重启无望的情况下,创设灵活的小多边磋商新路径;重启后的六方会谈可考虑设立内生的、普遍性的约束机制,增加成员国违约成本,提高会谈的功效。[①]《中欧"次区域合作":动力与未来方向》的作者步少华在文中首先对中国与东欧国家的"次区域合作"进行分析。作者认为,中国与东欧国家的合作从历史记忆、运用"小多边主义机制"、引入互联互通建设与产能合作方面丰富了中欧合作的内涵。同时,"次区域合作"服务于中欧合作大局,有利于弥补东西欧差距,推动欧洲一体化更平衡的发展,也有利于中欧互联对接。随后,作者指出,"次区域合作"是中欧关系发展的必然要求。这一合作符合欧洲发展的次区域化特征,是欧债危机与难民危机影响之下中东欧、南欧国家对欧洲一体化逐渐失去信任的表现。对中国而言,"次区域合作"是中国对欧洲认识不断深化的标志,也是中国改革与发展的要求。最后,作者提出了中欧"次区域合作"的未来路径,包括继续扎实推进中国与中东欧国家的合作,尝

[①] 成晓河:《六方会谈再议:议程调整与机制建设》,《外交评论:外交学院学报》2016年第4期。

试在与北欧国家的合作方面有所突破，继续深化初现雏形的、与南欧国家的合作。①《金砖国家间的战略沟通研究》是以金砖国家机制这一多边外交平台为研究对象的论文。其作者王叶飞认为，金砖国家合作机制正面临着困境。这主要表现在非正式机制属性所导致的缺乏控制和沟通困难上。究其原因，主要是各成员国的异质性阻碍了合作机制的进一步发展，战略沟通与合作机制形成了相互制约的恶性循环。在作者看来，通过在战略沟通软环境的构建方面多采用直接沟通方式，以"低政治"领域为重点展开跨文化沟通，而在战略沟通硬环境的构建方面则着重健全制度机制。与此同时，构建有效的沟通模式，即采用双向战略沟通，注重调整—适应也十分重要。作者强调，通过对战略沟通这一可变量进行调整，可以部分缓解金砖国家合作机制所面临的困境，为加强合作机制建设提供新思路。②

（二）双边视阈下国际政治解读的进一步发展

在双边层面开展外交活动一直以来是中国外交的关键所在，中国特色大国外交理念更是将以国家为对象的伙伴关系的建立与完善作为重要助推力。以中美"新型大国关系"、中俄"全面战略协作伙伴关系"为代表的双边关系成为中国外交活动的重点，同时也成为学界研究的主要对象。

中美关系素被视为 21 世纪最为重要的双边关系，构建"新型大国关系"的设想也源于对中美关系的思考。《中美新型大国关系中的国际秩序博弈》就是对这一双边关系的研究成果之一。该文作者认为，中美两国长期以来存在博弈，而国际秩序则是博弈的关键领域。这种情况的产生源自于 2008 年世界性经济危机爆发以来世界格局所发生的重大而迅速的变化。在认识到这一点之后，作者以国际秩序为切入点，分析其在中美两国国际战略中的地位。可以说，国际秩序问题在中美两国的国际战略中都占有重要位置，但在对国际秩序进行重

---

① 步少华：《中欧"次区域合作"：动力与未来方向》，《国际问题研究》2016 年第 2 期。

② 王叶飞：《金砖国家间的战略沟通研究》，《国际观察》2016 年第 3 期。

构的过程中，中美两国存在诉求差别，故而在这一领域呈现出既是竞争对手，又是合作伙伴的复杂关系。作者进而提出中美两国竞争国际秩序领导权的实质是主义之争，表现为美国主导的现行国际秩序与中国共产党领导的中国国内秩序之争。在作者看来，中美两国破解秩序困境的根本出路就是构建新型大国关系。新型大国关系所遵循的不冲突、不对抗、相互尊重、合作共赢理念对于中美两国不将秩序之争变为全面对抗而言具有重要意义。中国未来国际战略的一个关键环节，就是努力实现国际秩序变革与构建新型大国关系的良性互动。①

作为世界上最重要的一组双边关系，同时也是中国构建"新型国际关系"重要组成部分的中俄关系，一直以来是学界的重要研究对象。王海运撰文指出，"结伴而不结盟"是中俄关系的现实选择，这种选择不仅符合两国利益，也符合国际关系的现实状况。中俄两国之所以需要进一步深化"全面战略协作伙伴关系"，是因为两国认清了互为最大邻国这一地缘战略现实及由此所带来的两国拥有共同周边地区，需要共同维护其安全稳定、在地缘战略运筹上有条件有必要互为战略纵深与依托等问题。与此同时，中俄两国同为新兴大国、同为美国战略遏制对象、同为联合国安理会常任理事国的共同点及两国在战略上的相似、相近、相通也是促使两国关系不断发展的重要因素。但是作者也明确指出，中俄两国关系虽日趋密切，但无论从现实条件还是可以预见的严重后果而言，中俄两国不宜在军事上结成同盟，而应朝着"准同盟"关系前进。作者认为，中俄两国需要进一步明确"全面战略协作伙伴关系"的着力方向，即确立更高的两国关系战略目标，努力消除影响两国关系发展的障碍性因素，进一步强化两国在国际和地区问题上的战略协作，积极推进战略性大项目合作和军事安全合作，切实加强涉及两国关系的舆论引导。②

作为世界上最具影响力的双边关系以及中国最重要的双边关系之一，中欧关系同样受到学界的重视。《"中国梦"与"欧洲梦"：新时

---

① 刘建飞：《中美新型大国关系中的国际秩序博弈》，《美国研究》2016 年第 5 期。
② 王海运：《"结伴而不结盟"：中俄关系的现实选择》，《俄罗斯东欧中亚研究》2016 年第 5 期。

期中欧关系研究》一文按照中欧和平伙伴、增长伙伴、改革伙伴、文明伙伴"四大伙伴关系"对我党十八大以来中欧关系的新发展进行了梳理。在此基础上作者指出,中华民族伟大复兴的"中国梦"和通过民族国家一体化实现繁荣与安全的"欧洲梦"在和平与发展目标上具有共同性,这种根本性的契合点促使中欧关系在冷战以后得到全面发展,而"梦的融合"则决定着中欧关系的发展前景。然而,中欧关系也面临着诸多挑战,其中最具代表性的就是欧洲公众对华负面评价以及欧洲国家贸易保护主义的消极影响。作者经过分析后认为,中欧关系发展过程中的消极事态源于中欧双方所存在的"模式差异",以"新型国际关系"消除"中国梦"与"欧洲梦"之间的差异,是未来中欧关系发展的重要基础。[1] 程卫东在《中欧建立新型国际关系:认知与实践》中认为,合作共赢理念是中欧在国际关系领域的共识,因为欧盟的成立及发展本身就是其成员国贯彻合作共赢理念的结果,所以说在合作共赢理念上,中欧双方秉持相似立场。作者还指出,实践为中欧新型国际关系奠定了坚实基础。在经贸领域,双方关系呈飞跃发展之势;在广泛的政治与重大国际问题上,双方的合作为全球问题的解决及全球治理的发展做出了关键性贡献;而在某一方面临特定问题时,另一方也能够通过支持与合作予以缓解甚至解决。在作者看来,新型国际关系将为中欧关系开启新篇章,中欧关系将沿着四大伙伴关系所指明的方向及规定的具体路径保持健康、稳定的发展势头。[2]

中日关系作为中国周边最为主要的双边关系之一,近年来呈现出缓和改善与对立摩擦共存、外交博弈激烈的复杂局面。《中国国际关系新理念与中日关系》的作者武寅认为,中国提出的以"和平""合作"为核心词汇的国际关系新理念在政治、经济、文化三个领域都有所体现。这种新意表现在其时代性、实践性及自律性上。这种国际关系新理念同样适用于中日关系。习近平对中日关系发表的多次重要讲

---

[1] 田德文:《"中国梦"与"欧洲梦":新时期中欧关系研究》,《欧洲研究》2016年第4期。

[2] 程卫东:《中欧建立新型国际关系:认知与实践》,《世界经济与政治》2016年第9期。

话，就阐明了对日政策的基本立场、基本原则和基本态度。基于中国提出的国际关系新理念的普遍性以及中日关系的特殊性，作者指出有三点精神值得体会。其一，对中日关系的高度重视。其二，对原则性的着重强调。其三，对民间外交的高度评价。作者最后强调，学习研究中国国际关系新理论及其实践，有助于在凝聚共识、提高研究质量和咨政水平方面对把日本研究不断引向深入起到非常有益的作用。①杨伯江撰文对中日构建新型国家关系问题进行分析。他认为，中日关系同样可以以"合作共赢"这一中国倡导的新型国际关系核心理念为导向，向着中日新型国家关系发展。沿着互利合作、实现双赢这一推动中日关系发展的主线，可以发现，中日双方以两国间的四个政治文件为原则方针，均对发展中日战略互惠关系予以重视。然而中日关系不同于一般的双边关系，具有特殊复杂性。中日构建新型国家关系只有在满足正视历史这一政治基础以及实现务实合作这一关键环节的条件下才有可能实现。②

回顾2016年学界的对策性研究成果，我们可以看到两条清晰的逻辑脉络。一条是在新时代的国际格局下，各国均对其外交战略做出了调整，受其影响，无论从多边层面还是从双边层面看，旧有理念、制度等在不同程度上出现了滞后倾向，产生了问题。面对这种变化，中国学界需要通过对策性研究给出自己的解决方案。另一条则是中国自身的发展，这种发展既包括物质性的实力增长，也包括精神层面的认识深化，对中国在外交实践活动中的身份构建、方法构建等提出了新的要求，需要学界运用中外理论，结合中外实践给出应对方略。这两条逻辑脉络所带来的浅层次结果就是大批涉及国际关系与国际政治学科研究成果的出现，而其所带来的深层次结果就是以科学理论为基础，结合世界变化与中国发展实际情况生成的中国国际关系新理论体系及以其为内核的中国外交实践活动。

---

① 武寅：《中国国际关系新理念与中日关系》，《日本学刊》2016年第4期。
② 杨伯江：《构建中日新型国家关系：双轮驱动下的合作共赢》，《世界经济与政治》2016年第9期。

三 中国解读：微观视角研究的新动向

宏观与微观是人类认识世界的两种不同视角。相对于宏观视角，微观视角由于更为注重细节，所以在某些领域能够为实践活动提供更为细致的推动和引导。在国际关系与国际政治学科领域，微观研究与宏观研究同样重要。诚然，国际体系、结构等概念都是规模庞大，包罗万象的研究对象，需要用宏观视角对其进行研究，但不容忽视的是，宏观与微观相对存在，对于某一研究对象的细化可以多次进行。这样一来，"只见森林，不见树木"的宏观研究视角并不是国际关系与国际政治学科研究的唯一选择。微观视角同样可以成为国际关系与国际政治学科研究的出发点，为解决宏观问题提供新的思路。

（一）历史研究的不断展开

正如习近平在比利时布鲁日欧洲学院演讲时所说的那样，历史是现实的根源，任何一个国家的今天都来自昨天。只有了解一个国家从哪里来，才能弄懂这个国家今天怎么会是这样而不是那样，也才能搞清楚这个国家未来会往哪里去和不会往哪里去。[①] 对国际关系及国际政治相关历史进行研究同样是学科重要的研究领域，可以为现状分析、未来预测等工作提供政治、经济、文化等方面的历史信息。

黄纯艳的《宋神宗开边的战争责任与政治解说——兼谈古代东亚国际关系研究中的历史逻辑与现代话语》以宋神宗"恢复汉唐旧疆"话语下的整体视野对其试图"恢复"交趾、河湟、西夏，最后夺取幽燕的失败的开边行动进行分析；认为在追究这一失败行动责任人的过程中，皇权政治和华夷观念成为政治解说的主要原则。作者进一步指出，北宋与交趾、河湟、西夏等政权的交往建立在华夷观念及朝贡礼仪的基础之上，其格局呈垂直结构，采用等级制，这与近代以来国家间呈水平结构，在强调主权及互不干涉内政原则下的平等关系不可

---

① 《习近平：历史是现实的根源》，中共中央党校中国干部学习网，http://www.ccln.gov.cn/hotnews/143617.shtml。

一概而论，故不能以今论古，以现代国际关系的原则及理念解释宋神宗开边问题。① 马戎的《中华文明的"内"与"外"》②认为，思考中国传统文化体系性质，无论对于历史上还是今天的中国而言都是一个重要命题。源于中原地区的中华文明是一个独立的，与世界其他各文明完全不同的文明体系。由于其对"内"与"外"的理解是辩证、动态的，所以能够具有对异文化的强大包容力。正因为如此，我们既不能以中原王朝皇帝的血缘判断是否是"外人"掌权，也不能完全以政府实际收税和派遣官吏的行政管辖边界来界定"内"与"外"。然而，西方国家通过鸦片战争这一不平等的方式将其"民族国家"政治概念及国际关系准则强加于中国，使得具有"天下观"的中国被迫束缚在"民族国家"的限定之中。这必然带来在"内"与"外"问题上历史传统与国际法现代概念体系的矛盾。为此，我们有必要将其视为两套话语，认清"差序格局"的存在以及不同朝代主流学者对该问题的不同认识，以辩证、变化、发展的视角对待"内"与"外"的问题。作者最后指出，对中国"内"与"外"问题产生影响的因素是多样的，且其内涵存在地域与人群两个不完全重合的层次。

王申蛟的《反思国际关系史书写中的"欧洲中心论"元叙事》围绕目前西方学界国际关系史书所采用的"欧洲中心论"元叙事方式及因此而造成其偏好主权国家、偏好体系、偏好条约三种偏好问题进行了剖析与反思，认为这种方式的最大弊病在于会引起国际关系史叙事的狭窄化和历史解释的明显目的论化。在作者看来，英国学派围绕"欧洲中心论"这一议题存在内在矛盾，即既通过提出国际社会概念、进行历史分期等手段摆脱"欧洲中心论"，又在残存的"冲击—反应"思维模式影响下展开叙述。在此基础上，作者在如何进一步提升国际关系史叙事实践的问题上，认为应该对关注社会影响与作用、重视非国家行为体活动、注意国际体系内部互动与相互影响、处理好国际关系史专题研究与宏观把握之间的辩证关系、克服在资料上

---

① 黄纯艳：《宋神宗开边的战争责任与政治解说——兼谈古代东亚国际关系研究中的历史逻辑与现代话语》，《厦门大学学报》（哲学社会科学版）2016年第6期。
② 马戎：《中华文明的"内"与"外"》，《复旦学报》（社会科学版）2016年第5期。

片面强调条约和政府档案的倾向五个问题予以重视。① 杨震、周云亨、郑海琦合著的《美国海权思想演进探析》以国际关系理论现实主义学派的重要分支——源于美国的海权论为研究对象，对其形成与发展过程进行了分析。作者将美国海权思想的演进过程分为三个阶段：第一阶段是马汉提出海权论的时代（诞生时期）；第二阶段是冷战期间莱曼创立制海权理论的时代（进一步发展）；第三阶段则是冷战结束后美国海军战略转型时代。作者进而认为，美国海权思想的百年发展演进过程体现出其因时代主题转换、美国地缘目标转变、战争技术形态进步、空间维度拓展而不断变化的规律和特点。当然，在美国海权思想的演进过程中也存在贯穿始终的原则，如海权是国家强盛的基础；制海权是海权的核心；进攻是海军作战的灵魂；海权建设与运用的出发点永远是国家利益等。作者最后认为，美国海权思想的演进对于中国而言在洲际型大国如何发展强大海权，如何协调经济建设与海军建设之间的关系，在信息化时代如何建设海军方面具有重大借鉴意义。②

（二）中国特色大国外交理论和政策的解读与分析

明者因时而变，知者随事而制。自冷战结束以来，内涵更为多元，认知更为全面的新安全观就开始取代传统安全观成为世界主要国家安全战略的指导性方针。随着亚洲地区，尤其是中国周边地区形势的发展与深刻变化，作为地区主要国家的中国，有必要适时提出更能够引领亚洲各国共同走向和平与发展的常态化交流合作机制。基于上述认知，以共同、综合、合作、可持续为核心的亚洲新安全观应运而生，它不仅是"和平共处"原则的延续与发展，也是以习近平为核心的中国领导集体面对零和困境给出的中国方案。围绕这一新理念，学界展开了相关研究。王亚军在《亚洲安全观的科学内涵与重要价值——基于系统论和区域公共产品视角》一文中首先将亚洲安全观置

---

① 王申蛟：《反思国际关系史书写中的"欧洲中心论"元叙事》，《史学理论研究》2016年第4期。
② 杨震、周云亨、郑海琦：《美国海权思想演进探析》，《国外社会科学》2016年第5期。

于整体观、联系观和演化观这种辩证统一的系统思维之下,认为亚洲安全观是一种具有非加和性、反对局部超越整体、强调局部与整体有机结合;强调历史联系、空间联系、综合联系、多元因果及互动;强调涌现、秩序化与均衡态、演化与进化关系的理念。其次,作者又在公共产品的视角下就共同安全目标、综合安全内涵、合作安全模式及可持续安全理念等问题对亚洲安全观加以解读。最后,作者围绕在践行亚洲安全观过程中所存在的以提升各方对亚洲安全观的认知度和接受度,弥补亚洲安全合作机制和项目"短板",处理地区安全热点问题,推动中美在亚洲实现良性互动等为代表的重点问题进行了分析。[1]

正确义利观是习近平在 2013 年访问非洲时提出的,它既是一种外交理念,也是一种外交原则。它展现了中国外交新思路,是新时期中国外交的一面旗帜。对于正确义利观,王泽应从国际关系伦理的视角对其进行了剖析。在作者看来,正确义利观的提出是对当代国际关系伦理的正确把握和深刻思考的产物,对世界主义伦理价值观的目的论和社群主义伦理价值观的义务论实现了双重超越。与此同时,正确义利观的提出也奠定了当代国际关系伦理的价值基础,即从人类命运共同体的价值理念出发,强调互利共赢及人类整体利益;在国与国关系处理方面尊重彼此核心利益和重大关切,主张求同存异,包容互鉴,共同进步;强调在国际关系中讲求友好情义,对特定国家尽到国际主义义务;在国际援助和扶贫济困问题上实行"力所能及"原则。此外,作者还认为,正确义利观为国际关系伦理锻造了真精神。这种精神崇尚互利共赢,福祉共享;主张完善全球经济治理,建构国际伦理秩序;推崇和平发展,建设和谐世界。[2]

自 2014 年提出以来,构建新型国际关系这一"中国方案"就成为指导中国外交实践活动的重要理念。通过一系列外交实践,这一理念既得到了印证,也酝酿着进一步升华。在《以合作共赢为核心构建新型国际关系》一文中作者首先指出,构建以合作共赢为核心的新型

---

[1] 王亚军:《亚洲安全观的科学内涵与重要价值——基于系统论和区域公共产品视角》,《管理世界》2016 年第 12 期。
[2] 王泽应:《正确义利观:建构当代国际关系伦理的基本精神》,《湖南师范大学社会科学学报》2016 年第 5 期。

国际关系理念的提出，是党中央面对国际环境的深刻变化做出的应对。当前国际局势的深刻变化主要表现在格局方面，由冷战结束后的美国"一超独大"向以中、俄、印为代表的多个力量中心不断发展壮大的态势转变；在经济方面，在金融危机影响之下，世界经济呈现出各国内需疲软、国际市场大幅萎缩、世界经济复苏乏力的态势；在安全方面，传统安全威胁与非传统安全威胁相互交织，地区热点问题频发，总体局势趋于严峻。进而，作者对构建以合作共赢为核心的新型国际关系理念的内涵及实践进行了分析。构建新型大国关系的理念由中美关系扩展到中俄、中欧等关系当中；在睦邻友好、互利合作理念指导下的周边外交，则试图在周边局势出现波动的情况下与周边国家建立互信、共同发展。最后，作者认为，构建以合作共赢为核心的新型国际关系理念是对当代中国国际秩序的继承与创新。[①]《构建以合作共赢为核心的新型国际关系——全球治理的中国视角》的作者张宇燕首先在该文中挖掘了全球治理的内涵，具体来说就是基础在于平等、价值理念在于民主、主要实现途径在于合作、核心内容在于责任、主要表现形式在于规则五个方面。随后，作者又提出了全球治理所面临的来自三方面的挑战，即需求日益扩大与公共产品不足的矛盾、现行机制的弊端以及改革进程缓慢。最后，作者重点对中国特色全球治理进行分析，认为中国参与全球治理的基本前提是坚持发展中大国身份，基本理念是"共商共建共享"，顶层设计是共建"一带一路"，基本原则是权利与义务相平衡。[②]

2016年是"一带一路"倡议取得丰硕成果的一年，这种成果不仅包括各项具体工程的落实，也包含国际关系与国际政治学界对这一倡议认知的不断深入。《"一带一路"倡议下中国的欧亚一体化战略与大西洋主义》的作者刘昌明、姚仕帆对"一带一路"倡议与欧亚经济和政治一体化的前景进行了考察。作者认为，欧亚一体化战略自提出至今已经有近百年的历史，相关国家也进行过有关尝试。该文首

[①] 王巧荣：《以合作共赢为核心构建新型国际关系》，《当代中国史研究》2016年第4期。

[②] 张宇燕：《构建以合作共赢为核心的新型国际关系——全球治理的中国视角》，《世界经济与政治》2016年第9期。

先围绕丝绸之路经济带与欧亚一体化，21 世纪海上丝绸之路与欧亚一体化，亚投行、丝路基金与欧洲复兴开发银行三个议题介绍了"一带一路"倡议对欧亚一体化做出的贡献。其次，该文对中国的欧亚一体化战略及美国的大西洋主义进行了分析。作者认为，以欧亚为中心的战略方向可以巩固中国在全球无可替代的经济地位，也可以从大西洋方向对美国形成压力，从而缓解"亚太再平衡"与"重返亚太"战略所带来的压力。同时，"一带一路"倡议不仅是中国向世界展示中国外交理念的一次机遇，也为中国强调经济的欧亚主义与美国强调安全的大西洋主义进行比较提供了平台。可以说，中国的欧亚一体化战略已经成为欧洲除"大西洋主义"之外的另一种选择。最后，该文针对中国欧亚一体化战略的挑战与前景进行了分析。具体来说，中国欧亚一体化战略的挑战来自于"一带一路"沿线国家参差不齐的发展水平与复杂多变的国内局势，以及美国对中国的战略竞争与遏制。[①]

"人类命运共同体"是包含相互依存的国际权力观、共同利益观、可持续发展观和全球治理观的全球价值观，是中国对于人类未来发展方向所给出的"中国答案"。这种价值观不仅受到国际社会的广泛关注，也成为中国国际关系与国际政治学界的研究重点。陈曙光在《人类命运与超国家政治共同体》一文中指出，人类命运自民族国家诞生以来就与"超国家政治共同体"捆绑在一起。所谓"超国家政治共同体"就是民族国家围绕生存发展问题所结成的"有机生命体"。这一共同体的身份密码是"共同性"，内生动力是"共同利益"，心灵和灵魂是"归属感"，在场方式是"集体主体性"，基本特征是"历史性"，"价值的不确定性"也是谈及这一问题时必须予以关注的。从历史角度看，超国家政治共同体经历了由三个阶段三种形态组成的嬗变过程。第一阶段是中古时期，超国家政治共同体的基本形态是由"自我中心意识"和"排他的主体性"观念为依据的单子共同体。第二阶段是资本主义时代，这一时期的超国家政治共同体形态是以"单

[①] 刘昌明、姚仕帆:《"一带一路"倡议下中国的欧亚一体化战略与大西洋主义》，《太平洋学报》2016 年第 11 期。

极中心意识"和"独占的主体性"观念为根据的依附共同体。第三阶段则是21世纪之后,超国家政治共同体呈现出以"交互关系意识"和"为他的主体性"观念为依据的互依共同体。在作者看来,人类命运与超国家政治共同体具有深度关联。因为无论是在单子共同体还是依附共同体的主导之下,人类命运都不能保持较高程度的融合,无法和谐共生。只有在交互共同体为主导的时代,人类才可能同呼吸共命运,各共同体成员才可能在"相互承认"的前提下,建立以"相互依靠"为基础,以"共御风险"为保障的和谐世界,为实现"共同发展"目标和谐共生。作者强调指出,人类命运共同体是重建国际共同体秩序的"中国方案",它集反思现存国际秩序、期盼美好国际秩序、设计合理国家交往关系于一身,具有国际社会普遍性,它的出现展示了中国的大国意识和责任担当。[①]

(三) 传统研究议题的扩展与进一步深化

董贺、袁正清的《中国国际秩序观:形成与内核》围绕新中国成立以来国际秩序观的演进、内涵、观念与实践等问题展开论述。中国国际秩序观演进的时间节点大致有1949年中华人民共和国成立、1978年开始实行改革开放政策以及2005年以后进一步深化完善秩序观三个。中国国际秩序观内涵的主要内容包括支持、维护联合国及《联合国宪章》,推动现有体系改革与完善;明确国家身份与国际责任,发展以共赢合作为核心的新型国际关系,维护世界和平,促进共同发展;以人类命运共同体理念为指导,积极参与全球治理,协助解决全球性问题。至于中国国际秩序观的内核,应该由和平、发展、共赢三部分组成。三者均是中国传统文化、中国特色社会主义理论与国际形势相结合的产物。在实行中国国际秩序观的过程中,中国则主要以地区层面、全球层面作为舞台开展相关活动。[②]

作为国际关系与国际政治研究在空间维度上的延伸,以太空为舞台的相关研究继续受到学界的关注。徐能武在《天缘政治学研究:内

[①] 陈曙光:《人类命运与超国家政治共同体》,《政治学研究》2016年第6期。
[②] 董贺、袁正清:《中国国际秩序观:形成与内核》,《教学与研究》2016年第7期。

涵、范式与价值——马克思主义国际关系理论的视角》一文中首先明晰了天缘政治学的研究对象是围绕权力展开的太空活动、形式和关系及其发展规律；主要命题是太空利益战略博弈；硬核是与太空实践活动相关的权力；边界是关涉太空探索与利用中所有权力强行调节、控制，以建立一定政治秩序的社会活动、形式及关系，且这一边界具有浮动性和扩展性。随后，作者以马克思主义国际关系理论视角提出天缘政治学研究应把握天缘政治实践建构中的范式转换，具体来说就是要摆脱以多尔曼之流为霸权扩张服务的太空控制论为代表的西方国际关系理论诸范式的误导；把握天缘政治多样权力和共同观念实践建构的特征和规律，即科学技术决定太空主体间的互动关系，产生分离性政治认同还是聚合性政治认同取决于技术发展是否均衡；坚持和发展马克思主义国际关系理论的进化取向，也就是认清天缘政治的出现是人类生产力发展的必然结果，相关太空主体要从全人类解放角度寻找价值坐标。紧接着，作者从全球融合及人类空间拓展的角度对天缘政治学研究加以认识。包容、普惠、和谐的天缘政治文明追求同样也是人类空间拓展的趋向。天缘主体国家在太空摒弃旧有观念，以平和、合理、有效手段解决相关问题的现象，本身就是为拓展人类政治文明内涵和外延做出的理性努力。同时，天缘政治学研究以及相关实践也可以反作用于国际社会，使其走向合作共赢的和平融合。随着太空技术的进步，人类必将摆脱地球摇篮，在宇宙视角下感知自身，所以天缘政治研究也是人类社会向何处拓展的未来需要。最后，作者总结认为，作为天缘政治进化的根本动力，以和平利用为目的的太空技术的发展不应受限；太空战略安全是天缘政治运作的核心目标，为此反对太空武器化及在太空展开军备竞赛应该是国际社会的共同责任；和平、融合、发展是天缘政治的本质特征，包容、普惠、和谐的天缘政治文明建设既是全球融合的现实命题，也是人类社会向何处拓展的未来需要。[1]

与人类命运息息相关的核安全问题继续受到学界的关注。《现代

---

[1] 徐能武：《天缘政治学研究：内涵、范式与价值——马克思主义国际关系理论的视角》，《社会科学》2016年第1期。

国际关系》编辑部曾组织有关专家学者对国际核安全问题进行了多角度探讨。傅小强在全球治理视角下，认为当前国际核安全形势复杂，核扩散风险严峻，核安全已经成为全球治理的重要课题。对此，作为大国的美国与中国，应该在加强合作的基础上着重解决核安全管什么、谁来管和怎么管的现实问题。已将核安全纳入重要安全议程，明确向世界提出核安全观的中国，势必会结合自身利益与国际核形势，在全球治理的核安全领域发挥积极作用。① 刘冲主要研究的是中国的核安保形势及政策。作者认为，中国的核安保形势十分严峻，具体表现在外部核安全形势不容乐观，恐怖主义可能拥核，放射源存在较大的安全隐患，核设施网络安全不容忽视等方面。不过，国内核安保措施总体来说是全面、有力的，法律体系及应急管理制度的建立是其重要保障。在国际上，中国也在多种框架下积极参与国际核安保合作，在核安全领域尽到自己的大国责任。面对任重道远的核安保事业，作者提出在形成合力、防微杜渐的基础上解决新问题，掌握新动态是国内核安保事业的关键。在国际层面，消除恐怖主义、提供公共产品、系统全面看待一国核安保工作是中国下一步的工作重点。② 郭晓兵重点对奥巴马政府核安全外交的特点及未来走势展开分析。作者认为，核安全外交是奥巴马外交中最具特色的一部分，其主要呈现出三个特点。一是对核恐怖威胁予以空前关注，并将核安全作为美国安全战略的优先任务。二是抓住重点，落实核材料安全。三是通过核安全议题增强军控领域话语权，创新领导方式。对于核安全峰会，作者认为，它所呈现出的以美国重视程度下降、俄罗斯退出削弱峰会影响力、敏感议题难有突破为代表的"峰会疲劳"应该受到关注。③ 陈庆鸿重点关注的是核恐怖主义问题。作者认为，核恐怖主义绝不是天方夜谭，它正在逐步变为现实。之所以这样说，是因为恐怖主义对以核武器为代表的大规模杀伤性武器的企图从未改变；恐怖组织获取核装置及核

---

① 傅小强：《核安全：全球治理与中美路径——从全球治理角度认识国际核安全问题》，《现代国际关系》2016年第3期。
② 刘冲：《中国核安保的形势及政策》，《现代国际关系》2016年第3期。
③ 郭晓兵：《奥巴马政府核安全外交的特点及未来走势》，《现代国际关系》2016年第3期。

材料的能力不断增强；国际核安全机制并未发展到足以防止核恐怖主义发生的程度。[1]

至此，我们可以发现，2016年中国国际关系与国际政治研究在学者的共同努力下仍然保持了百花齐放、百家争鸣的良好局面。抓住新问题，不放老问题的科学态度使得中国的国际关系与国际政治研究既能对新议题及时跟进，激流勇进，占领学科前沿阵地，又能对旧议题进行深入研究，推陈出新，稳固学科大后方。与此同时，我们应该注意到，所谓不积跬步无以至千里，不积小流无以成江海，正是细致入微、综合全面的微观视角研究为对策性研究、理论生成及跨学科研究提供了充足的素材与案例。

四　中国视角：跨学科研究的新趋势

国际关系及国际政治学科作为政治科学的重要范畴，由于其研究的主要对象是纷繁复杂的国际社会，以及构成这一社会的各行为体，所以一直以来国际关系与国际政治研究并不是仅仅涉及政治领域，而是与经济、历史、法学、地理、社会、人类学、心理学、文化等诸多领域保持着密切联系。随着冷战格局瓦解以及全球一体化进程在曲折中不断发展，国际关系及国际政治所涉及的领域也呈现出多样化、综合化的态势。这就要求国际关系及国际政治学科不断提高综合科学含量，充分发挥其跨学科性，努力在跨学科发展方面取得进步。

（一）在综合分析基础上对全球治理问题的持续解读

全球治理是一项包含不同治理主体与客体、多种治理模式，能够引起国际社会在秩序、法律等领域发生一系列变化的复杂概念。作为全球治理的积极参与者，中国在全球治理中应该扮演怎样的角色，应该如何参与全球治理等问题一直是学界关注的重点。冯书泉撰文对习近平全球治理思想展开研究。作者认为，全球治理体制变革存在其必

---

[1] 陈庆鸿：《核恐怖主义并非"天方夜谭"》，《现代国际关系》2016年第3期。

然性。这种必然性源于以新兴市场及发展中国家在国际政治经济力量格局中地位的上升，也源于多数国家在建立国际机制、遵守国际规则、追求国际正义方面形成的广泛共识。在这样的大背景下，以习近平为核心的中央领导集体做出了积极参与全球治理的战略决定，并阐明了中国积极参与全球治理的目的。中国积极参与全球治理的根本目的在于实现中华民族伟大复兴的中国梦，同时也为世界和平创造了良好条件，而绝不是搞霸权，更不是借机对相关国家进行控制、剥削、掠夺。为此，中国有必要提出引领全球治理变革的理念，那就是共商共建共享理念。与此同时，中国也明确了积极参与全球治理的渠道，这一渠道包含了"一带一路"倡议、成立亚投行、打造"中非命运共同体"、成立中国—拉美共同体论坛以及在全球经济治理领域巩固发挥 G20 平台。① 庞中英在其专著《全球治理的中国角色》中尝试对中国在全球治理中到底扮演什么角色这一参与全球治理所面对的首要问题进行了回答。他围绕 1945 年以来中国在全球治理机构的历史、现在中国与全球治理机构之间的关系、中国在全球治理中的领导机构（诸如联合国安理会和 G20 等）中的作用、中国对未来全球治理的责任与贡献四个方面展开论述。具体结合"世界秩序之争"、国际经济制度改革、亚投行、G20、亚洲协调、大国外交等要素对中国在全球治理中的参加者、改革者、建设者、协调者、设计者多重角色进行了确认、研究和定义。②

程永林、李青、李子文则合作撰写了《全球经济治理：制度变迁、演进机理与战略评估》一文，着重从经济视角对全球治理进行研究。他们认为，2008 年金融危机的爆发提出了如何构筑有效应对全球系统性风险管理机制这一迫切问题。以经济运行失衡、公平失衡为表现的全球经济失衡呼唤对以发达国家为主导的全球经济治理模式进行改革。通过对全球经济治理演进逻辑和机制变迁的研究，作者认为，目前全球治理研究缺乏对这一概念的边际界定；缺乏系统深入的学理研究；轻理论重对策，因而缺少理论模型与框架。同时，作者也

---

① 冯书泉：《习近平全球治理思想研究》，《科学社会主义》2016 年第 6 期。
② 庞中英：《全球治理的中国角色》，人民出版社 2016 年版。

对全球经济治理的演进机制和制度变迁予以回顾，认为全球经济治理机制大致经历了三种以霸权治理模式为主要依托的制度演进历程，即霸权竞争型治理模式、霸权主导型治理模式以及霸权合作型治理模式。在作者看来，全球经济治理正处于变革过程之中，各参与国实力和利益的不同与各自变化决定了对于当前问题不会出现一概而论的解决方案。全球经济治理存在以国际金融体系改革、财政政策与货币政策协调、全球价值链分工、贸易争端治理、治理模式创新为代表的短期核心议题，以及以全球经济增长新动力、国际制度形塑、全球治理机制重构为代表的长期根本问题。[1] 宋英以全球环境治理为研究对象，认为环境治理的主体应该是国际的，体系应该是多层次的，对象应该是全球性环境公共事务。以此为开端，作者对《巴黎协定》所确立的科学确定性问题、共同但有区别的责任原则、减缓与适应措施、机构设置以及遵约机制等进行了分析。通过上述分析，作者认为《巴黎协定》反映了全球环境治理的现状，也预示着其发展方向。同时，它也会在推进国际法发展方面发挥作用。[2] 邹军在其《全球互联网治理：未来趋势与中国议题》中指出，互联网自诞生以来，经历了从个人管理到以"互联网名称与数字地址分配机构"为核心的"网络化治理"，而美国在这一过程中一直是主导国家。随着2016年美国商务部与ICANN关于IANA管理权合同的结束，全球互联网治理开始迈向"赋权社群"主导的、基于"多利益攸关方"模式的全球共治。这样一来，在未来互联网治理中"赋权社群"将成为互联网关键资源新的管理者，各利益攸关方的博弈局面将更加复杂；"全体共识"原则和"回避政策"提高了政府干预的门槛，国家间合作被提上议程；私人部门在治理架构中占据有利地位，互联网治理模式维护了旧有的权力结构的趋势。这种趋势有利于中国网络安全局面的改善；有助于抵制网络霸权，有效降低网络冲突风险；使网络空间治理展开全球性合作的议题提上日程。面对这样的机遇，中国应该通过参与全球互联

---

[1] 程永林、李青、李子文：《全球经济治理：制度变迁、演进机理与战略评估》，《青海社会科学》2016年第6期。

[2] 宋英：《〈巴黎协定〉与全球环境治理》，《北京大学学报》（哲学社会科学版）2016年第6期。

网治理顶层设计、参与 IANA 管理权博弈、按自下而上机制鼓励私人部门等参与全球治理、通过技术应用创新等加强能力建设，赢得话语权等路径加入这一进程之中，从而能够从更高层面参与全球治理，并以此维护国家利益，造福人类发展。[1]

杨娜、吴志成在《欧盟与美国的全球治理战略比较》中，对比了这两个推动和影响全球治理进程的重要行为体在相关战略方面的异同。概括地说，二者的相似性在于，在国际机制方面，二者都赞同维持现有机制，若进行改革，也只是有条件的改革；二者均不愿过多承担全球治理的成本和责任；在精英主导下，二者在全球治理相关决策方面的透明度、责任感和参与度不够；二者均倾向于循序渐进的治理模式；二者对于联合国改革均持消极态度。欧盟与美国在全球治理战略方面的不同之处则在于，在全球治理目标上，前者强调制度化，后者则将全球治理作为民族国家的功能补充；在解决全球冲突的途径上，前者重制度化多边化，轻军事化，而后者反之；在全球治理政策方面，前者偏重与生活相关的气候、经贸等领域，后者则以与国家安全相关的领域为主；在对待全球环境治理的态度上，欧盟主张集体干预，不指望市场发挥主导作用，且在相关标准上有较高要求，而美国依赖市场自动解决这一问题，强调自身利益，成为某些标准的障碍；在应对中国崛起的策略方面，欧洲总体保持积极态度，寻求加强合作，而美国则视中国为威胁。[2] 时宏远的《印度参与全球治理的理念与实践》为了解印度相关战略提供了可能。印度作为新兴大国，在全球治理中的作用不容忽视，其中的有关经验对中国而言也具有重要借鉴、启示意义。印度参与全球治理的主要理念是：印度应推动全球治理规则的制定；必须保持在全球治理中的战略自主性；全球治理必须尊重国家主权；南亚应成为全球治理的重点地区。在上述理念的指导下，印度重点参与了安全、经济、气候变化、全球公域等领域的全球治理。当然，印度在全球治理中也面临着一些制约。如目标与能力之

---

[1] 邹军：《全球互联网治理：未来趋势与中国议题》，《新闻与传播研究》2016 年第 B12 期。

[2] 杨娜、吴志成：《欧盟与美国的全球治理战略比较》，《欧洲研究》2016 年第 6 期。

间存在落差、话语权较弱、全球治理与国家利益的矛盾、周边国家疑惧等。作者最后指出，印度与全球治理之间的关系是一种相互需要的关系。① 王竞超在《国际公共产品视阈下的索马里海盗治理问题》一文中重点对索马里海盗这一非传统安全问题进行了分析。索马里海盗这一犯罪行为给国际社会带来了严重的负面影响，导致国际海运成本上升，严重妨碍了国际合作。作者认为，国际社会对索马里海盗的治理，从公共产品视角看来，其实质就是一个各参与方联合供给国际公共产品的过程。作者以国际公共产品基本理论的三大视角为路径展开分析，重点分析了索马里海盗治理与国际公共产品提供在联系逻辑与法律层面的关系问题。在索马里海盗治理特征与成效方面，作者具体列出了治理主体复杂；治理区域两分；治理内容打击与建设并进；兼具非排他性与非竞争性；负外部性波及全球；公共产品汇总、最弱环节、临界值多重特点共存等要点。在索马里海盗治理未来对策方面，作者分别从世界层面与中国层面展开分析。在世界层面，坚持现有框架、强化制度设计、保持长效稳定、延伸产品链条、关注陆上治理是下一步完善索马里海盗治理的因应之策。对于中国而言，开展国际联合护航，升级船舶设备，利用新兴安保因素三点值得关注。②

（二）国际法视阈中的国际政治分析

高潮的《国际关系的权利转向与国际法》认为，长期以来，"权力"是国际关系理论学派的核心研究对象，在国际关系行为及演变方面占据主导地位。在这种"权力本位"的主导下，国际法被视为权力体系下国际关系的分支或工具，无论在研究或实践中均处于弱势地位，地位微乎其微。然而，随着冷战格局的终结以及全球化趋势的不断发展，属于法律话语体系核心词汇的"权利"一词，其地位有了稳步提升，具体表现为以国际条约为主要载体的国际权利义务网络逐步形成；对"权利"而非"权力"的争取逐渐成为国际关系的主流；

---

① 时宏远：《印度参与全球治理的理念与实践》，《国际问题研究》2016 年第 6 期。
② 王竞超：《国际公共产品视阈下的索马里海盗治理问题》，《西亚非洲》2016 年第 6 期。

新的"权利本位"国际关系体系正在或已经取代旧的"权力本位"国际关系体系。这样一来，即便可能遇到挫折与反复，国际法在国际关系中发挥更为重要作用的基本趋势也不会改变。① 沈伟的《后金融危机时代的国际经济治理体系与二十国集团——以国际经济法—国际关系交叉为视角》着重对 G20 的特点、合法性及其在后金融危机时代的全球金融治理和秩序重构中处于何种地位、发挥何种作用三个问题进行了讨论。针对第一个问题，作者认为 G7 与 G20 在诞生背景、机制性质、议题内容及与其他国际组织关系方面具有相似之处；而在诞生方式、成员构成、机制松散型、领导核心方面则存在差异，G20 需要在许多方面向 G7 看齐。关于第二个问题，作者指出，G20 的合法性问题主要涉及问责性、公正性、代表性三个方面。它在问责方面的合法性来自全球治理领域的扩张及西方国家构建的国际秩序合法性的下降。在公正方面，G20 新的权力布局在一定程度上缓解了权力差距，且全球伙伴关系网络概念可以扩展和弥补治理网络的缺失。就代表而言，G20 有发展中国家这一在世界经济版图中地位逐渐上升群体的参与，但也要考虑到特殊代表性和透明性问题。作者进而提出实现 G20 合法性的进路（联合国授权或大多数国家授权）以及提升 G20 合法性的进路（引入更多利益方、增强政府间区域性国际组织领导人作用、组建复合型决策执行机制、为全球治理提供公共产品、提升 G20 的有效性）。对于第三个问题，作者认为，在某种程度上 G20 代表了国际经济治理转型，其发展前途取决于对现存成员、范围等问题的解决是否成功，面临着转型的巨大挑战和可能。②

（三）语言学、宗教学等跨学科视角下的国际关系研究

他山之石，可以攻玉。詹霞以德国外长施泰因迈尔在第 70 届联大上的演讲为语料，从后结构主义国际关系理论，即注重身份、形象与话语间关系的视角出发，通过分析话语主体"我们群体"的不同

---

① 高潮：《国际关系的权利转向与国际法》，《河北法学》2016 年第 11 期。
② 沈伟：《后金融危机时代的国际经济治理体系与二十国集团——以国际经济法—国际关系交叉为视角》，《中外法学》2016 年第 4 期。

构成,从空间、时间、道义三个不同维度得出了德国希望塑造的政治形象。具体来说,在空间维度,德国希望成为国际关系体系的积极参与者、欧洲利益的代言人;在时间维度,德国希望成为反思历史的忏悔者、国际关系文明化的建设者;在道义维度,德国希望成为言行必果的睦邻友邦者、公道正义的遵约建制者。而在上述三种不同维度下的政治形象,又最终服务于塑造德国是世界和平与安全的有力维护者、跨文化间平等对话的积极倡导者、负责任的全球性政治大国这种国家形象的终极目标。①

彭无情的《国际关系视阈中的宗教因素——马克思〈宣战〉一文的宗教理论研究》将国际关系与宗教进行了结合。作者首先对《宣战——关于东方问题产生的历史》的写作背景予以说明：当时正值西方列强在奥斯曼帝国博弈加剧和形势日趋紧张。接下来,作者从五个方面对该书的内容进行了分析,具体包括圣地问题,土耳其基督教与臣民之间的关系;保护问题,土耳其穆斯林与基督教徒之间的关系;特惠条例,土耳其穆斯林与外国人之间的关系;争端的实质——宗教外衣论;解决之道——革命。作者进而指出,《宣战》无论在国际关系学还是在宗教学方面都具有重要历史意义。它是建立马克思主义国际关系理论的奠基石,为国际关系研究开辟了宗教这一新视角。此外,它还揭示了国际争端的实质:在阶级社会,宗教不仅是统治阶级对内进行统治的工具,同时也是其进行对外扩张的借口,谋取国家利益,也就是通过对外扩张争夺势力范围,才是其挑起争端的实质所在。②

李振福、彭琰以渐成规模的北极旅游为研究对象,着重从旅游政治学角度对其加以分析。作者认为,在当代社会,旅游已经被赋予国家间交往的国际关系意涵。面对北极地区的复杂局势,北极旅游具有重要政治含义,各国在北极地区进行的一系列旅游资源开发行为本身就是一种与权益密切相关的政治活动。随后,作者结合输入—转换—

---

① 詹霞：《后结构主义视域下的德国国家形象构建》,《中国外语》2016年第6期。
② 彭无情：《国际关系视阈中的宗教因素——马克思〈宣战〉一文的宗教理论研究》,《科学社会主义》2016年第4期。

输出的政治系统模式，对北极旅游与政治间的关系进行了梳理，指出北极旅游受到政治稳定性和国际格局的影响。在此基础上，作者认为北极旅游具有促进非北极国家与北极国家文化交流、增进非北极国家与北极国家政治外交活动展开、有利于北极问题走向缓和并最终和平解决的政治功能。在文末，作者对中国的北极旅游及北极政治参与提出了建议，认为中国虽然是非北极地区国家，但该地区与中国的经济社会发展密切相关。因为北极国家对于中国参与相关活动存在戒心与误解，所以中国应该将以北极旅游为代表的"低政治"领域作为参与北极事务的切入点。为此，中国应该在国家、业内及公众三个层面对北极旅游活动进行改进和完善。[①]

关孔文、房乐宪将哲学中的因果关系与国际关系相结合，他们合著了《国际关系中的因果关系：理论解释及其含义》一文。该文首先结合菅波秀正的二分法，即因果理想主义和因果现实主义就政治哲学意义上因果关系的内涵进行概要回顾，并从中提取出有益于理解国际关系理论研究中因果关系讨论的要素，那就是因果关系作为世界的一种特性，存在于观念层面且具有解释性。然后以国际关系主要理论流派对因果关系的认识为基础，分别探讨早期理想主义和现实主义、行为主义、新现实主义及建构主义对国际事务之间联系及发展动因的相关论述及其基本逻辑。具体来说，早期理想主义和现实主义未对因果关系进行系统化讨论，它们认为，因果力量被视为一种多层、复杂且相互作用的存在；行为主义主要将因果关系运用到解释战争之中，将其原因进行量化并通过功能性路径予以研究和探讨；新现实主义将对因果关系的探究作为其研究基石，频繁使用因果关系来解释国际现象，联系各个部分；虽然建构主义相较于探寻因果联系更强调关系建构，但它无法真正摆脱因果关系的影响。最后，该文对国际关系研究中的因果关系讨论的学术价值予以说明，认为因果理论所采用的演绎法对国际关系分析具有重大影响；因果理论在国际关系领域的有效性受到一定限制，存在于相对闭合的体系之中；因果关系具有普遍性和

[①] 李振福、彭琰：《北极旅游政治研究》，《南京政治学院学报》2016年第5期。

全球性，在一定程度上打破了学科边界划分。[①]

综上所述，2016 年，中国国际关系与国际政治研究取得了丰硕成果。学界不仅能够将基础理论研究与应用对策研究充分结合起来，实现二者的辩证统一，也能把宏观研究、微观分析及跨学科视角运用自如，使其"各显神通"。应该说，中国国际关系与国际政治研究学界科研工作者尽到了在把握时代发展趋势、掌握世界局势变化、了解他国战略动态、熟悉我国战略实际的基础之上为国家对外实践活动提供智力支持的义务；起到了缓解大国对中国发展的担忧，消除周边对中国建设的疑虑，倾听发展中国家对中国参与的呼声，回应多边对中国贡献期待的作用；完成了为中华民族谋复兴，为区域合作谋福利，为世界和平谋大同，为人类文明谋出路的任务；负起了以中国经验完善国际关系理论的内容，以中国思维丰富国际关系理论的路径，以中国智慧创造国际关系理论学说的学科责任。可以说，中国的国际关系与国际政治研究学界在 2016 年顺利适应了国际形势剧烈变化、国内建设进入关键时期的新时代，充分满足了服务国内建设、兼顾世界发展的新要求，成功确立了以习近平外交思想为指导的中国特色大国外交理论新内核。可以说，中国的国际关系与国际政治研究在 2016 年为理论方法研究注入了中国智慧、为对策性研究提出了中国方案、为微观研究加入了中国视角、为跨学科研究提供了中国解读。毫无疑问，中国的国际关系与国际政治研究会更加活跃，在为学科进步提供"中国创造"理论方法的同时，为世界发展提供中国特色的公共产品，用中华文明的经验与智慧创建人类文明和谐繁荣的美好明天。

[①] 关孔文、房乐宪：《国际关系中的因果关系：理论解释及其含义》，《教学与研究》2016 年第 7 期。

中国比较政治学*研究的新进展

李路曲　吕同舟　周幼平　李　辛

一　关于比较政治学的理论阐释：宏观追问、视角演进与流派更迭

关于比较政治学的理论阐释，有助于形成对比较政治学学科发展和学术脉络的整体把握。2016年度国内学界有三篇比较典型的文献，从不同视角对比较政治学进行了整体阐释。

（一）关于比较政治学科的宏观追问

比较政治学是一门既古老又年轻的学科。其古老之处在于，早在古希腊时期，亚里士多德关于政体类型的研究就采用了比较的方法，

---

* 这里对比较政治学采用了较狭义的理解：第一，在方法论上，并不关注比较的方法，而只关注比较政治的方法。由于一些学者混用了这一概念，我们依据主题词进行界定。第二，由于比较政治的各主要理论均有其他学科的理论来源，学者有时也会混用这些概念，对此，我们依据是否属于政治学的原则来进行选择，例如，对理性选择理论只选择其在政治学中的应用，而不涉及一般性的理性主义或其在哲学、经济和社会学中的应用。第三，对于国别的研究，只有明确运用比较方法（且不包括中国国内政治的比较）或对两个及以上国家进行比较的成果才可能进入本文关注的范围。第四，对属于政治学理论或政治学其他学科的内容，例如政治制度、政党政治、国家治理、政治权力、法团主义等，尽管有些文章有比较政治的主题词，但缺乏直接而明确的比较，也没有关注；相反，如果有两个以上个案的直接而明确的比较，则可能收录。

后来的学者也经常用类似的方法审视国家制度问题。其年轻之处在于，作为政治学的分支学科，比较政治学兴起于"二战"以后的美国，而中国政治学界接触比较政治学则更晚，大致是从20世纪80年代开始，并直到近几年才引起相当的关注。在比较政治学的发展历程中，涌现了无数经典的作品。陈峰通过择取当代比较政治研究中若干优秀作品作为范例，演示其研究问题、设计、方法运用和理论贡献，试图回答比较政治学究竟研究什么，比较政治学如何研究以及比较政治方法在中国政治研究中的适用性三个问题，尤以第二个问题为重点。[①]

第一，比较政治学研究什么？事实上，早就有学者指出，比较政治学本身并没有特定的研究对象和重点，核心在于方法，即研究目标是通过比较方法产生新的知识、进行理论建构。当然，这一内涵在早期和晚近时期并不完全相同。早期比较政治学的诸多假设深受西方中心论的影响，热衷于宏大问题和叙事，旨在通过跨国比较建立理论范式，催生了曾经一度主导比较政治学研究的现代化理论的出现。到了20世纪70年代，现代化理论与第三世界政治现实的脱节日益明显，依附理论开始兴起并于80年代风靡一时。但同样地，类似于现代化理论，依附理论因其无法解释欠发达国家发展的多样性和复杂性而式微。在范式主导衰落后，比较政治学逐步走向务实，研究对象趋于具体、中观和微观，旨在发现政治世界中新的现象和形态、发掘一定范围内研究对象的因果关系和机制。此时的学者不再雄心勃勃地试图构建宏大理论，而是力求在具体经验之上，建立适用于一定范围的"中观理论"。伴随着这一改变，比较政治学的研究领域变得更加开放和兼容并蓄。

第二，比较政治学如何研究？按照斯考切波和索默尔斯的理解，比较政治学研究的目的有三：其一，通过个案比较达到变量控制，确定解释变量，分析因果机制。其二，通过多案比较发现共同适用的模式或概念；其三，通过数案比较建立框架，解释相同过程如何在不同

---

① 陈峰：《康怡比较政治学如何研究？范例和启示》，《较政治学研究》2016年第1期。

的社会中发生。借助典型作品的展示可以发现,研究目标的不同,引致了研究设计展开的不同。前两个目标导致了定性和定量研究的差别,而第三个目标则更多地具有诠释的性质。

在解释因果关系和机制这一目标下,比较政治学可以采用四种研究设计:首先是最相似个案比较,即所比较的个案除一个自变量外,其余自变量大体相仿,进而借助唯一不同的自变量解释不同个案因变量的差异。例如,哈特姆的《劳工视野和国家权力》与斯雷特的《排序权力:东南亚的抗争政治以及威权主义的利维坦》。其次是最小差异个案比较,即所比较的个案结果相同,但除某个特定自变量外,其他变量均不同,那个相同的自变量可能成为解释相同结果的关键变量。例如斯考切波的《国家与社会革命》和塞德曼的《制造战斗性:巴西和南非工人运动比较:1970—1985》。再次是最相似和最大差异个案设计的结合运用,即对某一地区内的一组国家进行比较,针对复杂多样的情况,同时选择运用最相似和最差异研究设计。例如露丝·科利尔和戴维·科利尔的《形塑政治领域:拉丁美洲的关键时刻、工人运动和政权动力》。最后是实验方法,即确定两个完全相同的组别,对其中一组施加刺激后再进行比较研究,它们之间发生的任何差异都可视为是所施加的刺激引起的。例如珀斯纳关于非洲国家族群关系差异的研究。

比较政治学者感兴趣的重点问题之一,在于某种解释能在多大范围内适用。或者简单地说,比较政治学的目的之一就是发现普遍化模式,而统计方法很适合处理这一类问题。研究者用抽象的模型来描述现象和寻找解释。模型中除了待解释的现象和待检验的假设解释变量(自变量)外,还包括一些控制变量,以便更加精准地观察自变量和应变量之间的关系。例如卓沃尔斯基的《民主与发展》、伯克斯的《民主与再分配》均采用了这一方法。

为何相似的历史过程在不同国家会导致不同结果这一问题,同样引起了比较政治学者的关注,而"比较"恰恰有助于发现差异的成因,这也是比较政治学中"历史比较"和"历史制度主义"方法兴起的原因。从逻辑上看,这类研究主要结合运用最相似和最差异比较法,但由于个案数目有限、过程高度复杂以及资料残缺或有偏见等原因，尽管这一研究目标遵循因果解释的逻辑，但其成果更带有诠释的性质。例如，摩尔的《民主和独裁的社会根源》、卢波特的《自由主义、法西斯主义和社会民主主义——两次大战期间欧洲政权的社会和政治根源》和瑞彻迈耶等的《资本主义发展和民主》。

第三，比较政治方法在中国政治研究中的适用性。在比较政治领域，虽然来自中国的数据已开始进入大样本跨国比较研究，但将中国用于定性国别比较的作品仍然少见。考察比较政治方法在中国政治研究中的适用性，需要注意两个问题：首先，当前许多研究中国政治的学者带有明确的比较视角，但却并非将比较视为研究的主要设计，也非进行系统、详尽的个案比较，而是在国别研究中把他国经验当作参照系，凸显研究对象的特殊性，从而发现政治世界中的新类型、新元素、新变量。这类研究可以有效地丰富比较政治学研究。其次，为了克服中国研究不易与其他国家比较的困境，一些中国问题学者选择了国内跨地区比较，即在一国之内将地区作为主要独立变量来解释研究对象的差异性。从方法论上看，这类研究具备比较政治的特性，但其对于比较政治究竟有无贡献，关键在于研究问题和结论在多大程度上具有普遍性，即超越一国的意义或外部有效性。

总的来说，陈峰敏锐地观察到学界在比较政治学的概念、研究设计方面的模糊，以及国内比较政治学界的混乱状态，试图以具体成果为对象演示其研究问题、设计、方法运用和理论贡献，从而深化学科认识。这给我们的启示在于：其一，关于一项研究是否属于比较政治研究，既要看其是否采用了明确的比较视角，又要观察其结论在超越国界的意义上是否具有普遍性；其二，比较政治是开放性的研究，不排斥任何逻辑严谨、符合常识的分析和解释，可以广泛吸纳诸多学科的前沿理论和前沿方法；其三，中国经验会给比较政治学带来新的活力和素材，而比较政治学在中国的发展，必然依赖于中国经验和现存理论的对话，进而验证、修正、补充现有理论体系。

（二）研究视角的演进：社会中心主义、国家中心主义、政党中心主义

比较政治学在西方兴起和发展的历史阶段，表现为不同理论范式的演进，而不同理论范式因其视角选择和议题选择的不同，可以梳理出从社会中心主义到国家中心主义再到政党中心主义的发展脉络。李新廷以行为主义政治学为起点，对这一脉络进行了阐释。

行为主义革命对比较政治学的发展产生了深远的影响。行为主义对于方法论的精细要求使得大规模的比较分析成为可能，从而有效地规避了传统研究的缺陷，推动比较政治学研究的迅速发展。从政治系统论到结构功能主义再到政治发展理论，这一脉相承的理论共同凸显出"社会中心论"的观察视角，即聚焦于政治系统的社会环境，着力从政治系统的外部视角阐述社会要素对政治系统的作用。社会中心论源自社会力量对发达国家政治现代化转型的推动，然后经由学者进行变量化、模式化、普遍化，用于研究新兴发展中国家的政治转型。但不容忽视的是，这类理论具有强烈的西方中心主义色彩和价值观输出使命感，这也是其后期颇受诟病的原因之一；同时，其政治转型经验在推广时往往容易"水土不服"；更重要的是，社会中心论遮蔽了国家和国家自主性，忽视了不同国家政治转型的差异性，更忽视了后发展国家制度变迁路径的多样性。

对国家的关注是政治学研究的永恒主题，区别只在于不同历史时期的关注程度和关注角度。行为主义兴起后，社会中心论由于未能有效地解释国家与社会的关系及其发展，导致其遭受了巨大的批判，进而催生出"回归国家"的理论呼吁。学界通过对社会中心论的反思，强调结构的重要性，重新发现了国家的中心地位。如果说这一理念在巴林顿·摩尔和查尔斯·蒂利那里尚体现为某种过渡的话，到了斯考切波就明确发出了"回归国家"的强大呼声。在国家中心主义的视角下，国家重新成为分析中心，并与比较历史分析结合在一起，强化了比较政治学的解释力。值得注意的是，这一时期的国家中心视角，对国家—社会关系进行了修正，在强调国家重要性的同时，也注重社会的关键作用。

比较政治学的视角变迁体现了学术研究在不同社会历史背景下的适应性调整，强化了理论对现实的解释力。但建立在西方中心主义立场上的比较政治学，对于后发国家政治发展和民主转型的解释力仍然有待强化，尤其体现在政党这一关键变量上。西方政党和后发展国家政党的产生逻辑与运作逻辑存在显著差异，后者往往作为实现国家构建和民族整合的重要力量，渗透到国家与社会当中，不但承担着组织动员的任务，而且成为国家合法性、权威性的来源。这就暗示出"政党中心主义"的研究视角。当然，该视角还有待理论化和经验的进一步检验。①

《社会中心主义·国家中心主义·政党中心主义——西方比较政治学研究视角的演进与中国关照》以历史为线索，结合外部政治社会结构变迁，梳理了比较政治学相关范式的演变，展现了学科发展和视角转移的历史图景。作为比较政治学的关键变量，政党、国家、社会三者之间存在着异常复杂的关系。也恰因如此，社会中心主义、国家中心主义、政党中心主义的相继变迁，所体现的是在特定历史时期和特定经验基础上的主流态势，而且这种变迁并不意味着简单的否定，而是后者对前者的吸收、规避与超越，尤其是历史制度主义的兴起带来的比较历史分析与制度分析相结合所产生的解释力和适用性正在不断拓展。另外需要注意的一点是，就目前来看，关于政党中心主义的研究视角尚未形成共识，有待于理论化的进一步建构和基于经验比较的进一步检验。但这类研究具有相当的解释力，特别是观照中国特色的政治转型和政治发展来看，未来应当有更大的拓展空间。

（三）国家建构理论的流派更迭：内源型、外源型、"刺激—回应"型

如果说前文是从整体上梳理比较政治学研究视角的转换，下文则聚焦于国家建构这一重要问题。曹海琴、于春洋梳理了国家建构理论的发展阶段，描述并比较了各自的内容与特征，以及近年来伴随着国际组织介入所带来的新进展。

"国家建构"这一概念源自当代西方比较政治学由行为主义范式向国家中心主义范式的转换。20世纪中叶以来，行为主义范式逐渐成为比较政治学领域的主流理论范式，进而催生出政治发展理论和现

---

① 李新廷：《社会中心主义·国家中心主义·政党中心主义——西方比较政治学研究视角的演进与中国关照》，《国外理论动态》2016年第2期。

代化理论脉络。但是这类理论带有明显的"西方中心主义"色彩，力图把第二次世界大战以来出现的新兴国家的现代化进程导向"西化"的轨道，因而忽视、回避了新兴国家各自的政治经济结构和历史文化传统。加之行为主义范式先天性地对结构的轻视和对功能的注重，促使美国社会科学委员会（NCSS）比较政治学会在20世纪70年代组织开展了一项主要针对欧洲国家建构问题的调查研究，力图发现政治发展过程之中国家建构的重要地位。此后，"国家建构"问题日益成为核心议题，并逐渐形成了两大理论流派。

最初的有关国家建构问题的权威性讨论始于查尔斯·蒂利。他在《西欧国家的形成》和《强制、资本和欧洲国家（990—1992年）》两本著作中对国家形成问题进行了深入而系统的比较历史社会学分析，形成了对于国家建构理论的经典论述。蒂利以内生的、本土化的国家建构作为主要研究对象，基于对欧洲国家历史演进的文献梳理和深刻洞察，一方面展示了"战争"这一变量在欧洲早期国家形成过程中所发挥的重要作用，另一方面揭示了国家建构的两个核心面向，即国家能力与国家权力，进而指出欧洲早期国家正是在对国家能力和国家权力的双重追求之中才派生出国家建构这一客观进程的。然而必须看到，这种内源性建构理论却无法解释为何在西欧之外的其他地区试图模仿和复制欧洲国家建构方式时，表现出了相互区别甚至截然相反的形态。这就催生了关于新的国家建构模式的探讨。

弗朗西斯·福山关注到西欧国家之外的其他更多的发展中国家的现实状况，针对失败国家和脆弱国家做出理论回应，提出了国家建构主要依赖"外部行动者"的外源型建构模式。换言之，在福山那里，国家建构的实施者是来自国外的"外部行动者"，对象是那些失败国家和脆弱国家，而目的则是帮助这些国家建立或重建一套强有力的制度体系。但是，这一理论同样颇受诟病，集中体现在该论调所强调的"西方中心主义"立场上——尽管福山曾经进行自我辩护，但并未消除人们的质疑，同时还体现为该理论在多国实践中所面临的窘境。

近年来，国家建构实践出现的新趋势是国际组织的强势介入。也就是说，国际组织以越来越积极的态度参与到不同国家的国家建构之中，促使国家建构理论进入由"外源"向"内源"回归与拓展的阶段，开始获得相对价值中立的地位并逐渐摆脱意识形态的束缚。就目前来看，这一趋势表现出两大特征：其一，国家建构不再单纯地表现为内源性或外源性，而是展现出外部刺激和内部动力相互作用塑造而成的"刺激—回应型"国家建构；其二，这个时期的国家建构理论不再局限于对历史的回溯与规律的总结，而是直接指向了当前面临的一系列问题，从而更加积极务实，也更富建设性。①

《国家建构理论的两大流派及其研究新进展》梳理了国家建构理论的历史阶段、主要流派、代表人物和核心观点，并结合当前出现的趋势探讨了国家建构理论的新进展，对于深化关于国家建构理论的理解有所助益。这种由"外源"向"内源"的回归与拓展的"回归内源型"发展理论，契合了当前国际社会变迁的整体趋势，也与人类认识世界的规律保持一致。不过需要注意的是，这些理论仍然暗含着某种意识形态的价值判断，未来在运用理论指导实践时，需要避免出现"水土不服"的问题。

（四）政治文化：历史脉络与当代关注

1. 历史脉络：模型归类与范式转换。长期以来，政治哲学家关注合法性与政治文化的逻辑关联，政治科学的发展又进一步提升了合法性模型在政治文化研究中的生命力。从帕森斯到西蒙·利普塞特、胡安·林茨再到阿尔蒙德，都试图借助文化观念解释合法性和权威问题。佟德志教授立足于此，系统地考察了三种典型的基于合法性的政治文化模型：以韦伯为代表的权威合法性模型、以伊斯顿为代表的系统合法性模型以及以哈贝马斯为代表的认同合法性模型。

韦伯虽然并未直接使用政治合法性这一概念，但他关于权威类型的学说极大地拓展了政治文化的内涵和外延。按照韦伯的界定，统治指的是"在一个可能标明的人的群体里，让具体的命令得到服从的机会"，意味着某种特定的、最低限度的服从；这一服从关系的实现则依赖于政治文化——这就是权威合法性与政治文化发生勾连的内在逻

---

① 曹海琴、于春洋：《国家建构理论的两大流派及其研究新进展》，《国际论坛》2016年第3期。

辑，而其区别在于服从动机。换言之，不同的服从动机会在很大程度上决定统治的类型，其稳定程度亦不相同，进而可以将合法统治划分为法理型、传统型和魅力型三种。

当代政治科学的奠基人、政治系统论的创立者戴维·伊斯顿教授立足于系统论基础，秉持"不断灌输合法感或许是控制有利于典则和当局的散布性支持规模的唯一的最为有效的手段"，关注合法性在政治系统中的纽带作用。伊斯顿扩展、细化了韦伯的合法性理论，将合法性的对象区分为典则和当局两种，将合法性的来源区分为意识形态、结构和个人三个方面，从而将韦伯的合法性理论现代化了。其中，尤为值得关注的是，作为政治文化要素之一，意识形态从反应、表达、工具等多个方面对合法性产生影响。这一点恰恰与新制度主义研究者不谋而合。

哈贝马斯关于合法性理论的阐发同样非常典型。哈贝马斯将整个社会分为经济系统、社会文化系统和政治行政系统；在这一结构中，政治行政系统通过社会福利运作维系了社会文化系统的运行，而社会文化系统则以大众忠诚维系了政治行政系统的存在，这实际上就是一种合法性源泉的供给。在哈贝马斯看来，资本主义面临的合法化危机实际上是政治系统的认同危机，而政治文化可以为政治共同体的凝聚提供有效支撑。他还试图用"宪法爱国主义"来提供一种"共同的政治文化"[1]。

《基于合法性的政治文化模型研究》立足于合法性与政治文化的内在关联，细致地描述了三种政治文化模型，颇具启示意义。尤为值得注意的是：第一，三种模型之间具有内在的逻辑关联性。比如，以韦伯为代表的权威合法性模型着力揭示合法性的统治者维度；以伊斯顿为代表的系统合法性模型是在政治系统的场域中将韦伯的合法性理论具体化了；哈贝马斯则直面系统所面临的合法化危机，试图通过"共识"政治文化加以消解。第二，强调制度与文化的互动。兴起于20世纪50年代的比较政治文化研究，恰恰与政治体系理论的发展交相辉映。在系统论的背景下，研究逻辑是将政治文化与政治结构区分

---

[1] 佟德志：《基于合法性的政治文化模型研究》，《天津社会科学》2015年第3期。

开来，并将其视为一个独立变量，进而考察政治文化与政治结构之间的相互作用。这一点在韦伯那里尚且模糊，但到了伊斯顿和哈贝马斯那里就变得十分清晰了。

如果从一个长历史的时间段进行考察，关于政治文化的研究实际上经历了多样化的发展历程。高秉雄、吴慧之从范式转换的视角切入，梳理了政治文化研究的发展脉络及其面临的理论和方法论上的挑战，并阐述了范式转换的内在逻辑及外在动因，从而展现出政治文化发展走向的历史图景。

公民文化范式是早期政治文化研究的经典范式，以阿尔蒙德和维巴1963年出版的《公民文化：五个国家的政治态度和民主制》为代表。该书立足国家差异，描述了村落地域型、臣民依附型和积极参与型三类政治文化模式，试图解释为什么有的民主体制比其他民主体制更稳定、更有效。公民文化范式在方法论层面的贡献体现为实证方法和多学科分析方法的引入，标志着政治文化比较研究路径的正式形成。这一范式在一段时间后遭遇了前所未有的挑战：其一来自对以"公民文化"为核心的概念界定的质疑；其二来自对抽样调查技术和各国调查数据效度的批评。加之全球化趋势所凸显的国家或民族的差异性，一些学者开始从心理及社会等角度解释政治现象，推动了关于国民性的研究。

国民性范式是有关民众人格与社会文化体系的研究，其主要关注问题有二：一是社会文化体系对国民性的影响；二是国民性对社会制度运作的影响。这一范式规避了公民文化范式中的"文化决定论"，将国民性与人们所处的宏观社会、政治和经济体系的关系联系了起来。在研究方法层面也有一定进步，例如进行跨国比较分析、运用投射技术和半结构式临床面谈方法进行人格评估等。这一范式虽然在一定程度上弥补了公民文化范式的某些缺陷，但同样面临着类似的质疑，例如定义上的随意、数据上的效度等。尤其是工业革命所导致的国民价值观的重大转变无法在国民性范式中得到有效解释这一现实，促使以罗纳德·英格尔哈特为代表的政治学家开始将价值观纳入政治文化研究的范式之中。

英格尔哈特在代际价值观研究的基础上，提出公民价值观从物质主义向后物质主义转变的假设，并对其进行了充分的理论与经验论证。价值观范式最重要的贡献在于，综合采用了实证调查、比较研究、政治文化分析、多元回归模型分析、主成分因子分析等方法，从而克服了传统阐释学意义上政治文化研究的弊端。但同时这一范式在理论和方法论层面同样受到批判，例如价值观变迁是否切实发生、如何解释以及跨国调查中的技术问题等。值得一提的是，英格尔哈特在进行国家对比时发现了社会信任和社会资本的重要作用，虽然他本人并未对此进行深入研究，但却为后来者提供了引导。

社会资本范式在方法论层面的新贡献体现在：其一，不仅运用社会资本、治理和善治等新的政治分析框架，而且借鉴政治文化研究前期范式中的实证研究方法，进行长时间的实证个案研究；其二，选取若干核心变量，运用定量研究方法，对主旨进行研究；其三，结合比较研究方法加深对社会资本的解释，避免了价值观研究中跨国调查的技术缺陷。当然，它也不可避免地受到诸多批判，集中体现在关于社会资本的定义、关于社会资本与民主运转之间的关系等方面。

新政治文化范式之"新"，一方面体现在它是传统阶级政治和附庸主义的对立面，探讨的是一种问题导向的政治，其特殊之处还包括弱化派别界限、突显社会问题、拷问福利国家、鼓励公民参与等；另一方面体现在方法论层面，即从类型学的角度出发，借鉴诸多调查方法，提出新的解释变量和研究对象，将政治文化研究从单纯的政治层面扩大到了政治、社会及生活多个层面，从而拓展了研究领域。[1]

《政治文化研究中的范式转换》梳理了政治文化研究的历史脉络，细致地描述了范式转换的历程及其内在逻辑，展现了政治文化研究发展的整体图景。尤为值得注意的是，范式转换并不简单地体现为后一范式对前一范式的替换。从根本上讲，之所以出现这一变化，本质上是因为社会历史环境的变化导致新的政治文化现象的出现，为了解释这些变化而引入了新的理论和方法，研究范式也就自然发生了转换。换言之，任何一种研究范式都存在难以克服的缺陷，而新的范式对已有范式的弥补就体现为学术的传承和创新。

---

[1] 高秉雄、吴慧之：《政治文化研究中的范式转换》，《社会主义研究》2015年第5期。

2. 当代关注：机构信任、经济不平等与民众腐败容忍度。关注现实问题，是任何一门社会科学的天然使命，也是学科发展的重要生长点。中国比较政治学自不例外。王正绪将东亚 11 个国家和地区分为西式自由民主、西式选举民主、非西方民主三组，并运用问卷调查数据分析这些地方公众对本国或地区的各个主要政治机构的信任程度。研究发现，传统价值观、威权价值观对于公民对政治机关形成高水平的信任是有益的，但是现代和自由价值观则对机构信任起着反方向的作用。王哲、孟天广、顾昕采用 2014 年发布的世界价值观调查数据，运用多层次泊松回归模型，探讨了民众腐败容忍度与经济不平等之间的逻辑关联，并发现一个国家（或地区）的经济不平等不仅提高了民众腐败容忍度的绝对水平，而且增大了个体间腐败容忍度的相对差异，对于反腐败政治文化氛围的形成也有负面影响。

王正绪以政体类别为研究视角，将东亚 11 个国家和地区分为三类：西式自由民主（包括日本、韩国、中国台湾）、西式选举民主（包括蒙古国、印度尼西亚、菲律宾、泰国）和非西式民主（包括中国大陆、越南、新加坡、马来西亚），并运用"亚洲晴雨表"（Asian Barometer）跨国问卷调查项目的相关数据，分析公众对本国或本地区各个主要政治机构的信任程度，并发现了如下结论：其一，从类别上看，由非西式民主社会到西式选举民主社会，再到西式自由民主社会，公民对政治机构的信任程度呈现出逐级下降的趋势。其二，在西式自由民主国家或地区中，经由选举产生或与选举相关的机构，受信任水平普遍不高，而非选举或与选举不相关的机构，受信任水平反而更高；在没有全国性竞争选举的国家，其机构信任与西式自由民主社会、西式选举民主社会的情形完全相反。其三，从文化上看，在传统社会价值观和威权价值观影响下的亚洲公民倾向于表现出对政治机构更高水平的信任感。其四，从绩效上看，那些认为社会经济运行正常和认为家庭经济情况良好的民众，以及认为政府能够回应公民需求或认为政府比较清廉的民众，往往表现出更高的信任水平。其五，从公民个人看，更高的教育水平通常与公民面对政治权力和机构时所展现出的更强的批判性相关，进而使公民更加倾向于质疑政治机构。其六，从长远趋势看，在推进了西式民主化转型的地区，随着民主化的加深，机构信任有可能进入长期的低水平状态；而当前多个亚洲非西式民主社会中的高机构信任有可能是暂时现象，会伴随着传统文化、威权文化的消解和持续的社会经济现代化而逐渐降低。[1]

无论是在发达国家还是发展中国家，经济不平等的影响都是广泛存在的，这种影响既可以体现在客观世界，例如经济增长、社会稳定等方面，也可以影响人们的价值观念、塑造社会规范和政治文化等。腐败容忍度，即关于人们如何看待腐败，或腐败行为在多大程度上被视为正当的，无疑是政治文化的重要内容之一。王哲等人采用2014年发布的世界价值观调查数据，运用多层次泊松回归模型进行分析，着力描述了经济不平等与腐败容忍度之间的关联。

《经济不平等与民众的腐败容忍度：基于多层次模型的跨国分析》首先在理论阐释的基础上提出了两个假说：其一，经济不平等程度越高，民众的腐败容忍度越高；其二，在其他条件相同的情况下，经济不平等程度较高的国家，公职人员的腐败容忍度较高。然后，采用2014年发布的世界价值观调查数据，以腐败容忍度为因变量，以经济不平等和公共部门就职为解释变量，以若干社会经济人口学变量以及价值观变量为个体层面的控制变量，以国家腐败水平、支配性宗教、国民识字率、人均国民收入为国家层面的控制变量，借助多层次泊松回归模型进行验证。数据显示：经济不平等不仅显著地影响了民众的腐败容忍度绝对水平，而且影响了国内民众腐败容忍度的相对水平，即异质性。在其他条件相同的情况下，经济越不平等的国家，其民众平均的腐败容忍度越高；经济越不平等的国家，其民众腐败容忍度的异质性越大。此外，虽然公共部门从业者的腐败容忍度低于其他部门从业者，但经济不平等状况使得两者之间的差异缩小。[2]

该文关于经济不平等与民众的腐败容忍度之间的论证颇具创新性。当前学界关于腐败容忍度的研究本就不多，关注影响腐败容忍度因素的文献更少，又集中于个体层面，缺乏关于国家政治经济社会等

---

[1] 王正绪：《东亚公民对政治机构的信任：制度与文化的差异》，《开放时代》2016年第2期。

[2] 王哲、孟天广、顾昕：《经济不平等与民众的腐败容忍度：基于多层次模型的跨国分析》，《经济社会体制比较》2016年第2期。

结构性层面因素的探讨。该文从结构和政治文化层面关于经济不平等与民众的腐败容忍度之间的探讨，无论从选题或论证方式上都具有较强的新意。但值得注意的是，该文也有进一步思考的空间，例如单次截面数据难以反映整体趋势和因果关系；文中借助计量分析仅仅能够确认经济不平等与民众腐败容忍度之间存在着正相关关系，但对二者之间的因果关系和关联机制，仍然还有待进一步论证。

（五）历史制度主义：理论范式转换、关键节点、案例比较与中国关怀

1. 理论范式的转换与融合。段宇波围绕历史制度主义理论发展中的四次回归——国家回归、行动者回归、资本主义回归、理念回归过程，对历史制度主义分析制度变迁的基本因素与理论热点的转移、交织、重叠和此消彼长进行梳理，分析了四次回归所蕴含的本体论、自变量和因变量、路径依赖和渐进转型三个方面的逻辑冲突；在此基础上总结了历史制度主义四次回归在本体论、研究主题、新制度主义各流派之间、比较历史方法四个层面的理论和方法整合，认为历史制度主义四次回归综合了制度变迁的各种方法和理论范式，具有很强的包容性和延展性。[①]

该文是对历史制度主义理论发展进行的学术梳理，分析了四次回归所蕴含的逻辑冲突、理论和方法的整合，对历史制度主义理论发展的解读非常深刻。另外，作者把国家与社会、行动者和能动作为两个维度分析了历史制度主义理论的四次回归，这为我们理解该理论提供了有益的框架。

2. 关键节点分析的理论框架。段宇波在《制度变迁中的关键节点研究》中首先对关键节点的概念进行了辨析，在批判性地分析了四种关键节点理论的基础上，提出了用关键节点分析制度变迁的理论框架和方法，并将关键节点按照时间划分为三个阶段，重点分析了关键节点的结构性、能动性和偶然性等各种因素及其相互作用。最后，以

---

① 段宇波：《历史制度主义制度变迁理论的逻辑冲突与融合》，《比较政治学研究》2016年第2期。

韩国1997年金融危机作为韩国政治经济发展中的关键节点进行了案例分析。①

关键节点是制度变迁中有意义的起点,对分析制度的演变机制至关重要。但是在历史制度主义理论中,关键节点的概念没有被充分研究。段宇波在其文章中明确把关键节点作为重要的制度变迁范式,建立了以关键节点分析制度变迁的理论框架,增强了学界对关键节点和制度变迁的理解。

3. 案例比较与中国关怀。徐勇从历史制度主义的视角,将土地改革置于大历史和长时段的背景下,分析世界不同国家土地改革进程与成效的历史制度底色。指出东亚国家和地区的家户制、俄国的村社制及其农奴制、拉美和南非的庄园制及其农奴制分别为以上三类国家和地区的土地改革提供了历史制度,并规制其改革进程、特点和成效。土地改革是产权制度改革,核心是"分",但不可能简单地"一分了之",其重要原因就是长期传承下来的社会组织制度原型不是一夜之间的改革就能够改变和改造的。②

学界对土地改革的具体政策、进程与成效都有大量研究,但《历史制度底色下世界土地改革进程与成效比较》另辟蹊径,从路径依赖的角度透视了世界上不同国家的社会组织制度对本国土地改革的约束,对世界各国家和地区的社会组织制度原型进行了比较分析,其视角与案例较为独特。该文阐述了历史传承下来的土地制度不仅是一种产权制度,也是一种经营制度和社会组织制度。在重新分配土地的同时,还要重视社会成员的重新组织和延续,这一结论对处于改革深水区的中国具有现实意义。

李放、何文九、杜春林用比较历史分析的方法研究了中越两国农业制度的变迁。中越两国建国以来的农业制度都经历了从农业集体化、家庭承包制到农业专业合作社的变迁,存在着诸多的相似之处。通过考察中越两国建国以来农业制度的演变历程,有如下发现:一是

---

① 段宇波、赵怡:《制度变迁中的关键节点研究》,《国外理论动态》2016年第7期。
② 徐勇:《历史制度底色下世界土地改革进程与成效比较》,《社会科学研究》2016年第4期。

中越两国农业制度的变迁是在特定的背景下由政府所主导的。二是新旧制度间形成的断裂以及在此基础上形成的关键节点不仅是连接新旧制度的纽带，而且是推动新制度形成的动力。三是新制度的形成还有赖于行动者的实践支撑以及制度自我强化机制发挥作用。①

制度变迁是历史制度主义研究的核心问题，关注制度为什么变迁？什么时候变迁？如何变迁？《中越两国农业制度变迁的历史考察》通过对中越两国农业制度变迁的比较，认为国家主导是两国农业制度变迁的外部环境，推动了关键节点的形成，而关键节点构成了农业制度变迁的动力机制。该文在案例研究之上，对制度变迁进行了系统性的逻辑解释。

以上两篇文章都使用了比较历史分析方法研究案例，分别考察了不同国家土地改革和农业制度的变迁及背后的制度性原因。但这两篇文章陷入了案例研究的窠臼之中：案例与理论的关系如何？这两篇文章对比较历史分析理论有何贡献？当然，这个问题既是这两篇文章的不足，也是案例研究需要解决的问题。

二　比较政治学研究方法

2016年中国比较政治学领域对方法的研究都是围绕着如何提升比较政治学研究的"科学性"这一主题展开的，取得了一些进展，为中国比较政治学研究的方法论规范和完善提供了知识积累。

（一）选择性偏差及其规避

提升研究的信度和效度始终是研究方法的重要维度。臧雷振和陈鹏②有感于当前"由于不同研究方法的隔阂（如定量和定性研究者之间难以沟通的鸿沟），以及缺乏对学科不同研究方法基本逻辑的整体把握，容易忽略不同研究方法所存在的共通性问题……各自研究方法

---

① 李放、何文九、杜春林：《中越两国农业制度变迁的历史考察》，《中国农史》2016年第3期。
② 臧雷振、陈鹏：《比较政治学研究选择性偏差及其规避探索》，《政治学研究》2016年第1期。

共同体内部的方法改进,就如同'零敲碎打'或'盲人摸象',无法实现学科研究方法全局性进步"这一问题,选择从"不同研究方法所存在的共通性问题——'选择性偏差'"[①]入手,对比较政治研究中"方法偏差"(或选择研究方法时可能出现的偏差问题)的规避进行了系统而精细的分析研究。

他们指出,不同研究方法中选择性偏差产生原因可总结如下:一是由于非随机抽样所带来的样本偏差(sampling bias),它削弱了研究结果的外部效应;二是由时间区间(time interval)所导致的,如研究设计由于伦理问题等因素提前终止,或者当研究分析进行到中途已经出现理想结果而终止余下的数据分析;三是由数据分析过程造成的,如对特定数据的剔除,对异常值的剔除等;四是由分析过程的非科学化所导致的;五是研究者的主观选择和数据过滤。

随后,通过分析比较政治学不同研究方法使用中选择性偏差所产生的原因和具体来源,两位学者依据研究者的主观认知,将选择性偏差规避策略分为被动型规避策略和主动型规避策略。

被动型规避策略基于研究方法视角,强调研究者面对已有研究素材或研究目标对选择性偏差所采取的事后纠正或弥补。两位学者认为,在案例比较分析中应考虑如下选择性偏差规避策略:第一,研究者需依据研究对象进一步建立清晰合理且具有代表性的案例筛选标准。第二,研究者要能够提供充足研究信息来支持最终的案例分类,允许读者根据相同现象对相似或矛盾的案例进行比较。第三,厘清不同理论定位和研究诉求对案例选择的影响。

而定量研究则主要着眼于以下几点:首先,重视分析预测值与实际观测值间的拟合情况,根据不同的拟合度选择相应的案例比较策略;其次,基于数据测量技术减少选择性偏差的负面影响,使用分层抽样、潜变量控制法等方法控制选择性偏差的影响;最后,在统计模型层面使用截断回归估计函数、增加样本量、条件逻辑斯蒂回归分

[①] 臧雷振和陈鹏将"选择性偏差"(selection bias)定义为"在比较政治学对个体、群体或数据分析中,当所选取案例或变量样本无法体现出总体代表性时"的现象,又称为选择效应(selection effect)。

析、嵌套逻辑斯蒂回归分析、多元概率比回归（Probit 回归）和泊松（Poisson）回归等方法来规避选择性偏差。

主动型规避策略基于研究设计，强调研究者在研究设计早期即通盘考虑潜在的选择性偏差影响。比较政治研究设计过程包括以下环节：研究对象的总体界定、概念分析、测量、数据搜集和研究具体分析等。从不同设计环节考虑选择性偏差规避策略具体如下：首先，面对研究对象时，除一定的样本量、周密的实验设计、随机化的抽样及分组，避免试验者的主观偏见等外，还通过对多次抽样、预调查等手段的重视来避免选择性偏差。其次，在研究概念分析中，需要注重对概念外延和内涵边界的清晰界定。再次，在数据获取环节，需要增强准确作答的积极性，增加复查抽查比例，减少形式主义的应付型回答。具体操作办法如变更问卷题项的措辞，使得肯定的题项和否定的题项达到平衡；或分开问卷上的题项，从而消除邻近效应；改变测量类型和标记来达到概念自洽和精准化。最后，在研究具体分析阶段，需要加强模型验证和审慎选择模型类型，重新认识模型与经验世界的关系，实现模型与数据的真正整合，进而主动地认识到选择性偏差的影响。

《比较政治学研究选择性偏差及其规避探索》是臧雷振和陈鹏继2015年发表《选择性偏差问题及其识别》一文之后的后续研究成果，是国内比较政治学领域少有的关注选择性偏差问题的论文。他们敏锐地察觉到比较政治研究领域在吸纳和模仿其他学科研究方法以改善自身研究困境的过程中，未投入足够的关注和研究力量到其他学科相对重视的选择性偏差问题上，系统地论述了选择性偏差的类型、成因和规避策略。尽管由于研究侧重点不同，他们对方法适用性的讨论不多，但仍然有助于改善国内比较政治学领域较多学者在研究过程中忽略对样本选择问题进行必要讨论的现象。

然而，他们选择从不同研究方法都存在的共通性问题入手，尝试为包括案例比较、定量统计和实验设计方法在内的各种研究方法提供解决路径，宏大的目标限制了研究的具体化和深度。如果要更有效地提升比较政治学学者的研究质量，尚需要从以下方面加以继续研究：第一，对案例比较、定量统计和实验设计等方法在比较政治学学科研究情景中的选择性偏差分别进行深入研究，把相应的选择性偏差具体化和操作化；

第二，对"各种理想规避策略存在的限制，如最大差异设计存在缩小因变量范围的问题，而最大相似设计在理论建构时规避选择性偏差的重要性就会降低"这一问题加以进一步研究，为比较政治学的研究提供可以接受的"满意解"；第三，比较政治学的研究方法和工具也是不断发展变化的，例如，近来兴起的定量和定性研究相结合的质性比较分析方法和日益重要的互联网调查方法等。因此，在对案例比较、定量统计和实验设计等传统方法的选择性偏差进行研究之外，还需要以发展的眼光，对近来兴起和具有潜力的研究方法给予足够的关注。

（二）质性比较分析方法

郝诗楠注意到比较政治学研究中质性研究方法的再次兴起及其意义——质性研究方法的再兴并非一种简单的"重拾"，而是在结合了其他研究方法——特别是量化方法——的优点及逻辑基础上的复兴，并对质性比较分析（Qualitative Comparative Analysis）这种新的质性研究方法进行了全面的检视。[1]

20世纪后期，越来越多的学者开始讨论质性和量化两种方法互补的可能性。三位著名的政治学者加里·金（Gary King）、罗伯特·基欧汉（Robert Keohane）以及西德尼·维巴（Sidney Verba）在1994年出版的著作《社会科学中的研究设计》（*Designing Social Inquiry: Scientific Inference in Qualitative Research*）中断言质性与量化分析是可以耦合的，因此定量化（科学化）的逻辑可以被整合进质性的推论之中。

质性比较分析方法可以被视为对于这种"耦合论"的回应：首先，该方法采用融合集合论与布尔代数的计算逻辑，使得整个推论过程更为严密；其次，该方法——尤其是模糊集（fuzzy set）分析——允许研究者对于变量用连续性的数值进行编码；最后，使用质性比较分析方法的整体研究过程与量化研究的一些步骤较为相似。

与传统的比较方法相比，质性比较分析一方面融入了量化分析的逻辑，另一方面又能够在中等数量（mediumn）样本的背景下处理更

---

[1] 郝诗楠：《质性比较分析方法及其在政治学研究中的应用》，《国外理论动态》2016年第5期。

为纷繁复杂的案例及变量。它结合了统计分析的变量导向性以及传统质性分析的案例导向性。

正因为内含了一定的量化研究逻辑,所以质性比较分析方法相比于传统的比较方法可以处理数量更多的案例与变量,并得出相对复杂但精致(sophisticated)的研究结论。同时,尽管融入了一定的量化分析逻辑而且是一种实证性的研究,但这并不意味着质性比较分析方法使用的是定距或定比尺度(尤其在变量操作化与测量的过程中);相反,质性比较分析使用的仍旧是定类或定序的尺度,并且强调研究过程中研究者与研究对象之间的互动。简言之,它在本质上依然属于"质性分析"的阵营。

与传统的比较方法相比,质性比较分析一方面融入了量化分析的逻辑,另一方面又能够在中等数量(medium-n)样本的背景下处理更为纷繁复杂的案例及变量。它结合了统计分析的变量导向性以及传统质性分析的案例导向性。郝诗楠用表格简单总结了质性比较分析与统计法和案例分析法的异同(见表1)。

表1 统计法、案例分析法以及质性比较分析法的比较

	统计法 (量化分析)	质性比较 分析法	案例分析法 (比较历史分析)
适宜的 案例数量	30个以上 全球性跨国研究	10—30个 区域性跨国研究	10个以下 若干国家研究
目的	寻求"涵括性法则" (covering laws) 简洁的理论形式 探求变量间关系	寻求中层解释 追求一定的简洁性;同时关注具体的脉络 探求变量间更为复杂的关系	寻求"深描" 背景脉络澄清 探求机制
取向	变量	变量+案例	案例

与量化方法类似,质性比较分析法可以分为赋值、(必要条件)检验、分析以及解读四个步骤。

1. 变量的赋值。在赋值之前,我们需要明确的是哪些变量是

"原因"（causal conditions），哪个变量是"结果"（outcome）。该标签与量化或统计方法中辨识"自变量"与"因变量"类似，但是它又体现出比较法意在寻求因果关系的传统特性。一般来说，变量的数量不宜过多，一般为5—7个。

接下来，就需要将各个变量的值转化为质性数据。研究者首先需要确定变量编码的标准（calibrating scheme），然后根据分析的形式（清晰集、模糊集还是多值集）将原始数据转换为二分值（1或0）、隶属度（如0、0.35、0.5、0.85、1.0）或多个值（如0、1、2、3）。

最后，在赋值完成后，应该形成一张可供软件进行分析的数据表。该数据表应该包含案例、原因和结果。

2. 必要条件的检验。所谓的必要条件，就是在结果出现的案例中（即"正面案例"）均出现的变量或原因条件。在必要条件检验时，需要将每一个原因条件包括它们的反值（例如在检验C1的同时还需要检验~C1）都纳入检验的过程。而在那些案例或变量较多的研究中，必要条件检验也可以通过软件来进行。如fs/QCA中的必要条件（necessary conditions）分析程序。

根据一般的标准，如果某一条件的吻合度（consistency）指标大于0.9，就可以将这一条件视为"必要条件"而将其排除出后续的分析中。

最后，在分析结果得出之后，必要条件需要与每一个可能的原因组合表达式相乘（×，即逻辑的"和"），从而"归队"。

3. 分析与化简。在案例和变量不太多的情况下，我们可以通过真值计算表（又称"真值表"）来对数据表进行分析。

4. 稳健性考察。质性比较分析的稳健性指标主要有覆盖率（coverage）和吻合度（consistency）两项。一般来说，这两项指标越接近1越好。

就适用范围而言，质性比较分析是一种应用于多案例比较研究中的方法，它并不适用于单个案例的分析或者是统计分析。就目前政治学领域的应用而言，质性比较分析方法主要的功能在于寻找原因组合以及某一结果发生的复合因果路径或多因解释。

此外，郝诗楠指出，质性比较分析需要在操作过程中依赖研究者本人的主观意志，甚至允许研究者在研究过程中不断"修正数据"。从这个意义上说，它依旧没有完全摆脱方法论科学主义者对执行方法"客观性"的质疑。而相比于传统的比较法或案例分析方法，它又略显简单化。因此，质性比较分析方法若要发挥其最大的潜质，还需要和其他方法进行对话与融合，甚至是配合使用。

《质性比较分析方法及其在政治学研究中的应用》的最大特点在于它结合政治学的特点全面而详细地介绍和分析了质性比较分析方法在政治学研究中的应用，同时也阐明了质性比较分析方法相对于案例分析法和量化（回归）分析法在某些特定情况下的优势和适用性。

释启鹏的《时间中的定性比较分析：TQCA 与 TSQCA 的发展》一文则在介绍传统 QCA 的基础上，通过讨论两种新型 TQCA 和 TSQCA 的逻辑原理与实践应用，展示了质性比较分析的最新发展。[①]

他提到，鉴于因素的排列顺序对结果的巨大影响，尼尔·卡伦和阿伦·帕诺夫斯基完成了定性比较分析在时间维度上的突破，他们将这款新开发的软件定名为时序定性比较分析（temporal qualitative comparative analysis，TQCA）。在时间的概念上，作者采用尼尔·卡伦和阿伦·帕诺夫斯基所引用的罗纳德·阿明扎德的四维论述：路径、足迹、持续性以及周期性……TQCA 方法所展现的"轨迹"保留了 QCA 的核心理念，即在有限变量下多重因果的分析路径。

接着，经过拉金等人的改进，TQCA 法得到完善。为了研究方便，特别是处理激增的组合数量，拉金发明了"不相关"（don't care）的编码，以"-"表示，我们认为该值可能存在也可能不存在，抑或是研究者并不知晓（如数据缺失或与研究无关）……相较于卡伦和帕诺夫斯基的研究，拉金的 TQCA 显得更加细致，通过模糊集分析以及新符号的引入在一定程度上缓解了 TQCA 所导致的组合数量激增的困境。

TQCA 将所研究事件发生的顺序对结果的巨大影响纳入研究范畴，但却没有进行考察，而时序只是涉及时间研究的一个领域，"是否可以通过时间点之间解释变量的变化观测其对结果变量的影响"，这就

[①] 释启鹏：《时间中的定性比较分析：TQCA 与 TSQCA 的发展》，《比较政治学研究》2016 年第 1 期。

为定性比较分析提出了新的课题。基于这一问题,日朗爱野发展出了能够将截面数据和时间序列数据利用QCA软件进行处理的时序定性比较分析(time-series qualitative comparative analysis,TSQCA)。"TQCA是将事件发生的不同顺序作为解释差异结果的原因,而TSQCA关注事件在时间内的变化对结果的影响。""它能够将截面数据和时间序列数据利用QCA软件进行处理。"

简而言之,作为一种分析工具,TSQCA通过将时间序列的数据转化为QCA格式来研究跨时间维度的连续过程。

TQCA是将事件发生的不同顺序作为解释差异结果的原因,而TSQCA关注事件在时间内的变化对结果的影响。

释启鹏指出,TQCA对历史社会学中的时序分析法进行了方法论上的学习……一方面,TSQCA在应用中与时间序列分析(times series analysis)有某些相似之处。另一方面,在传统的比较分析——密尔五法中,共变法与TSQCA也有着某些相似之处。在小样本分析中,共变法存在着致命的弱点,那就是不能很好地揭示因果关系,特别是在样本内分析(with-in case study)中,未进行严格变量控制的共变法往往是不可靠的。因此,应用共变法必须扩大样本容量以使其更具代表性。TSQCA在一定程度上扩大了案例选择的数量,但它是否能够克服定序比较的弊端,至今依旧没有定论。

为了便于理解几种质性比较方法的特点,释启鹏对QCA的分支按照研究状态和研究方法两个维度进行了区分(见表2)。

表2　　　　　　　　　　QCA两个维度的区分

状态方法	布尔代数	模糊集合
静态	csQCA、mvQCA	fsQCA
动态	TQCA(2005)、TSQCA(2009)	TQCA(2008)、TSQCA(推测)

最后,释启鹏指出,与回归分析一样,定性比较分析只是展现了原因和结果之间的关系,这虽然完成了因果研究关键步骤但依旧不是完整的因果解释,因素只构成是什么(what)导致了该因果关系的存

在，只有关注机制（mechanism），才能研究因果链条是如何（how）运行的。因此，QCA 不会是因果探索的最后一步，只有将"因素"与"机制"结合起来，才能得出更加完整的因果链以及更具说服力的分析成果。

释启鹏的研究贡献在于对质性比较方法的新进展及其发展脉络进行了梳理，有利于学者深化对质性比较方法的理解和学习，同时，也为国内研究的创新提供了借鉴。而最后对机制研究的强调更是指出了质性比较分析方法在引入量化分析方法的优点后进一步完善的方向。

(三) 政治学研究的实验方法

近 20 年来，由于对非实验性研究中主流的观察性研究这一方法缺乏确保推论不发生选择性偏差的手段的不满，除了执行质性比较分析方法以外，实验方法也开始在政治学的发展和应用中逐渐开始崛起。这一变化也引起了国内一些学者的注意。2016 年，臧雷振、王金水与胡华杰分别撰文介绍了政治学研究中实验方法的应用。

臧雷振详细阐述了实验方法在政治学研究应用中的不同认知历程，以及实验方法在政治学研究中的学理价值；在此基础上进一步分析了实验方法在政治行为、态度认知、公共服务评价等研究领域的应用及其不足，并展望了实验政治学未来的发展方向及与其他研究方法融合的趋势。[①]

他指出，就政治学的特征而言，实验方法主要体现了如下价值：首先，实验方法构造了符合研究对象特征的相关政治环境模拟，实现了政治学的仿真分析。而传统的观察式研究难以让研究者真正进入所需探索的研究对象客体，更难以通过对研究客体的干预来获得不同情境下的数据。其次，实验方法实现了对规范研究者观点正确性、有效性的评估，较好地过滤和规范了当前良莠不齐的理论范式，并适当提高了政治学理论研究的门槛。最后，实验不仅具有上述学理功能，也具有公共政策实践的指导功能。模拟自然情形下的实验环境设计，进

[①] 臧雷振：《政治学研究中的实验方法——近年来的应用进展及研究议题分布》，《国外理论动态》2016 年第 5 期。

一步推演不同政策在自然发生环境中的效果，可以强化公共政策的可行性和可推广性，避免公共政策的执行尴尬。

对于实验方法的未来，他指出，自然实验比实验室实验具有更大的外部有效性。进行社会实验也有一些特殊困难，如实验的情景和实验对象难以控制，实验对象受到诸多限制，实验变量难以确定，实验过程不可重复、难以复原，以及成本问题、道德伦理问题，此外还有实验尤其是实验室实验的结果往往与现实不相符等。

因此，他认为，在社会科学领域，实验研究法只有与其他研究方法相结合，才能在理论及方法论两方面取得知识创新，推动学科向前发展，特别是以政治人作为研究对象，具有高度的不同质性。

此外，臧雷振除了注重与其他研究方法的融合外，还主张未来实验方法的应用需要扩大所关注的研究议题。当前，实验方法的议题过多涉及上文所提及的议题，而对于从内战到恐怖主义，再到政权稳定的其他议题研究的贡献还较为有限，更无法通过实验为政策制定者提供政策建议，这就使实验方法的政策效能大打折扣，未来政治学实验方法的应用也需要在此方面有所突破。

王金水和胡华杰也认为，实验研究的引入将极大地提升我国政治学研究的水平，因而主张通过系统阐述近年来实验研究方法在国外政治学界的应用主题和应用进展，全面审视其优缺点，进而为国内学界的引用和借鉴提供基础性知识储备。[①]

他们指出，实验研究对政治学的发展具有两方面的推动作用：

第一，突破既有实验方法的局限，弥补观察性研究的不足。

由于研究者的主观性会导致无法避免的研究偏倚，单纯由调研得来的数据根本无法阐明各个因素与结果间的因果机制。传统的观察性研究不仅没有对偏倚的自觉，而且缺乏确保推论不发生偏倚的手段。而对于解决观察性研究中所存在的问题，实验研究方法都给出了令人满意的答案：

首先，研究者通过构建实验环境、选取并随机分配研究对象，将

[①] 王金水、胡华杰：《境外政治学实验研究的发展及其对于中国政治学研究的价值》，《中国人民大学学报》2016年第3期。

研究对象随机投入实验操作（treatment）促使所要研究的政治现象发生。而研究者在数据生成与测度中的主动性，让其能够相当准确地辨识出因果关系中的不同变量。

其次，实验研究法克服了许多政治学研究中所存在的内生性（endogenous）问题。通过对实验操作与研究对象两者的随机选取，研究者能够将内生性嵌入议题（endogenous embedded question）变量中的特定研究参数分离出来，这样研究者就可以避免期待效应（expectancy effects）、实验者主观偏倚、要求特征（demand characteristics）等问题所带来的影响，最终确保研究中因果推论的准确性。

第二，强化政治学研究与实践的联系，提升研究结果的实用性。

对定量研究及其方法论的盲目崇拜，使研究思路容易逐渐陷入"为了方法而方法"的歧路。过分强调对数据的应用，以及对研究方法的堆砌将导致研究结果仅仅成为在学理上严谨而于现实毫无作用的"白象"。在政治学实验研究中为学者所重视的内部效度与外部效度之间的协调表明，该研究一直以来都对研究结果的严谨性与现实性给予了高度关注。通过实验架起外来理论与当地实际的桥梁，无疑是探索符合各国实际政治运作方式的有效途径之一。

与其他所有研究方法一样，实验研究方法在政治学中的应用也存在一些不足。然而，实验研究也并非政治学中的万灵药，作为一种研究方法，它也存在着不足与缺陷。对此，这两位学者指出："在学界看来，实验研究存在的不足主要表现在：研究样本的选取范围较窄，影响了实验结论的代表性；实验中的操作介入手段匮乏，减少了研究所能覆盖的因果机制；较少关注到实验研究产生间接影响的心理机制（psychological mechanism），容易造成研究结论的偏倚等。"

因此，这两位学者认为，对于中国政治学研究的发展而言，应当借鉴吸收西方政治学实验研究方法中的精华，丰富中国政治学研究的方法与路径，通过与中国本土研究特色相结合，争取形成中国经验、中国特色的政治学实验研究方法。同时，在政治学研究中要力求避免西方实验研究中在方法论层面及实际操作中所存在的不足，要积极探索政治实验与中国实际之间的内在关联和逻辑差异，通过实验中对因果变量的辨识与隔离以及对研究各环节的有效操控，构建政治实验与中国实际之间牢固的因果链条,探寻理论与实际之间真实的逻辑关系。当然,再严谨科学的政治实验也不能代替中国丰富的政治实践,要在政治实践中不断总结经验教训,并进行归纳,并将其演绎为政治实践理论,用来指导政治研究实验,发挥政治实践理论对政治学实验研究方法所具有的支撑作用。

上述两篇文章分别介绍和评述了实验方法之于比较政治学研究的价值,以及在比较政治学研究中日益崛起的实验研究方法。然而,随着研究的不断积累和深入,我们期待关于实验方法的更为深入而明确的介绍,以及对实验方法的改进研究。此外,正如几位学者所指出的,实验方法同样存在着难以克服的缺陷,如同比较政治学其他领域的发展一样,研究方法的融合是一条值得探索的路径。

(四) 结语

研究方法对任何学科的发展都至关重要。作为"既作为政治学研究分支又作为其研究方法"[1] 的比较政治学,其研究方法的改进和创新更是与研究的学术质量和未来学科发展直接相关。然而,我们应当承认,当前我国对比较政治学方法的研究还比较欠缺,这不仅导致方法的落后[2],还"使得我国比较政治学同美欧主流比较政治学界仍存在较大差距,制约着我国学者与国际同行之间的学术对话和交流,并使得中国政治学远远落后于同为社会科学的经济学、社会学"。因此,"中国政治学要跟上时代前进的步伐,满足社会发展的需要,当务之急是转变研究范式和创新研究方法"[3]。随着我国政治学对于学科规范化、科学化的要求越来越高,以及伴随着社会发展而来的社会政治生活的日益复杂化,这一问题将会愈发突出。如果我们能够跳出研究方法本身,站在学科研究甚至国家政治发展的角度来思考我国比较政治学领域的方法研究,就不难看出中国比较政治学的方法亟须创新,

---

[1] R. Rose, W. J. M. Mackenzie, "Comparing Forms of Comparative Analysis," *Political Studies*, Vol. 39, No. 3, 1991.

[2] 李辉、熊易寒、唐世平:《中国的比较政治学研究:缺憾和可能的突破》,《经济社会体制比较》2013 年第 1 期。

[3] 房宁:《谈谈当代中国政治学方法论问题》,《政治学研究》2016 年第 1 期。

比较政治学的发展和创新或许可以从如下两个方面努力：

一是为国内比较政治学界的引用和借鉴提供基础性知识储备，从而为改良式的方法创新奠定基础。与国外比较政治研究大量采用对少数国家的政治进行集中比较的方法，甚至很多博、硕士论文写作也选择了这种方法相比，我国学者的研究往往是单一案例研究和描述性分析。尽管伴有明确的问题意识和理论视角的单一案例研究在提出重要的描述性知识和形成假设方面多有益处，但是它们因为缺乏必要的比较，而无法处理关于因果性和理论广义化等方面的大问题。如果我国的政治学者也能更多地使用国外前沿的比较方法，那么对整个比较政治学科乃至国家的发展都将是极为有益的。这一现象究其原委，"一是政治学传统研究方法带来的路径依赖；二是学者对新研究方法应用所需要的基础性知识储备欠缺，进一步放大了对新研究方法的不了解，甚至由此带来应用误解"[1]。方法创新的途径之一是先深入理解和熟练掌握前沿方法。从 2016 年中国比较政治学方法研究的成果看，国内学术界对国外比较方法前沿的引介还远远不够。在这种情况下，研究者对西方前沿方法的亦步亦趋尚显吃力，更遑论像西方一样，基于实验方法的深入理解和熟练掌握，发展出"现场式实验中的实验室研究"这样的进行优势互补的融合研究新路径。在这个意义上，陈峰和康怡的《比较政治学如何研究——范例和启示》对方法使用提供的范例就具有重要的意义。

二是从哲学层面反思在当前比较政治学领域的研究方法中普遍存在的简单线性思维困境，引入复杂科学和系统论方法，在更长时段的背景下进行研究，探索新的研究方法。当然，我们并非要彻底否认现有的研究方法，长久以来，这些研究方法不仅对比较政治学的学科发展贡献巨大，而且提供了很强的预测力，仍将继续发挥不可忽视的重要作用。但我们希望学术界看到随着现代社会的飞速发展，人类社会政治生活日益复杂化对比较政治学研究方法所提出的挑战；看到新的研究工具和方法的开发，不仅能为我们的研究带来新的可能性，从而

---

[1] 臧雷振：《政治学研究中的实验方法——近年来的应用进展及研究议题分布》，《国外理论动态》2016 年第 5 期。

为知识的创新和积累做出贡献，而且工具的丰富必将使我们的研究策略更加灵活，从而为研究方法的融合互补提供新的可能条件。

三 民主化研究

民主转型和民主巩固是民主化研究的两大议题。从托克维尔到弗朗西斯·福山，比较政治学的研究者都以不同的视角和案例研究人类以何种方式走向民主，福山甚至认为，冷战的结束标志着民主制度是人类最后一种统治形式。但事实上，民主转型比民主巩固要复杂得多，民主的发生、运行机制，民主的存续与巩固，民主的衰退等问题一直是学界关心的议题。

（一）民主转型：路径、模式与动力

俞可平分析了俄罗斯的民主转型模式。他认为，虽然学术界对俄罗斯政治体制的看法各不相同，但仍有一些共识，如俄罗斯民主的体制框架已经基本奠定，政治上高度集权，民主还处于转型之中，具有不确定性。因此，作者认为，俄罗斯民主是一种特殊的模式。这种模式出现的原因有三：一是传统苏联政治模式的严重弊端；二是俄罗斯社会政治经济转型的需要；三是俄罗斯领导人个人的性格。对于俄罗斯民主转型的前景，多数中国学者认为，其政治转型为国家的未来发展奠定了民主繁荣的基础，是俄罗斯通向现代化的正确道路。[①]

学界对俄罗斯的民主转型有悲观论和乐观论两种认识。前者认为，俄罗斯实现了自由竞争的选举制度，后者认为，俄罗斯仍然是威权体制。超越这种规范式的评价，最近的研究关注更多的是转型后俄罗斯的制度安排。[②] 与这些研究相比，《俄罗斯民主：中国学者的视

[①] 俞可平：《俄罗斯民主：中国学者的视角》，《国际政治研究》2016 年第 2 期。
[②] 苏联—俄罗斯转型是俄罗斯研究的重要议题，也是民主化研究中的典型案例。相关研究有徐坡岭《俄罗斯政治制度转型的全球化约束与政治传统张力——俄罗斯政治制度重构的主导因素》，《世界经济与政治》2004 年第 8 期；田春生《论俄罗斯新制度安排及其特点》，《俄罗斯研究》2006 年第 2 期；唐贤兴《无执政党的政治：后苏联俄罗斯政党制度的变迁》，《复旦学报》2003 年第 2 期，等等。从中俄比较的角度分析俄罗斯转型的有陈海燕《中俄社会转型时期政治文化特征比较》，《文史哲》2000 年第 3 期。

角》一文的意义在于作者以转型为关键时间节点,分析了转型前后俄罗斯的政治制度,说明了俄罗斯转型背后的制度性、结构性原因,从而使我们理解了俄罗斯民主转型的复杂性。

李路曲从国际比较的视角分析了中国民主化的路径选择、制度动力和转型模式。他指出,在后发展国家的政治发展中,各国的上层精英正在力图掌握民主化的主导权,各派政治力量在转型中达成妥协的可能性越来越大。同时,由上层精英尤其是一党长期执政的强国家所主导的民主化更具有稳定性和持续性。从世界的民主化进程来看,精英民主向大众民主扩展通常会存在严重的动力不足,不健全的民主机制会成为拥有"民主特权"一方的工具,以此反对民主的进一步发展。而适度的党政分开是推动民主化的重要制度动力,可以保证政治参与和政府绩效两个机制都发挥有效的作用。在分析了后发展国家民主转型的路径后,他认为,在中国"以党内民主带动人民民主"是更为现实的选择。①

李路曲从后发展国家比较的视角,分析了中国民主化的路径、制度动力和转型模式;指出后发展国家中上层精英的作用;一党长期执政的强国家主导的民主化对民主政治的稳定和持续性的作用,主张实行适度的党政分开,以党内民主推动人民民主。这一主张是在正视中国共产党在中国政治中不可替代的地位和深入了解中国政治发展问题后得出的结论,为中国的民主化指出了一条现实可行的发展路径。

陈尧认为,在看待后发展国家的政治转型时,西方民主化研究往往将早期民主国家作为范型,以西方民主国家的体制为标准来衡量转型国家,将政治转型等同于民主转型,将西方自由主义民主作为民主化的目标,主张民主化不需要前提条件,它可以发生在任何一个国家,认为民主化是政治精英设计和推动的结果。他认为,民主研究的意识形态化损害了研究本身的客观性、科学性,也是许多国家民主建设不成功的一个重要原因。②

---

① 李路曲:《中国民主化的路径选择、制度动力与转型模式》,《社会主义研究》2016年第1期。
② 陈尧:《西方民主化研究的认识论反思》,《天津社会科学》2016年第5期。

近年来，有关民主的著述颇丰，但其中绝大多数都属于"处方"式的论述。许多著述对西方民主的具体运行机制和存在条件不甚了解，但都把西方在20世纪的强盛和发展看作民主的成果，在这种思维方式下，"民主是个好东西"成为一个不容争辩的铁理。① 陈尧的看法与以往论述的最大不同是从认识论的角度深入分析了"民主""民主转型"理论，指出了西方民主理论研究的不足，打破了"民主是个好东西"的思维模式。不过，需要指出的是，民主的衰落不仅源于对民主理论认识的偏差，而且要考虑到不同国家的具体特点，以及民主体制在面对不同价值观的群体冲突时的无力。

上述三位作者是中国比较政治学研究领域的代表人物，他们研究的侧重点不同，但都认为后发展国家应从自身的制度路径、政治文化和内生动力机制出发，选择适合本国发展的道路。后发展国家既要遵循普遍的政治价值和政治规律，也要尊重本国的政治文化传统。他们对后发国家民主进程的阐释和评判，不仅反映了他们对民主的共识，也反映了他们对中国政治发展的深刻认知。这种关注既有认识论的意义，更有现实政治的意义。

（二）民主巩固与精英政治

为什么在民主发展过程中，不同国家会出现不同的情况？既有的解释有"经济水平论""制度选择论""社会结构论""政治文化论"和"国际环境论"。在对上述理论进行批判性的分析后，刘瑜提出了"精英行为论"。她认为，精英行为与选择在很大程度上塑造了新兴民主国家民主稳固的前景。她把精英的民主观念划分为"程序性的民主观"和"实体性的民主观"，认为程序性的民主观带来多元制衡式的民主模式，实体性的民主观带来赢者通吃式的民主模式，前者比后者更容易形塑民主稳固。② 在理论阐释之外，她选择了南非与委内瑞拉两个案例进行了详细说明。

精英对民主的形成、巩固乃至崩溃都有比较重要的影响，因而精

---

① 赵鼎新：《民主的限制》，中信出版社2013年版，第29页。
② 刘瑜：《两种民主模式与第三波民主化的稳固》，《开放时代》2016年第3期。

英与民主制度的研究成果也颇为丰富。奥当纳和施密特的《从威权统治中转型》，黑格力的《自由民主制的精英基础》都强调精英行动在民主转型中的重要性。林茨（Juan Linz）和斯泰潘（Alfred Stepan）更强调精英行动对民主巩固的影响。他们在分析德国、西班牙和智利民主崩溃的案例后，发现民主崩溃的主要原因在于政治主体之间的互动，其中民主国家的政治领袖、经济精英和军队等政治主题的选择对民主政体的稳定性产生了直接的影响。[①] 因此，作者把精英行动理论用于民主巩固的研究没有偏离既有的理论框架。而且，作者强调了精英民主观念的重要性，认为实体性民主观和程序性民主观决定着民主的巩固，从观念的角度对精英行动理论有一定的补充。

需要指出的问题有两点：一是"精英观念"的界定；二是精英角色的作用。对精英观念，作者用了二分法的方式，虽强调了实体性民主观和程序性民主观的区别，但没有对这两种观念所产生的根源进行详细说明。民主制是政治精英内部，精英与大众互动、妥协的产物。精英的角色无疑是重要的，因为他们可能会影响选民政治分裂或政治制度安排。但是如果认为政治精英的行为或者观念可以单方面决定选民分裂或者政治制度安排，则夸大了精英对民主巩固的影响。

（三）民主衰退：解释视角的转换

倪春纳介绍了国外民主衰退研究的现状。他首先利用民主指数的相关数据库指出，民主衰退是近年来国际政治的显著趋势。继而分析了民主衰退的两条解释路径：精英在民主衰退中的作用以及经济、政治等宏观结构性因素对民主衰退的影响。最后从治理危机、威权主义复兴、恐怖主义蔓延以及地缘政治学的视角梳理了国外民主衰退研究的新进展。[②]

民主衰退近年来引起了国内学界的关注，"自由之家"警告说，

---

① Juan Linz, Alfred Stepan, "The Breakdown of Democratic Regimes," Johns Hopkins University Press, 1978.

② 倪春纳：《民主因何而衰退——国外民主衰退成因研究的新进展》，《江海学刊》2016年第4期。

2012年出现了民主的衰退，2013年是"威权主义的复苏"①。也有诸多论文和专著分析了民主衰退甚至民主崩溃的现象。② 他们对国外民主衰退理论研究的现状和前沿问题做了梳理，有助于学界了解民主衰退理论的进展。实际上，治理危机、恐怖主义以及地缘政治学这些所谓新的解释路径仍然没有走出原有的精英角色和政治、经济宏观结构性的范畴。这些解释路径还有待于用类型学的研究方法对其进行缜密的学术划分。

此外，如果我们摆脱"民主衰退"人云亦云的判断，笔者认为，值得讨论的一个问题是：民主是否真的衰退了？史提芬·列维茨基和卢坎·怀就认为民主衰退是一种误解。他们比较了四个著名的民主指数数据库，发现全球的民主国家的绝对数量在增加，2000—2013年几乎没有民主国家真正崩溃。他们认为，在过去的十年里，民主的格局仍保持着稳定的态势。对后冷战初期民主转型所持的过度乐观态度和唯意志论导致了对民主发展的预期过高。③ 因此，他们在分析民主衰退的解释路径之前，仍需要回答民主是否衰退这一问题，使其立论有坚实的理论基础。

（四）民主与族群政治

很多多民族国家在经历民主转型后不但没有迎来民族政治关系的和谐发展和国家主权的稳固，反而承受着长期的族际冲突和政治体系

---

① Arch Puddington, "The Freedom House Survey for 2012: Breakthroughs in the Balance," *Journal of Democracy* 24 (April, 2013), p. 49; "The Freedom House Survey for 2013: The Democratic Leadership Gap," *Journal of Democracy* 25 (April, 2014), p. 90.

② 比较有代表性的文章、著作有：Larry Diamond, "The Democratic Rollback: The Resurgence of the Predatory State," *Foreign Affairs* 87 (March-April, 2008), pp. 36 – 48; Diamond, "Democracy's Deepening Recession," Atlantic. com, 2 May 2014; Arch Puddington, "The 2008 Freedom House Survey: A Third Year of Decline," *Journal of Democracy* 20 (April, 2009), pp. 93 – 107; Puddington, "The Freedom House Survey for 2009: The Erosion Accelerates," *Journal of Democracy* 21 (April, 2010), pp. 136 – 50; Joshua Kurlantzick, "The Great Democracy Meltdown," *New Republic*, 9 May, 2011, pp. 12 – 15, available.at tnr. com. Robert Battison, The "Democratic Recession" Has Turned into A Modern Zeitgeist of Democratic Reform, *Open Democracy*, 21 December 2011. 包刚升：《民主崩溃的政治学》，商务印书馆2012年版。

③ 史提芬·列维茨基、卢坎·怀：《民主衰退的迷思》，张飞龙、夏蒙编译，《比较政治学研究》2016年第1期。

动荡。对于这样的现象，丁岭杰认为，有三大政治制度原因值得关注：一是投票竞选导向的转型模式易带来族际政治不公；二是民主转型中不平衡的权利配置恶化加剧了民族矛盾；三是民主转型中权利（力）规制机制缺陷干扰了权利保障。对此，他开出的药方是：新兴民主国家需要促成政治参与自由化、议会构成公平化、多元权利（力）协调体系权威化以及民族冲突治理机制高效化，最后实现政治发展沿着民族的国家认同强化、民主法治发展和主权稳固的方向进行，而不是向威权政体倒退，以不公正的民族压制来解决民族冲突。[①]

丁岭杰分析了国家发展中民主和民族这两个非常复杂的问题，认为民主与民族相逢更是构成了当代世界最重要也最复杂的政治关系之一。正如佟德志所指出的，在民主转型中，政治权力进行重新分配，民族被动员起来，民主的推行可能会带来族际冲突，甚至民族分裂。民族分裂要求威权政治，而威权政治又导致民主化回潮。[②] 由此可见，有些国家的民主化确实加剧了族群冲突。丁岭杰对民主和族群政治的分析及开出的药方有一定的理论和现实意义。

但问题是没有民主化的国家依然会有族群冲突。而有些国家的民主化缓和了族群冲突，比如种族、民族问题复杂的南非，民主化后并没有出现内战或者大规模的流血冲突。再如有 73 个民族的赞比亚，在 20 多年的民主化过程中，历次政权更迭都在平稳中度过，没有出现种族冲突，选举制度不断巩固。丁岭杰从制度因素来解释民主转型的族群冲突有一定的道理，但忽略了族群本身结构在民主转型冲突中的作用。族群结构本身，如族群分化的数量、族群力量的大小、精英的政治选择都是需要考虑的重要变量。

[①] 丁岭杰：《民主转型中族际冲突的政治制度原因探析》，《武汉科技大学学报》2016 年第 5 期。

[②] 佟德志：《西式民主化进程对当代世界族际冲突的影响及启示》，《红旗文稿》2015 年第 19 期。

后　记

　　本书是集体研究的成果，作者既有在相关部门工作多年的资深专家学者，也有进入政治学研究领域不久的年轻才俊。大家在撰写过程中尽量以公开公布的权威性资料为依据，同时也借鉴了学术界不少的研究成果，对此均做了标注。由于水平有限，其中定有诸多不足和疏漏之处，敬请批评指正。